U0423971

秦始皇帝陵博物院

EMPEROR QINSHIHUANG'S MAUSOLEUM SITE MUSEUM

2018年总捌辑

秦始皇帝陵博物院／编

西北大学出版社

图书在版编目(CIP)数据

秦始皇帝陵博物院. 2018年 : 总捌辑 / 秦始皇帝陵博物院编. --西安 : 西北大学出版社, 2018.9
ISBN 978-7-5604-4255-6

Ⅰ.①秦… Ⅱ.① 秦… Ⅲ.①秦始皇陵-考古发掘-文集 Ⅳ.①K878.84-53

中国版本图书馆 CIP 数据核字(2018)第 212749 号

秦始皇帝陵博物院　2018年

秦始皇帝陵博物院　编

西北大学出版社出版发行

(西北大学校内　邮编:710069　电话:029-88302621　88303593)

http://nwupress.nwu.edu.cn　E-mail:xdpress@nwu.edu.cn

新华书店经销　西安奇良海德印刷有限公司印刷

开本:787毫米×1092毫米　1/16　印张:19

2018年9月第1版　2018年9月第1次印刷

字数:362千字

ISBN 978-7-5604-4255-6　定价:168.00元

如有印装质量问题,请与本社联系调换,电话 029-88302966。

《秦始皇帝陵博物院》编委会

重要声明

《秦始皇帝陵博物院》辑刊已被《中国学术期刊网络出版总库》及CNKI数据库收录。投稿本刊并得以发表的文章，其文章的著作权使用费以本刊稿酬方式一次性给付。如作者不同意文章收录，请在投稿时注明，或与编辑部联系。

《秦始皇帝陵博物院》编辑部

目　　录

世界遗产视野下的秦陵秦俑研究

田　静　秦始皇帝陵博物院

内容提要　1987年至2017年，随着秦始皇陵勘探发掘工作的进展，学界在多领域对秦始皇陵及出土文物进行研究，成立了秦俑学研究会，召开学术研讨会，出版学术专著，集中研究了秦兵马俑的属性、秦兵马俑的军事内容、秦兵马俑的艺术渊源、秦陵文物与遗址保护、秦陵地宫结构及陪葬文物等方面。本文从世界遗产保护与管理的角度出发，对三十年的研究状况予以评述。

关 键 词　秦始皇陵研究　秦兵马俑研究　评述

1987年12月，秦始皇陵及兵马俑被联合国教科文组织列入世界遗产名录。三十年来，考古工作者全面勘探调查秦始皇陵（以下简称“秦陵”），集中发掘秦兵马俑坑（以下简称“秦俑”）的重点区域，及时编辑出版考古报告、发掘简报等权威资讯，反映了秦陵的严谨布局和丰富埋藏，展示了秦俑的壮观场面和写实群雕。秦陵秦俑发掘、保护与研究工作同步进行，从微观的名物考释到宏观的史学探索，从陶质彩绘文物的保护研究到秦陵考古遗址公园的立项建设，从世界遗产的价值阐释到教育推广、综合展示，均有新的成果，已出版研究著作54部、科普书籍和展览图录180部，发表论文1200余篇。

一、秦陵秦俑研究随考古发掘的进展不断深入

（一）秦陵秦俑为秦文化研究提供资料

秦俑出土后，秦陵再次受到关注。学者研究的范围涉及历史学、考古学、博物馆学、文化学、旅游学、新闻学、科技保护等领域。学者研究集中在秦陵布局、秦陵陪葬坑的性质、秦俑属性、秦俑军阵、秦俑艺术、秦陵文物研究及遗址保护六个方面[1]。秦俑学研究学术研讨会分别于1984年、1986年、1990年、1994

年、1999年、2004年、2009年、2015年召开了八届，秦俑彩绘文物保护学术会议先后在1999年、2009年和2013年召开了三届，组织编辑出版《秦俑秦文化丛书》《秦俑学研究》和《秦俑学》等专著，形成了一门新的学科“秦俑学”[2]。

1975年至1979年，秦俑一、二、三号坑发掘简报发表[3]。之后，秦陵上焦村墓、马厩坑、珍禽坑、飤官遗址、铜车马坑、修陵人墓地发掘简报陆续出版[4]。1988年，《秦始皇陵兵马俑坑一号坑发掘报告（1974—1984）》公布已发掘区域陶俑陶马的资料并提出初步的研究结论[5]。1998年至2000年，秦陵陪葬坑 K9801、K9901、K0006、K0007 相继发现并重点发掘局部区域，《秦始皇帝陵园考古报告（1999）》《秦始皇帝陵园考古报告2000》《秦始皇帝陵园考古报告2001～2003》《秦始皇帝陵园考古报告2009～2010》《秦始皇陵二号兵马俑坑发掘报告（第一分册）》等报告公布了第一手资料[6]。

1980 年，在秦陵封土西侧发现两乘铜车马，随即整体搬迁并开展修复研究工作。1986年至1988年，刘云辉先生和王学理先生的著作《秦陵铜车马》《秦陵彩绘铜车马》先后出版。两书从学术角度解读铜车马的结构、工艺与价值。1994年，张仲立先生的专著《秦陵铜车马与车马文化》深度阐释秦陵铜车马的学术价值、科学价值，从车马文化的角度解读铜车马[7]。1998年，《秦始皇陵铜车马发掘报告》和《秦始皇陵铜车马修复报告》出版，公布了铜车马发掘修复和保护研究成果[8]。2003 年，田静的著作《秦铜车马》出版，以通俗语言表述专业内容。三十年来，党士学先生在《文博》《秦文化论丛》《周秦汉唐文明研究论集》和《秦始皇帝陵博物院》上发表系列论文研究铜车马的制作工艺、造型结构、系驾关系等。袁仲一、王关成、朱思红、郭兴文等先生均发表了有见地的论文。2012年和2015年，《秦始皇帝陵出土一号青铜马车》《秦始皇帝陵出土二号青铜马车》相继出版。两书从梳理古代车马文化的发展脉络出发，以宏观和微观兼顾的视野，审视铜马车的历史地位，论述精当，图文并茂[9]。

（二）秦陵秦俑拓宽秦文化研究领域

三十年来，学者充分利用秦陵秦俑发掘资料，探索秦陵布局、秦陵各个遗址的文化内涵及其相互关系，开展多领域的秦文化研究。

袁仲一先生的著作《秦始皇陵兵马俑研究》和《秦始皇陵考古发现与研究》《秦兵马俑的考古发现与研究》，对秦兵马俑与秦陵各个遗址，予以系统研究[10]。《秦始皇陵考古发现与研究》从秦陵的地理环境及修建沿革，秦陵封土、地宫及城垣，陵园的礼制建筑及附属建筑，陪葬坑，陵域内的墓葬，陵域内的其他遗址，秦陵的布局及相关问题，秦陵出土文物八个方面分类研究2002年之前秦陵考古出土文物。《秦兵马俑的考古发现与研究》是《秦始皇陵兵马俑研究》一书的修订本。但较原书内容已有较大变化，原书第一章有关始皇陵园的建制部分已删去，其余有许多章节做了重写，补充新的内容和新的认识。

张文立先生的著作《秦始皇帝陵》结合文献记载，深入研究秦陵的建筑、布局、秦俑、铜车马等。《秦史人物论》《秦始皇帝评传》《秦帝国史》《秦始皇》《秦始皇帝和他周围的人》等著作，对秦兵马俑、秦帝国、秦史人物、秦始皇进行专题研究，深化了秦史、秦文化研究[11]。

王学理先生的著作《秦始皇陵研究》《秦俑专题研究》《轻车锐骑带甲兵——秦始皇陵兵马俑发现与研究》，内容涉及秦俑坑作用和性质的争论、兵马俑所反映的军事装备、秦俑坑的建筑空间等，对秦陵与秦俑的学术问题进行综合研究[12]。

秦俑发掘简报等发表后，马非百先生《秦集史》[13]、林剑鸣先生《秦国发展史》《秦史稿》《秦史》《秦汉史》[14]都充分利用秦陵秦俑资料，重新研究秦的历史或专题史，许多新观点深化了秦史研究。

1993年至2010年，秦始皇兵马俑博物馆策划组织《秦俑秦文化丛书》，已出版《秦文字类编》《秦史人物论》《秦刑法概述》《秦陵传说轶事》《秦陵铜车马与车马文化》《秦建筑文化》《咏秦诗》《秦政治思想述略》《秦成语典故》《秦始皇帝评传》《秦帝国史》《秦始皇陵兵马俑文物保护研究》《秦宫廷文化》《秦史研究论著目录》《秦文字通假集释》《秦俑学》《秦都城研究》《秦军事史》《秦学术史探赜》《秦始皇帝和他周围的人》《秦文学探述》20余部著作，拓宽了秦史研究领域。

1993年，秦俑博物馆组织编辑学术年刊《秦文化论丛》，第一辑收录1993年前已发表的秦文化研究论文39篇。第二辑编选1993年秦文化研究的最新成果，并收有书评文章和研究论著目录。之后每年出版一辑，集学术研究、学术评论和学术资讯于一体。2004年，《秦文化论丛》编委会从已出版的10辑《秦文化论丛》中选出40篇代表论文汇编出版《秦文化论丛选辑》。到2009年，《秦文化论丛》已出版15辑，刊发论文470篇。

二、秦陵秦俑研究同时在多领域开展

秦陵秦俑研究拓宽了秦史研究领域，秦俑的史学价值不可估量[15]。

为了推动秦俑学研究，秦俑博物馆组织了八届学术研讨会，召开了三次秦俑彩绘文物保护学术研讨会。1984年“秦俑研究第一届学术讨论会”的主题是秦俑的军事内容、艺术特征以及科技、陶文、服饰方面的问题。1986年“秦俑研究第二届学术讨论会”召开。与会者建议将秦俑作为一个学科来研究并提出建立“秦俑学”的概念，认为秦俑学是关于探索、研究秦俑及秦陵的学科。会上成立了秦俑学研究会，标志着秦俑学研究进入有组织、有序化阶段。同年，秦俑学研究会会刊《秦陵秦俑研究动态》创刊。该刊1988年之前为半年刊，1989年出版3期，1990年后为季刊，迄今已出版120期，发表各类文章600余篇。

1990年，“秦俑研究第三届学术讨论会”召开，会议主题是“秦俑与秦文化”，1994年、1999年、2004年、2009年、2016年，秦俑学第四、五、六、七、八届学术讨论会召开。每届均编辑出版会议论文集[16]。2016年“秦俑学第八届学术研讨会”从秦汉时期的中西文化探索、秦俑研究评述、秦俑艺术、秦始皇陵考古发现及保护研究、秦代对先秦学术思想的继承与发展五个方面探讨秦陵秦俑及秦代历史、考古等方面的学术问题，集中展示了近年来相关研究领域的最新成果。

1996年，秦俑博物馆编辑出版《秦俑学研究》。该书分综论篇、秦陵篇、军事篇、艺术篇、科技篇、建筑编、保护篇、附编八个部分，收录秦俑及秦陵研究论文198篇。1999年，张文立先生的《秦俑学》出版[17]。该书从理论上对“秦俑学”的研究对象、方法、目的及其与其他学科的关系、在现代社会生活中的文化价值和意义等问题予以精辟论述。该书“从理论高度阐述了‘秦俑学’的概念、社会功能，并对秦俑学现状做了客观的评价，不失为一本客观、全面的研究著作”[18]。2004年，在“秦俑学第六届学术研讨会”上，中国台湾嘉义大学傅荣珂教授通报了在该校开设“秦俑学”选修课的信息。2005年，西北大学文博学院黄留珠教授和徐卫民教授在该校开设“秦俑学”选修课。中国台湾学者陈文豪、吴福助、陈昭容等先生多次参加秦俑学研讨会，台湾大学教授韩复智增订《秦汉史》一书时，不仅专题介绍秦俑研究成果，而且还将秦俑研究著作收入参考书目中[19]。日本学者曾布川宽、鹤间和幸，韩国学者金烨、金秉骏等，多次以参加秦俑学术研讨会、带学生开展教学实习等方式参与秦俑学研究活动，还有学者多次在中外学术会上以“秦俑学”为题演讲，引起学界的关注。

三十年来，秦陵秦俑研究由考古学、历史学逐渐向外辐射，涉及文化史、科技史等学科，秦俑学研究队伍日益扩大。从世界遗产视野下看秦始皇陵及秦兵马俑研究，主要涉及秦兵马俑的属性、秦兵马俑的军事内容、秦兵马俑的艺术渊源、秦陵秦俑文物及遗址保护四方面。

（一）秦兵马俑的属性

秦俑研究的首要问题就是要清楚秦俑坑建造的意图，即秦俑的属性问题。秦兵马俑是为何而做的？多数学者认为，秦兵马俑是秦始皇帝的陪葬坑，是中国古代人观念中“事死如事生”思想的体现。秦兵马俑是“始皇帝给自己在冥国安排的冥军”[20]。黄展岳先生认为，兵马俑是“送葬的俑群”[21]。林剑鸣先生认为，秦俑是记功碑性的，与秦陵无关，兵马俑是为纪念战功而立的“封”[22]。白建刚先生认为“秦俑是表彰武功的记功建筑”[23]。秦鸣先生指出“秦俑是秦始皇东巡卫队的象征”[24]。袁仲一先生指出，秦俑“象征着秦始皇生前驻扎在京城外的军队，可称之为宿卫军”[25]。高景明先生认为秦俑“可能是骊山刑徒管理部门进行的一项别有用意的工程”[26]。曾布川宽先生认为，秦俑保卫灵魂和防备灵魂，“起着对敌人设防的机能”[27]。

（二）秦兵马俑的军事内容

秦俑出土后，学者们最早研究的就是关于秦俑坑的军事内容，集中在军阵、兵器、装备、兵种、衔级、爵级等方面。

在秦俑军阵问题中秦俑一号坑的方阵说已无争议[28]。二号坑结构复杂，对其阵法有两种不同认识，袁仲一先生认为是“四个小阵，有机地结合，组成了一个大型的曲尺形军阵，也就是兵书上所说的方、圆、曲、直、锐五种阵形中的曲形阵”[29]。周士琦先生认为是“四兽阵，即由朱鸟阵、玄武阵、青龙阵、白虎阵组成”[30]。三号坑是指挥部或曰军幕、统帅部的观点也得到了认可。对于秦俑三坑总体的军阵内容，袁仲一先生认为一号坑是右军、二号坑是左军、三号坑是指挥部、四号坑是中军，三军拱卫京师[31]。李铨先生认为，兵马俑三坑是“《尉缭子》中所说的常阵”[32]。王学理先生认为是陈兵，表现秦的兵强马壮。关于秦俑军阵的性质，实际是秦俑性质问题讨论的继续[33]。黄今言先生认为，三坑反映秦代中央军的三个组成部分，即“宫廷侍从、宫城卫士及京师屯戍兵三种武装力量”[34]。白建刚先生认为“一号坑属于整个军阵中的主军配置，采取的是春秋时代和战车相应的鱼丽之阵”，二号坑属于整个军阵中的佐军配置，属于一号主军的偏师，可称为“佐奇之兵”。拟议中的四号坑可能是计划要修的后勤部队[35]。刘德增先生认为“秦俑坑是一项未竟工程，全部建成后应有五个兵马俑坑。这个庞大的军阵按前、后、中、左、右配置兵力”[36]。关于秦俑坑反映的秦代军制问题，主要集中在兵役制度和军队组织编制、武器装备的铸造管理等方面。袁仲一先生认为，秦国实行以郡县为单位的征兵制，未实行募兵制，秦代军队的组织平时有宿卫军、边防兵和郡县兵三种，不存在野战性的常备兵[37]。

关于秦俑坑究竟是三个还是四个？至今没有得到普遍认可的观点。这影响到对秦陵布局和秦俑坑性质的研究。关于四号坑的性质，党士学先生、刘占成先生均发表卓有见地的论文[38]。

关于秦俑中军士的爵级和衔级，陈孟东、卢桂兰、春材等先生进行过专门研究，认为高级军吏俑（将军俑）的衔级分为三种，即校尉或弩兵校尉、郡尉或都尉、司马，中级军吏俑的衔级为军侯，下级军吏俑的衔级为率长或乘长。军吏的爵级是由一级公士到八级公乘。士兵俑中甲士高于步兵俑，步兵俑高于徒。二号坑属长备兵，一号坑属郡县兵[39]。王学理先生将秦俑军吏俑分为三种：高级军吏俑、中级军吏俑和初级军吏俑。高级军吏俑分为校尉、都尉（郡尉），中级军吏俑分为司马和军侯，初级军吏俑分为卒长、发弩啬夫，并进一步提出“军吏们的爵级是由一级公士到八级公乘”[40]。申茂盛先生发表过《秦始皇帝陵园兵俑军衔与兵俑冠式、甲衣》[41]，依据秦始皇帝陵园兵俑式、甲衣类型比对兵俑衔级，提出衔级与冠式无关，与甲衣类型有关。

（三）秦兵马俑的艺术渊源

秦兵马俑展示了秦人超强的写实艺术。王子云、王朝闻、刘开渠、张仃、傅天仇等专家，率先论述秦俑雕塑艺术的特点及其在中国古代雕塑史上的地位和意义[42]。关于秦俑的艺术主题，袁仲一先生认为是宣扬国威，显示政权强大无比，人物则表现为刚毅勇猛、欢快愉悦的风貌[43]。张文立、吴晓丛先生认为俑坑显示出“低沉的哀怨和忿恚的情绪”，表现的是逆反心理[44]。林剑鸣先生认为，秦俑坑的主题思想是大统一的反映[45]。聂新民先生认为，秦俑表现了臣下对秦始皇帝的竭忠尽诚、对秦始皇帝功业的追思和诵念[46]。王关成先生指出，秦俑主题的多元性，说明了它内涵的丰富和对当时社会生活反映的深刻[47]。

此外，学者还对秦兵马俑在中国雕塑史上的地位以及雕塑风格、雕塑特点、雕塑方法、绘彩、图案及东西文化差异等方面进行研究。论文集中发表在《中国历代雕塑·秦始皇陵俑塑群》《秦俑研究文集》《秦俑艺术论集》及《秦俑学研究·艺术编》等书中。

2004年，上海博物馆与陕西省文物局合办“周秦汉唐文明”展览，并组织同名学术研讨会，十二件秦兵马俑参展，故在本次学术会上，秦陵秦俑文物研究也是会议主题之一，有多篇论文涉及秦俑艺术、秦陵文物等[48]。

（四）秦陵文物及遗址保护

在秦陵秦俑文物研究和遗址保护、文物库房的温湿度监测、防霉保护等方面，探索出了有效的方法并付诸实施。这些成果集中体现在《秦俑学研究·秦陵编》《秦俑学研究·保护编》《秦始皇陵文物保护研究》《出土彩绘文物关键技术研究》等书中。这些论著既是工作经验的总结梳理，也为秦陵秦俑保护研究提供了技术参考[49]。

秦兵马俑最初出土时，只有极少数陶俑的局部保存少量色彩。在发掘中，有的彩绘脱离俑体与土块粘连在一起，如果保护不好与俑体连为一体的彩绘，瞬间会出现卷起、龟裂、起泡、脱落等现象。研究得知，彩绘损坏的原因是颜料颗粒之间及彩绘和层次之间粘附力很微弱，特别是底层（生漆）对失水非常敏感，在干燥过程中剧烈收缩，引起底层起翘卷曲，造成整个彩绘层脱离陶体。因此，彩绘保护的关键是稳定漆层。最终采取的保护方法是：一是PEG200和聚氨酯乳液联合处理法；一是单体材料渗透、电子束固化的保护方法。单体材料的分子量小，容易渗入陶体表面，且没有黏性，但用电子束照射聚合后，形成高分子材料，其保护效果最好。利用PEG200和聚氨酯乳液联合处理法，能防止生漆层收缩，并改善生漆层的性能，如同甘油一般，对俑的“皮肤”起到柔化作用，并减慢其干燥速度，使陶俑彩绘易于保护。

1990年，中德合作“秦俑彩绘文物保护科研课题组”成立，之后中德合办了三次“秦俑及彩绘文物保护与研究国际学术研讨会”[50]。2004 年，“秦俑彩绘保护研究项目”获得国家科技进步二等奖。该项目“技术资料齐全，数据翔实可靠，科技含量高。其成果易于推广应用，社会效益和经济效益显著，达到了国际领先水平”[51]。

2006 年，陶质彩绘文物保护国家文物局重点科研基地设在秦俑博物馆。到2016年，秦陵博物院承担的《考古发掘现场出土脆弱遗迹临时固型材料研究》项目获国家“十二五”文物保护和技术创新奖一等奖。该项目来源于“十二五”国家科技支撑计划重点课题《出土陶质彩绘文物保护关键技术研究》及国家重点基础研究发展计划课题《脆弱性硅酸盐质文化遗产保护关键科学与技术基础研究》，由秦陵博物院8家单位承担，主要针对临时加固和可控去除技术对提取材料的有效性、安全性及可控去除性的要求以及被提取脆弱文物的特点，聚焦薄荷醇及其衍生物作为目标材料进行研究。该项目对提高我国考古发掘现场脆弱遗迹提取的技术与装备水平具有重要意义。

秦陵博物院承担的《遗址博物馆环境监测与调控关键技术研究》项目针对遗址博物馆保护形式单一、缺少科学的预防性保护手段等问题，研制出国内唯一的开放式和封闭式多场耦合实验舱，为遗址博物馆文物的预防性保护提供了系统解决方案。

2006年以来，秦陵博物院与英国伦敦大学考古学院合作，对秦陵出土文物，主要是陶俑和青铜兵器，进行多学科的综合研究。借助硅橡胶翻模、电子扫描显微镜、XRF分析仪、能谱分析、拉曼光谱和岩相分析等手段，利用计算机软件的强大数据处理功能，提取遗迹及相关陶制、金属制品背后所蕴含的有关秦代社会及手工业生产信息，探讨在修建秦陵过程中，其手工业生产的原材料来源、生产加工技术、作坊管理、库存、运输及俑坑布局过程中的管理模式，进而探讨当时的专业化、标准化程度及相关的劳动力组织。2011年，秦陵博物院与英国伦敦大学考古学院等联合组织“秦时期的冶金及相关社会考古学涵义国际学术研讨会”，对秦时期的金、银、铜、铁等各类金属制品从考古学和科技分析角度进行探讨，为秦陵秦俑文物保护、秦代史学研究的深入开展打开了新视角[52]。

2009年以来，针对考古现场脆弱文物与遗迹众多的现状，文保工作者提出将其完整、安全、有效地提取到实验室进行永久保护的思路。同时，秦陵博物院等单位承担“十二五”国家科技支撑计划以及国家重点基础研究发展计划（973计划）课题，探索出了应用左旋薄荷醇作为临时固型材料对考古发掘现场脆弱遗迹提取的技术路径[53]。

近年来，物探遥感方法应用于秦始皇帝陵勘探、调查工作中[54]。秦陵博物院与德国巴伐利亚州文物局、比利时杨森公司、美国强生公司、美国沙漠研究所、伦敦大学、牛津大学、西北大学、陕西师范大学等单位合作，在文物保护、修复、土遗址加固、遗迹防霉、小气候环境研究以及秦考古、历史等方面做了大量探索性工作，为文物遗址的科学保护提供了保障。

（五）秦陵地宫、封土、陪葬坑及文物研究

在秦陵陪葬坑与秦陵文物的专题研究方面，段清波先生重点研究秦始皇帝陵园排阻水工程的建造时间、封土高度、外藏系统。他依据勘探秦陵地宫东、西、南三面的地下阻排水工程遗迹，结合文献中关于秦始皇陵“穿三泉”“下锢三泉”的记载，认为文献记载秦陵封土高“五十丈”是基本可信的。秦陵封土高度与文献记载相距较大的原因是因秦陵未建成所致。他指出秦陵始建于李斯任丞相以后，建设时间只是数年，而非传统观点所说的38年[55]。张卫星先生从考古学意义上对秦陵的概念予以界定，重点研究秦始皇帝陵的设计理念、礼仪结构的象征意义、始皇陵的信仰体系与生死观念等[56]。

秦陵地下墓穴结构如何？多数人认为是斗室墓形制。这是从已发掘的陕西凤翔秦公一号大墓、湖南长沙马王堆汉墓等推测的。这些墓葬的形制和秦陵一样，规模比较大，均为呈阶梯状的斗室墓穴，也有人认为是洞室墓，因为在秦陵东侧的上焦村已发现了6座洞室墓，而且洞室墓比竖穴墓结构更合理。另据《汉旧仪》记载修秦陵时“旁行三百丈乃止”，表明秦陵墓穴应为洞穴室，才能“旁行”。

在秦陵秦俑的微观文物研究方面，学者用考据的方法，对文物求名责实，予以实证研究。袁仲一、王关成、刘占成、党士学、申茂盛等先生对“王负剑”、秦陵铜车马零部件、秦殳等的考证，丰富了秦陵文物的研究内容[57]。

1. K9801陪葬坑

1998年在秦始皇帝陵东侧内外城垣之间，发现了K9801陪葬坑。《秦始皇帝陵考古报告（1999）》《秦始皇帝陵K9801陪葬坑第一次试掘简报》等报告公布了第一手资讯，撰写者有认为该坑是秦陵的石铠甲陪葬坑。有指出，该坑发掘面积较小，其性质还不能完全确定[58]。

2. K9901陪葬坑

K9901陪葬坑位于秦陵内外城垣之间的东南部。该坑出土陶俑均为半裸，着短裤，面部表情生动，与秦汉时代的角抵百戏相似，在棚木上面还出土有一件大型青铜鼎[59]。

3. K0006陪葬坑

K0006陪葬坑位于秦陵封土西南角[60]。袁仲一、刘占成先生认为该坑是马厩坑[61]。段清波先生认为，秦陵的每一个陪葬坑可能对应着一个中央机构，秦始皇其实是想把中央集权的政治机构也带入地下，以实现权力的延续[62]。张仲立先生认为，六号坑是关于秦始皇近身侍臣的陪葬，具体应属于秦始皇时期侍奉皇帝左右的侍御史、谒者或侍中一类近官[63]。《秦始皇帝陵园考古报告（2000）》编者认为，六号坑反映的是秦帝国的一个官府机构，该机构的主要工作人员由文官组成，而且这个机构是构成中央政府三公九卿的官府之一，可能是九卿中主管监狱与司法的廷尉[64]。陈治国先生认为该坑不是御史的官署，而只是待命的场所[65]。

4. K0007陪葬坑

2000年在秦陵外城东北发现了K0007陪葬坑。2005年，发掘简报公布[66]。段清波先生认为该坑“是秦始皇陵园外藏系统中兼具园囿和乐府性质的机构，是为秦始皇提供娱乐的官署”[67]。焦南峰先生提出“秦始皇陵园东北侧的‘动物府藏坑’、七号坑和鱼池等遗迹和遗物，则应是以‘上林’为代表的秦园林苑囿在陵区的具体体现”[68]，刘瑞先生指出，K0007陪葬坑很可能就是秦位于上林苑中的属少府管辖的“外乐”[69]。张敏、张文立先生认为是苑囿中的池沼，其功能是以乐舞祈福求仙[70]。袁仲一先生认为，七号坑未见家禽类的鹅、鸭，所出仙鹤、天鹅、鸿雁均为观赏性、祥瑞性的珍禽。这说明饲养的目的不是为食用，而是为观赏。因此，将该坑定名为禽牢或禽圈、禽园均符合秦代的称谓。今人对“禽园”一名比较通俗易懂，故暂名之为禽园类陪葬坑，或简称铜禽坑[71]。刘占成、刘钊、罗明、张卫星等先生发表论文[72]。陈四海先生对该坑出土的义甲进行了研究[73]，丰富了对秦始皇陵的认识。

5. 绿面俑

对秦兵马俑二号坑中出土的绿面俑，王俊民、包柏成、朱学文等学者提出不同观点[74]。袁仲一先生认为浅绿色是人面的一种近似色，是性格剽悍、刚毅型人物的面孔[75]。钱茀说“绿脸俑”是秦军中的“傩人”[76]。朱思红、张亚娜先生认为“绿面（脸）俑”应称其为“青面俑”，绿面俑是创作者艺术表现手法灵活多样的反映[77]。张铭洽先生认为分析秦代“巫”的社会群体、社会功能、秦代巫术的种种表现及其影响，对全面认识秦文化有重大意义[78]。

三、如何推动秦陵秦俑研究深入

1987年12月，秦始皇陵及兵马俑被联合国教科文组织列入《世界文化遗产名录》，编号为304。世界遗产委员会评价说："毫无疑问，如果不是1974年被发现，这座考古遗址上的成千件陶俑将依旧沉睡于地下。秦始皇，这个第一个统一中国的皇帝，殁于公元前210年，葬于陵墓的中心。在他陵墓的周围环绕着那些著名的陶俑。结构复杂的秦始皇陵是仿照其生前的都城——咸阳的格局而设计建造的。那些略小于人形的陶俑形态各异，连同他们的战马、战车和武器，成为现实主义的完美杰作，同时也保留了极高的历史价值。"

秦俑宿卫着秦陵，如同复活的军团一般，虽然是陶质的俑，但如真人一般大小，给人留下的不仅是雄壮威武的军阵，更多的是2200年前古人的生活实况。史党社先生认为，秦兵马俑是历史的产物，是历史信息的载体，它对于史学有理论与实证有双重意义[79]。史学要发挥好社会功能，就要求史学研究者正确解释历史现象，客观全面评价历史人物，揭示历史本质，帮助人们正确认识社会发展规律。张文立先生指出："对秦俑的研究应该进一步提高理论水平，在微观研究的基础上，进行宏观研究，探索中国古代文化整合的规律，并充分论证它在现实生活中的历史价值和作用，即观古知今中的社会教育、文化传承的价值和作用"[80]。

秦陵秦俑的研究与其他学科一样，需要的是科学的态度和方法，即"大胆的假设，小心的求证"。关于秦陵兵马俑的真实身份学术界早就有争论，各种观点都能自圆其说，但是都没有充分说服其他观点的有力证据。

刘九生先生提出，秦兵马俑并非像现在学术界普遍认定的是"兵马俑""军阵"或者"宿卫军"等军队的复制品，而是只有秦始皇才能拥有、动用的近臣侍卫系统，即"郎系统"真人、真马、真车及其装备的复制。整个兵马俑场面呈现的是始皇帝出入或即将举行礼仪盛典时基本范式的生动写照——四号坑对应祭祀或礼仪场所，三号坑对应宗庙，二号坑对应宫厩，一号坑对应宫城即骊山园——而非所谓"兵强马壮的秦国军队的形象记录"[81]。

2009年4月8日，西安文理学院组织召开"秦始皇陵陪葬坑属性座谈会"。刘庆柱先生认为，学术争鸣应建立在一定的学术基础上。"关于秦始皇陵兵马俑坑性质的学术讨论，实际上涉及历史学、考古学研究的方法论问题。对于遥远的古代历史而言，我们的研究必须以已有的科学成果为起点和支撑点，去探讨未知领域。所有科学研究都需要'假设''假说'，但是'假设''假说'的科学性，取决于其科学研究的'起点'是否准确、'支撑点'是否牢固。"[82]

刘占成先生从出土的兵马俑身穿铠甲、手拿武器的情况分析，秦陵兵马俑"兵"的身份是不容置疑的，近臣侍卫也是"军队"的性质，而且，这部分俑只占所有发现的两成。另外，从穿着的铠甲不同可以发现，还有八成秦俑相当于“野战部队”。周天游先生认为“郎系统”在数量上一般比较少，这与兵马俑内的8000“俑”相比，无疑无法吻合。张卫星先生认为，刘九生的观点只是从兵马俑局部来看，并没有从秦始皇陵的整个布局来分析，显得有点“一叶障目”[83]。申茂盛先生也发表《秦俑是“兵”是“郎”——与刘九生先生商榷》提出质疑[84]。

目前秦陵秦俑研究中，微观研究尚不到位，对秦陵秦俑坑出土文物的释义还有不少方面涉及不够或没有解决，如秦俑坑究竟有几个坑，是三个还是四个？迄今没有解决，这影响到对秦陵布局及秦俑坑性质的研究，是中央军还是屯聚列陈？还是野战军？关于俑坑出土的高、中、低级军吏俑或将军俑、军吏俑的爵级、衔级问题等等，再如关于K9901陪葬坑出土百戏俑中的每尊俑是百戏中的哪一种，是俳优、寻幢、扛鼎？K0006陪葬坑出土文吏俑是哪一类文官，是廷尉？是太仆？K0007陪葬坑出土乐舞俑，奏的什么乐？乐者所持是何种乐器？诸多问题，必须认真考证，只有解决了这些名实问题，才能在此基础上进行宏观研究[85]。

早在1988年，秦始皇陵及兵马俑被列入世界文化遗产名录之后，张文立先生就提出了“秦陵秦俑研究如何深入”的话题，并就此邀请各方面学者发表专题文章，并派员采访武伯纶、何正璜、林剑鸣、袁仲一、何清谷五位专家，访谈文章发表在秦俑学研究会会刊《秦陵秦俑研究动态》1989年第1期、1991年第2期和1992年第3期[86]。熊铁基先生关注秦陵秦俑研究，写过多篇相关论文。他在谈到如何深入研究秦汉军事制度时提出四点建议：“要进一步加强理论学习和修养、加强比较研究、加强文献与考古资料研究的进一步结合、进一步清理和考辨已有的研究成果。”这些建议同样适用于秦陵秦俑研究[87]。

近年来，学术研究中不严肃的现象如抄袭观点、抄袭作品、“炒剩饭”的情况屡屡出现，秦陵秦俑研究也不乏其例，因此严守学术规范，便是治本之术。不尊重他人劳动成果，急功近利，转引第二手资料，甚至引错，误导读者等，既需要学者自律，更需要学术批评来监督[88]。

列入世界遗产30年来，秦陵秦俑研究已有三项成果：一是建立了秦俑学研究会，团结和联络了一批各学科研究秦陵秦俑、秦文化的学者。二是按时编印学术季刊《秦陵秦俑研究动态》，编辑出版了收文百余篇大型的文集《秦俑学研究》，出版专著《秦俑学》，以年度报告的形式及时公布秦始皇陵和兵马俑的考古资料。三是定期召开学术研讨会，以秦俑学研究和秦俑文物保护研究为主题，推动秦陵秦俑研究深入开展。

展望秦陵秦俑研究未来，我们还应重视基础研究工作，认真开展秦陵文物的微观研究，结合文献资料审慎考据，给秦俑及秦陵文物以科学定名。秦陵秦俑的研究和保护工作，将随着考古发掘的进展、新出土文物的面世和科技的进步而深入开展，将来还会出现新的课题。这些都需要我们随时关注并认真研究，需要我们去除浮躁，潜心研究，大胆设想，认真求证，需要积极开展学术争鸣和批评商榷，以求得出多数学者认可的观点。

注释

[1] 张文立:《二十五年秦俑研究综述》,《秦俑秦文化研究——秦俑学第五届学术研讨会论文集》，陕西人民出版社，2000年，第6-20页；张文立:《世纪初秦陵秦俑研究趋向》,《秦文化论丛》(十二)，三秦出版社，2005年，第635-653页；田静:《秦陵考古与秦文化研究述评》,《秦文化论丛》(十四)，三秦出版社，2007年，第489-498页；张文立:《近年秦陵秦俑研究平议》,《秦俑博物馆开馆三十周年秦俑学第七届年会国际学术研讨会论文集》，三秦出版社，2010年，第1-8页。

[2] 张文立:《秦俑学》，陕西人民教育出版社，1999年。

[3] 始皇陵秦俑坑考古发掘队:《临潼县秦俑坑试掘第一号简报》,《文物》1975年第11期；始皇陵秦俑坑考古发掘队:《秦始皇陵东侧第二号兵马俑坑钻探试掘简报》,《文物》1978年第5期；秦俑坑考古队:《秦始皇陵东侧第三号兵马俑坑清理简报》,《文物》1979年第12期。

[4] 陕西省文物管理委员会:《秦始皇陵园调查简报》,《考古》1962年第8期；陕西省考古研究所、秦始皇兵马俑博物馆:《秦始皇陵园考古报告(1999)》，科学出版社，2000年，第3-8页；陕西省考古研究所、秦始皇兵马俑博物馆:《秦始皇陵园考古报告(2000)》，文物出版社，2006年，第48-104页；关于秦陵秦俑研究论著目录，参见张文立《秦俑学》之附录，陕西人民教育出版社，1999年，第277-382页。

[5] 始皇陵秦俑坑考古发掘队:《秦始皇陵兵马俑坑一号坑发掘报告(1974—1984)》，文物出版社，1988年。

[6] 陕西省考古研究所、秦始皇兵马俑博物馆:《秦始皇帝陵园考古报告(1999)》，科学出版社，2000年；陕西省考古研究所、秦始皇兵马俑博物馆:《秦始皇帝陵园考古报告2000》，文物出版社，2006年；陕西省考古研究所、秦始皇兵马俑博物馆:《秦始皇帝陵园考古报告2001~2003》，文物出版社，2007年；秦始皇帝陵博物院:《秦始皇帝陵园考古报告2009~2010》，科学出版社，2012年；秦始皇兵马俑博物馆:《秦始皇陵二号兵马俑坑发掘报告(第一分册)》，科学出版社，2009年。

[7] 刘云辉:《秦陵铜车马》，西北大学出版社，1986年；王学理:《秦陵彩绘铜车马》，陕西人民出版社，1988年；张仲立:《秦陵铜车马与车马文化》，陕西人民教育出版社，1994年。

[8] 秦始皇兵马俑博物馆、陕西省考古研究所:《秦始皇陵铜车马发掘报告》，文物出版社，1998年；秦始皇兵马俑博物馆:《秦始皇陵铜车马修复报告》，文物出版社，1998年。

[9] 党士学先生铜车马研究的主要论文如下:《关于秦陵二号铜车马》,《文博》1985年第2期；《秦陵铜车车舆结构与车舆衣蔽再探》(与张仲立合著),《文博》1990年第5期；《秦陵铜车马相关问题再探》,《秦文化论丛》(十二)，三秦出版社，2005年；《中国古代单辕车系驾关系新探》,《秦文化论丛》(十三)，三秦出版社，2006 年；《从秦陵铜车看古代车的轮轴系统》,《秦文化论丛》(十四)，三秦出版社，2007年；《秦陵铜车御者佩饰与“王负剑”新释》,《咸阳师范学院学报》2008年第3期；《秦陵铜车马具马饰撷考》,《秦文化论丛》(十五)，三秦出版社，2008年；《秦陵铜车马的舆底结构、牵引关系与力学应用》,《周秦汉唐文明研究论集》，上海古籍出版社，2008年；《秦陵铜车马车盖及相关问题研究》,《回顾与创新·创新篇》，三秦出版社，2009年；《秦陵铜车马中关于登车的两组附件解析》,《秦俑博物馆开馆三十周年秦俑学第七届年会国际学术研讨会论文集》，三秦出版社，2010年；《秦陵铜立车车舆结构及衣蔽解析》,《秦始皇帝陵博物院》(壹)，三秦出版社，2011

年；《谈策释镃》，《秦始皇帝陵博物院》（贰），三秦出版社，2012年；《如何讲解秦陵铜车马》，《遗产地讲解培训研究》，陕西人民出版社，2017年。

王关成：《辒辌车刍议》，《文博》1989年第5期；袁仲一：《秦陵一、二号铜车马综论》，《秦文化论丛》（五），西北大学出版社，1997年；袁仲一：《秦陵铜车马制造工艺概述》，《秦文化论丛》（五），西北大学出版社，1997年；朱思红：《秦始皇陵一号铜车出土铜弩研究》《秦文化论丛》（八），西北大学出版社，2001年；郭兴文：《考辨铜车马内的铜壶和铜折页》，《秦文化论丛》（八），西北大学出版社，2001年。秦始皇帝陵博物院：《秦始皇帝陵出土一号青铜马车》，文物出版社，2012年；秦始皇帝陵博物院：《秦始皇帝陵出土二号青铜马车》，文物出版社，2015年。

[10] 袁仲一：《秦始皇陵兵马俑研究》，文物出版社，1990年；袁仲一：《秦始皇陵考古发现与研究》，陕西人民出版社，2002年；袁仲一：《秦兵马俑的考古发现与研究》，文物出版社，2014年。

[11] 武伯纶、张文立：《秦始皇帝陵》，上海人民出版社，1990年；张文立：《秦史人物论》，陕西人民教育出版社，1993年；张文立：《秦始皇帝评传》，陕西人民教育出版社，1996年；王云度、张文立：《秦帝国史》，陕西人民教育出版社，1997年；张文立、张敏：《秦始皇》，西安出版社，2005年；张文立：《秦始皇帝和他周围的人》，科学出版社，2009年。

[12] 王学理：《秦始皇陵研究》，上海人民出版社，1994年；王学理：《秦俑专题研究》，三秦出版社，1994年；王学理：《轻车锐骑带甲兵——秦始皇陵兵马俑发现与研究》，百花文艺出版社，2002年。

[13] 马非百：《秦集史》，中华书局，1982年。

[14] 林剑鸣：《秦史稿》，上海人民出版社，1982年；林剑鸣：《秦国发展史》，陕西人民出版社，1981年；林剑鸣：《秦史》，五南图书出版有限公司，1998年；林剑鸣：《秦汉史》，上海人民出版社，2003年。

[15] 田静、史党社：《秦俑的史学价值》，《陕西历史博物馆馆刊》（七），三秦出版社，2000年，第40页。

[16] 秦俑研究第三届学术会论文刊于《文博》1990年第5期，该刊以《秦俑秦文化研究特刊》出版，收文51篇；秦俑研究第四届学术会论文110篇收入《文博》1994年第6期和《秦文化论丛》（三），三秦出版社，1994年；秦俑学第五届学术会论文96篇收入《秦俑秦文化研究——秦俑学第五届学术研讨会论文集》，陕西人民出版社，2000年；秦俑学第六届学术会论文70篇收入《秦文化论丛》（十二），三秦出版社，2004年；秦俑学第七届学术会论文61篇收入《秦俑博物馆开馆三十周年秦俑学第七届年会国际学术研讨会论文集》，三秦出版社，2010年；秦俑学第八届学术会论文40篇收入《秦始皇帝陵博物院》（柒），三秦出版社，2017年。

[17] 张文立：《秦俑与秦俑学》，《文博》1995年第5期，该文被《新华文摘》1995年第12期全文转载；张文立：《秦俑学》，陕西人民教育出版社，1999年。

[18] 王学理：《轻车锐骑带甲兵——秦始皇陵兵马俑发现与研究》，百花文艺出版社，2002年，第359页。

[19] 韩复智、叶达新、邵台新、陈文豪编：《秦汉史》，里仁书局，2007年。

[20] 张文立：《二十五年秦俑研究综述》，《秦俑秦文化研究——秦俑学第五届学术研讨会论文集》，陕西人民出版社，2000年，第19页；张文立：《秦俑学》中指出："冥军也是明器的一种。"冥军的提法是1989年张文立先生在日本的一次讲座中首先提出的，之后在国内报刊上发表文章进一步论述该观点，其他学者虽然没有这样提，但都认为兵马俑是秦陵的陪葬品。陕西人民教育出版社，1999年，第78页。

[21] 黄展岳：《中国西安、洛阳汉唐陵墓的调查与发掘》，《考古》1981年第6期。

[22] 林剑鸣：《秦俑之谜》，《文博》1985年第5期。

[23] 白建刚：《秦俑军阵初探》，《西北大学学报》1981年第3期。

[24] 秦鸣：《秦俑坑兵马俑军事内容及兵器试探》，《文物》1975年第11期。

[25] 袁仲一：《秦俑艺术》，《艺术论丛》（第3辑），人民美术出版社，1984年。

[26] 高景明：《秦兵马俑与秦的统治思想》，《文博》1990年第5期。

[27] 曾布川宽：《秦始皇陵和兵马俑的关系试论》，原载《东方学报》58册，节选译文《陵墓制度和灵魂观》，刊《秦陵秦俑研究动态》1989年第2期。

[28] 庞齐：《观秦俑谈方阵》，《文博》1985年第1期。

[29] 袁仲一：《秦始皇陵东侧二、三号俑坑军阵内容试探》，《中国考古学会第一届年会论文集》，文物出版社，1979年。

[30] 周士琦：《秦俑二号坑中的四兽阵》，《光明日报》1994年11月8日。

[31] 袁仲一：《秦始皇陵东侧二、三号俑坑军阵内容试探》，《中国考古学会第一届年会论文集》，文物出版社，1979年。

[32] 李铨：《秦陵布局与兵马俑坑》，《文博》1986年第5期。

[33] 王学理：《一幅秦代的陈兵图——论秦俑坑的性质及其编成》，《文博》1990年第5期；黄今言：《秦代中央军的组成和优势地位——兼说秦兵马俑所反映的军制内涵》，《文博》1994年第6期。

[34] 黄今言：《秦代中央军的组成和优势地位——兼说秦兵马俑所反映的军制内涵》，《文博》1994年第6期；黄今言：《秦俑研究中若干问题之辨释》，《秦汉文化比较研究——秦汉兵马俑暨两汉文化研究论文集》，三秦出版社，2002年，第21-37页。

[35] 白建刚：《秦俑军阵初探》，《西北大学学报》1981年第3期。

[36] 刘德增：《秦始皇陵兵马俑军阵揭谜》，《走向世界》1991年第3期；刘德增：《秦始皇陵兵马俑军阵初探》，《孙子学刊》1992年第4期；刘德增：《秦始皇陵兵马俑军阵实即八阵中的方阵》，《文博》1994年第6期。

[37] 袁仲一：《秦始皇陵兵马俑研究》，文物出版社，1990年，第211页。

[38] 党士学：《秦俑四号坑是未建成之俑坑说质疑》，《文博》1989年第5期；刘占成：《秦兵马俑“四号坑”质疑》，《秦文化论丛》（十三），三秦出版社，2006年。

[39] 陈孟东：《秦陵兵俑衔级试解》，《文博》1984年第1期；陈孟东、卢桂兰：《秦陵兵俑衔级考》，《文博》1985年第1期；春材：《跪射俑考》，《文博》1986年第4期；陈孟东、卢桂兰：《跪射俑、立射俑新说》，《文博》1987年第2期。

[40] 王学理：《轻车锐骑带甲兵——秦始皇陵兵马俑发现与研究》，百花文艺出版社，2002年，第118页。

[41] 申茂盛：《秦始皇帝陵园兵俑军衔与兵俑冠式、甲衣》，《秦始皇帝陵博物院》（贰），三秦出版社，2012年7月。

[42] 关于秦俑艺术的笔谈，发表在《中国历代雕塑》编委会所编的《中国历代雕塑·秦始皇陵俑塑群》，陕西人民美术出版社，1983年，第1-15页；袁仲一：《秦始皇陵兵马俑研究》，文物出版社，1990年，第303-375页；武伯纶、张文立：《秦始皇帝陵》，上海人民出版社，1990年，第58-79页；袁仲一、张占民：《秦俑研究文集》，陕西人民美术出版社，1990年，第95-182页；田静：《秦俑艺术论集》，陕西人民教育出版社，1995年，第448-479页。

[43] 袁仲一：《秦俑艺术初探》，《西北大学学报》1980年第3期。张文立、吴晓丛先生认为俑坑显示出“低沉的哀怨和忿恚的情绪”，表现的是逆反心理。

[44] 张文立、吴晓丛：《秦俑主题思想试探》，《主题·意志·逆反心理——再论秦俑的主题思想》，《文博》1987年第1期。

[45] 林剑鸣：《秦俑主题何处觅——秦俑之谜》，《文博》1986年第4期。

[46] 聂新民：《也谈秦兵马俑的主题》，《文博》1986年第5期，收入《聂新民文集》，三秦出版社，2013年。

[47] 王关成：《论秦俑主题的多义性》，《秦文化论丛》（二），西北大学出版社，1993 年，第363-371页。

[48] 上海博物馆：《周秦汉唐文明研究论辑》，上海古籍出版社，2008年。

[49] 秦始皇兵马俑博物馆：《秦俑学研究·保护编》，陕西人民教育出版社，1996年；张志军：《秦始皇陵文物保护研究》，陕西人民教育出版社，1998年；秦始皇帝陵博物院等：《出土彩绘文物关键技术研究》，科学出版社，2014年。

[50] 郭宝发、赵昆：《秦俑及彩绘文物保护与研究国际研讨会会议纪要》，《秦陵秦俑研究动态》1999年第2期。

[51]《秦俑彩绘研究鉴定意见》，《秦陵秦俑研究动态》2002年第1期。

[52] 王亮、李季珍、夏寅：《秦冶金制造及相关社会考古学研究进展报告》，《中国文物报》2011年4月29日。

[53] 田静：《荒滩上建起的奇迹——秦陵博物院院史》，《遗产地讲解培训研究》，陕西人民出版社，2017年，第37-49页。

[54] 田静：《863计划介入考古学——遥感物理与考古钻探结合探索秦始皇陵》，《中国文物报》2004年1月30日；刘士毅主编：《秦始皇陵地宫地球物理探测成果与技术》，地质出版社，2005年。

[55] 段清波：《秦始皇帝陵园考古研究》，北京大学出版社，2011年。

[56] 张卫星：《礼仪与秩序：秦始皇陵研究》，科学出版社，2016年。

[57] 王关成：《秦史、秦俑研究五题辨析》，《秦文化论丛》（十四），三秦出版社，2007年，第327-341页；袁仲一：《释“王负剑”》，《早期秦文化研究》，三秦出版社，2006年，第121-125页；申茂盛：《秦殳质疑》，《秦文化论丛》（十二），三秦出版社，2005年，第863-870页。

[58] 陕西省考古研究所、秦始皇兵马俑博物馆：《秦始皇陵园考古报告（1999）》，科学出版社，2000年，第48-104页；张占民：《秦陵铠甲坑发现记》，《文博》1999年第5期；王望生：《秦始皇陵青石铠甲坑考古试掘》，《文博》1999年第6期；始皇陵考古队：《秦始皇陵园 K9801陪葬坑第一次试掘简报》，《考古与文物》2001年第1期。

[59] 陕西省考古研究所、秦始皇兵马俑博物馆：《秦始皇陵园考古报告（1999）》，科学出版社，2000年，第166-199页；秦陵考古队：《秦始皇陵园 K9901试掘简报》，《考古》2001年第1期。

[60] 始皇陵考古队：《秦始皇陵园 K0006陪葬坑第一次发掘简报》，《考古与文物》2002年第3期；始皇陵考古队：《对秦始皇陵园K0006号陪葬坑出土马骨的几点认识》，《中国文物报》2001年9月21日；始皇陵考古队：《文官俑亮相秦始皇陵园》，《中国文物报》2001年10月12日。

[61] 袁仲一：《秦始皇陵考古发现与研究》，陕西人民出版社，2002年，第134页；刘占成：《秦陵新发现陪葬坑性质刍议》，《文博》2001年第4期；刘占成：《秦陵“六号坑”性质商榷》，《秦文化论丛》（十一），三秦出版社，2003年，第386-399页。

[62] 段清波：《秦始皇陵园K0006陪葬坑性质刍议》，《中国文物世界》2002年第2期；段清波：《秦始皇帝陵园考古研究》，北京大学出版社，2011年。

[63] 张仲立：《秦始皇陵六号坑属性管窥》，秦俑学第六届学术研讨会论文，2004年。

[64] 陕西省考古研究所、秦始皇兵马俑博物馆：《秦始皇陵园考古报告（2000）》，文物出版社，2006年，第260-265页。

[65] 陈治国：《秦始皇帝陵园 K0006陪葬坑性质试探》，《文博》2014年第5期。

[66] 陕西省考古研究所、秦始皇兵马俑博物馆:《秦始皇陵园K0007陪葬坑发掘简报》,《文物》2005年第6期;陕西省考古研究所、秦始皇兵马俑博物馆:《秦始皇陵园考古报告(2000)》,文物出版社,2006年,第65–94页。

[67] 段清波:《袅袅之音天上来——幽雅灵动的秦陵七号坑》,《文物天地》2004年第12期;段清波:《秦始皇帝陵园考古研究》,北京大学出版社,2011年。

[68] 焦南峰:《左弋外池——秦始皇陵园K0007陪葬坑性质蠡测》,《文物》2005年第12期。

[69] 刘瑞:《秦始皇陵K0007陪葬坑性质新议》,《秦文化论丛》(十四),三秦出版社,2007年,第349–372页。

[70] 张敏、张文立:《秦始皇帝陵》,三秦出版社,2003年,第91页;张文立:《秦始皇陵7号坑蠡测》,《考古与文物》2004年增刊。

[71] 袁仲一:《关于秦始皇陵铜禽坑出土遗迹、遗物的初步认识》,《秦文化论丛》(十二),三秦出版社,2005年,第722–731页。

[72] 刘占成:《秦陵"七号坑"性质和意义刍议》,《文博》2002年第2期;刘钊:《论秦始皇陵园K0007陪葬坑的性质》,《中国文物报》2005年8月9日;罗明:《秦始皇陵园K0007陪葬坑弋射场景考》,《考古》2007年第1期;张卫星:《先秦至两汉时期的非立姿俑试探——兼论秦始皇陵K0007陶俑姿势定名》,《秦文化论丛》(十四),三秦出版社,2007年,第386–397页。

[73] 陈四海:《秦始皇陵出土银质义甲考》,《中国音乐学》2005年第2期;陈四海:《秦始皇陵出土银质义甲考——兼论秦声中的特色乐器"筝"与"缶"》,《秦文化论丛》(十二),三秦出版社,2005年,第829–839页。

[74] 秦文:《绿脸秦俑的八大猜想》,《科技日报》2009年4月3日。王俊民、包柏成:《秦陵兵马俑中绿面俑容貌文化意义解读》,《宁夏大学学报》2009年第4期;朱学文:《也谈秦俑二号坑出土的绿面俑》,《文博》2010年第4期。

[75] 袁仲一:《秦俑二号坑出土的绿面俑》,《秦陵秦俑研究动态》2000年第3期。

[76] 钱茀:《"绿面俑"应为军中"傩人"》,《秦陵秦俑研究动态》2002年第3期。

[77] 朱思红、张亚娜:《"绿面俑"应称"青面俑"——试解"绿面俑"之谜》,《秦文化论丛》(十二),三秦出版社,2005年,第761–769页。

[78] 张铭洽:《秦代"巫现象"杂谈——兼谈秦代的"日者"》,《秦文化论丛》(十二),三秦出版社,2005年,第430–450页;张铭洽:《张铭洽学术文集》,三秦出版社,2018年,第131–150页。

[79] 田静、史党社:《秦俑的史学价值》,《陕西历史博物馆馆刊》(七),三秦出版社,2000年,第40页。

[80] 张文立:《世纪初秦陵秦俑研究趋向》,《秦文化论丛》(十二),三秦出版社,2005年,第635–653页;张文立:《近年秦陵秦俑研究平议》,《秦俑博物馆开馆三十周年秦俑学第七届年会国际学术研讨会论文集》,三秦出版社,2010年,第1–8页。

[81] 刘九生:《秦始皇帝陵近臣侍卫郎官俑与中国古代文明——"兵马俑"证谬》,《唐都学刊》2009年第2期;刘九生:《〈"兵马俑"证谬〉后叙——兼驳刘庆柱、刘九生》,《唐都学刊》2009年6期;刘九生:《秦始皇帝陵总体营造与中国古代文明:天人合一整体观》,《唐都学刊》2013年第2期。

[82] 陈永杰:《专家称秦兵马俑是秦始皇侍卫系统遭质疑》,《北京科技报》2009年4月15日;周艳涛:《学者质疑兵马俑身份称是秦礼仪队而非军阵》,《华商报》2009年4月9日。

[83] 刘占成:《秦兵马俑中的"郎系统"》,《唐都学刊》2013年第5期。

[84] 申茂盛:《秦俑是"兵"是"郎"——与刘九生先生商榷》,《文博》2012年第3期。

[85] 张文立:《近年秦陵秦俑研究平议》,《秦俑博物馆开馆三十周年秦俑学第七届年会国际学

术研讨会论文集》，三秦出版社，2010年，第1-8页。

[86]《秦陵秦俑研究动态》1989年第1期是笔谈“秦俑研究如何深入”的专刊，刊登以下文章：田静：《秦俑的价值——访林剑鸣教授》、田静：《视野要宽立意要新——访武伯纶先生》、田静：《欲穷千里目更上一层楼——访何清谷教授》、田静：《袁仲一馆长谈秦俑研究》、田静：《加强理论修养注意横向研究——访韩养民教授》、田静：《谈秦俑研究者应具备的素质——访何正璜研究员》、刘占成：《秦俑研究如何深入》、王关成：《秦俑文物、遗址保护的现状及面临的研究课题》、李鼎铉：《秦俑研究刍言》、张占民：《深入展开秦俑军事内容的微观研究》、王鹰：《从比较的角度研究秦俑艺术》。

《秦陵秦俑研究动态》1989年第2期刊登吴晓丛：《攻玉应借他山石》。

《秦陵秦俑研究动态》1991年第1期刊登武伯纶：《从一个文化现象谈起》、黄留珠：《秦俑与秦文化研究应向“巨”“细”两个方面发展》、王辉：《考古、文献、古文字紧密结合，是秦文化研究深入的必由之路》、吴小强：《秦简在秦俑研究中的价值》、贺润坤：《秦俑研究应与秦简研究进一步结合》、秦汉：《历史比较与秦文化、秦俑研究》。

《秦陵秦俑研究动态》1992年第3期刊登刘宝才：《应注意周秦文化差异的研究》、赵沛：《秦俑——文化精神之聚合》、王志俊：《对秦俑与秦文化研究的点滴意见》。

[87] 熊铁基：《关于深入研究秦汉军事制度的几点建议》，《秦汉文化比较研究——秦汉兵马俑暨两汉文化研究论文集》，三秦出版社，2002年，第38-42页。

[88] 张文立：《世纪初秦陵秦俑研究趋向》，《秦文化论丛》（十二），三秦出版社，2005年，第635-653页。

（责任编辑：陈洪　史党社）

近五年秦文字研究述评

孟宪斌　陕西师范大学文学院

内容提要　2013 至 2017 年间，秦文字资料有重大的新发现，秦文字研究也有新发展。本文重点梳理《秦出土文献编年订补》出版之后的五年间秦文字（除秦简牍外）的研究状况及研究成果，展示出近五年秦文字的研究面貌，所述内容涉及秦文字的综合研究、秦金文、秦石刻、秦漆木器、秦金银器、秦玺印封泥、秦陶文、秦货币文字，以及文字隶变与构形理论等多个方面。

关 键 词　秦文字　研究　概况

《秦出土文献编年订补》是对 2012 年以前的秦文字资料和研究状况的汇总，此后五年间新刊布的秦文字资料络绎不绝，加上旧有研究的不断深入，有关秦文字研究的论著也大量出现，因此，有必要对近五年秦文字的研究情况加以总结和梳理。因秦简牍新资料较多，研究成果丰硕，拟将另文总结，今仅对2013至2017年间除秦简牍以外的秦文字研究情况做如下概述。

一、秦文字综合研究

王辉、王伟《秦出土文献编年订补》[1] 汇集了2012年以前所见的秦文字材料4282条，并以断代的时间先后为序进行排列，资料全面，为相关学者了解、研究秦文字的情况提供了极大方便。王辉主编的《秦文字编》[2] 由中华书局于2015年出版。该书材料收集范围广，字形全。字形下或有简要注释或另加按语，为秦文字研究者提供了有益参考。同名王辉《〈秦文字编〉读后记》[3] 指出了《秦文字编》存在的数十条问题，编者王辉先生在其文章后回复并说明了该书的相关情况。王辉、陈昭容、王伟《秦文字通论》[4] 是一本研究秦文字的综合性论著，该书分为秦金文、石刻、简牍、漆木器、玺印封泥、陶文、货币文字等内容，分门别类地对秦文字材料进行介绍和研究，内容丰富、详尽。相关书评有徐宝贵《〈秦文字通论〉读后》[5]。

另外，黄文杰《秦汉文字的整理与研究》[6] 收集整理了新出土的秦汉文字材料，在此基础上探讨了秦汉文字的形体特点和演化规律等问题，有助于进一步研究汉字发展史。黄德宽《秦文字字形表》[7] 以文字编的形式汇集秦文字字形，字头大致按照《说文解字》的顺序排列，方便查找和检索。相关的学位论文还有刘孝霞《秦文字整理与研究》[8] 等。

二、秦金文

（一）礼乐器铭文

关于秦礼乐铜器，祝中熹《大堡子山秦公陵园述略》[9] 系统地概述了大堡子山秦公陵园的整体情况，其中介绍了秦公鼎、秦公簋、秦公镈等重要礼乐铜器。王伟《秦铜器铭文补释三则》[10] 涉及两则兵器铭文考释，一则铜器铭文考释，认为《商周青铜器铭文暨图像集成》2100 号战国晚期私府鼎中“杨邑”应为“樛邑”；《新见秦信宫鼎铭文补释》[11] 一文对该鼎铭文进行重新释读，释鼎盖铭文后三字为“信宫鼎”，释鼎腹铭文为“平”“中私”，并认为“信右”是“信宫右般”之省，“平”是“平宫”之省，“中私”是“中官私官”之省；《平宫鼎铭文新考》[12] 认为原文“大宫”应释为“大官”，且根据铭文字体风格、内容等方面信息，推断此鼎为秦器，铭文为秦刻。雍际春《秦公簋及“十又二公”考》[13] 结合出土文献与历史，考订十二公为中潏至庄公十二位秦君。程平山《秦子器主考》[14] 对比秦子器形上的铭文，结合相关历史和前人研究成果，指出秦子器的时代为春秋早中期，器主应是秦德公太子宣公，大堡子山秦公墓出土的秦子器及传世的秦子器制作年代应为秦德公元年、二年。程燕《秦公簋“徵各”解》[15] 对秦公簋中“徵”字字形做了补充说明，认为铭文“徵各”应读作“登遐”，意为先祖的默佑。韩建武《几件战国秦汉有铭铜器、银器的考释》[16] 介绍了十六件陕西历史博物馆所藏的战国秦汉有铭铜器和银器的形制及铭文。

相关的学位论文还有陈家亮《三晋因素与关中秦墓青铜容器突变》[17]、刘晓《甘肃早期青铜器研究》[18]、顾王乐《秦公、秦子有铭铜器整理与研究》[19]、卓越《建国以来出土秦系非兵器铭文整理与研究》[20] 等。

（二）兵器铭文

与秦兵器铭文研究相关的专著有苏辉《秦三晋纪年兵器研究》[21]，该书综合考古学和古文字学的研究方法，对秦及三晋的纪年兵器进行系统研究，其《战国兵器铭文的重要史料价值：以秦、三晋为中心》[22]《秦、三晋纪年兵器的刻铭及行款论析》[23] 等文讨论了战国时期秦及三晋兵器铭文的史料价值及刻铭问题。

石峰《秦汉吉金遗珍》[24]一文考释了元年鄜弩机、陭氏戈、竹阳秘冒雕阴戈镦、荥阳矛等兵器铭文。蒋文《二年上郡守锜戈的铭文年代及相关问题》[25]研究了《殷周金文集成》著录的一件秦“二年上郡守”戈，将拓本模糊的上郡守之名释为“锜”。程晓伟《再议平乐银山岭墓地出土的两件秦兵器》[26]讨论了广西平乐银山岭墓地出土的两件秦兵器的铭文及出土地点等相关问题。王伟《秦文字“徒淫”的释读及相关问题》[27]结合简牍、玺印封泥、陶文等出土文献资料，补充说明了秦兵器铭文“徒淫”旧释存在的问题，并进一步梳理了相关字形的演变过程；《记新发现的一件秦封君家丞戈》[28]考订了《商周青铜器铭文暨图像集成》17321号“工容戈”为战国晚期秦国封君之家丞造戈，其时代应在秦昭襄王二十一年至二十九年之间，并对其铭文做出详细解释。徐世权《秦“二十二年临汾守戈”考》[29]倾向“二十二年临汾守戈”为秦王政二十二年的断代说法，但认为“临汾守”应理解为县守；《秦二十六年临湘守戈考》[30]考订该兵器的时代应是秦王政二十六年，并指出“临湘守”亦应为县守，该戈为县级武库所造。吴良宝《战国与秦代上郡辖县辑考》[31]结合秦兵器地名与张家山汉简等资料对秦代上郡的辖县情况进行了考察。

相关的学位论文还有周翔《战国兵器铭文分域编年研究》[32]、黄萍《新出兵器铭文的整理与研究》[33]、赵洁《近出东周兵器铭文汇考》[34]等。

（三）度量衡器

近年关于秦度量衡器的研究相对较少。韩建武《陕西历史博物馆藏东周秦汉有铭铜器丛考》[35]详细介绍了两诏铜方升的详细情况。邵凤芝、李文龙《河北大学博物馆藏秦代两诏铜权》[36]介绍了河北大学博物馆收藏的一件秦代铜制斤权。该权重220克，刻有秦王政二十六年和秦二世元年两份诏书。

熊长云《秦诏铜箍残件与秦桶量之复原——兼论桶量与斛量之更替》[37]通过复原秦代诏书残器铭文，推断出原器为环形，应正是久所湮没的秦桶量。此文首次复原出秦桶量，进而填补了秦制“桶—斗—升”序列中桶量形制的空白。

相关的学位论文还有王赛《战国记容铭文的整理与研究》[38]等。

三、秦石刻

秦石刻文字材料主要包括秦公大墓编磬、怀后磬、石鼓文、诅楚文等，另外还有峄山、泰山、琅琊台、之罘、东观、碣石、会稽等刻石。由于材料较少且发现时间较早，故相关研究较为充分，近年来少有增补。近年相关研究有王挺斌《〈诅楚文〉补说》[39]，该文在“宣”“袗”二字的训释上提出了新观点。相关的学位论文还有齐明芸《先秦石刻文字研究》[40]等。

四、秦漆木器、金银器

从材料上看，有铭秦漆木器、金银器与有铭秦铜器相比所见较少，故近年的研究成果也相对较少。王伟《秦文字释读箚记（四则）》[41] 考订了《商周青铜器铭文暨图像集成》19640号和19641号两件秦刻铭银扣的铭文及断代，认为二十一年刻铭银扣的时代应为秦王政二十一年。朱学文《秦漆器研究综述》[42] 系统概述了与漆器有关的多方面研究情况，主要讨论了当时漆器的原料与制作问题，其中对秦漆器文字稍有涉及；《秦纪年漆器铭文及其相关问题研究》[43] 通过对秦纪年漆器铭文的分析，探讨了战国晚期至秦代漆器手工业的性质及制造流程的发展演变。

五、秦玺印封泥

秦玺印封泥资料较兵器、简牍等资料发现较晚，但近些年大量玺印封泥资料的出土为秦文字的研究注入了新的活力。近年来秦玺印封泥的研究仍侧重于新资料的刊布与初步的汇集整理。

2013 年《盛世玺印录》[44] 出版，该书收录四百多钮（套）古玺印。时间上溯西周、战国，下迄宋元、辽金。类别包括官印、私印、吉语印、肖形印等。秦印方面，该书收录有“封陵津印”“利阳右尉”“襄安夫人”“道司空印”等，均具有很高的学术价值。吴砚君《〈盛世玺印录〉编后摭谈》[45] 对其有详细介绍。2015年5月8日至30日在西泠印社美术馆举办的“古代封泥精品展”及其图录《古代封泥精品展》[46] 除收录65枚秦封泥图版资料外，还有孙慰祖先生《新出封泥的史料整合与考古学意义》一文。

2016 年徐畅《古玺印图典》[47] 出版，该书第二编为“秦系玺印”，分公印、私印和成语印三类对秦玺印封泥资料做了汇集。2017 年《盛世玺印录（续壹）》《盛世玺印录（续贰）》[48] 同时出版，两册共收玺印834件（套），为研究各时期文字、官制和地理提供了大量材料；其中前者收录秦官印6方，后者收录秦官印10方，均为新见品类，是研究秦职官、地理的珍稀资料。另外，杨广泰《秦官印封泥著录史略》[49] 一文文末附有“秦官印封泥总目”，可供查阅和参考。

刘瑞《秦封泥分期释例》[50] 根据已有文献对已公布的相家巷秦封泥进行初步分类。陈治国、谷朝旭《秦封泥中的“左般”与“右般”考释》[51] 考察了秦汉时期器物铭文中的“般”字，认为“般”同“盘”，职掌为负责制作盛放盘中食品。陈晓捷、周晓陆[52] 考释了北京文雅堂所藏的12枚封泥资料，为研究战国晚期至统一时期的秦职官、地理情况提供了有益参考。大西克也《从里耶秦简和秦封泥探讨“泰”字的造字意义》[53] 认为秦封泥所见同一官名“大”“泰”互见的现象可能反映了统一时期官名用字的改动问题。

张光裕《从命名看古人的医疗心理——以战国、秦、汉私名玺印为例》[54]利用私名玺印中与病疾有关的命名，探讨了当时人们对待病疾的态度和心理。林文彦《古玺攈遗》[55]分析了秦汉时期“玺”字字形，认为《玺汇》4623第二字应隶作“鑈”，疑为“玺”字繁构；《古玺摭遗》[56]释《玺汇》5523作“娷卩(节)”，认为“娷”为姓氏，“卩(节)”即“玺节”之省，该玺为秦系姓氏私玺。

王辉等《释文雅堂藏几枚与府有关的秦封泥》[57]讨论了文雅堂所藏“河外府丞”“廷府”“御府金府”等封泥的文字及职官内容。莫林恒《湖南洪江老屋背遗址发掘报告》[58]涉及带有“元”“阳”字体的封泥，推测是秦汉时期的文字。陈治国《“阴御弄印”与“阳御弄印”封泥考释》[59]根据《新出封泥汇编》所收秦“御弄”封泥，进一步考证其执掌问题，认为“阴御弄印”与“阳御弄印”执掌是负责为皇帝保管、照看、提供各种珍爱之物。刘乐贤《咸阳出土“徒唯”印考略》认为“徒唯”为秦汉时期常用人名，传世文献中的“尉屠睢”就是汉简中的“尉徒唯”。朱晨、吴红松《秦封泥文字考释二则》[60]基于以往研究成果，根据文字形音义及封泥形制，考释了两枚表示姓名的秦封泥。

王伟《秦玺印封泥职官地理研究》[61]对2013年以前的秦玺印封泥资料做了穷尽式搜集整理，对其中涉及的职官和地理内容做了系统研究；《秦文字札记（五则)》[62]校正了秦封泥、汉简等释文中存在的讹误；《秦出土文献所见太尉与邦尉及其关系辨正》[63]基于传世文献与秦封泥、秦简牍等出土文献，讨论了太尉与邦尉的关系问题，认为秦时的太尉是全国最高的军事长官，而邦尉指的是郡的军事长官，即郡尉；《秦文字释读劄记（四则)》[64]中涉及三则秦封泥考释研究，作者在字形、断代、职官等方面均提出了新的见解；《“李啬夫印”小考》[65]考订了《金印玉玺——古代官印私章精品鉴赏》中所收“李啬夫印”的形制及文字；《文雅堂藏新品秦封泥考释（二十则)》[66]充分研究了秦封泥文字及内容；《平湖玺印篆刻博物馆藏两枚新见秦官印》[67]介绍了该博物馆所藏两枚秦官印，即“都司马印”和“清河侯印”，并进一步研究了两枚官印所涉及的职官内容；《秦玺印封泥文字研究三题》[68]在深入研究秦玺印封泥资料后指出，秦玺印封泥中的某些高频字的特殊写法可以为断代提供帮助，同时还介绍了两种特殊的印章钮制，即鱼钮和蛇钮；《新见秦地名封泥选释（十五则)》[69]考释了《新出陶文封泥选编》一书中收录的部分封泥；《平湖玺印篆刻博物馆藏新品秦官印选释（三则)》[70]考释了“左司播田”等印的文字及内容。

相关的学位论文还有谢日新《从秦封泥的断代谈绎山刻石的文字真伪》[71]等。

六、秦陶文

关于秦陶文的研究，高明、涂白奎《古陶字录》由上海古籍出版社于2014年出版，该书古陶文字形搜罗详尽，收录年代由商至秦，字下注明出土地域、原著录书简称及卷数编号或页码、年代，为学者们研究对比古陶文字形提供了极大方便，从而可进一步促进古陶文的分域研究。

另外，刘杰《秦封宗邑瓦书铭文研究述补》[72]对秦封宗邑瓦书铭文的研究情况进行综述，并结合新材料对其中部分字词的释读进行补充。张占民《秦始皇陵园“击鼓坪”遗址》[73]介绍了该遗址出土的带有“卫”字的陶片。袁仲一《关于“犛亭”及“霸陵过氏瓴”陶文的诠释》[74]中考订了宝鸡眉县尧上村秦汉遗址出土的陶器残片中“犛亭”的位置，并对比秦陶文、秦封泥等其他出土材料，确定“犛亭”陶文的时代应为秦。卜艳明、后晓荣《有关12枚秦“市、亭”陶文的重新考释》[75]讨论了这12枚秦陶文旧释所存在的问题，并指出这些陶文是秦设置县邑市亭制度的产物。徐在国《古陶文著录与研究综述》[76]介绍了古陶文的整体研究情况，并指出现阶段古陶文研究仍存在的问题。

七、秦货币文字

秦货币文字研究，主要有戴志强、戴越《古钱文字（中国古文字导读）》[77]，该书辅以大量图片，探讨了先秦时期钱币上的古文字，内容丰富。徐勇捷《战国秦半两钱的类型及其相关问题》[78]将秦半两钱分为七种类型并加以阐述。喻战勇《河南新乡辉县出土的战国秦半两》[79]介绍了河南新乡辉县出土的半两钱，并探讨其出土地在河南的原因。相关的学位论文还有刘舒《半两钱分型研究》[80]等。

八、隶变与文字构形理论

隶变及构形理论是从宏观的角度对文字形体展开的研究，与秦文字相关的研究主要有周宇《始皇诏版隶变方法考论》[81]、朱葆华《试论秦代的文字系统》[82]、黄德宽《略论汉字发展史研究的几个问题》[83]、王祖龙《秦“书同文”传统与中国早期书体嬗变考论》[84]、朱晨《秦封泥文字与〈说文解字〉所辑字形的对比研究》[85]等。另外，2015年华东师范大学出版社出版了《中国文字发展史》（五卷）[86]，该书讨论的汉字时代上起春秋，下迄隋唐五代，完整地呈现了汉字各个时期的特点及整体的发展面貌。

李绣玲《秦简牍和〈张家山汉简〉文字构形比较析论——以秦简牍“简化”“繁化”及“异化”现象的字例为考察中心》[87]对比秦简牍与张家山汉简的文字，

探讨了早期隶变过程中文字间的传承关系以及发展过程中产生的差异。

相关的学位论文还有钱雪《秦印中的隶变因素》[88]、田芳《隶变新探》[89]、李苏和《秦文字构形研究》[90]、朱颖星《秦系金文整理与研究》[91]、刘伟真《古文字字形对称现象研究》[92]、姜慧《秦简牍文字构件系统定量研究》[93]等。

九、结语

随着近年秦出土文献的不断出现，秦文字的研究也愈发深入。学者们不但研究文字形体本身，同时也关注与之相关的秦代社会的方方面面。这些研究又往往涉及多个领域，涵盖古文字学、古典文献学、历史学和考古学等多个学科。由于秦文字正处于汉字发展的过渡时期，所以其作为汉字发展史上承上启下的重要一环，充分证明了对秦文字展开相关研究的价值和意义。本文对2013至2017年间除秦简牍以外的秦文字研究情况做简要概述，其间难免挂一漏万，疏误之处还请批评指正。

注释

[1] 王辉、王伟：《秦出土文献编年订补》，三秦出版社，2014年。

[2] 王辉：《秦文字编》，中华书局，2015年。

[3] 王辉：《〈秦文字编〉读后记》，《考古与文物》2015年第6期，第121-125页。

[4] 王辉、陈昭容、王伟：《秦文字通论》，中华书局，2016年。

[5] 徐宝贵：《〈秦文字通论〉读后》，《陕西历史博物馆馆刊》2016年第23辑，第363-367页。

[6] 黄文杰：《秦汉文字的整理与研究》，社会科学文献出版社，2015年。

[7] 黄德宽：《秦文字字形表》，上海古籍出版社，2017年。

[8] 刘孝霞：《秦文字整理与研究》，华东师范大学博士学位论文，2013年。

[9] 祝中熹：《大堡子山秦公陵园述略》，《丝绸之路》2013年第8期，第46-50页。

[10] 王伟：《秦铜器铭文补释三则》，《出土文献》2013年第4辑，第143-148页。

[11] 王伟：《新见秦信宫鼎铭文补释》，《古文字研究》2016年第31辑，第222-225页。

[12] 王伟：《平宫鼎铭文新考》，牛鹏涛等：《中国古代文明研究论集》，科学出版社，2018年，第161-164页，该篇文章最初见于《首届中国古代文明研究前沿论坛论文集》，2016年，第181-184页。

[13] 雍际春：《秦公簋及“十又二公”考》，《社会科学战线》2013年第6期，第114-121页。

[14] 程平山：《秦子器主考》，《文物》2014年第10期，第49-56页。

[15] 程燕：《秦公簋“徵各”解》，《中国文字学报》2015年第1期，第73-77页。

[16] 韩建武：《几件战国秦汉有铭铜器、银器的考释》，《西部考古》2017年第1期，第189-203页。

[17] 陈家亮：《三晋因素与关中秦墓青铜容器突变》，西北师范大学硕士学位论文，2013年。

[18] 刘晓：《甘肃早期青铜器研究》，西北师范大学硕士学位论文，2014年。

[19] 顾王乐：《秦公、秦子有铭铜器整理与研究》，吉林大学2015年硕士学位论文。

[20] 卓越：《建国以来出土秦系非兵器铭文整理与研究》，华东师范大学硕士学位论文，2017年。

[21] 苏辉：《秦三晋纪年兵器研究》，上海古籍出版社，2013年。

[22] 苏辉：《战国兵器铭文的重要史料价值——以秦、三晋为中心》，《史学史研究》2013年第

3期，第93-102页。

[23] 苏辉：《秦、三晋纪年兵器的刻铭及行款论析》，《郑州大学学报（哲学社会科学版）》2014年第6期，第152-155页。

[24] 石峰：《秦汉吉金遗珍》，《西泠·艺林》（第四辑），西泠印社出版社，2013年6月，第75-81页。

[25] 蒋文：《二年上郡守锜戈的铭文年代及相关问题》，《中国文字研究》2013年第2期，第92-96页。

[26] 程晓伟：《再议平乐银山岭墓地出土的两件秦兵器》，《黑龙江史志》2014年第1期，第10-11页。

[27] 王伟：《秦文字“徒淫”的释读及其相关问题》，《民俗典籍文字研究》2014年第2期，第132-138、237页。

[28] 王伟：《记新发现的一件秦封君家丞戈》，《中国文字研究》2017年第1期，第24-26页。

[29] 徐世权：《秦“二十二年临汾守戈”考》，《简帛》2015年第2期，第29-37、282页。

[30] 徐世权：《秦二十六年临湘守戈考》，《江汉考古》2016年第2期，第92-97页。

[31] 吴良宝：《战国与秦代上郡辖县辑考》，《陕西历史博物馆馆刊》2016年第23辑，第127-131页。

[32] 周翔：《战国兵器铭文分域编年研究》，浙江师范大学硕士学位论文，2013年。

[33] 黄萍：《新出兵器铭文的整理与研究》，安徽大学硕士学位论文，2013年。

[34] 赵洁：《近出东周兵器铭文汇考》，天津师范大学硕士学位论文，2014年。

[35] 韩建武：《陕西历史博物馆藏东周秦汉有铭铜器丛考》，《文博》2016第3期，第50-56页。

[36] 邵凤芝、李文龙：《河北大学博物馆藏秦代两诏铜权》，《文物春秋》2016第5、6期，第95-96页。

[37] 熊长云：《秦诏铜箍残件与秦桶量之复原——兼论桶量与斛量之更替》，《故宫博物院院刊》2017年第3期。

[38] 王赛：《战国记容铭文的整理与研究》，河北大学硕士学位论文，2017年。

[39] 王挺斌：《〈诅楚文〉补说》，《汉字文化》2013年第4期，第47-50页。

[40] 齐明芸：《先秦石刻文字研究》，吉林大学硕士学位论文，2015年。

[41] 王伟：《秦文字释读箚记（四则）》，《出土文献》2014年第5辑，第262-267页。

[42] 朱学文：《秦漆器研究综述》，《华夏考古》2013第1期，第113-125页。

[43] 朱学文：《秦纪年漆器铭文及其相关问题研究》，《考古与文物》2014年第2期，第54-58页。

[44] 吴砚君：《盛世玺印录》，日本艺文书院，2013年。

[45] 吴砚君：《〈盛世玺印录〉编后摭谈》，《东方艺术》2013年第16期，第44-85页。

[46] 西泠印社美术馆：《古代封泥精品展》，西泠印社美术馆，2015年。

[47] 徐畅：《古玺印图典》，天津人民美术出版社，2016年。

[48] 吴砚君：《盛世玺印录（续壹）》，文化艺术出版社，2017年；吴砚君：《盛世玺印录（续贰）》，文化艺术出版社，2017年。

[49] 杨广泰：《秦官印封泥著录史略》，《东方艺术》2013年第4期，第64-115页。

[50] 刘瑞：《秦封泥分期释例》，《考古》2013年第10期，第82-90页。

[51] 陈治国、谷朝旭：《秦封泥中“左般”与“右般”考释》，《文博》2013年第3期，第20-22、74页。

[52] 陈晓捷、周晓陆：《北京文雅堂藏秦封泥选考》，《咸阳师范学院学报》2013第1期，第13-17页。

[53] 大西克也：《从里耶秦简和秦封泥探讨“泰”字的造字意义》，《简帛》2013年第8辑，第139-148页。

[54] 张光裕：《从命名看古人的医疗心理——以战国、秦、汉私名玺印为例》，《中医药杂志》2013年24卷S1期，第35-40页。

[55] 林文彦:《古玺攟遗》,《书画艺术学刊》2013年第15期，第1-22页。
[56] 林文彦:《古玺摭遗》,《书画艺术学刊》2015年第18期，第1-21页。
[57] 王辉、王巧英:《释文雅堂藏几枚与府有关的秦封泥》,《陕西历史博物馆馆刊》2014年第21辑，第16-22页。
[58] 莫林恒:《湖南洪江老屋背遗址发掘报告》,《湖南考古辑刊》2015年第11辑，第54-99页。
[59] 陈治国:《"阴御弄印"与"阳御弄印"封泥考释》,《考古与文物》2015第3期，第118-121页。
[60] 朱晨、吴红松:《秦封泥文字考释二则》,《江汉考古》2016第4期，第120-122页。
[61] 王伟:《秦玺印封泥职官地理研究》，中国社会科学出版社，2014年。
[62] 王伟:《秦文字札记（五则）》,《秦始皇帝陵博物院》2013年第3辑，第354-358页。
[63] 王伟:《秦出土文献所见太尉与邦尉及其关系辩证》,《秦始皇帝陵博物院》2014年第4辑，第296-300页。
[64] 王伟:《秦文字释读箚记（四则）》,《出土文献》2014年第5辑，第262-267页。
[65] 王伟:《"李啬夫印"小考》,《陕西历史博物馆馆刊》2014第21辑，第255-259页。
[66] 王伟:《文雅堂藏新品秦封泥考释（二十则）》,《中国文字研究》2015年第1期，第71-78页。
[67] 王伟:《平湖玺印篆刻博物馆藏两枚新见秦官印》,《出土文献》2016年第2期，第270-274。
[68] 王伟:《秦玺印封泥文字研究三题》,《考古与文物》2016年第2期，第76-80页。
[69] 王伟:《新见秦地名封泥选释（十五则）》,《出土文献》2017年第1期，第180-187页。
[70] 王伟:《平湖玺印篆刻博物馆藏新品秦官印选释（三则）》，史亚当《出土文献与物质文化》，中华书局（中国香港），2017年，第219-228页。
[71] 谢日新:《从秦封泥的断代谈绎山刻石的文字真伪》，玄奘大学硕士学位论文，2013年。
[72] 刘杰:《秦封宗邑瓦书铭文研究述补》,《湖南科技大学学报（社会科学版）》，2013年第4期，第165-168页。
[73] 张占民、周光声、唐高利、张弘、唐晓利:《秦始皇陵园"击鼓坪"遗址》,《考古与文物》2013年第2期，第112页。
[74] 袁仲一:《关于"犛亭"及"霸陵过氏瓴"陶文的诠释》,《秦汉研究》2014年第8辑，第1-8页。
[75] 卜艳明、后晓荣:《有关12枚秦"市、亭"陶文的重新考释》第6辑,《苏州文博论丛》2015年，第33-39页。
[76] 徐在国:《古陶文着录与研究综述》,《贵州师范大学学报（社会科学版）》2016年第2期，第103-110页。
[77] 戴志强、戴越:《古钱文字（中国古文字导读）》，文物出版社，2014年。
[78] 徐勇捷:《战国秦半两钱的类型及其相关问题》,《中国钱币》2016年第1期，第18-26页。
[79] 喻战勇:《河南新乡辉县出土的战国秦半两》,《中国钱币》2016年第1期，第62-69页。
[80] 刘舒:《半两钱分型研究》，天津师范大学硕士学位论文，2016年。
[81] 周宇:《始皇诏版隶变方法考论》,《艺海》2014年第2期，第72-74页。
[82] 朱葆华:《试论秦代的文字系统》,《中国文字研究》2014年第2期，第154-159页。
[83] 黄德宽:《略论汉字发展史研究的几个问题》,《中国文字学报》2015年第1期，第1-11页。
[84] 王祖龙:《秦"书同文"传统与中国早期书体嬗变考论》,《三峡大学学报（人文社会科学版）》2015年第2期，第103-107、116页。
[85] 朱晨:《秦封泥文字与〈说文解字〉所辑字形的对比研究》,《合肥学院学报（综合版）》2016年第3期，第62-69页。

[86] 臧克和主编:《中国文字发展史》(五卷),华东师范大学出版社,2015年。

[87] 李绣玲:《秦简牍和〈张家山汉简〉文字构形比较析论——以秦简牍“简化”“繁化”及“异化”现象的字例为考察中心》,《汉学研究集刊》2017年第25期,第41—88页。

[88] 钱雪:《秦印中的隶变因素》,江苏师范大学硕士学位论文,2013年。

[89] 田芳:《隶变新探》,天津师范大学硕士学位论文,2014年。

[90] 李苏和:《秦文字构形研究》,复旦大学博士学位论文,2014年。

[91] 朱颖星:《秦系金文整理与研究》,华东师范大学硕士学位论文,2015年。

[92] 刘伟真:《古文字字形对称现象研究》,西南大学硕士学位论文,2016年。

[93] 姜慧:《秦简牍文字构件系统定量研究》,华东师范大学博士学位论文,2017年。

(责任编辑:史党社　党士学)

东周至晋赗赠制度的变化

刘卫鹏　西北大学文化遗产学院
张红玲　陕西历史博物馆

内容提要　赗赠是我国古代一项重要的助丧制度，西周时期出现，东周以后流行。东周、汉、晋是赗赠制度发展的三个重要时期。东周时期的赗赠是以车马为主；汉代时期的赗赠是以冢地、印绶、东园秘器、钱和布为主，地位特尊的加赐玉衣、虎贲、轻车介士，用军阵送葬；西晋时期的赗赠以东园秘器、朝服、钱、布为基本模式，基本上被东晋南北朝所沿袭。汉代开创赗赠制度对后世影响深远，奠定了以后赗赠制度的基本格局。东周、汉、晋赗赠制度的变化从一个侧面反映了当时国家制度、政权形式、家族势力、丧葬制度等方面的继承和变革。

关 键 词　赗赠　制度　变化

赗赠是我国古代一项重要的助丧制度，主要是指给死者及其家属赠送车马、布帛、钱财、衣服等物品来帮助埋葬死者。其功能主要有两个，一个是“佐生”，帮助死者的家属处理丧事。另一个是“送死”，尽量隆重、体面地送走死者。《仪礼·既夕礼》云：“公赗，玄纁束，马两。”郑玄注：“赗，所以助主人送葬也。”贾公彦疏：“案两小传皆云车马曰赗，施于生及送死者，故云助主人送葬也。”[1]有关这一制度的名词主要有“赠”“赗”“赙”“襚”“赐”等。其具体含义各不相同。《公羊传·隐公元年》载：“丧事有赗，赗者盖以马，以乘马束帛。车马曰赗，财货曰赙。”《春秋·谷梁传》云：“赗者何也？乘马曰赗，衣衾曰襚，贝玉曰含，钱财曰赙。”[2]《荀子·大略》云：“货财曰赙，舆马曰赗，衣服曰襚，玩好曰赠，玉贝曰唅。赙、赗所以佐生也；赠、襚所以送死也。送死不及柩尸，吊生不及悲哀，非礼也。故吉行五十，奔丧百里，赗赠及事，礼之大也。”[3]可见，赠送车马类称“赗”，故有“赗马”和“赙马”之称。《礼记·少仪》曰：“赗马入庙门，赙马与其币。大白兵车，不入庙门。”孔颖达疏：“赗马入庙门者，以马送曰赗。以马助生营丧曰赙马，既送亡者，故将入庙门也。”[4]赠送钱（货）

财、布帛类称“赙”，颜师古注《汉书·叙传上》云：“送终者布帛曰赙，车马曰赗。”赠送玩好、钱币类称“赠”。《礼记·檀宫下》：“既封，主人赠而祝宿虞尸。”郑玄注：“赠，以币送死者于圹也。”[5] 赠送衣物类谓“襚”，玉贝类称“啥”。“赐”主要指上对下的赏赐和给予，其包括的范围较广，流行于汉代及其以后的赠赗制度中。

这些名词又可以自由组合，意思基本相同。其中又以“赗赙”这一组合最为常见，《礼记·文王世子》云：“至于赗赙承含，皆有正焉。”[6]“赗赙”有时可称“赙赗”。《隶释·汉太尉杨震碑》云：“策书慰劳，赙赗有加。”又可称“赙赠”，《汉书·叙传上》云：“斿（班斿）之卒也，修缌麻，赙赠甚厚。”《隶释·汉中常侍樊安碑》云：“朝思其忠，宠以印绂，荚书褒叹，赙赠有加。”又可称“赙襚”。《史记·鲁仲连邹阳列传》云：“邹鲁之臣，生不得事养，死则不得赙襚。”张守节正义：“衣服曰襚，货财曰赙，皆助生送死之礼。”[7] 也可称“赠赗”。汉刘向《说苑·修文》曰：“故古者吉行五十里，奔丧百里，赠赗及事之谓时。时，礼之大者也。”《三国志·魏志·管宁传》曰：“（管宁）年十六丧父，中表愍其孤贫，咸共赠赗，悉辞不受，称财以送终。”[8] 除了国家给王侯和大臣的赠赗制度外，个人之间的赗赙也很流行，本文主要是针对国家给王侯和大臣的赠赗制度，个人之间的赗赙习俗不在讨论之列。鉴于赠送内容和涵盖范围的不同，本文以“赠赗”一词指代这种助丧制度。

一、赠赗制度的滥觞

赠赗起源较早，西周时期就已出现，东周时期，王、诸侯对直系亲属、下属以及诸侯之间的赠赗已经形成一种制度，文献中常有相关的记载。赠赗制度已经成为维系人际关系和国家之间外交的一个重要手段。友好国家之间的赠赗自然常见，甚至敌对国之间也有赠赗[9]。王薨，诸侯也要赠赗，如果未送，王的大臣有时会派人索要赠赗[10]。同时，一般的直系亲属和朋友故旧之间皆有赠赗的往来[11]。《仪礼·既夕礼》云：“兄弟，赗奠可也。所知则赗而不奠，知死者赠，知生者赙。书赗于方，若九、若七、若五。书遣于策。……主人之史请读赗，执筭从。”郑玄注：“方，板也，书赗奠赙赠之人名与其物于板。每板若九行，若七行，若五行。”[12] 可见，赠送的赗赙一般要书写在木方和竹简上，书于木板上的称赗方，书于竹简上的称为遣策，而且还要当众宣读。关于遣策，商承祚先生云：“遣策一语见《仪礼·既夕礼》：‘书遣于策’。注：‘策，简也。遣，犹送也’。意即死者入葬时将亲友所送之礼品书之于简，并向送葬人宣读简文，器物清点后，该简随之入葬。”[13]《礼记·檀宫上》曰：“读赗，曾子曰‘非古也，是再告也。’”孙希旦《礼记集解》云：“读赗，谓书赗物于方，将行，主人之史当柩东前束读之也。然致赗之宾奉币向宾将命，是已告于死者矣，至将行而又读之。故曾子以为再告。”[14]赗方和遣策在东周时期的墓葬中经常发现。1977年发掘的随县曾侯乙墓中出土了240枚竹简[15]，简142号至209号主要记载别人赠送的驾车之马，其内容分为两类：一类是某人赠送某马，这些马或为骖，或为骓，共驾某乘车；另一类是某人赠送某车，驾车的马有几匹，有的还写明是几匹什么样的马。湖北荆门包山二号楚墓墓主为大夫一级，随葬有遣册和赗书，其中遣册分布出于东室、西室和南室，赗书出自南室，南室267—277号简所记为墓主丧葬“用车”；1号竹牍长47.5厘米、宽1.8厘米，所记为赗赠“正车”[16]。东周时期墓葬中赗书发现相对较少，而遣策在南方的楚墓中发现较多，河南信阳长台关一号楚墓、长沙仰天湖二十五号楚墓、江陵望山二号楚墓、长沙五里牌第406号楚墓、包山二号楚墓均有遣策出土。赗书和遣册是两种不同的丧葬记录，赗书是对助丧赗赠人员及其所赠物品的记录，一般用方牍书写，由主人之史宣读，读时面对主人；遣册是对遣送死人所用物品的记录，多用简册书写，由公史宣读，读时面对灵柩[17]。大体来说，赗书是针对助丧的赗赠物品的记录，遣册是针对送葬的遣送物品的记录[18]。而车和马是东周时期赗赙的主要内容[19]。送葬车马的规模在战国高级贵族墓的葬礼中具有突出地位，战国遣册对“车”“器”俱全的送葬物品进行登记时，往往先记车，再记器。车马的记录较葬器详细，尤其注重对车马装饰、车载旗仗等情况的记载[20]。

二、汉代赠赗制度的定型

西汉时期，随着统一国家的建立和中央集权制的不断加强，赠赗制度已经成为联系和加强皇权同臣属关系的一个重要的手段，是皇帝对大臣的一种优抚，对稳固国家统治、调和上下级之间的矛盾起着不小的作用。同以前相比，汉代的赠赗制度有一些新的特点，对后世赠赗制度的影响十分深远。

首先，是词语的一些变化，“赐”和“赠”字大量出现，“赐”这一词本身是指尊者对卑者、上级对下级的赏赐，相对于其他词语而言，“赐”字更能凸现出皇权的威严和崇高，其给予的内容包括了所有的赠赗。“赠”的内容主要是印绶一类，同死者的官位紧密相连。

其次，赠赗是明确规定，即所谓的“法赙”。《汉书·何并传》记载何并临终前言：“吾生素餐日久，死虽当得法赙，勿受。”如淳曰：“公令，吏死官，得法赙。”师古曰：“赠终者布帛曰赙。”[21]《后汉书·羊续传》云：“续病卒，遗言薄敛，不受赗遗。旧典，二千石卒官，赙百万。”

再者，赠赗是有等级的，身份高低、职位不同、同皇帝的关系疏密都导致了赠赗内容和丰俭的差别。《续汉书·礼仪志下》云：“诸侯王、列侯、始封贵人、公主薨，皆令赠印玺、玉柙银缕。大贵人、长公主铜缕。诸侯王、贵人、公主、公、将军、特进皆赐器，官中二十四物。使者治丧，穿作，柏椁，百官会送，如故事。诸侯王、公主、贵人皆樟棺，洞朱，云气画。公、特进樟棺黑漆。中二千石以下坎侯漆。朝臣中二千石、将军，使者吊祭，郡国二千石、六百石以至黄绶，皆赐常车驿牛赠祭。”《后汉书·中山王焉传》云：“焉永元二年薨。自中兴至和帝时，皇子始封薨者，皆赙钱三千万，布三万匹；嗣王薨，赙钱千万，布万匹。”[22] 而自永初以后，“戎狄叛乱，国用不足，始封王薨，减赙钱为千万，布万匹；嗣王薨，赙钱五百万，布五千匹”[23]。

表一 《后汉书》记载赠赗内容

人名	赠赗内容	出处
东平宪王刘苍	遣大鸿胪持节，五官中郎将副监丧，及将作使者凡六人，令四姓小诸侯国王主悉会诣东平奔丧，赐钱前后一亿，布九万匹。（及葬，又诏）有司加赐鸾辂乘马，龙旂九旒，虎贲百人，奉送王行	卷四十二
东海王刘强	遣司空冯鲂持节视丧事，赐升龙旄头、鸾辂、龙旂	明帝纪
东海恭王	使大司空持节使丧事，大鸿胪、副宗正、将作大匠视丧事，赠以殊礼，升龙旄头、鸾辂、龙旂，虎贲百人	卷四十二
清河孝王刘庆	使长乐谒者二人副护丧事，赐龙旂九旒，虎贲百人	卷五十五
楚王刘英	诏遣光禄大夫持节吊祠，赠赗如法，加赐列侯印绶，以诸侯礼葬于泾	卷四十二
吴汉	赐谥曰忠侯。发北军五校、轻车介士送葬，如大将军霍光故事	卷十八
来歙	使太中大夫赠歙中郎将、征羌侯印绶，谥曰节侯，谒者护丧事。丧还洛阳，乘舆缟素临吊送葬	卷十五
耿秉	赐以朱棺、玉衣，将作大匠穿冢，假鼓吹，五营骑士三百余人送葬。谥曰恒侯	卷十九
铫期	帝亲临襚敛，赠以卫尉、安成侯印绶，谥曰忠侯	卷二十
祭尊	赠以将军、侯印绶，朱轮容车，介士军陈送葬，谥曰成侯	卷二十
王斌	赠前将军印绶，谒者监护丧事	卷十
卓茂	建武四年薨，赐棺椁冢地，车驾素服，亲临送葬	卷二十五
刘宽	赠车骑将军印绶，位特进，谥曰昭烈侯	卷二十五
伏湛	赐秘器，帝亲吊祠，遣使者送丧修冢	卷二十六
蔡茂	赐东园梓棺，赙赠甚厚	卷二十六
郭贺	诏书愍惜，赐车一乘，钱四十万	卷二十六
冯勤	使者吊祠，赐东园秘器，赗赠有加	卷二十六

续表

人名	赠赗内容	出处
赵代	赐秘器钱布，赠越骑校尉、节乡侯印绶	卷二十六
牟融	赠赗恩宠密笃焉。赐冢茔地于显节陵下	卷二十六
韦彪	赐钱二十万，布百匹，谷三千斛	卷二十六
承宫	赐以冢地。妻上书乞归葬乡里，复赐钱三十万	卷二十七
赵典	使者吊祠。窦太后复遣使兼赠印绶，谥曰献侯	卷二十七
郭伋	帝亲临吊，赐冢茔地	卷三十一
杜诗	诏使治丧郡邸，赙绢千匹	卷三十一
张堪	下诏褒扬，赐帛百匹	卷三十一
羊续	遗言薄敛，不受赗遗。旧典，二千石卒官赙百万，府丞焦俭遵续先意，一无所受。诏书褒美，敕太山太守以府赙钱赐续家云	卷三十一
樊宏	赙钱千万，布万匹，谥为恭侯，赠以印绶，车驾亲送葬	卷三十二
阴识	赠以本官印绶，谥曰贞侯	卷三十二
梁竦	赐东园画棺、玉匣、衣衾，建茔于恭怀皇后陵旁。帝亲临送葬，百官毕会	卷三十四
梁商夫人阴氏	追号开封君，赠印绶	卷三十四
梁商	赐以东园朱寿器、银镂、黄肠、玉匣、什物二十八种，钱二百万，布三千匹。皇后钱五百万，布万匹。及葬，赠轻车介士，赐谥忠侯。中宫亲送，帝幸宣阳亭，瞻望车骑	卷三十四
桓荣	帝亲自变服，临丧送葬，赐冢茔于首山之阳	卷三十七
袁逢	赐以珠画特诏秘器，饭含珠玉二十六品，使五官中郎将持节奉策，赠以车骑将军印绶，加号特进，谥曰宣文侯	卷四十五
张酺	乘舆缟素临吊，赐冢茔地，赗赠恩宠异于它相	卷四十五
张济	赠车骑将军、关内侯印绶	卷四十五
郭镇	诏赐冢茔地	卷四十六
杨秉	赐茔陪陵	卷五十四
杨赐	赠东园梓器襚服，赐钱三百万，布五百匹。今使左中郎将郭仪持节追位特进，赠司空骠骑将军印绶。及葬，又使侍御史持节送丧，兰台令史十人发羽林骑轻车介士，前后部鼓吹，又敕骠骑将军官属司空法驾，送至旧茔。公卿已下会葬。谥文烈侯	卷五十四
张皓	遣使者吊祭，赐葬地于河南县	卷五十六
皇甫嵩	嵩亦病卒，赠骠骑将军印绶，拜家一人为郎	卷七十一

续表

人名	赠赗内容	出处
单超	赐东园秘器，棺中玉具，赠侯将军印绶，使者理丧。及葬，发五营骑士，侍御史护丧，将作大匠起冢茔	卷七十八
徐璜	赙赠钱布，赐冢茔地	卷七十八
戴凭	诏赐东园梓器，钱二十万	卷七十九
欧阳歙	帝乃赐棺木，赠印绶，赙缣三千匹	卷七十九
高诩	赐钱及冢田	卷七十九
伏恭	赐葬显节陵下	卷七十九
召驯	卒于官，赐冢茔陪园陵	卷七十九
温序	命忠送丧到洛阳，赐城傍为冢地，赙谷千斛、缣五百匹	卷八十一

通过表一，可以看出汉代的赠赗制度有以下特点：

1. 国家经常给大臣赐冢地。本表统计有14例，其中4人被赐陪葬于天子陵园之旁。牟融被赐冢茔地于显节陵下，桓荣被赐冢茔于首山之阳，召训、杨秉也被赐冢茔陪园陵，这是西汉赐冢茔制度的延续。西汉时期，大臣死后多被赐茔地陪葬于帝陵，陵区内有专辟的茔地，陪葬墓的数量很多，规模很大。帝陵的东部是主要的分布区域，长陵现在尚存陪葬墓63座，安陵15座、茂陵19座、渭陵30多座、延陵20多座，其中阳陵、渭陵和延陵有专门的陪葬墓园。史载扬雄死后，“诏陪葬安陵阪上”；金安上薨，“赐冢茔杜陵”；夏侯胜被“赐冢茔，葬平陵”。

2. 流行赠印绶。本表统计有17例。楚王刘英被“加赐列侯印绶”，来歙被赐“征羌侯印绶”，铫期被赐“安成侯印绶”；祭尊被“赠以将军、侯印绶”，王斌被“赠前将军印绶”，刘宽和袁逢被赐“车骑将军印绶”，赵代被赐“节乡侯印绶”，张济被“赠车骑将军、关内侯印绶”，杨赐被“赠司空骠骑将军印绶”，皇甫嵩被“赠骠骑将军印绶”，单超被“赠侯将军印绶”。赵典、樊宏、欧阳歙等也被赐印绶。古制，职官迁、死必解印绶[24]，死后官印应该要上交的。汉时，能够用印绶随葬的基本限于诸侯王、列侯、公主一级，而诸侯王、列侯以下的一般不能用印绶随葬，除非特别恩赐。但所赠之印章，都是明器，而不是生前的实用品[25]。汉代所设之官必有官印，西汉初期的印为2厘米见方，武帝以后增至2.3～2.5厘米，即《汉书·严助传》所言的“方寸之印”。皇后、诸侯王用玉或黄金作印，官吏二千石用银印，二千石以下用铜印。帝、后玉印称玺，从丞相到百官都称印或章，绶是用来系印的。《汉旧仪》曰：“绶者，有所承受也，长一丈二尺。旧用赤韦，示不忘古也，秦汉易之以丝。”可知汉代的绶是丝织物，所谓长一丈二尺，则是指百石官员的绶。地位越尊贵绶越长。皇帝的绶长二丈九尺九寸，诸侯王的绶长二丈一尺，公、侯、将军绶长一丈七尺，以下各有等差。一印则有一绶。《汉书·酷吏传》记载武帝敕责杨仆曰：“（将军）请乘传行塞，因用归家，怀银、黄，垂三组，夸乡里。”颜注：“银，银印也。黄，金印也。仆为主爵都尉，又为楼船将军，并将梁侯；三印故三组也。组，印绶也。”[26] 山东武氏祠画像中，可以看到垂两绶或三绶的人物。

3. 有的被赐东园秘器，特别尊贵的被赐玉匣或玉衣。汉代少府之下有东园署，主事者称东园匠。《汉书·百官公卿表》颜师古注：“东园匠，主作陵内器物也。”陵内器物繁多，但最主要的是棺，皇帝之棺名“东园秘器”[27]。《汉书·董贤传》颜注引《汉旧仪》云：“东园秘器作棺，梓素木长二丈，崇广四尺。”《后汉书·袁逢传》李注云：“秘器，棺也。”我国古代称棺为“器”。《史记·伍子胥列传》云：“必树吾墓上以梓，令可以为器。”正义：“器谓棺也。”六朝人习称棺为棺器。《晋书·杜预传》云：“棺器小敛之事，皆当称此。”[28]《世说新语·文学篇》记载，有人曾问殷中军“何以将得位而梦棺器？”[29] 秘器也是棺木的通称，之所以称“秘”，是因为它是丧葬用具。《后汉书·和熹邓皇后纪》李注：“冢藏之中，故言秘也。”东园秘器由东园匠所作，供皇帝等人所用，其做工是十分考究的。《续汉书·礼仪志下》记载皇帝死后，“东园匠、考工令奏东园秘器，表里洞赤，虡文画日、月、鸟、龟、龙、虎、联璧、偃月、牙桧梓宫如故事。”所以有“珠画特诏秘器”“画棺”“梓器”之称，又因棺为红色，所以有“朱寿器”“朱棺”之名。朱棺一般用于三公以上，三公以下的用黑漆棺。《续汉书·礼仪志下》云：“诸侯王、公主、贵人皆樟棺，洞朱，云气画。公、特进樟棺黑漆。中二千石以下坎侯漆。”[30]

玉匣又称玉衣或玉柙，是汉代皇族的专用敛服，而外戚、宠臣及列侯等需朝廷特赐才能使用玉衣，应属一种特殊的礼遇。《续汉书·礼仪志下》记载皇帝死后用“金缕玉匣”。有关玉匣的形状，《汉旧仪》曰：“帝崩，唅以珠，缠以缇缯十二重。以玉为襦，如铠状，连缝之，以黄金为缕。腰以下以玉为札，长一尺，广二寸半，为柙，下至足，亦缝以黄金缕。”诸侯王、列侯、始封贵人、公主死后，皆用“玉柙银缕”；大贵人、长公主用铜缕。《西京杂记》云：“汉帝送死皆珠襦玉匣，匣形如铠甲，连以金缕。武帝匣上皆镂为蛟龙鸾凤龟鳞之像，世谓之蛟龙玉匣。”河北满城西汉中山王刘胜墓及其妻窦绾墓各出土一具保存完整的金缕玉衣，这对我们了解玉衣的具体形制提供了宝贵的实物资料。玉衣的外观和人的形状一样，可分为头部、上衣、袖筒、手套和鞋五部分。头部由脸盖和头罩构成，上衣由前片、后片和左右袖筒组成，袖筒、手套和鞋都是左右分开的。玉衣的各部分都由玉片组成，玉片之间以金丝加以编缀。刘胜的玉衣全长

1.88米，由2498块玉片组成，所用金丝重约1100克。窦绾的玉衣长1.72米，由2160块玉片组成，所用金丝重约700克。此外，河北定县中山孝王刘兴墓、山东临沂刘疵墓、河北邢台南曲炀侯刘迁墓也曾出土西汉时期使用金缕编缀的玉衣、玉面罩等[31]。从出土资料中来看，西汉诸侯王、列侯的玉衣多数是金缕，但也有使用银缕、铜缕和丝缕者。东汉时期，玉衣分级使用制度已经确立。考古发现的东汉玉衣的等级制度与《续汉书·礼仪志》所记载的基本相符[32]。

4. 赙赠钱、布成为习俗，偶尔也赙谷。赙钱的数量因地位和级别而有差别。旧典，二千石卒官，赙百万。皇子的赙钱更多，从光武中兴至和帝时，皇子始封薨者，皆赙钱三千万，布三万匹；嗣王薨，赙钱千万，布万匹。而自永初以后，"戎狄叛乱，国用不足，始封王薨，减赙钱为千万，布万匹；嗣王薨，赙钱五百万，布五千匹。"东平宪王刘苍的赙钱前后一亿。布的种类有布、缣、绢、帛四种，以布和缣常见。其数量多的为万匹，东平宪王刘苍、樊宏、梁商等皆是；少的仅百匹。赙布以东平宪王刘苍的最多，达九万匹。赙谷还只是少数，温序的赙谷为千斛，韦彪的赙谷有三千斛。

5. 地位特别尊贵的有时被赐以鼓吹、虎贲或轻车介士等组成的军阵等送葬。王一级的用鸾辂、龙旂九旒、虎贲百人送葬，东平宪王刘苍、东海恭王、东海王强、清河孝王庆皆如此。王以下的多用轻车介士和鼓吹。如吴汉死，"发北军五校、轻车介士送葬。"耿秉薨，"假鼓吹，五营骑士三百余人送葬。"祭尊葬时，"朱轮容车，介士军阵送葬。"梁商及葬，"赠轻车介士"。杨赐死，"及葬，又使侍御史持节送丧，兰台令史十人发羽林骑轻车介士，前后部鼓吹，又敕骠骑将军官属司空法驾，送至旧茔。"宦官单超及葬，"发五营骑士，侍御史护丧"。这是西汉军阵送葬的延续。军阵送葬见于史书记载最早的为《汉书·霍去病传》，霍去病薨，"上（指汉武帝）悼之，发属国玄甲军，陈自长安至茂陵。"其后的金日磾、霍光、张安世、王凤等均被用以军阵送葬。这类军阵的模型在西汉初期的周勃或周亚夫墓中已经出现。周勃或周亚夫墓位于陕西省咸阳市正阳镇杨家湾村北部的台地上，共发现陪葬坑11个，出土骑兵俑583件，各种人俑1965件，盾牌模型410件，鎏金车马饰1110多件。11个坑中有10个坑两两相对，南北排列，基本对称，坑的土洞内皆放置有排列整齐的骑兵或步兵俑群，计有步兵坑四个、骑兵坑六个，另外一个坑位于中间，属于战车坑[33]。杨泓先生认为这是西汉时期模拟军阵送葬的俑群[34]。东汉时，"自王、主、贵人以下至佐史，送车骑导从吏卒，各如其官府"[35]。

6. 其他的还有使者监护丧事、吊祭，挽歌送葬等。国家使使者护丧者，其人或为诸侯王，或为贵戚，或为大臣，还有宦者[36]。护丧的有大司空、司空、大长秋谒者、谒者、使者等官吏，视等级不同而定。《续汉书·礼仪志下》云：

"诸侯王、列侯、始封贵人、公主薨，使者治丧，穿作，柏椁，百官会送，如故事……朝臣中二千石、将军，使者吊祭，郡国二千石、六百石以至黄绶，皆赐常车驿牛赠祭。"又"诸侯王，傅、相、中尉、内史典丧事，大鸿胪奏谥，天子使者赠璧帛，载日命谥如礼"。丁孚《汉仪》曰："孝灵帝葬马贵人，赠步摇、赤绂葬，青羽盖、驷马。柩下殿。女侍史二百人著素衣挽歌，引木下就车，黄门宦者引出宫门。"[37]

三、两晋赠赗制度的变化

西晋结束了东汉末年以来的分裂局面，基本实现了全国的统一，制度渐趋完备。赠赗制度在继承汉代的基础上，又有了新的创造。东晋继承西晋，又有所发展。同样，通过表二，我们可以发现它的一些特点：

1. 王侯、大臣被赐茔地比较少见。目前仅发现 4 例，而且是集中在西晋时期，现在还未发现东晋时期赐茔地的例子。赐茔地制度的逐渐衰落，可能同世家大族的兴起有关。魏晋南北朝时期是世家大族兴起并且操持朝政的时期，他们生前合族而聚，死后聚族而葬，拥有大片土地，他族不得侵占，而且选择了最好的"风水宝地"来安葬，墓葬选址以"背倚山峰，面临平原"[38]为基本原则。大族高官死后多埋葬在他们的家族墓地。六朝时期盛行的归葬习俗应该是聚族合葬的一种反映，这一时期史书和出土墓志中"归葬乡里""还葬旧墓""丧柩还乡"的记载比较常见，从而形成了规模巨大、数量众多的家族合葬墓地，如宜兴西晋周处家族墓地、南京狮子山傅氏家族墓地、老虎山东晋颜氏家族墓地、象山东晋王氏家族墓地、司家山谢攸家族墓地等。

2. 赠送印绶很少见到。目前仅发现2例。华谭死后，赠"光禄大夫，金章紫绶"，光禄大夫为一品官，赠金章紫绶符合规定；而王导之妻曹氏死后也被赠金章紫绶，应是一个特例，可能是由王导的特殊身份和王导对东晋王朝所做的重大贡献所致。考古发现两晋时期的官印很少，表明自汉代以来的赠送印绶的制度渐趋衰落。另外，由于三国两晋时期局势动荡的加剧，官制变换的频繁也导致了制印金属的大量消耗。《宋书·孔琳之传》云："袭封之印，奕世相传，贵在仍旧，无取改作。今世唯尉一职，独用一印，至于内外群官，每迁悉改。……而终年刻铸，丧功肖实，金银铜炭之费，不可称言，非所以因循旧贯易简之道。愚谓众官即用一印，无烦改作。若有新置官，又官多印少，文或零失，然后乃铸。"[39]

西晋时期出现了用蜂蜡做成的印，即所谓的"蜜印""蜜章"，有时也作"密印"或"密章"，"蜜""密"二字互通。《齐东野语》卷一《蜜章密章》条云："密字相传为赠典既不刻印，而以蜡为之，蜜即蜡，所以谓之蜜章。"[40]《辞源》"蜜印"一条曰："死后追赠官职所赐的蜡印。"山涛死后，赠以"蜜印紫绶"和

“新沓伯蜜印青朱绶”[41]。陶侃死后被“追赠大司马，假蜜章”[42]。在随后的南北朝和隋唐，死后赠官刻蜜（蜡）印沿袭不改。《酉阳杂俎·尸穸》云：“南朝薨卒赠予者以密。”[43]“密”当指密印（章），即蜜印（章）。《南齐书·陈皇后传》云：“升平三年，追赠竟陵公国太夫人，蜜印，画青绶，祠以太牢。”[44]《新唐书·礼乐志》云：“妃主以内侍为使，赠者以蜡印画绶。”[45]刘禹锡为《杜司徒谢追赠表》云：“紫书忽降于九重，密印加荣于后夜。”李国长神道碑云：“煌煌密章，肃肃终言。”王崇述神道碑云：“没代流庆，密章下贲。”[46]《唐音癸签》卷十八《蜜印》云：“权德舆哭刘尚书诗‘命赐龙泉重，追荣蜜印陈’。蜜印者，谓赠官刻蜡为印，悬绶以赐也。不知何时起，始见晋《山涛传》。”[47]除了蜜印外，考古中还发现有（滑）石印，镇江东晋M1出土有“兰陵太守章”石印一方；南京老虎山颜约墓出土“零陵太守章”石印。这两方石印应该是用来陪葬的。

3. 追赠官职、赐谥号成为定制。西晋时追赠的官职以中央官为主，如郑冲被“追赠太傅”，荀勖被“诏赠司徒”，贾充被追赠“太宰”，山涛被“策赠司徒”，陶侃被追赠“大司马”等皆是。发展到北魏末，已经形成了“将军号、三公官号、刺史号”的追赠组合[48]。张华《晋文王诔议》云：“至于表明赠号，世考鸿烈，冠声无穷者，莫尚于号谥也。”

4. 赐东园秘器，朝服一具，衣一袭，钱、布若干成为定制，特别尊贵的有时被赐以“温明”。这一制度在两晋南北朝时期很流行，一直影响到隋唐时期。汉代的玉衣制度基本上被废止，可能是鉴于“丧乱以来，汉氏诸陵无不发掘，乃至烧取玉匣金缕，骸骨并尽”的教训，曹魏黄初三年，魏文帝废除了玉衣制度。周一良先生也认为，“三国以后，玉匣之制盖已不行”[49]。考古中也未发现三国以后随葬玉衣的例子。

表二 《晋书》记载赠赗内容

人名	赠赗内容	出处
王祥	诏赐东园秘器，朝服一具，衣一袭，钱三十万，布帛百匹	《晋书·王祥传》
郑冲	追赠太傅，赐秘器，朝服，衣一袭，钱三十万，布百匹。谥曰成	《晋书·郑冲传》
何曾	帝于朝堂素服举哀，赐东园秘器，朝服一具，衣一袭，钱三十万，布百匹	《晋书·何曾传》
石苞	赐秘器，朝服一具，衣一袭，钱三十万，布百匹。及葬，给节、幢、麾、曲盖、追锋车、鼓吹、介士、大车，皆如魏司空陈泰故事。车驾临送于东掖门外。策谥曰武	《晋书·石苞传》
羊祜	赐以东园秘器，朝服一袭，钱三十万，布百匹	《晋书·羊祜传》

续表

人名	赠赗内容	出处
安平献王司马孚	以东园温明秘器、朝服一具、衣一袭、绯练百匹、绢布各五百匹、钱百万，谷千斛以供丧事。诸所施行，皆依汉东平献王苍故事。其家遵孚遗旨，所给器物，一不施用。帝再临丧，亲拜尽哀。及葬，又幸都亭，望柩而拜，哀动左右。给銮辂轻车，介士武贲百人，吉凶导从二千余人，前后鼓吹，配飨太庙	《晋书·安平献王司马孚传》
王沈	赐秘器朝服一具、衣一袭、钱三十万、布百匹、葬田一顷，谥曰元。后沈夫人荀氏卒，将合葬，沈棺椁已毁，更赐东园秘器	《晋书·王沈传》
荀勖	诏赠司徒，赐东园秘器、朝服一具、钱五十万、布百匹。遣兼御史持节护丧，谥曰成	《晋书·荀勖传》
贾充	使使持节、太常奉策追赠太宰，加衮冕之服、绿綟绶、御剑，赐东园秘器、朝服一具、衣一袭，大鸿胪护丧事，假节钺、前后部羽葆、鼓吹、缇麾，大路、銮路、辒辌车、帐下司马大车，椎斧文衣武贲、轻车介士。葬礼依霍光及安平献王故事，给茔田一顷。与石苞等为王功配飨庙庭，谥曰武。追赠充子黎民为鲁殇公	《晋书·贾充传》
山涛	诏赐东园秘器、朝服一具、衣一袭、钱五十万、布百匹，以供丧事，策赠司徒，蜜印紫绶，侍中貂蝉，新沓伯蜜印青朱绶，祭以太牢，谥曰康。将葬，赐钱四十万、布百匹	《晋书·山涛传》
侯史光	诏赐朝服一具、衣一袭、钱三十万、布百匹。及葬，又诏曰："光厉志守约，有清忠之节。家极贫俭，其赐钱五十万。"	《晋书·侯史光传》
傅咸	诏赠司隶校尉，朝服一具、衣一袭、钱二十万，谥曰贞	《晋书·傅咸传》
傅祇之母	及葬母，诏给太常五等吉凶导从。其后诸卿夫人葬给导从，自此始也	《晋书·傅祇传》
庾峻	诏赐朝服一具、衣一袭、钱三十万	《晋书·庾峻传》
华谭	赠光禄大夫，金章紫绶，加散骑常侍，谥曰胡	《晋书·华谭传》
罗宪	赠使持节、安南将军、武陵太守，追封西鄂侯，谥曰烈	《晋书·罗宪传》
滕修	太康九年卒，请葬京师，帝嘉其意，赐墓田一顷，谥曰声	《晋书·滕修传》
周处	追赠平西将军，赐钱百万，葬地一顷，京城地五十亩为第，又赐王家近田五顷	《晋书·周处传》
周玘	赠辅国将军，谥曰忠烈	《晋书·周玘传》
汝南王司马亮	追复亮爵位，给东园温明秘器、朝服一袭、钱三百万、布绢三百匹，丧葬之礼如安平献王孚故事，庙设轩悬之乐	《晋书·汝南王司马亮传》
忠敬王司马遵	诏赐东园温明神器，朝服一具，衣一袭，钱百万，布千匹，策赠太傅，葬加殊礼	《晋书·元四司马遵传》
文孝王司马道子	追崇太傅为丞相，加殊礼，一依安平献王故事。追赠骠骑为太尉，加羽葆鼓吹。义熙元年，合葬于王妃陵。追谥元显曰忠	《晋书·简文三子传》

续表

人名	赠赗内容	出处
王导	遣大鸿胪持节监护丧事，赗襚之礼，一依汉博陆侯及安平献王故事。及葬，给九游辒辌车、黄屋左纛、前后羽葆鼓吹、武贲班剑百人，中兴名臣莫与为比。是岁，妻曹氏卒，赠金章紫绶	《晋书·王导传》
陶侃	遣兼鸿胪追赠大司马，假蜜章，祠以太牢。魂而有灵，喜兹宠荣。又策谥曰桓，祠以太牢	《晋书·陶侃传》
温峤	今追赠公侍中、大将军、持节、都督、刺史，公如故，赐钱百万，布千匹，谥曰忠武，祠以太牢	《晋书·温峤传》
荀崧	赠侍中，谥曰敬。升平四年，崧改葬，诏赐钱百万，布五千匹	《晋书·荀崧传》
桓温	诏赐九命衮冕之服，又朝服一具，衣一袭，东园秘器，钱二百万，布二千匹，腊五百斤，以供丧事。及葬，一依太宰安平献王、汉大将军霍光故事，赐九旒鸾辂，黄屋左纛，辒辌车，挽歌二部，羽葆鼓吹，武贲班剑百人，优册即前南郡公增七千五百户，进地方三百里，赐钱五千万，绢二万匹，布十万匹，追赠丞相	《晋书·桓温传》
谢安	赐东园秘器、朝服一具、衣一袭、钱百万、布千匹、蜡五百斤，赠太傅，谥曰文靖。以无下舍，诏府中备凶仪。及葬，加殊礼，依大司马桓温故事。又以平苻坚勋，更封庐陵郡公	《晋书·谢安传》

温明一词，首见于《汉书·霍光传》，言霍光薨，赐“梓宫、便房、黄肠题凑各一具，枞木外藏椁十五具，东园温明，皆如乘舆制度。”[50] 关于温明的形状，颜注引服虔云：“东园处此器，形如方漆桶，开一面，漆画之，以镜置其中，以悬尸上，大殓并盖之。”1983年扬州平山养殖场一号西汉墓出土了一件漆面罩[51]，位于死者头部，呈方形，盝顶，前面敞开，两侧壁垂直，相当人耳处有马蹄形孔，后壁有长方形孔。罩内盝顶中心有直径9厘米的铜镜一面，两侧马蹄状孔的上部各有直径7.8厘米的铜镜一面，铜镜均正面向内，用瓦灰和生漆黏附在木胎上。1984年江苏邗江姚庄101号西汉墓又出土了这样一件漆面罩[52]，其结构与平山养殖场汉墓所出者基本相似，但装饰更华丽，面罩内顶及左右壁各嵌一直径9厘米的铜镜一枚。面罩外髹褐漆，上绘有云气、禽兽、羽人等纹饰；内髹朱红漆，绘黑色云气纹、禽兽、羽人等。这件漆面罩与服虔所云的“漆画之，以镜置其中”之制若合符契，无疑是温明[53]。温明在《汉书》《后汉书》中很少见，但在《晋书》中常常出现，也被当作赐给王侯和重臣随葬的高贵之物，以示优宠。安平献王司马孚、汝南王司马亮、忠敬王司马遵、荀觊皆被赐以温明随葬。南北朝时期，诏赐温明已为常事。

西晋时期，赠赗朝服开始成为定制。《晋书·舆服志》曰：“汉制，一岁五郊，天子与执事者所服各如方色，百官不执事者服常服绛衣以从。魏秘书监秦静曰：'汉氏承秦，改六冕之制，但玄冠绛衣而已。'魏已来名为五时朝服，又有四时朝服，又有朝服。自皇太子以下随官受给。百官虽服五时朝服，据今止给四时朝服，阙秋服。三年一易。”[54] 可见，汉代朝服已经产生，但作为一种制度应该是在曹魏时期被固定下来，赠赗中开始有了朝服，但还不是很普遍。谯周死后，“赐朝服一具”。到西晋时，丧事赐朝服正式成为一种必不可少的制度，而且一直影响到隋唐时期。一套完整的朝服包括衣服和佩饰两大部分，考古发现朝服葬的痕迹多为玉质佩饰。东汉时期就发现有朝服葬，可以确定为西晋时期的朝服葬有洛阳徐美人墓和湖南安乡刘弘墓。东晋十六国时期的朝服葬发现较多，南京吕家山2号高崧墓和6号墓，南京大学北园墓，南京幕府山1、3、4号墓和南京郭家山1－4号墓，江西南昌晋墓，辽宁北燕冯素弗墓，敦煌新店台前凉墓等均有朝服葬的痕迹[55]。

5. 东晋时期开始赐蜡。桓温、谢安的赠赗均有“蜡五百斤”。南北朝时期赠赗制度中流行赐蜡。北魏穆亮、刘腾、裴叔业、崔光、元勰等赠赗皆有蜡，灵太后之父胡国珍赙蜡竟达千斤之多[56]。这一时期蜡可能被用来制作随葬明器。《颜氏家训·终制篇》云：“至如蜡弩牙、玉豚、锡人之属，并须停省。”[57] 蜡弩牙指用蜡制作的弩机模型，用来随葬。

6. 班剑制度的出现和逐渐流行。王导、桓温皆被赐以“武贲班剑百人”。班剑是用一种木质的礼仪用剑，作为大臣上朝时佩带，也用于仪仗中。《晋书·舆服志》云：“汉制，自天子至于百官，无不佩剑，其后惟朝带剑。晋世始代之以木，贵者犹用玉首，贱者亦用蚌、金银、玳瑁为雕饰。”[58] 北齐娄睿、徐显秀墓墓道壁画中就有佩戴班剑的仪仗人物。

四、总结

通过上面的统计和讨论，我们可以看出赠赗制度是对死者及其家属的一种助丧制度，至少在西周时期就已经产生。东周、汉、晋是赠赗制度发展的三个重要时期。总的来说，东周时赠赗内容是以车、马为核心的具体的实物，赠赗制度更多的是一种国与国之间的往来，是政体多元制的一种反映。汉代赠赗以冢地、印绶、东园秘器、钱和布为主，地位特尊的加赐玉衣、虎贲、轻车介士，用军阵送葬，代表了中央集权制下国家对官吏的一种恩赐和笼络。汉代的赠赗制度对后世的影响十分深远，奠定了以后赠赗制度的基本格局。西晋时期的赠赗以东园秘器、朝服一具、衣一袭、钱、布为基本格式，基本上被东晋南北朝所沿袭；汉代流行的赐冢地、赠送印绶的制度已经处于衰落的尾声，玉衣制度废止，而追赠官职、朝服为常制，赠赗班剑、蜡、蜜印为新出现的形式。东周、汉、晋赗制度的变化从一个侧面反映了当时国家制度、政权形式、家族势力、丧葬制度等方面的继承和变革。

注释

[1]〔清〕阮元校刻:《十三经注疏》，中华书局，1980年，第1152页。

[2]《春秋谷梁传》卷一《丛书集成初编》，商务印书馆，1936年，第4—5页。

[3]张觉撰:《荀子译注》，上海古籍出版社，1995年，第588页。

[4]同[1]，第1511页。

[5]同[1]，第1302页。

[6]同[1]，第1408页。

[7]《史记》卷八十三《鲁仲连邹阳列传》，中华书局，1963年，第2463—2464页。

[8]《三国志·魏志》卷十一《管宁传》，中华书局，1971年，第354页。

[9]《左传》记载僖公二十六年，齐国两次侵伐鲁国的西鄙和北鄙，第二年齐孝公死时，鲁国仍送赗赙。文云:“夏，齐孝公卒。有齐怨，不废丧纪，礼也。”丧纪即指诸侯间吊生送死之事。详见杨伯峻《春秋左传注》第一册，中华书局，1981年，第444页。

[10]《春秋经》载隐公三年周王死后，鲁隐公未赠送助葬之物，周大夫“武氏子来求赙”。郑玄对此评价:“凡丧，始死吊而含襚，葬而赗赠，其间加恩厚，则有赙焉，《春秋》讥武氏子来求赙。” 详见郑玄注《周礼·宰夫》。

[11]《仪礼·既夕礼》云:“兄弟，赗奠可也。”郑玄注:“兄弟，有服亲者，可且赗且奠，许其厚也。赗奠于死生两施。”《礼记·文王世子》:“五庙子孙，祖庙之孙，祖庙未毁，虽为庶人，冠、取妻必告，死必赴，练、祥则告。族之相为也。宜吊不吊，宜免不免，有司罚之。至于赗、赙、承、含，皆有正焉。”《礼记·檀弓上》:“孔子之卫，遇旧馆人之丧，入而哭之哀，出，使子贡说骖而赙之。”

[12]同[1]，第1153页。

[13]商承祚:《战国楚竹简汇编》，齐鲁书社，1995年，第7页。

[14]〔清〕孙希旦:《礼记集解》，中华书局，1989年，第226页。

[15]湖北省博物馆:《曾侯乙墓》，文物出版社，1989年。

[16]刘国胜:《楚丧葬简牍集释》，科学出版社，2011年，第41页。

[17]陈伟:《包山楚简初探》，武汉大学出版社，1996年，第191页。

[18]刘国胜:《楚丧葬简牍集释》，科学出版社，2011年，第7页。

[19]曹玮:《东周时期的赗赙制度》，《考古与文物》2002年第6期。

[20]刘国胜:《楚丧葬简牍集释》，科学出版社，2011年，第9页。

[21]《汉书》卷七十七《何并传》，中华书局，1962年，第3268—3269页。

[22]《后汉书》卷四十二《光武十三王列传》，中华书局，1965年，第1450页。

[23]《后汉书》卷五十五《济北惠王寿传》，中华书局，1965年，第1806—1807页。

[24]罗福颐:《古玺印概论》，文物出版社。又沈括《梦溪笔谈》卷十九云:“古之佩章，罢免、迁、死，皆上印绶。得以印绶葬者，极稀。”

[25]王人聪:《论咸阳出土“皇后之玺”的年代》，香港中文大学:《中国文化研究所学报》第十五卷，1984年。

[26]《汉书》卷九十《酷吏传》，中华书局，1962年，第3660—3661页。

[27] 孙机:《“温明”和“秘器”》,《寻常的精致》,辽宁教育出版社,1996年。
[28]《晋书》卷三十四《杜预传》,中华书局,1974年,第1033页。
[29] 余嘉锡:《世说新语笺疏》,中华书局,2011年,第204页。
[30]《后汉书》志第六,中华书局,1965年,第3152页。
[31] 中国社会科学院考古研究所:《新中国的考古发现和研究》,文物出版社,1984年。
[32] 卢兆荫:《试论两汉的玉衣》,《考古》1981年第1期。
[33] 陕西省文物管理委员会、咸阳市博物馆:《陕西省咸阳市杨家湾出土大批西汉彩绘陶俑》,《文物》1966年第3期。
[34] 杨泓:《骑兵和甲骑具装——中国古代军事装备札记之二》,《文物》1977年第10期。
[35]《后汉书》志第六,中华书局,1965年,第3152页。
[36] 杨树达:《汉代婚丧礼俗考》,上海古籍出版社,2000年,第154-155页。
[37]《后汉书》志第六,中华书局,1965年,第3152页。
[38] 罗宗真:《六朝考古》,南京大学出版社,1994年,第81页。
[39]《宋书》卷五十六《孔琳之传》,中华书局,1974年,第1562页。
[40]〔清〕周密:《齐东野语》,中华书局,1983年,第6-7页。
[41]《晋书》卷四十三《山涛传》,中华书局,1974年,第1227页。
[42]《晋书》卷六十六《陶侃传》,中华书局,1974年,第1778页。
[43]〔清〕段成式:《酉阳杂俎》,中华书局,1981年,第124页。
[44]《南齐书》卷二十《陈皇后传》,中华书局,1972年,第390页。
[45]《新唐书》卷二十《礼仪志》,中华书局,1975年,第442页。
[46]〔清〕周密:《齐东野语》,中华书局,1983年,第7页。
[47]〔清〕胡震亨:《唐音癸签》,古典文学出版社,1957年,第159页。
[48] 谢宝富:《北朝婚丧礼俗研究》,首都师范大学出版社,1998年。
[49] 周一良:《魏晋南北朝史札记》中华书局,1985年,第8页。
[50]《汉书》卷六十八《霍光传》,中华书局,1962年,第2948页。
[51] 扬州博物馆:《扬州平山养殖场汉墓清理简报》,《文物》1987年第1期。
[52] 扬州博物馆:《江苏邗江姚庄一〇一号西汉墓》,《文物》1988年第2期。
[53] 孙机:《“温明”和“秘器”》,《寻常的精致》辽宁教育出版社,1996年。
[54]《晋书》卷二十五《舆服志》,中华书局,1974年,第772页。
[55] 韦正:《东汉、六朝的朝服葬》,《文物》2002年第3期。
[56]《魏书》卷八十三《外戚下·胡国珍传》,中华书局,1974年,第1834页。
[57] 王利器撰:《颜氏家训集解(增补本)》,中华书局,1993年,第727-728页。
[58]《晋书》卷二十五《舆服志》,中华书局,1974年,第771页。

(责任编辑:朱学文 史党社)

南宫家族姓氏问题研究

辛怡华　宝鸡市考古研究所

内容提要　南宫家族是西周时期重要的家族之一。但对于南宫家族的族属问题讨论，至今还没有一个令人满意的结论，或为姬姓，或为非姬姓。即使根据同一篇铜器铭文，也有姬姓或非姬姓之结论。造成这种情况的原因是由于有关铭文所涉及的吴国，传统认为是姬姓之国。南宫家族与之结亲，按照同姓不婚古制，自然得出南宫家族非姬姓的结论。但通过对金文研究，在西周晚期可能还存在一个非姬姓的吴国，从而证明南宫家族有可能为姬姓。

关 键 词　西周　南宫家族　姬姓

一、金文中所见的南宫家族

（一）重要的南宫家族成员

杨亚长、呼林贵先生对南宫家族有比较详尽的研究[1]。南宫家族的氏名可省称为南，第一代南宫氏为南宫括，是文王与武王的重臣，曾亲历过武王灭商这一重大事件。

湖北随州叶家山墓地 M111 出土的兽面纹方座簋铭文为“犺作烈考南公宝尊彝”，表明墓主犺铸器目的是用以祭祀其父南公。张天恩先生根据西周宗法制和分封制的惯例，即同姓和异性功臣分封为诸侯者，往往是长子代父赴国就封，世代相继为侯，次子留守王室继承父亲的爵位和国都近畿之采邑，认为曾侯犺必是南公之子，曾是南公的封国，代其就封的第一代曾侯必为南公长子，犺既称南公为烈考，可知其应是代南公括就封的嫡长子。犺赴封就国的时间有可能在周公东征大封诸侯之后，主政曾国的时间约为成王中后期至康王前期[2]。

从大盂鼎铭文可知，盂受康王册命而作为荣伯的副手，官司军政大事，深受周王信任。小盂鼎铭文记述了征伐鬼方大胜后在周庙举行献俘庆赏之礼的全过程。

从宝鸡茹家庄強国墓地出土的青铜器分析，昭穆之世強国贵族与南宫家族存在婚姻关系。昭王时期的中方鼎铭有“唯王命南宫伐虎方之年”语作为时间概念，表明伐虎方是当时的一件大事，大事的主要参与者自然是重要的人物，在当时只需要提他的家族氏，时人就知道他是谁。

岐山董家窖藏出土卫簋铭文记述穆王二十七年三月戊戌这天，在周的大室册命裘卫，当时的右者为南伯。

夷王时期的南宫柳鼎，出土于宝鸡虢镇。南宫柳系南宫氏，名柳，所司之职与西六师有关。王册命柳负责掌管这些管理六师牧场、羲夷田耕的小吏。“羲夷阳（场）佃史（吏）”，可能是管理“羲夷场”田耕的小吏。“羲夷”即在“羲”地从事田耕的夷人。

厉宣时期，南宫氏家族依然活跃在政治舞台，南仲见于宣王时期的无叀鼎和驹父盨，驹父盨于1974年出土于陕西武功回龙。铭文表明，驹父出使南方各诸侯国是南仲邦父直接命令的，并交代了民族政策，而无叀鼎中周王对军队将领现场任命，南仲作为右者，表明南仲是无叀的上司。

厉王时期的南宫乎钟中的南宫乎，官居司徒，可能是宣王时期的司徒南仲的后代。

表一　金文中所见重要的南公家族成员

周王	家族成员	出处	备注
文、武	南宫括	《尚书·君奭》	—
成	曾侯犺（南公犺）	叶家山 M111 方座簋	曾侯犺为南宫括之子
康	盂	大盂鼎	盂为南宫括之孙
昭	南宫	中方鼎	—
穆	南伯	卫簋	—
共	—	—	—
懿	南季	—	—
孝	南宫柳	南宫柳鼎	—
夷	—	—	—
厉	南宫乎	南宫乎钟	—
共和	—	—	—
宣	南仲邦父	驹父盨	—
幽	—	—	—

总之，从商末周初到西周末年，在文献或出土的金文资料里，我们都能看到南宫家族成员的影子，该家族自然是西周具有重要影响的家族（表一）。南宫家族青铜器出土地点比较明确的有湖北随州叶家山、陕西岐山礼村、扶风豹子沟、宝鸡虢镇，在京畿之地的主要在今周原一带，大小盂鼎出土于贺家以南的礼村，礼村一带无疑是最重要的南宫家族的活动据点。

（二）南宫家族在周原地区的地位

大盂鼎铭文中有“赐汝邦司四伯，人鬲自驭至于庶人六百又五十又九夫。赐汝夷司王臣十又三伯，人鬲千又五十夫”的记载。

从铭文看，康王赏赐给盂的人分两类：一类是“王臣”；一类是“人鬲”。学者认为“王臣”称伯，“人鬲”称夫，他们虽然都是周王赏赐给盂的人，但二者身份不同。王臣是人鬲的管理者，人鬲是接受王臣直接管理的奴隶；王臣虽被奴隶主贵族从奴隶中选拔上来，但已经不再属于奴隶阶级的成员，甘心情愿依附主子，完全成了替统治阶级站岗放哨，管理事务，或监督奴隶生产的服务者[3]。

在西周赏赐制度中，一般或人随土地转移，或土地随人转移，康王把“王臣”“人鬲”连同“疆土”一起赐于盂，所有权和人的归属转移了，但“王臣”“人鬲”的身份仍未改变。

“邦司”和“夷司”是管理“人鬲（奴隶）”的两个机构名称。具体说，“邦司”分管周族奴隶，“夷司”分管外族奴隶[4]。渭河谷地的王畿地区地方群体的领袖是不同宗族的宗主，他们通常被称作“伯”。“伯”是家族中最年长者，不同于那些位于东方被称为“侯”的西周地方封国的国君[5]。周王一次赏赐盂给17个伯（17个宗族）以及1709名奴隶。其中4位伯是周的同姓，另外13位伯是异族，这些人员从王族的财产中直接转入了南宫家族。

在西周，世族由于与世官制相应，故一般情况下其族长只要能守住世袭的官职，其家族、土田、人民即不会被无故剥夺。南宫家族在西周晚期，其政治地位还是很高的，出土的金文资料表明其成员主管西周王朝的军事、外交及民族政策。如驹父盨铭文说周宣王十八年正月，南仲邦父命驹父出使南方诸侯小国，率领高父往南淮夷催纳贡赋，并告诫驹父要谦敬淮夷风俗习惯。于是淮夷不敢不对王命表示敬畏，恭迎驹父，献纳贡赋。而在无叀鼎中，周王对军队将领任命时，南仲作为右者，表明南仲是一位主管军队的高级官员。

从大盂鼎铭文我们大致可以了解到，西周时期的一个宗族的平均人数大约为100人，姬姓宗族人数可能多一些，约160人，异姓少一些，约80人。康王赏赐给南宫家族的17伯（宗族），不可能全在周原地区的贺家一带，但他们当中的一部分居住于贺家则是可能的，南宫家族自然是这一带的管理者[6]。

二、南宫家族的族姓

（一）学者们的主要观点

杨亚长与呼林贵先生认为该家族非姬姓的可能性最大。其文引用《周金文存·补遗》中收录有一件南宫史叔鼎，铭文曰："吴王姬作南宫史叔飤鼎"，认为依西周青铜器铭文的称谓惯例，此鼎当为妻子为丈夫所作之器，即吴王姬应系南宫史叔之妻，而且其系姬姓之女。若上述推测不误，既然南宫史叔之妻为姬姓，那么南宫家族则极可能为非姬姓。在传世铜器中还有一件南姬鬲，其铭文曰："南姬作叔媿尊鬲，其永宝用。"吴其昌《金文氏族谱·媿姓谱》依此鬲确定南宫为媿姓。杨亚长与呼林贵先生认为此鬲铭文仍存在多种可能性：其一，依青铜器铭文女子称姓与国的惯例推之，此南姬极有可能为南氏夫人，那么南氏则极可能为非姬姓。其二，若作器者南姬为南氏夫人，鬲又为其女儿所作媵器，那么则可证明南氏即为媿姓。其三，若此鬲为南氏夫人为其家母或公婆所作，则尚不能肯定南氏为媿姓。其四，若南姬非南氏夫人，而为南氏本族之姬姓女子，那么则可证明南氏为姬姓。不过，在上述几种可能性中，看来第四种可能性不大，而以第一、第三种可能性最大，若此则可证明南确为非姬姓[7]。

曹玮先生在其《周原的非姬姓家族与虢氏家族》一文中并未涉及南宫家族，这样重要的家族不可能是被忽略了，有可能暗示南宫家族不是非姬姓家族[8]。

白川静先生认为大盂鼎铭末纪年用"祀"，属东方氏族之传统形式，故疑盂之族本是东方系统之氏族，很早即归服于周王朝，而受封于关中之地[9]。

朱凤瀚先生举周厉王㝬簋铭末仍记"唯王十又二祀"例，表明用祀纪年虽然可能始于商人，但周族未必不可使用。再者，从大盂鼎铭文内容看，康王在训诰盂时，回顾周开国之初文武先王之政绩，明是以周人圣王之德行来教育同姓之弟之意，而且以殷人酗酒以至于亡国之例来告诫盂，其情类似于《尚书·酒诰》周王诫唐叔，亦不像是对殷人的口气。所以朱先生怀疑盂是周王姓贵族，南宫氏似为姬姓[10]。

叶家山西周墓地发现后，有关其族属成为学界最为关注的话题，除发掘者及部分学者认为是姬姓外[11]，也有学者从墓葬头向、铜器日名、腰坑等方面否定叶家山曾国墓葬为姬姓[12]。

黄凤春、胡刚先生在《说西周金文中的"南公"——兼论随州叶家山西周曾国墓地的族属》一文中认为判断叶家山墓地的族属应着眼于墓地本身的出土文字资料及相关的历史背景，而不应以在典型周墓中都有的墓葬头向、铜器日名、腰坑等一些具有高风险的不定因素作为否定的依据。指出叶家山 M111所见铭文

“南公”与大盂鼎所见铭文中“南公”应当是解开随州叶家山西周墓葬族属的突破口。叶家山出现的南公与大盂鼎里的南公是同一人，该文推测大约在周公平定三监之乱后，因冉季载有功于周室且又是周王室的宗亲而被分封到了南土，其受封的年代大约应在成康之际。因此，他们认定冉季载被封于南土的曾国而被称为“南公”，就如同召公被封于燕、周公被封于鲁，而本人并未到其采地，而是以其子赴任一样，曾侯谏和和曾侯犺等曾侯则成了南土的实际统属者[13]。黄、胡两位先生认为叶家山墓地主人是冉季载的后代，冉季载是周室宗亲，其墓地族属自然姓姬。

（二）南公家族为姬姓

在所发现的明确是南宫家族的青铜器中，从未发现有用日名称呼的习惯。在几个大姓中，子姓是以日名称呼的，嬴姓有用日名的现象，姜姓也有用日名的现象[14]。因此，在几个显赫的大姓中，南宫家族不可能是子姓，也不可能是嬴姓或姜姓。

杨亚长与呼林贵先生得出南公家族非姬姓的结论是建立在推测基础上的，况且南姬鬲铭文中是“南姬”还是“庚姬”有不同的释字，从拓片看，应为“庚姬”（图一）。

图一　南姬鬲（《集成》[15] 640）

根据青铜器结亲内容铭文来确定相互族属的前提是知道对方的族属。吴国在中国历史中，算不上什么很特别的国家，但《史记》却把《吴太伯世家》列为世家第一。可见在西周时期，吴国的地位非别国可比，为什么？这与其始祖吴太伯有直接关系。据《史记》记载，太伯本古公之长子，因古公欲立其弟季历以传昌，太伯与虞仲主动让贤，逃离周原。因此，西周历代统治者对太伯的后裔另眼相看也在常理。吴国之始祖太伯是古公之嫡长子，自然是嫡传，其所建之国自然是姬姓。

然而，只有一个姬姓吴国的说法，却有矛盾解释不了。

西周晚期的作吴姬匜（图二）铭文曰：“自作吴姬媵匜”，李峰先生认为这明显是为吴姬所作的媵器；按照上述媵器中父亲称女儿的原则，吴应该是这位姬姓女子嫁入的夫家。再按照同姓不婚的原则，这个吴国就不应该是姬姓。无独有偶，寿县蔡侯墓出土的蔡侯申盘说：“[蔡侯] 用作大孟姬媵彝盘，禋享是以…康谐穌好，敬配吴王。”这是姬姓的蔡国嫁女给吴王的媵器，它说明吴国可能不是姬姓[16]。也就是说在西周时期应还有一个非姬姓的吴国存在。

如果西周时期还有一个非姬姓吴国存在，那么一切疑问即可迎刃而解。西周时期，的确存在国名相同而族姓不同情况，如缯国、郑国等。

董珊先生认为，历史上曾存在过姒姓的缯国和姬姓的缯国。姒姓缯国有三个：第一支，即山东之鄫，在今山东枣庄东。《春秋》僖公十九年、襄公五年经传写作“鄫”。第二支，是西周早期存在于湖北随州的曾。2011年在湖北叶家山发掘的西周早期的曾侯墓地，“曾”写作“曽”，其年代大约相当于成康前后。从墓地有东西墓葬、腰坑等情况看，这个曾国不会是姬姓。第三支，是与西申、犬戎等势力共同攻灭幽王的缯。董先生还认为，文献中西周晚期以来的姬姓随国就是同时期铜器铭文的曾国，该地既控扼淮夷，又位于铜、锡的运输线上，对于周王朝有重要的作用[17]。

图二　作吴姬匜（《集成》10186）

李峰先生在《西周金文中的郑地、郑国东迁及其相关问题》一文中指出，西周时期，有两个郑，即姜姓郑和姬姓郑，姜姓郑在今凤翔一带；姬姓郑始于郑桓公友，周宣王封其庶出弟于郑，在今陕西华县，即（《史记·郑世家》）记载：“郑桓公友者，周厉王少子而宣王庶弟也。宣王立二十二年，友初封于郑。封三十三岁，百姓皆便爱之。幽王以为司徒。”[18]

出土于山东的西周晚期司马南叔匜铭曰：“司马南叔作叒姬媵匜，子子孙孙永宝用享。”（图三）依金文惯例，这件青铜匜是司马南叔为出嫁的女儿作的媵器，按照“婿家国氏（叒）+自家的姓（姬）”原则，则南叔为姬姓。这是南宫家族为姬姓的金文直接证据。

图三　司马南叔匜（《集成》10241）

注释

［1］杨亚长、呼林贵:《南宫家族史迹初探》，见宝鸡青铜器博物馆编:《周秦文明论丛》（第一辑），陕西人民出版社，2006年，第189-195页。

［2］张天恩:《试论随州叶家山墓地曾侯墓的年代和序列》，《文物》2016年10期。

［3］高明:《论商周时代的臣》，《容庚先生百年诞辰纪念文集》，广东人民出版社，1998年，第103页。

［4］白冰:《青铜器铭文研究——白川静金文著作的成就与疏失》，学林出版社，2007年，第261页。

［5］李峰:《西周的灭亡》，上海古籍出版社，2007年，第68页。

［6］辛怡华:《岐山贺家出土铜器铭文研究》，《文博》2017年第1期。

［7］杨亚长、呼林贵:《南宫家族史迹初探》，见宝鸡青铜器博物馆编:《周秦文明论丛（第一辑）》，陕西人民出版社，2006年，第189-195页。

［8］曹玮:《周原的非姬姓家族与虢氏家族》，《陕西历史博物馆馆刊》2000年第七辑。

［9］白川静:《金文通释》六一，大盂鼎。

［10］朱凤瀚:《商周家族形态研究》（增订本），天津古籍出版社，2004年，第339页。

［11］湖北省文物考古研究所等:《湖北随州叶家山西周墓地发掘简报》，《文物》2011年第1期；湖北省文物考古研究所等:《湖北随州叶家山西周墓地》，《考古》2012年第7期；黄凤春、黄建勋:《论叶家山西周曾国墓地》，《随州叶家山西周早期曾国墓地》，文物出版社，2013年12月；张懋镕:《谈随州叶家山西周曾国墓地》，《出土文献》2012年第3期。

［12］李学勤、李伯谦、朱凤瀚等:《湖北随州叶家山西周墓地笔谈》，《文物》2011年第11期；杨升南:《叶家山曾侯家族墓地曾国的族属问题》，《中国文物报》2011年11月2日3版；刘绪:《近年发现的重要两周墓葬述评》，《梁代村里的墓葬——一份公共考古报告》，北京大学出版社，2012年5月。

［13］黄凤春、胡刚:《说西周金文中的“南公”——兼论随州叶家山西周曾国墓地的族属》，《江汉考古》2014年第2期。

［14］辛怡华:《宝鸡石鼓山M3墓主及其相关问题》，《西部考古》（第九辑），科学出版社，2016年。

［15］《集成》即《殷周金文集成》。

［16］李峰:《再论周代女性的称名原则：答吴镇烽先生质疑》，《简帛》，武汉大学简帛研究中心网站，2017-10-06。

［17］董珊:《从出土文献谈曾分为三》，《出土文献与古文字研究》（第五辑），上海古籍出版社，2013年，第154-161页。

［18］李峰:《西周金文中的郑地、郑国东迁及其相关问题》，“周原考古与西周文化研究”国际学术研讨会论文，2005年。

（责任编辑：朱学文　史党社）

输丹之路
——秦始皇与巴寡妇清

王学理 陕西省考古研究院

内容提要 秦始皇把巴寡妇清接到国都咸阳，使之颐养天年，还在她的故乡巴郡枳县筑起一座“女怀清台”进行旌表，“礼抗万乘，名显天下”。这并不是着眼于她的守节，也不存在忌惮地方势力压倒皇权，更不是贪恋她的美色，而是因为她世代经营丹砂致富后，“以财饷遗四方”“家不多积聚”，更重要的是以巨量的丹砂供给了丽山陵墓内储放水银的需要。一方巨富的巴寡妇清，是巴人的后裔，姓怀名清。她聪慧卓识，其行为符合封建集权制的大方向，是唯一一位受到秦始皇尊重的女性。除过巴渝地区的丹砂之外，陕西旬阳的丹砂也是丽山陵墓内水银的又一来源。两地同秦始皇陵之间有秦岭与大巴山的阻隔，要把丹砂输送至关中，经行路线与装载形式都是值得进一步探讨的问题。

关 键 词 巴寡妇清 丹砂 水银 巴郡 川渝地区

推行“重农抑商”政策的秦始皇，特别优待两个大商业资本家，一个是世代经营丹砂的矿业主巴寡妇清，“以为贞妇而客之，为筑女怀清台”[1]；另一个是畜牧业主兼贩运商的乌氏倮，令“比封君，以时与列臣朝请”(《史记·货殖列传》)。

在秦统一战争中，一个个商业资本家被剥夺了经营权，资产被没收，离开本地，远徙他方，成了穷困潦倒的“迁虏”。而唯独巴寡妇清和乌氏倮能“礼抗万乘，名显天下”，这不能不引起人们对秦商业政策的怀疑。究竟这是策略上的“区别对待”，还是秦始皇情感上的倾斜？

巴寡妇清和乌氏倮两人在秦朝的商业圈子里可说是鹤立鸡群。而女性怀清，作为一位穷乡僻壤的寡妇受到推崇，这更加引起人们对她本人和她从事的事业的兴趣。

一、受宠疑团

巴寡妇清之所以受到秦始皇的特别优待，人们会提出如下一些猜想，但是又不能自圆其说。

第一种猜想：因为她是一位“贞妇”。

所谓“贞妇”，就是能守“贞节”的妇女，即出嫁的女子一旦死了丈夫，也要守寡保持贞操，做到从一而终。但是，女性的贞操观念在宋代之前还是很淡薄的，没有必须或不必“守寡”的严格限制，完全尊从男女之间情感的自由。只有程朱理学兴起之后，强调“饿死事小，失节事大”，朱熹提倡妇女必须遵守三纲五常的封建道德规范。从此，“节烈观”即成为束缚妇女婚恋自由的桎梏与社会的风气。

那么，仔细审视秦始皇“以为贞妇而客之”地礼遇巴寡妇清，从社会发展的历史环境考察，这个理由实在是站不住脚的。

因为在男女不设大防的战国秦汉时代，“贞节观”还没有真正的确立，特别是把这作为女性的精神枷锁，更是无由产生。那时，丧夫再嫁是无可非议的。汉丞相陈平就是妻子的第六任丈夫，哪有谁说过彼此的是非呢？尽管秦始皇在《泰山刻石》中有“男女礼顺，慎遵职事”，《碣石刻石》中有“男乐其畴，女修其业，事各有序”的刻辞，但这还是从建立“男耕女织”的生产、生活、社会秩序着眼的。《会稽刻石》中有“妨隔内外，禁止淫泆，男女絜诚。夫为寄豭，杀之无罪，男秉义程。妻为逃嫁，子不得母”等用语，虽然明确男女不得有婚外情的道德要求，但这毕竟是对正风的一种提倡，并没有制度与族规上的约束力。或许这还是由秦始皇的老祖母宣太后、母亲帝太后“生活作风”太开放而引发的认识。咸阳之旁二百里内，宫观二百七十，秦始皇在统一六国中“所得诸侯美人钟鼓，以充入之”，居都期间也能“各案署不移徙，行所幸”（《史记·秦始皇本纪》）。一方面是统治者上层不受限制恣意交欢，另一方面是原侍奉诸侯的美人被虏来换了男主，但彼此并没有忌讳，这同春秋时期“人尽夫也”（《左传·桓公十五年》）的认识论又有何不同呢？

笔者的看法是：巴寡妇清之所以在丈夫死后未改嫁，完全是为守住数世“擅其利”的庞大矿产业，绝不是为了“从一而终”地守节去做什么“贞妇”！由此可见，秦始皇筑“女怀清台”也绝不是冲着巴寡妇的“贞操”而来。

第二种猜想：巴寡妇清“能守其业，用财自卫，不见侵犯”，就是说她是拥有武装力量的一方巨商与豪强，连秦始皇也不敢“侵犯”。

富婆巴寡妇清的确是位女强人、女英雄、女企业家。但她厉害到连秦始皇都有点“惹不起”，这恐怕同样也是一个说不通的表面理由。

历史告诉我们：富户豪强往往是执政者疑虑的敌对力量，秦始皇是绝对不允许地方势力存在的。秦灭赵后，把赵王流放到房陵，还把豪富徙于临邛（今四川邛崃），其中就有“用铁冶富”的赵卓氏“夫妻推辇”蹒跚而行。程郑也是“山东迁虏”；秦灭魏后，孔氏被迁往南阳；秦灭楚，徙严王之族到严道，徙楚王子兰到陇西上邽；虽然齐王建投降了，但仍被迁到共（今甘肃泾川县北）；车裂嫪毐，灭其宗，还把夺爵的舍人四千余家迁往蜀地。秦统一全国后，曾多次大规模的徙民，其中除过平民实边之外，就是使豪富之家脱离本土，远徙他处。秦始皇二十六年（前221年），“徙天下豪富于咸阳十二万户”；秦始皇三十五年（前212年），“徙三万家丽邑，五万家云阳”（《史记·秦始皇本纪》）。强迫豪强、贵族以及一些不轨之徒离开住地，到人地生疏的远处，目的在于削弱其经济实力，使他丧失政治影响力。那么，秦始皇凭什么能容忍富豪巴寡妇雄踞一方呢？可知这“不见侵犯”也绝不是秦始皇对她的畏惧，而是另有所指。

第三种猜想：秦始皇迷恋巴寡妇清的美色。

郭沫若在1942年写过一部五幕的历史剧《高渐离》，说始皇二十八年（前219年），在琅邪行宫同赵高设计，把美色绝等的巴寡妇清给奸污了。这尽管是郭沫若浪漫主义的主观塑造，但也不排除人们对秦始皇与巴寡妇清之间那说不清、道不明的关系的猜想。

从社会学的观点看，这种推想同样也是站不住脚的。试想想“咸阳宫阙郁嵯峨，六国楼台艳绮罗”，美女如云、佳丽妖冶，难道秦始皇就看上远在巴蜀穷乡僻壤的一位寡妇？如果是新寡，恐怕难于担当万贯家产的掌门人。即便是半老徐娘，秦始皇也未必看上她那珠老花黄。退一万步讲，秦始皇果真欣赏寡妇那犹在的风韵，招来岂不容易，何必要绕弯地大做文章！

综上所述，既然秦始皇并不着眼于巴寡妇清的守节，也不存在地方势力压倒皇权的现实，更不是贪恋她的美色，那为什么偏偏要把她迎接到国都咸阳使之颐养天年，还在她的故乡巴郡枳县（今重庆市长寿区长江之南龙寨山）筑起一座“女怀清台”进行旌表呢？宁愿行幸咸阳各宫的“诸侯美人”，连皇后都不理的这位始皇帝，对女性似乎怀有一种厌弃之情，但推崇女人的例子这倒是唯一的一例。其中的奥秘究竟何在？让人百思不得其解。连史圣司马迁对这位“千古一帝”的超常举动，也发出了“清穷乡寡妇，礼抗万乘，名显天下，岂非以富邪”的感叹。

人们可以想一下：作为叱咤风云的秦始皇能够“履至尊而制六合，执棰拊以鞭笞天下，威振四海”（贾谊：《过秦论》），难道会惧怕一位山野的寡妇？富有天下的秦始皇能通过迁徙豪强，使其财富“化私为公”，难道就唯独羡慕巴寡妇清一人的“富”而让她成为“礼抗万乘”的贵宾？显然，这些都不是秦始皇执最高的宾主之礼，特别是作为敬重寡妇清的根据。

司马迁在反问的感叹之后，只用了“能守其业，用财自卫”八个字。实际上，这应当就是解开谜团的一把钥匙。

二、巴寡妇清的资本

“用财自卫”，以今天的话说，就是她的见识高于同时代的那些富商大贾们，敢于也能够“以钱铺路”，以其丰厚的财力公开行贿，直通国家的权力中心，竟然连同皇帝的利益也挂上了钩。

《史记・货殖列传・正义》曰：“清多以财饷遗四方，以卫其业，故财亦不多积聚。”作为富婆的巴寡妇清舍得用钱“饷遗四方”，也就像今天社会上先富起来的大款，并没有把钱存到外国银行去，自己和亲属也没有移居海外去享受，而是资助乡亲走“共同富裕”的道路。那么，由于巴寡妇清自家并“不多积聚”，而是“饷遗四方”的这种行为，应该说与保护封建所有制的“重农抑商”政策不但没有抵触，而且对维护以农业生产为基础的社会秩序还是有利的。既符合秦始皇建立统一的中央集权的专制主义制度的大方向，又合理合法，这当然不会遭到秦王朝的打击，自然而然地取得了“不见侵犯”的资格与显赫的社会地位，至此我们这就可以理解了那个“为什么”了。可做比对的例子有的是：正像中华人民共和国成立初对“开明地主”那样，国家在待遇上总会宽大一些。而那些不识时务的“守财奴”地主们，其出路就只有等着“打土豪、分田地”了。以今况古，道理相通。

所以，我们也只有从“守业”的门径一路走进去，才可窥知她“其先得丹穴，而擅其利数世，家亦不訾”的秘密。

“丹穴”，即产“丹砂”的矿藏。丹砂又名朱砂、赤丹、汞砂，因湖南辰州所产最佳而另称之为“辰砂”。丹砂是硫化汞的天然矿石，因色呈大红，故名多冠以“朱”“丹”“赤”等字。其用途甚为广泛。

自古以来人们认为黄金与朱砂都具有使人长生不老、升天成仙的奇效，更受到炼丹家的青睐。山东长清仙人台遗址，有6座两周时期郜国贵族墓，均在棺底铺有厚约2厘米的朱砂[2]。

朱砂是红色染料和书写的材料，甲骨文“涂朱甲骨”的填色、漆器的涂料以及在竹木简、丝绸、纸张上写字，玉器的着色，壁画和彩绘，无不以朱砂作颜料。

朱砂是重要的中药之一，味甘，性微寒，入心经，具有安神、定惊、解毒的作用，历来被用作治疗心悸易惊、失眠多梦、癫痫发狂、小儿惊风、视物昏花、口疮喉痹、疮疡肿毒等病症。外用对皮肤细菌和寄生虫都有抑制和杀灭的作用，用水银与雄黄混合，可治疗疥疮等。长沙马王堆汉墓帛书有《五十二药方》，其中四个药方就采用了水银。

朱砂是提炼水银（汞）的原料，古墓中用以防腐防盗。因为水银的熔点很低，只有−38.87℃，在常温下也极易挥发。汞蒸气有剧毒，可导致人精神失常，以至死亡。古代的君主墓中往往储有大量水银，吴王阖闾墓中“倾水银为池六尺”（《越绝书》）；齐桓公墓在晋永嘉末年被盗掘，“得水银池，有气不得入，经数日乃牵犬入”（《括地志》）。

朱砂在古代人生活中具有普遍性、使用地域广和用量大的特点，经营丹砂蕴藏着巨大的商机，而巴寡妇清家据有丹砂矿，世世开采，成就了一方巨富。那么，从“其先得丹穴”看，人们不得不提出这样一个问题：她们家族所得的“丹穴”是一处矿藏，还是带有垄断性质的行业经营呢？看来，属于后者为是。

史书既称其为“巴寡妇”或“巴蜀寡妇”，可见并非在她身份前冠以籍贯为限，而应当是个响亮的地域性统称或略称。因此，巴寡妇世代控制的丹砂矿分布范围有多大？我们应当着眼于“巴”，从“巴”地去探寻。“巴”，在秦汉人眼

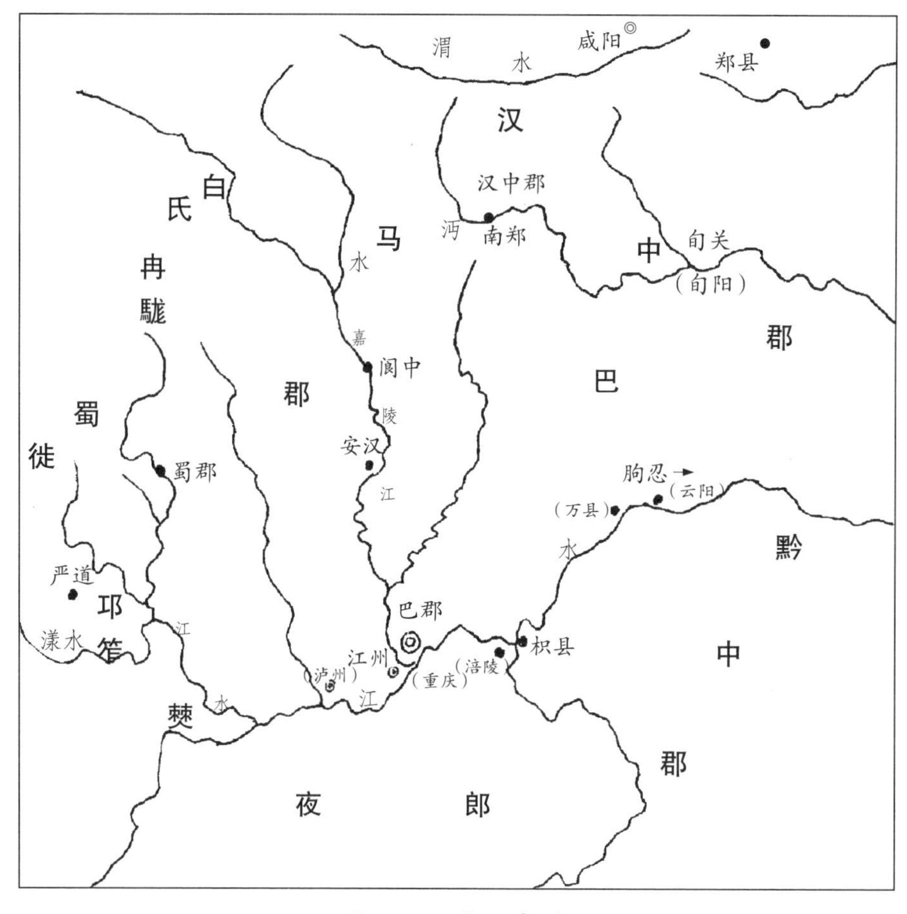

图一　巴郡示意图

里当然指的是秦惠文王十一年（前327年）设立的“巴郡”（图一）。《华阳国志·巴志》记载巴子之国“北接汉中，南极黔涪”。秦设置的巴郡，北隔大巴山同汉中郡相接，南过长江到渝、贵交界处，东及巫山、七曜山同黔中郡为邻，西到阆中、内江一线。而此处所言的“巴”是个大的地理概念，既不纯指秦的巴郡，也不限于古巴人活动的区域，应该是以巴郡为中心、包括了周边地区的大范围。这个范围北及大巴山，南到夜郎（今贵州）北部，东至三峡西口，西达嘉陵江流域。那么，在这一广阔区间内古代是否有丹砂矿，这就需要我们进一步去搜索。

笔者当年为研究巴寡妇经营丹砂问题，曾翻阅了大量的史料，后写入1994年出版的《秦始皇陵研究》一书中[3]。从“涪陵出丹”（《史记》注引徐广语）入手，查知涪陵治所在今重庆市的彭水区。《新唐书·地理志》曰：“溱州土贡丹砂。”溱州治今重庆市綦江区。据地质资料知，酉阳县也产汞。由此可见，在今川东南的彭水、綦江和酉阳一带（图二），很自然地就构成了一个出产丹砂的三角区，而其中尤以彭水产丹的历史为最早，时间也最长。

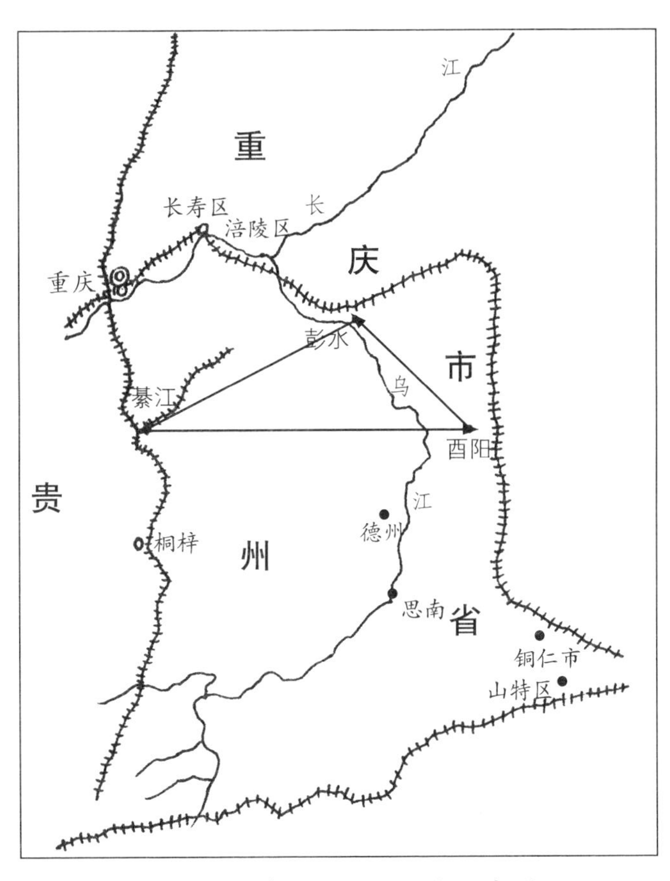

图二　巴渝地区的汞矿点示意图

实际上，与重庆产汞三角区毗邻的贵州省，汞的储量、产量在全国也都是名列前茅的。其中离重庆彭水不远的铜仁、德江、思南、桐梓等市县产朱砂、水银也早有记载（《元和郡县志》《太平寰宇记》《读史方舆纪要》等），而其发现和开采的历史应该更早一些。在今铜仁市南25千米处是“万山特区”，其藏量、产量都居国内之首、亚洲之冠，在世界汞产量中也被列为前几名，在历史上被发现的时间也应当更早，可惜长时间、大规模的开采，现在已经是盛极而衰，风光不再。

纵观以上所举巴渝地区的丹砂矿藏，再结合巴寡妇先人“得丹穴而擅其利数世，家亦不訾”的历史记载看，今重庆南及贵州北的丹矿，大概都在怀清家族的掌控之中（图三）。

《史记》所言的“巴寡妇”，是否可以做这样的推想：她不仅指的是“巴地的

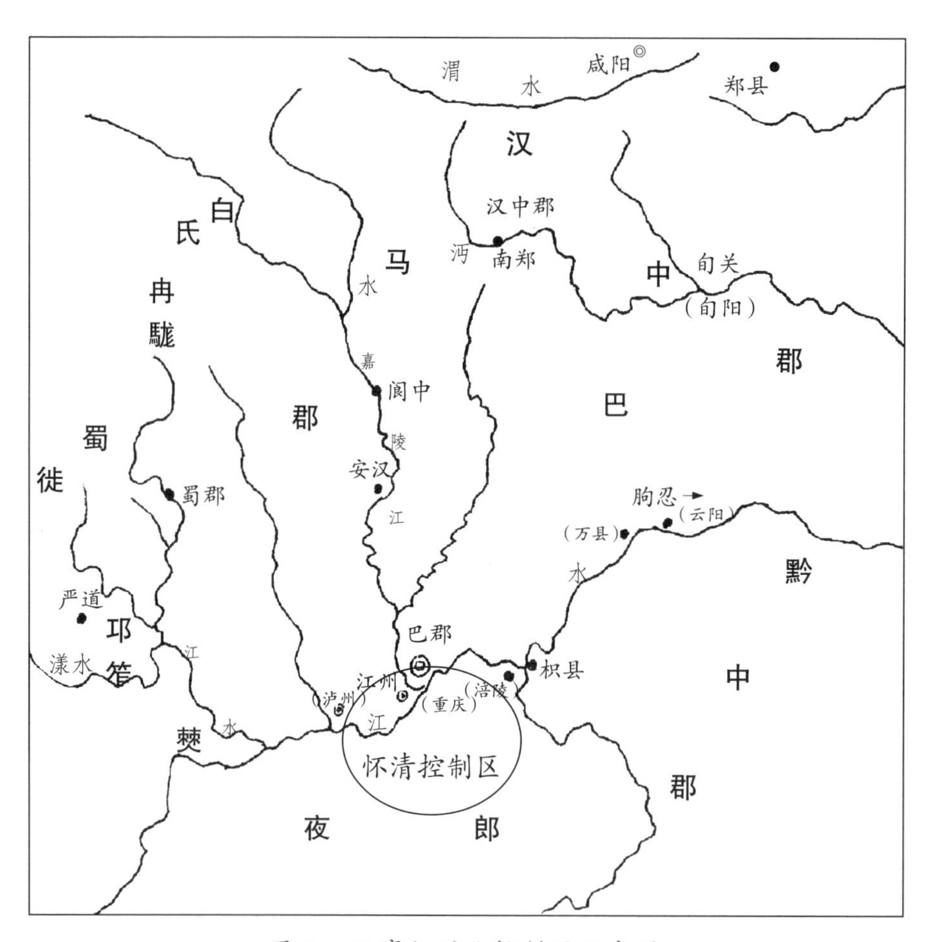

图三　巴寡妇矿业控制区示意图

寡妇”，恐怕还含有“巴人寡妇”的意思。笔者的根据是：巴人的祖先禀君，早就在鄂西地区开采过“赤穴”，后来才迁入盛产朱砂的郁山（今重庆市彭水县和黔江区相邻一带）。巴人一边采盐，一边采掘丹砂，这是巴人传统的两大支柱产业。西汉时期在郁山建立了涪陵县，今彭水就是涪陵县治的所在地。说不定这位女企业家怀清还是巴人的后裔！据说，在彭水县境内还有古代采丹砂留下的地名叫“朱砂窝”“朱砂硐”等。1987年文物普查时，在含乡的“银洞”中还发现古代炼制水银的罐子100多个。我们知道：古代私人从事矿业，一旦致富，必须是开采与运输，以至于同销售相结合，形成一条龙式的规模化经营。酉阳、彭水的丹砂外运，需沿乌江顺流而下，再入长江。那么，长寿这个地方自然就成了酉阳、彭水和綦江三角区，以至于黔北丹砂的集中地和指挥中心。如此一来，巴寡妇的家并不在丹砂的产地，而是位于今重庆市长寿区的问题，似乎就可以理解了。说明白，世代相沿，都说巴寡妇清的籍贯在枳县，因为秦昭王三十年（前277年）改楚枳邑为县，隶属巴郡，即是今重庆市的长寿区。若从此间筑有“女怀清台”来看，我可以断定：“巴寡妇”一词具有双重性，既是少数民族的巴人寡妇，也是巴地经营丹砂矿业的那位寡妇，实际上她真实的姓名应该是姓“怀”名“清”。剔除对“寡妇”这一鄙夷的称呼，“女怀清”则是对她人格的尊重。

如果说巴寡妇清“能守其业，用财自卫”，但她面对的是一世雄主的秦始皇。两人之间，不但不是对立的关系，而且还能和谐相处。要探求其间的原因，还得从丹砂作为利益纽带上入手。

三、秦始皇的需求

在《史记·货殖列传》中，从司马迁称“秦始皇帝”和秦始皇对巴寡妇怀清的安排来看，他们的结交还是在秦统一六国之后。如果同丹砂有联系的事，莫过于修建丽山陵墓。

秦始皇陵墓内存放有大量的水银，从文献记载到科学测定，二者是吻合的。《史记·秦始皇本纪》载丽山陵墓内“以水银为百川、江河、大海，机相灌输”。地质矿产部物化探研究所的两位科研人员，于1981年和1982年两次对秦始皇陵进行了汞量测量[4]。采集的样品与分析方式有两种：一是陵园土壤样品（注：在陵墓360m×360m范围内，划10m×10m网格，下深30～60cm取土样），用SG-4型塞曼原子吸收测汞仪进行分析；二是陵园土壤抽气样品（注：在每个采样点的深孔中，旋入椎形螺旋采样器，用小型薄膜泵抽气，通过金丝富集器将汞捕集），用WYD-2型双道氢化物无色散原子荧光分析仪分析。结果显示：在陵冢中心有个很强的“汞异常范围”，面积达12000m^2（占封土堆面积345m×350m9.53%），汞含量在70ppb（浓度单位）以上，最高处可达到1500ppb，平均值为250ppb。陵墓封土周围的汞含量都小于 70ppb，封土外土壤中的汞含量仅有 5 ～ 65ppb，平均值为30ppb。2003年，秦陵物探考古施行863计划，同样通过土壤汞量测量和土壤中气汞量测量两种方法，均验证了二十年前测出地宫汞量的正确性[5]。前后相隔 20年的这两次汞量测量是如此地吻合，说明司马迁的记载并不是空穴来风。尽管历史的车轮辗过了2200多年，尽管陵墓填土夯实、密封性又好，但由于汞具有蒸气压最高、挥发性最强的特性，所以时至今日仍能透过土壤的空隙向外散出。

那么，在秦始皇陵墓内原来藏有多少水银呢？最早的“百吨”之说由笔者引起，并进而成为人们引以为据之源。现在看来，仍有修正的空间。

笔者在秦始皇陵秦俑考古队时期，就开始关注有关秦始皇陵文献记载与考古验证的问题，1994年出版《秦始皇陵研究》一书时，对水银的藏量与其来源做了估算和探测。书中对水银的藏量做了这样的推论：

> 在测知的12,000平方米的强汞区内，假如水银的厚度暂以10厘米计算，则墓穴内水银藏量的体积为12亿立方厘米。我们知道，汞在20℃时的密度是13.546克/立方厘米。那么，根据计算，始皇陵内藏有水银的理论数据应为16,255.2吨。但因为墓内是“以水银为百川、江河、大海”的，需具有

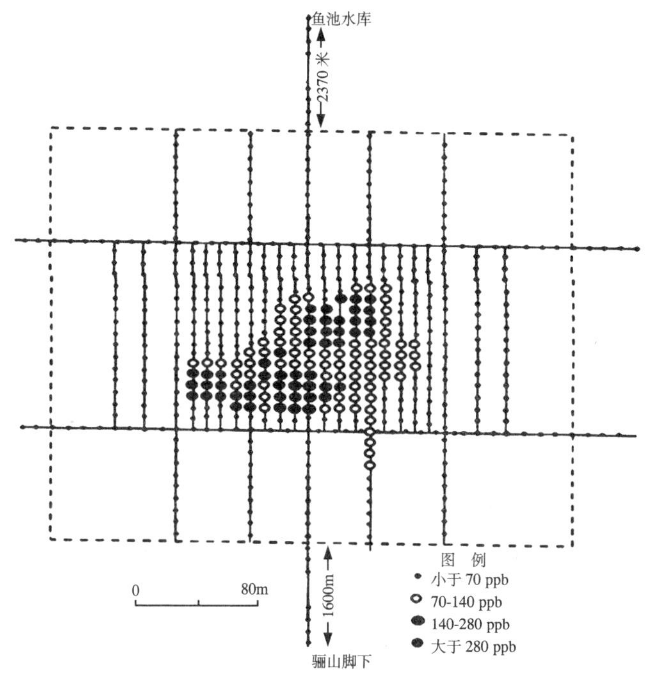

图四　采样点线布置及各点汞含量图

> 流动感就不应是平铺地倾入墓底的，所以藏量就不会过于悬殊。而且“强汞区”也因“汞晕”的关系，自然就形成了测知的那个面积。如果按照已掌握的汞藏量和现代汞的生产能力，估计陵墓内储有水银百吨左右，如果此数字能够成立的话。由丹砂炼汞的比率（86.26%）推算，始皇陵内的巨量水银需由约115.928吨丹砂提炼[6]。

20世纪90年代，在学术界笔者首次公开了这一大胆的认识，这确实带有一定的冒险性。不过，想到自己作为一名考古研究者，要解开历史之谜，只要持有一定的历史与事实的根据，也就只能沿着这一思路走下去。庆幸的是，笔者首发的始皇陵墓水银这一题目引起了同行的关注。从秦俑馆到秦陵考古队，前后有多位学者就此发表过看法，但并没有否定我的基本观点与研究线索[7]。

不过，从地质矿产部物化探研究所测绘的“采样点线布置及各点汞含量图”（图四）上可以看出，在强汞区内各采点的汞含量是不一样的。从东北部偏后，经东南到南部，形成半月形，其中汞含量最高。这是否显示出我国西北陆疆、东南海疆的实际？况且表示海陆的区域内各采点也是有高有低，这是否也显示着江河大小的不同？正因为椁室面积的限定，才显示出强汞区是如此的规矩。也正因为汞晕的关系，各处不同的汞含量也难以显示出符合实际的界限。那么，墓内水银的藏量到底有多少，恐怕难以确知，只能做一合理的估量。数量“百吨”肯定不会那么的多，但也绝不能少。无论怎样，这毕竟是一种推测，要求绝对准确是谁也做不到的。

除过秦始皇陵墓内需要大量的水银之外，炼丹也是需求之一。古代炼丹家多用丹砂升华提纯、合成辰砂（银朱），以为“服之者升仙”（葛洪《抱朴子》）。对于“长生不老”“灵魂不灭”“服丹升仙”这些古老的观念和留传已久的说法，秦始皇是信之不疑的。在国都咸阳，他曾“悉召文学、方术士甚众”“方士欲练（炼）以求奇药”（《史记·秦始皇本纪》），想长生无极，永久统治这个世界。但终老的归宿，毕竟是个不可抗拒的现实。那么，为营造阴间世界以再现阳世间的享用，奢想、欲望同理性、现实的纠结，使他想到了巴寡妇怀清。

世代经营丹砂富起来的巴寡妇怀清，非常聪明，既能“多以财饷遗四方”地接济地方，又能家中“财亦不多积聚”地不招盗贼，还能把川渝地区丹矿的所产无私地贡献给秦始皇，这既是“以财自卫”的最高表现，也是博得荣耀的良方。秦始皇与巴寡妇清二人，心心相印，一拍即合。

川渝地区的丹砂是秦始皇陵墓中巨量水银的最大来源，这是巴寡妇怀清资助修陵的支柱产业。有人说她得到秦始皇的嘉奖是因为支持了修长城，这于史无载，显然是一种猜想。

秦始皇陵墓内的水银除过巴寡妇怀清供给的大量丹砂之外，陕西旬阳的丹砂也是来源之一。这是在1994年之前，我写《秦始皇陵研究》一书时，翻阅了大量的文献记载与地矿材料，并从陕西省地质局（今改称陕西省地质矿产勘查开发局）得到了证实。

据地质资料显示：秦岭地区已探明汞锑矿床共计19处，分布呈条带状。西经甘肃，直达青海省的同德县，东至河南省的卢氏县，共计跨越4省12县。范围长达1100千米、宽60～210千米以上。在陕西省的凤县、山阳、旬阳、商州、丹凤等地，都有集中的分布。

陕西的汞矿，历史上早有开采。《宋史·食货志》云："水银产秦、阶、商、凤四州，有四场。"又"朱砂产商、宜二州，富顺监有三场。"在前所列的五州之中，涉及陕西的仅商、凤二州。凤县（古凤州治）虽未见有汞的开采，但《元和郡县志》曰："兴州（今略阳县治）开元贡朱砂"，"长举县（今略阳县西北一百二十里，元废入略阳）接溪山在县西北五十三里，出朱砂，百姓采之。"实际上，今日陕西的山阳、旬阳两县均属古商州，都有汞矿的存在。山阳县西南金钱河上游的西坡岭、丁家山、石家山等地，都有汞锑矿，至今仍在开采。与湖北接壤处的水银山沿公馆河延伸，地质工作者曾在这一带发现了古矿洞700余处。从镇安县南的青铜关以下，沿旬河至旬阳县甘溪桥，有三条较大的汞矿带，其中旬阳县的汞矿储量首屈一指，竟占整个秦岭的85.2%！

《明史·地理志》有"洵阳朱砂洞"的记载。《明一统志》说洵阳县（今陕西旬阳县）"水银山在县东北二百四十里。山出水银朱砂，有洞"。乾隆本《重修洵阳县志》载："水银山在县东北二百四十里，南临蜀河，北连鹘岭。有朱砂、水银洞三处，今封闭。"可见旬阳水银山的汞矿早已在开采，只是在清代中期被官府强行封闭罢了。

旬阳县汞的保有储量居全国之首，亚洲第一，其中公馆南矿的汞储量达5895吨。它周围还分布有13个矿点，汞储量达到7257吨、锑储量达2.57万吨。公馆和竹筒相接的大小青铜沟一带，竟然是一处长达百余里的特大汞锑矿床，古矿洞浅者几十米，有的深达数百米，往往还是洞洞相连、大小相套的。公馆—回龙汞锑矿田（简称旬阳汞锑矿田，又称公馆特大型汞矿田），是我国四大汞矿基地之一（另三处为贵州万山、务川木油厂及青海穆黑沟），现已成为陕西省的骨干矿山基地。在小河镇、红军镇境内200余平方千米范围内，已查明开采过的古矿洞有2000余个。

根据旬阳古矿洞中采集到的遗物判断（图五），其开采的最早历史可以追溯到汉代以前。

至于山阳、略阳等县采汞的上限年代，虽不能确证始于秦代，总可以做这样

图五　旬阳丹砂洞遗迹

的推断：在中国专制时代，通过政权力量，迫使全国交献丹砂的事实未必都详录在案。所以，我们绝不能排除地处秦地、采运均称便利的这些地方采丹砂的可能性。而由旬阳提供的可靠性则是很大的。

由以上材料和地理条件看，秦始皇陵墓内水银的第二个来源地可能就是旬阳。

四、输丹之路

两千多年前，由我国大西南的巴蜀地区把大量水银运到大西北的陕西关中来，涉及的难题之一就是路线问题。因为由川、贵入陕，向来被认为是难于上青天的“蜀道”。但是，尽管艰险，古代的两地还是早有来往的。在周武王伐纣的战争中，有“庸、蜀、羌、髳、微、卢、彭、濮人”等八个少数部族的士兵（《尚书·牧誓》）参加战斗，其中的“彭”有可能就是巴人。他们作战很勇敢，《华阳国志·巴志》说“巴师勇锐，歌舞以凌殷人”。蜀人还参加过成王在镐京大会诸侯的盛典（《逸周书·王会解》），并给夷王献过“琼玉”（《竹书纪年》）。这些足见四川盆地与关中平原间的道路开辟，已经有了许久的历史。远隔山，近隔水，有路相连一线通。

沟通川、陕的诸多道路中，有早于秦者，也有晚于秦者，还有秦筑者。不管是哪一种，实际上早已有原始路的开辟，这些均为秦所用，或为后来选线更筑创造了条件。特别是汉水、巴蜀的山道多选线在南北向的山谷之中，除了过河要架设梁柱桥之外，遇到悬崖峭壁不能辟地筑路之处，就在陡壁上接连凿孔，横

图六　米仓道路线示意图与部分路段遗迹

插木梁，上铺木板，做成“栈道”。因为在这悬空的栈道上，有时往往遇山泉飞泻，碎石易于滚落之处，还要覆盖顶篷，以方便行人安全又能避雨遮阳，这就衍生出所谓的“阁道”。“栈道千里，通于蜀汉”（《战国策·秦策三》，可说是中国筑路工程史上的一大奇迹。

翻越大巴山有米仓道（巴岭路）、金牛道（石牛道）、白水道，穿过秦岭的是子午道、傥骆道、褒斜道和陈仓道（故道）（图六）。这些山间峡谷道路不仅线路崎岖狭窄、凹凸不平，而且要过长江，溯嘉陵江，过汉江，通行“千里栈道”，困难异常。运输水银究竟会选哪一条道路呢？当然是以近便者为前提。那么，米仓道（巴岭路）和子午道南北一线，恐怕就成了优选中的“丹砂之道”了。

从秦岭南侧的旬阳运送水银到秦始皇陵，比之巴渝地区，显然近便得多。由公馆出发，到两河关（乾祐河同旬河交汇处），溯旬河水运，经镇安到宁陕，后沿子午道抵达长安，再转秦陵，全程不足 300 千米（图七）。另外，由山阳到商州，本来就有一条古道相通，再走武关道，直驱秦陵，也不过230余千米。

如果我们仅看秦始皇嘉奖巴寡妇清，肯定始皇陵的水银仅仅来自巴渝地区，而忽视关中特别是漏掉旬阳的丹砂矿藏，那将是个极大的疏忽。我们应具备的认识是：供应始皇陵的水银是多源的，既有巴地的，也有秦地的。既然旬阳是水银的供给地之一，为什么在司马迁的笔下只写巴寡妇而对旬阳只字未提呢？想来个中原因大概是对旬阳开采丹砂并提炼水银，既是秦政府的国家行为，也带有群众性。而开明的巴寡妇是带有大规模的垄断性，以其雄厚的财力和人力无偿地支援陵墓建筑，况且还带有传奇色彩的故事性，在提供汞源中最容易突现出来。至于司马迁记叙巴寡妇怀清世代经营丹砂矿业时，也并未说明她同始皇修筑陵墓有何联系，这足见“史圣”艺术手法的高明！

五、待解的技术难题

第一个问题：运送始皇陵的究竟是丹砂还是水银？

第二个问题：从古丹砂矿洞中，多有炼汞的陶罐发现（彭县、旬阳），说明

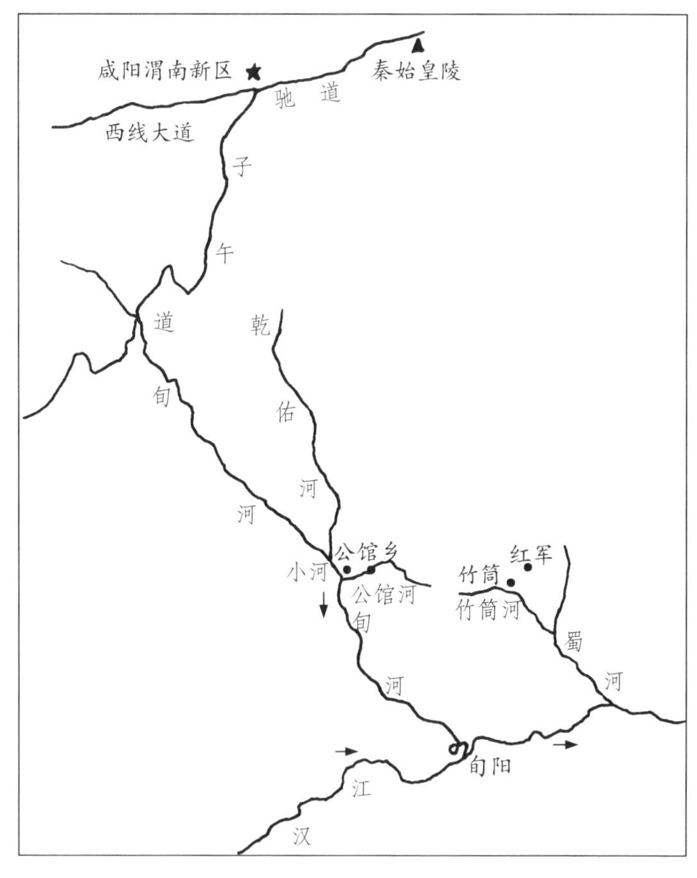

图七　旬阳输丹路线示意图

外运的是水银。那么，对这易挥发又有剧毒的液态金属，采用何种容器放置才安全？

第三个问题：如运丹砂矿石或粉末到秦始皇陵的话，截止目前，在陵区还没有发现提炼的工具和残渣？今后寻找还应注意什么问题？

第四个问题：由重庆到陕西汉水流域，要穿过险峻的大巴山和米仓山，古代有金牛道（南栈）、米仓道（巴岭路）和白水道等三条道路。其中穿过米仓山的道路又分有三条，即一条由四川的巴中地区北上，沿巴江河谷，过米仓山（又名仙台山、玉女山），再沿濂水（汉江支流）河谷到达汉中，再由汉中选褒斜道或傥骆道，或子午道，抵达秦都咸阳的渭南新区；另一条稍东，从四川通江北上，越米仓山，到达洋县，再由洋县北上取骆谷道；还有一条是由四川万源县到达县市，过米仓山，由西乡县北上，沿子午道过秦岭，这是后来唐代为杨贵妃送荔枝的“贡道”。总之，由巴渝地区到达关中，要翻越大巴山、秦岭，要过几条江、多条河。诸道艰险，通行不易，“输丹之道”究竟是哪一条呢？

注释

[1]《括地志》:“寡妇清台山俗名贞女山，在涪州永安县东北七十里也。”涪州永安县即今重庆市长寿区。怀清台遗址在长江南岸的龙寨山上，郭沫若同卫聚贤于1942年来此考察过。有人考证，怀清台处于今重庆钢铁公司之内。

[2] 任相宏等:《山东长清仙人台遗址发现郙国贵族墓地》,《中国文物报》1995年12月17日。

[3] 王学理:《秦始皇陵研究》，上海人民出版社，1994年。

[4] 常勇、李同:《秦始皇陵中埋藏汞的初步研究》,《考古》1983年第7期，第660－662页。

[5]刘毅主编:《秦始皇帝陵地宫地球物理探测成果与技术》,地质出版社,2005年,第26－29页。

[6] 王学理:《秦始皇陵研究》，上海人民出版社，1994年，第71页。

[7] 1999年之后，有郭宝发、刘春华、王志友、段清波等人相继就秦陵地宫的水银及相关问题做了研究。

（责任编辑：朱学文　陈洪）

读近刊曾器散记

黄锦前　河南大学历史文化学院

内容提要　文章对近出几件曾国有铭青铜器进行了分析讨论，对铭文文字进行改释，对器物重新断代。认为曾子叔这戈、曾公子叔淺簠时代皆应为春秋早期。或对有关人物称谓及其身份进行分析，如指出曾公子叔簠、曾公子弃疾簠器主皆称“曾公子”，系曾侯之庶子，或泛指曾侯之子；曾伯宫父穆鬲的“曾伯宫父穆”，器主应系曾国公室。或对有关人物及史事进行分析，如认为加孀簋的“加孀”应即王子申盞盂盖的“嘉孀”，曾侯作季汤孀鼎和王子申盞盂系楚共王和王子申为嘉孀出嫁曾国所作媵器，加孀簋应系其嫁至曾国后所作；随州义地岗出土的曾仲姬壶与平顶山应国墓地M313出土的曾仲姬缶或即一人，系嫁至楚国的姬姓曾国女子。

关 键 词　曾子叔这　曾公子　曾伯宫父穆　随仲孀加　曾仲姬

最近几年，湖北境内随枣走廊一带有关曾国的考古工作得到了大力推进，与此同时，当地的盗掘活动也相当猖獗。因此，考古发掘的和盗掘出土的曾国青铜器等文物大批量面世，一些新材料陆续公布。本文系在阅读这些材料过程中形成的一些零星想法，写出来求正于大家。

一、曾子叔这戈

曹锦炎《曾子戈小议》[1]公布了一件绍兴私人收藏的曾子叔这戈[2]，铭曰（图一）：

曾子叔这之执。

戈铭较为简单，系常见的“物勒主名”形式。上海博物馆藏有一件传世的曾子叔牀父簠盖[3]，该铭过去一般释作：

图一 曾子叔这戈及铭文

曾子叔犺（犾）父作行器，永祜福[4]。

簋铭文字粗犷，结体松散，如首字“曾”字即写作，以至于过去多释作“八田日”三字[5]。所谓“犺父”二字原篆作，对照新公布的曾子叔这戈铭的“这”字作来看，二者显系一字，只是前者反书（水平翻转后作），所从之“辵”旁写法略异而已，被误释而成“牛”“父”等，其实与“牛”“父”等皆不似。因此，该字当改释作“这”，作器者即器主与曾子叔这戈的器主皆系曾子叔这，而非过去所谓的曾子叔犺父，器名亦当据改。

曹锦炎的文章指出：曾子叔这的形制与1982年湖北枣阳吴店公社（今枣阳市吴店镇）赵家湖曹门湾出土的曾侯㝬伯戈[6]等尤为相近。其说是。但将其时代定为春秋中期偏晚，则偏晚。曾侯㝬伯戈的时代为春秋早期，结合铭文字体来看，曾子叔这戈的时代也应系春秋早期后段。

曾子叔这簋图像未公布，形制不知，据铭文字体来看，应系春秋早期器。上述其铭文“曾”字笔画分离的情况，类似现象也见于新近刊布的曾侯宝鼎[7]，“曾”字写作和，曾侯宝鼎应系春秋早期器，亦可佐证。簋铭云“曾子叔这作行器，永祜福”，这种“XX作/铸行器，（则/尔）永祜福”较为固定的辞例格式，有一定的时代和地域性，主要流行于春秋早期汉、淮流域的曾、黄等国，我曾有小文分析[8]。因此，从辞例角度来看，也可佐证簋的时代应系春秋早期。过去多将其时代定为春秋晚期[9]，似偏晚。

总之，据新刊布的曾子叔这戈铭，可以确定传世的曾子叔父簋盖铭文中所谓

“犾父”二字其实应系“这”字，作器者即器主与曾子叔这戈的器主皆系曾子叔这，而非过去所谓的曾子叔犾父；簠、戈的时代皆应为春秋早期后段。器主曾子叔这系曾侯之子[10]，“叔”系排行，“这”为其字。

二、曾公子叔湝簠

《商周青铜器铭文暨图像集成续编》著录有两件曾公子叔湝簠[11]，据说同坑出土2件，为随州市公安局缴获，形制、纹饰、铭文相同，大小相若。簠为直口折沿，斜壁，两端有一对兽首耳，方圈足外侈，宽平沿，每边有长条圆角形缺。盖与器形制大小完全相同，唯口沿有一对小卡扣。通体饰蟠虺纹，盖顶亦饰蟠虺纹（图二），时代为春秋中期。簠铭作：

唯正月吉日丁亥，曾公子叔湝择其吉金，自作飤簠，子子孙孙其永宝用之。

古代称诸侯之庶子为“公子”，以别于世子，亦泛称诸侯之子。《仪礼·丧服》：“公子为其母，练冠，麻，麻衣縓缘。”郑玄注：“公子，君之庶子也。”《礼记·服问》：“传曰，有从轻从重，公子之妻，为其皇姑。”孔颖达疏：“公子谓诸侯之妾子也。”《礼记·玉藻》：“公子曰臣孽。”郑注：“适而传世曰世子，余则但称公子而已。”《诗·豳风·七月》：“殆及公子同归。”孔颖达疏：“诸侯之子称公子。”

2011年9月，随州义地岗春秋墓地M6（曾公子弃疾墓）出土一批有铭铜器[12]，有曾公子弃疾鼎（M6：9、10）[13]、曾公子弃疾甗（M6：6）[14]、曾公子弃疾簠[15]、曾公子弃疾壶[16]、曾公子弃疾缶（M6：5）[17]、曾公子弃疾斗（M6：4）[18]等，铭

图二 曾公子叔湝簠及铭文

文分别作：

（1）曾公子弃疾之行鼎。

（2）曾公子弃疾之葬甗。

（3）曾公子弃疾之葬簠。

（4）曾公子弃疾之行壶。

（5）曾公子弃疾之行缶。

（6）曾公子弃疾之沐斗。

铭文皆称“曾公子弃疾”，表明弃疾应系曾侯之庶子，或泛指曾侯之子。此组器时代为春秋晚期。

三、曾仲䵼鬲

《商周青铜器铭文暨图像集成》著录有一组曾仲䵼铜器，计有鼎1、鬲1、簋3、簠2，器及铭文分别如下：

（1）曾仲䵼鼎[19]：唯王正月吉日庚申，曾仲䵼择其吉金，自作飤繁，其永用之。

（2）曾仲䵼鬲[20]：曾仲䵼自作䰜鬲，其永用之。

（3）曾仲䵼簋[21]：唯王正月吉日庚申，曾仲䵼择其吉金，自作荐簋，其永宝用之。

（4）曾仲䵼簠[22]：唯王正月吉日庚申，曾仲䵼择其吉金，自作飤簠，其永用之。

其中簋据说同坑出土4件，形制、纹饰、铭文相同，大小相若。从形制、纹饰等来看，此组器时代应为春秋中期。

从春秋时期曾国青铜器的一般组合规律来看，目前所见这套器物当非完璧，或应有壶或盘、匜等散佚，且鼎、鬲等器亦非所著录的仅各一件。

鼎系带盖鼎，簋为方座簋，制作皆较精美，两件簠通体饰蟠虺纹，制作亦较精细，表明器主等级较高。器主称“曾仲”，表明其系曾国公室[23]，亦可与器物所反映的器主身份相互印证。

近日，刘彬徽先生见示长沙某私人收藏的曾仲䵼鬲两件（图三），与《商周青铜器铭文暨图像集成》著录的曾仲䵼鬲形制、纹饰及铭文皆同，应系同组器物之流散。目前所见春秋时期曾国墓葬所出完整铜器群的组合，鬲的数量多为偶数，如随州刘家崖[24]（鬲4）、何家台[25]（鬲4）、桃花坡M1[26]（鬲4）及周家岗[27]（鬲2）等皆是，此套器物也不例外。

四、曾伯宫父鬲

黄旭初等《新见的一件曾伯宫父鬲》[28]一文介绍了湖北十堰某私人收藏的一件曾伯宫父鬲[29]（图四），其形制、纹饰与上海博物馆所藏曾伯宫父鬲[30]皆同，但铭文略异，分别作：

（1）唯曾伯宫父穆用吉金，自作宝鬲，其万年子子孙孙永宝用享。（私人收藏）

（2）唯曾伯宫父穆乃用吉金，自作宝尊鬲。（上博馆藏）

图三　曾仲夷鬲图及铭文

新见鬲铭文前一部分“唯曾伯宫父穆用吉金，自作宝鬲”与传世鬲铭文基本相同，唯少“乃”“尊”等字，后一部分套语“其万年子子孙孙永宝用享”则为传世鬲所无。

鬲铭器主自称“曾伯宫父穆”，据曾子仲宣丧鼎[31]铭文“曾子仲宣丧”、曾仲大父蛕簋[32]铭文“曾仲大父蛕”、曾大保盆[33]“曾大保嚳叔亟”及伯家父郜簋盖[34]“伯家父郜”等来看，“伯”应系排行，“宫父”为其字，“穆”为其名，系“国名（曾）＋排行＋字＋名”的称谓格式，器主应系曾国公室[35]，而非曾侯。

上博藏曾伯宫父鬲系1973年秋从废铜中拣选，传湖北省出土[36]。其时代，过去或定为西周晚期[37]，或定为两周之际[38]，或定为春秋中期[39]。新见鬲发表者亦据过去有关意见定为两周之际或春秋早期。这两件鬲铭文虽略异，但应系同时所作。从形制、纹饰看应为春秋早期器。传世鬲铭曰“唯曾伯宫父穆乃用吉金，自作宝尊鬲”，这种“（唯）×××乃用吉金，（用/自）作××”的辞例结构，有一定的时代和地域性，即主要流行于春秋早期汉、淮流域的曾、黄等国，笔者曾作归纳分析[40]，可见从辞例角度，也佐证该鬲应系春秋早期姬姓曾国之器。

图四　曾伯宫父鬲及铭文

春秋早期铜器铭文中名“宫父”者较多，如“虢宫父”“仲宫父”“季宫父”等，分别见于河南三门峡上村岭虢国墓地出土的虢宫父鬲（M2008：13、SG. 049）[41]、虢宫父盘（SG. 060）[42]、虢宫父匜（M2008：42）[43]、新近流散的仲宫父盨[44]及传世的季宫父簠[45]等，其中后二者称谓格式与“曾伯宫父”相似，亦可佐证上述“伯”系排行等论断。

五、曾侯作季汤嬭鼎

2002年，枣阳郭家庙墓地出土一件曾侯作季汤嬭鼎[46]，侈口，浅弧腹，圜底，附耳，三蹄足。上腹饰一周窃曲纹，中腹饰一周凸弦纹，附耳内外面饰重环纹（图五）。时代为春秋早期前段。铭曰：

曾侯作季汤嬭媵〔鼎〕，其永用〔之〕。

铭文云“曾侯”为“季汤嬭”作媵器，“季汤嬭”或应系楚女，曾侯为其作器以媵，可知当系楚女出嫁，曾女为媵[47]。郭家庙墓地系春秋早期曾侯家族墓地，曾侯为季汤嬭所作媵器出自曾侯家族墓地，原因不明。

据《左传》等文献记载，楚国在鲁桓公六年（前706年）、鲁桓公八年（前704年）、鲁庄公四年（前690年）、鲁僖公二十年（前640年），即楚武王、楚文王及楚成王时期，曾多次侵随。上述据器物形制、纹饰等看该鼎当系春秋早期前段器，结合文献来看，当作于楚武王侵随、即公元前706年之前。

“季汤嬭”这种“名/字＋姓”的女子称谓方式，过去在金文中颇为鲜见，以至于之前我曾提出传世的王子申盏盂盖的“嘉嬭”与新近出现的随仲嬭加鼎的“随仲嬭加”系一人[48]；或提出质疑，认为“嘉嬭”之“嘉”应系氏名或美称，

图五　曾侯作季汤嬭鼎及铭文

但这种女子称名方式在金文中也并不乏其例，如1990年河南淅川徐家岭春秋墓地出土的鄬子孟升嬭鼎（M3：39）的“鄬子孟升嬭”[49]和鄬子孟青嬭簠（M1：8）[50]的“鄬子孟青嬭”（器铭，盖铭作“鄬子孟嬭青”），便是其例。现在曾侯作季汤嬭鼎“季汤嬭”的称谓方式，又可为其提供例证，另下文还将谈到，新出现的加嬭簋的“加嬭”，也是同类的女子称谓格式，并可证。

六、加嬭簋

《商周青铜器铭文暨图像集成续编》著录有一件加嬭簋[51]，亦为随州市公安局缴获，系随州义地岗一带出土。簋敛口鼓腹，有子口，一对龙首耳，下有垂珥，矮圈足下连铸三兽面小足；覆钵形盖，上有圈状捉手。盖沿、圈足和器口下均饰窃曲纹，盖面、腹部均饰瓦沟纹（图六）。时代为春秋中期。据云同坑出土4件，形制、铭文相同，现存3件；另2件盖沿、口下、圈足饰重环纹，捉手内饰团鸟纹，残破较甚。簋铭作：

加嬭之行簋，其永用之。

传世的王子申盏盂盖[52]铭曰：

王子申作嘉芈盏盂，其眉寿无期永保用之。

王子申系楚共王之子，为春秋中期人，与加嬭簋时代相当。因此，王子申盏盂的“嘉嬭”，与加嬭簋的“加嬭”应系一人。

现分藏于中国国家博物馆和湖北省博物馆的随仲嬭加鼎[53]铭曰：

唯王正月初吉丁亥，楚王媵随仲嬭加飤緐，其眉寿无期，子孙永宝用之。

随仲嬭加鼎的时代一般认为系春秋中期[54]，笔者曾有小文加以补充，论证其为楚共王时器，“随仲嬭加”应即见于王子申盏盂盖铭的“嘉嬭”，盏系王子申为嘉嬭出嫁所作媵器[55]。今验之以新见之加嬭簋，可进一步证实加嬭簋的“加嬭”应即王子申盏盂盖的“嘉嬭”，亦即随仲嬭加鼎的“随仲嬭加”[56]，随仲嬭加鼎和王子申盏盂分别系楚共王和王子申为嘉嬭出嫁曾国所作媵器，加嬭簋应系其嫁至曾国后所作，稍晚于上述二器。

上述楚武王、楚文王及楚成王时期，曾多次侵随，楚武王时，楚人“不得志于汉东”（《左传》桓公六年），成王以后，“随世服于楚，不通中国”（《左传》哀公元年杜预注），成为楚之附庸。此后的百余年间，双方基本维持了一段较长时间的和平关系，王子申盏盂及随仲嬭加鼎便是双方通婚交好的证明。

2013年随州文峰塔墓地出土一件孟嬭玄簠（M52：3）[57]，直口直壁，折腹平底，蹼形足，腹两侧有一对兽首耳。通体饰蟠虺纹。盖器形制、纹饰、大小相同，唯前后口沿各有一对兽面小卡扣，左右口沿各有一兽面小卡扣。时代为春秋晚期（图七）。簠铭作：

图六 加嬭簋及铭文

孟嬭玄之行簠。

“孟嬭玄”应系嫁自楚国的曾夫人。亦表明此一时期，曾楚之间婚姻往来不断。

图七 孟嬭玄簠铭文

七、曾仲姬壶

1994年初，随州义地岗曾国墓地出土一件曾仲姬壶（M3：20）[58]，直口长颈，圆腹，圈足极矮，颈部有一对环钮，套接提链，盖有子口与器相合，盖面微隆，中有一小钮以链条与提链相连。通体有五组形状不同的鸟兽画像，以六道“工”字形纹饰间隔，腹的中部前后各有一个圆涡纹。纹饰均以黑褐色漆填充（图八）。时代为春秋晚期后段。壶铭作：

曾仲姬之尊壶。

“曾仲姬”应系姬姓曾国女子，“仲”为排行。

1996年，河南平顶山应国墓地M313出土两件曾仲姬缶[59]，应国墓地M313的时代为春秋晚期至战国早期，两件曾仲姬缶的时代应不晚于墓葬的年代，应以定在春秋晚期后段为宜。据时代和称谓来看，壶铭的“曾仲姬”与缶铭的“曾仲姬”或即一人，系姬姓曾国女子。

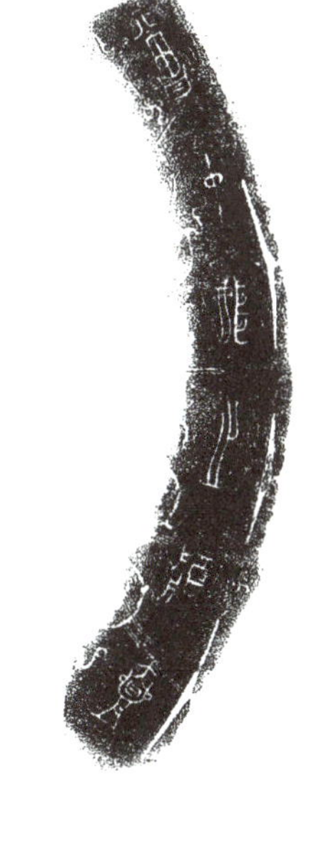
图八 曾仲姬壶及铭文

关于应国的灭亡时间，我曾有讨论，可能是在春秋早中期之际的楚文王时[60]，此后，应国墓地的墓葬性质发生变化，已非原来的应国墓葬，而应系楚墓[61]，因此，这两件曾仲姬缶出自应国墓地的战国楚墓，应与曾楚联姻有关。

八、小结

据新刊布的曾子叔这戈铭可知，传世的曾子叔犾父簠盖铭所谓“犾父”二字其实应系“这”字误释；簠、戈时代皆应为春秋早期后段。曾公子叔涹簠、曾公子弃疾簠器主皆称“曾公子”，表明其系曾侯之庶子，或泛指曾侯之子。长沙某私人收藏的两件曾仲枽鬲，可补《商周青铜器铭文暨图像集成》著录之缺。曾伯宫父穆鬲的“曾伯宫父穆”，系“国名＋排行＋字＋名”的称谓格式，器主应系曾国公室。曾侯作季汤嬭鼎的“季汤嬭”应为楚女，系楚女出嫁，曾女为媵，鼎当作于楚武王侵随、即公元前706年之前。加嬭簋的“加嬭”应即王子申盏盂盖的“嘉嬭”，亦即随仲嬭加鼎的“嬭加”，随仲嬭加鼎和王子申盏盂分别系楚共王和王子申为嘉嬭出嫁曾国所作媵器，加嬭簋应系其嫁至曾国后所作。盏盂、鼎及随州文峰塔出土的孟嬭玄簠是春秋中晚期曾楚交好联姻的反映。随州义地岗出土的曾仲姬壶与河南平顶山应国墓地M313出土的曾仲姬缶或即一人，系嫁至楚国的姬姓曾国女子。

注释

［1］曹锦炎：《曾子戈小议》，《江汉考古》2015年第1期，第76-79页。

［2］同［1］，第78页图版七、八。

［3］《殷周金文集成》9.4544（中国社会科学院考古研究所：《殷周金文集成》，中华书局，1984年8月—1994年12月；《殷周金文集成》（修订增补本），中华书局，2007年。以下简称《集成》。

［4］张亚初：《殷周金文集成引得》，中华书局，2001年，第96页；吴镇烽编著：《商周青铜器铭文暨图像集成》第13卷，上海古籍出版社，2012年，第96页，第05840号。以下简称《铭图》。

［5］徐在国：《曾子叔口父簠盖铭小考》，载《古籍研究》2000年第3期，第102页；黄锦前：《楚系铜器铭文研究》，安徽大学博士学位论文；黄锦前：《新出两件曾子鼎绎读），载《上古汉语研究》（第二辑），商务印书馆2018年。

［6］《集成》17.11121；湖北省文物考古研究所：《曾国青铜器》，文物出版社，2007年，第70页。

［7］中国国家博物馆、中国书法家协会：《中国国家博物馆典藏甲骨文金文集粹》64，安徽美术出版社，2015年，第262-265页。

［8］黄锦前：《新出两件曾子鼎绎读》，载《上古汉语研究》（第二辑），商务印书馆2018年。

［9］中国社会科学院考古研究所：《殷周金文集成》第九册，中华书局1988年，铭文说明，第26页；《铭图》第13卷，第96页，第05840号。

［10］黄锦前：《“曾子”“楚子”及“曾伯仲叔季”等称谓及其身份》，未刊稿。

［11］吴镇烽编著：《商周青铜器铭文暨图像集成续编》（以下简称《铭续》）第2卷，上海古籍出版社，2016年，第251-255页，第0507、0508号。

[12] 湖北省文物考古研究所、随州市博物馆:《湖北随州义地岗曾公子去疾墓发掘简报》,《江汉考古》2012年第3期，第3-26页。

[13]《江汉考古》2012年第3期，第7页图版二、拓片一，第8页图版三、第9页拓片二；黄凤春、郭长江:《出土大量青铜器的湖北随州曾公子去疾墓》,《文物天地》2013年第6期，第61页。

[14] 湖北省文物考古研究院、随州市博物馆:《湖北随州义地岗曾公子去疾墓发掘简报》,《江汉考古》2012年第3期，第13页图版五、第13页拓片四。

[15] 同[14]，第10页图版四、第11页拓片三。

[16] 同[14]，第14页图版六、拓片五-2，第15页图七。

[17] 同[14]，第16页图版七，第17页拓片六。

[18] 同[14]，第19页图版八、拓片七。

[19]《铭图》第4卷，第481-482页，第02254号。

[20]《铭图》第6卷，第250-251页，第02862号。

[21]《铭图》第10卷，第399-407页，第05029、05030、05031号。

[22]《铭图》第13卷，第214-218页，第05930、05931号。

[23] 同[10]。

[24]《曾国青铜器》，第195-208页。

[25]《曾国青铜器》，第209-229页。

[26]《曾国青铜器》，第231-251页。

[27]《曾国青铜器》，第271-292页。

[28] 黄旭初、李刚:《新见的一件曾伯宫父鬲》,《江汉考古》2015年第4期，第126-128页。

[29] 同[28]，第126页图版一，第127页拓片一。

[30] 曾昭岷、李瑾:《曾国和曾国铜器综考》,《江汉考古》1980年第1期，第75页图四;《集成》3.699;《曾国青铜器》，第430页。

[31]《集成》5.2737;《曾国青铜器》，第438页；黄锦前:《伯家父郜簋国别析论——兼谈曾子仲宣丧鼎与番君赢匜》,《纪念于省吾先生诞辰120周年、姚孝遂先生诞辰90周年学术研讨会论文集》，待刊。

[32]《集成》8.4203、4204;《曾国青铜器》，第168-172页。

[33]《集成》16.10336；韩自强、刘海洋:《近年所见有铭铜器简述》，载《古文字研究》(第24辑)，中华书局2002年，第166-169页;《曾国青铜器》，第416-418页。

[34]《集成》8.4156；黄锦前:《伯家父郜簋国别析论——兼谈曾子仲宣丧鼎与番君赢匜》,《纪念于省吾先生诞辰120周年、姚孝遂先生诞辰90周年学术研讨会论文集》，待刊。

[35] 同[10]。

[36] 马承源主编:《商周青铜器铭文选》(四)，六九五，文物出版社，1990年，第451页。

[37] 中国社会科学院考古研究所:《殷周金文集成》第三册，中华书局，1989年，铭文说明，第30页。

[38]《曾国青铜器》，第430页。

[39] 马承源主编:《商周青铜器铭文选》(四)，六九一，文物出版社，1990年，第451页。

[40] 黄锦前:《伯家父郜簋国别析论——兼谈曾子仲宣丧鼎与番君赢匜》,《纪念于省吾先生诞辰120周年姚孝遂先生诞辰90周年学术研讨会论文集》，待刊。

[41] 河南省文物考古研究所、三门峡市文物考古研究所:《河南三门峡虢国墓地 M2008发掘简报》,《文物》2009年第2期，第24页，图六-1、2。

［42］同［41］，第24页图六-3。

［43］同［41］，第27页图一四。

［44］《铭图》第12卷，第309-313页，第05585、05586号。

［45］《集成》9.4572。

［46］长江文明馆、湖北省博物馆、湖北省文物考古研究所、襄阳博物馆：《穆穆曾侯——枣阳郭家庙曾国墓地》，文物出版社，2015年，第12页。

［47］或认为此鼎系曾侯为某位嫁至曾国的芈姓女子作器，恐非，参看长江文明馆、湖北省博物馆、湖北省文物考古研究所、襄阳博物馆：《穆穆曾侯——枣阳郭家庙曾国墓地》，文物出版社，2015年，第13页。

［48］黄锦前：《随仲嬭加鼎补说》，《江汉考古》2012年第2期，第78-79页。

［49］河南省文物考古研究所、南阳市文物考古研究所、淅川县博物馆：《淅川和尚岭与徐家岭楚墓》，大象出版社，2004年，第130页图一二二。

［50］河南省文物考古研究所、南阳市文物考古研究所、淅川县博物馆：《淅川和尚岭与徐家岭楚墓》，大象出版社，2004年，第227页图二一二。

［51］《铭续》第1卷，第477页，第0375号。

［52］《集成》9.4643。

［53］曹锦炎：《曾、随二国的证据——论新发现的随仲嬭加鼎》，《江汉考古》2011第4期，第67-70页；中国国家博物馆、中国书法家协会：《中国国家博物馆典藏甲骨文金文集粹》69，安徽美术出版社2015年，第286-290页。

［54］曹锦炎：《曾、随二国的证据——论新发现的随仲嬭加鼎》，《江汉考古》2011第4期，第67-70页；张昌平：《随仲嬭加鼎的时代特征及其他》，《江汉考古》2011第4期，第71-76页。

［55］黄锦前：《随仲嬭加鼎补说》，《江汉考古》2012年第2期，第78-79页。

［56］《铭续》第1卷，前言，第13-14页。

［57］湖北省文物考古研究所、随州市博物馆：《湖北随州市文峰塔东周墓地》，《考古》2014年第7期，第26页图二〇-2。

［58］湖北省文物考古研究所、随州市曾都区考古队、随州市博物馆：《湖北随州义地岗墓地曾国墓1994年发掘简报》，《文物》2008年第2期，第8页图八-5；《曾国青铜器》，第365-368页。

［59］王龙正：《古应国访问记》，中国国际广播出版社，2010年，第65、151页。

［60］黄锦前：《应侯启戟考释》，《华夏考古》待刊。

［61］楚文王时，应国为楚所灭，此后，应国墓地的墓葬性质发生变化，已非原来的应国墓葬，而应系楚墓。从目前公布和披露的有关应国墓地的考古资料来看，恐怕并不存在所谓的应国又在春秋晚期复国的情况，有关问题我在拙文《新出两件曾子鼎绎读》等曾有涉及和讨论，兹不赘述。

（责任编辑：史党社　党士学）

上各鼎再考

陈晓捷　铜川市考古研究所

内容提要　商洛市博物馆收藏的战国上各鼎，即上雒鼎，是目前所见最早记载上雒县的器物。该鼎不仅为秦置上雒县及上雒县地望提供了证据，而且对重新认定商州区古城遗址性质具有重要意义

关 键 词　战国　上各鼎　古城遗址

上各鼎在商州城区出土，现收藏于商洛市博物馆，张天恩先生主编《陕西金文集成》（下简称《陕金》）有著录[1]。

此鼎盖佚，鼎身子口内敛，双附耳，鼓腹略深，圜底，三蹄足。腹部有一周凸弦纹。上腹部有铭文4行，行各2字。铭文为："上各/一斗/廿分/升八"（图一、图二）。对于此鼎，《陕金》云系西汉时期之物。笔者在对相关器形做对比后，与《陕金》有不同的认识。今就此鼎略作考释，并求教于方家。

图一　上各鼎

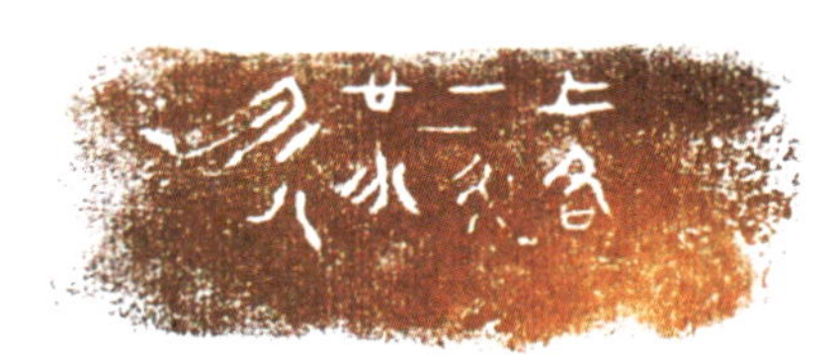

图二　上各鼎铭文

图三　戊陵鼎

上各，即上雒。《史记·赵世家》云："阴令宰人各以枓击杀代王及从官"，《集解》引徐广曰："各，一作雒。"[2] 秦汉时期类似"上各"这种以通假字入地名的现象也非仅见，比如秦封泥中有"东晦司马"，王辉先生曾考释东晦即东海[3]。再如华阴藏汉代铜鼎，铭文为"戊陵第廿/四，二斗鼎，/盖重三/斤十一两。（盖）戊陵/第廿三/鼎，容/二斗/重十/斤五两。四/年买/名当。/"[4]（图三）其中的戊陵，实际也就是茂陵[5]。

《汉书·地理志》载弘农郡有上雒县。本注曰："《禹贡》雒水出冢领山，东北至巩入河。"[6]《续汉书·郡国志一》载京兆尹有上雒侯国[7]。上雒为三晋故地。《战国策》卷九记载，苏代谓燕王，"西河之外、上雒之地，三川晋国之祸，三晋之半。"《读史方舆纪要》："春秋时晋地。《左传》哀四年，楚司马起丰析临上洛。"《竹书》："晋烈公三年，楚人伐南鄙，至于上洛。即此。""晋为上洛郡治。""后魏为荆州治，又为洛州治。周为商州治。隋以后因之。元废。"[8]

关于上雒县治地望，其说有二。《太平寰宇记》[9]《读史方舆纪要》[10] 等记载其是在今商州区政府驻地。而近年来，当地文史工作者则认为在商州区孝义

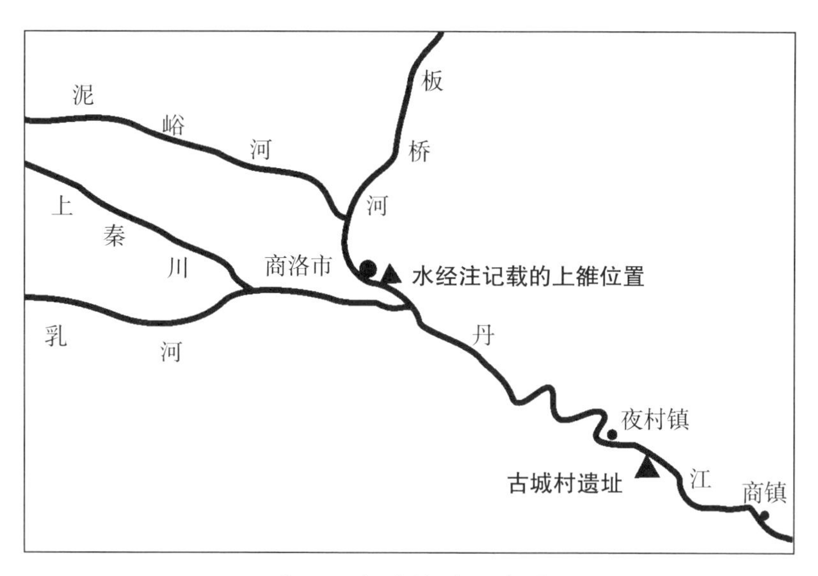

图四　上雒位置示意图

镇代街村七组（原古城村）的古城村遗址[11]。（图四）

《水经注·丹水》曰："丹水出京兆上洛县西北冢岭山，一名高猪岭也。丹水东南流，与清池水合，水源东北出清池山，西南流，入于丹水。东南过其县南……楚水注之，水源出上洛县西南楚山，昔四皓隐于楚山，即此山也。其水两源，合舍于四皓庙东，又东迳高车岭南，翼带众流，北转入丹水，岭上有四皓庙。丹水自苍野，又东历兔和山……又东南过商县南，又东南至于丹水县，入于均……丹水自商县东南流注，历少习，出武关。"[12]从《水经注》的记载中可以明确知道，关于上洛县治所在地有三个地标，即在丹水与清池水交汇处东南、丹水之北、楚水东北。参照《关中胜迹图志》可知，清池水即今板桥河[13]，板桥河与丹水上源的麻涧河汇流处为二龙山水库。楚水即今流经商洛市内的乳河（又名南秦河）[14]。据此可知，《水经注》记载的上洛县治所在地即今商洛市商州区。《太平寰宇记》《读史方舆纪要》所记与之相合。

古城村遗址位于丹江南岸，地形如北出之半岛状。丹江自西而来，在遗址北侧折而南下，又东折随即南流，遂东流而下。遗址面积约40万平方米，发现有大量绳纹板瓦、条砖，以及铜箭镞等遗物。城址西部残存夯土城墙，一般残高约1.5米，东部暴露有陶窑[15]。从已经公布的资料看，一些砖上有榫卯、一些则模印有波浪纹、动物纹（包括鸟纹、蛙纹或是龟纹、平行短线及交叉短线纹近似篆书"五"字），而板瓦外壁的绳纹较粗糙，内壁有密集的菱形格纹，说明这些遗物的年代跨度较大，即有些可能早至战国，有些则可能至东汉甚至更晚。从这些遗迹、遗物可以确认该遗址是一处城址，但是这座城址位于丹水之南，与《水经注》上雒城在丹水之北的记载完全相反。因此，关于这座城址的性质，还有进一步讨论的必要。

笔者以为古城村遗址时期可能不仅仅是汉代一个时期。《关中胜迹图志》《商州·大川》载："（丹水）又东南迳州东四十里，至白杨店，曰白杨河。又东十里曰洛源河，又东十里曰高桥河，又东十里曰棣花河。"[16] 这里地名白杨店、高桥、棣花之名沿用至今。洛源之名虽不存，但仍可知是在白杨店东十里。而唐代曾在商州置洛源监铸钱，《新唐书·食货志》载："大历七年禁天下铸铜器，建中初，户部侍郎韩洄以商州红崖冶铜多，请复洛源废监，起十炉……德宗从之。"对于洛源监，《关中胜迹图志》载，洛源监就在商州东五十里孝野崖[17]。清乾隆《直隶商州志》村落条记载有"夜村、孝爷崖"[18]，而今孝义镇，处在白杨店之

图五　濒阳鼎

图六　私官鼎

图七　信文鼎

东十余里，那么今之孝义，当为孝野崖之讹。古城村遗址距离白杨店的距离也为十余里，与孝野崖的位置大致相合[19]。另外，当地文史工作者称，古城村曾发现有大量的带有“洛”字的会昌开元通宝钱。那么，该遗址是否还与洛源监有关，值得考证。

《陕金》认为上各鼎为西汉时期之物。然细观此鼎形制和铜川市耀州区博物馆藏战国濒阳鼎[20]以及咸阳博物馆藏战国十六年私官鼎、信文鼎[21]比较接近（图五—图七），故其时代当可早至战国晚期。另外此鼎铭文虽为小篆，但笔道略粗且出锋的特征，也在战国晚期至秦统一时期几乎不见，显示了一种相对较早的气息。因此，这件鼎应该是目前所知时代最早的与上雒县有关的器物。

上各鼎应为秦上雒县寺署所使用之物，而带有“上雒”文字的秦代文物并不多见。西安中国书法艺术博物馆收藏有相家巷出土的“上雒丞印”秦封泥，商州区寒川佛诞公园下孝义古上雒城前刘二村出土带有“雒亭”铭文的陶罐[22]。除此之外，江陵张家山汉简《二年律令·秩律》中也有两处关于西汉吕后时期上雒县的记载[23]。传统文献一直认为，上雒置县是在武帝汉元鼎四年（前113）[24]。上各鼎时代的重新认定，对研究秦上雒县无疑具有重要的意义。

附记：本文铜器图片均采自《陕西金文集成》。

注释

[1] 张天恩主编:《陕西金文集成》第15册《渭南铜川商洛安康汉中延安卷》，三秦出版社，2016年，第232页。

[2] 高亨纂著、董治安整理:《古字通假会典》，齐鲁书社，1989年，第879页。

[3] 王辉:《西安书法艺术博物馆藏秦封泥选释续》，《陕西历史博物馆馆刊》(第八辑)，三秦出版社，2001年。

[4] 同[1]，第166页。

[5]“茂”和“戊”相通假。见高亨纂著、董治安整理:《古字通假会典》，齐鲁书社，1997年，第772页。

[6] 班固撰，颜师古注:《汉书》卷二十八上《地理志上》，中华书局，1962年，第1549页。

[7] 司马彪撰，刘昭注补:《后汉书志》卷十九《郡国一》，中华书局，1965年，第3403页。

[8] 顾祖禹撰，贺次君、施和金点校:《读史方舆纪要》卷五十四《陕西三·西安府下》“商州·上洛废县”条，中华书局，2005年，第2593页。

[9] 乐史撰，王文楚等点校:《太平寰宇记》卷一四一《山南西道九·商州》“上洛县”条，中华书局，2007年，第2735页。

[10] 同[8]。

[11] 王国伟:《秦朝上雒县治的发现》，http://xcb.shangzhou.gov.cn/show.action?c=203&n=33118。

[12] 郦道元著，陈桥驿校证:《水经注校证》卷二十，中华书局，2007年，第486页。

[13] 毕沅撰，张沛校点:《关中胜迹图志》卷二十五，三秦出版社，2004年，第763页。

[14] 同[13]。

[15] 国家文物局主编:《中国文物地图集·陕西分册》(下)，西安地图出版社，1998年，第1170页。

[16] 同[13]。

[17] 同[13]，第769页。

[18] 王如玖纂修：乾隆《直隶商州志》卷五《建制第三下》"村落"，乾隆九年(1744)刻本。

[19] 商州有夜村，其得名或与洪崖冶有关。

[20] 同[1]，第206-207页。

[21] 张天恩主编:《陕西金文集成》第10册《咸阳卷》，三秦出版社，2016年，第102页、108页。

[22] 王国伟:《"雒亭"析》，http://blog.sina.com.cn/s/blog_b98144780102vr4q.html。

[23] 一处为"□雒"，整理组注："缺字疑为'上'。"一处为"上雒"。见朱红林:《张家山汉简〈二年律令〉集释》，社会科学文献出版社，2005年，第263页、267页。

[24] 见乐史撰，王文楚等点校:《太平寰宇记》卷一四一《山南西道九·商州》"上洛县"条，第2735页。又见顾祖禹撰，贺次君、施和金点校:《读史方舆纪要》卷五十四《陕西三·西安府下》"商州"条，第2593页。

(责任编辑：党士学　朱学文)

秦式镈的发现与渊源探析

田亚岐　陕西省考古研究院
李　岗　陕西省考古研究院
刘明科　宝鸡市考古研究所

内容提要　秦式镈主要是指陕西宝鸡太公庙与甘肃礼县大堡子山出土的这两批青铜镈。秦式镈基本上沿袭了周式镈，并在西周晚期克镈的特点上形成了秦式镈独特的风格。太公庙出土的这套秦公编镈是20世纪70年代考古资料中最早、最完备的一套，无论是在数量上、质量上或是文化属性上，都已形成了比较鲜明的秦式镈特征。后来礼县大堡子山乐器坑出土的秦式镈，更加完善了秦式镈的群体内涵与特征，并将周人用镈与秦人用镈的历史紧紧衔接，无论是从时空还是区域概念上，对于我们认识这种乐礼器，其意义无疑是十分重要的。

关 键 词　秦式镈　周式镈　克镈　秦子镈　秦公编镈

秦式镈是与周式镈，以及河南叶县许国许公墓出土的许式镈相比较而言。周式镈经考古手段获得的仅陕西眉县的三件虎纹镈[1]，以及湖北叶家山西周墓一件虎纹镈[2]。2002年叶县春秋许国墓出土了四件四扉棱编镈[3]，这是我们看到的周式镈与秦式镈以外，少有的四扉棱编镈，对于我们认识这类四扉棱编镈增加了新的资料。

秦式镈主要是指陕西宝鸡太公庙与甘肃礼县大堡子山出土的这两批青铜镈，再加上宋代传世的一件秦公镈（盄和钟），再未见有相同发现与著录报道。虽然共计也只有十一件，但其数目远远大于周式镈与许式镈。这种镈的造型特征突出，明显地有别于其他类型的青铜镈，因此被学者称为“秦式镈”（图一）。

一、秦式镈的发现

秦式镈最早进入人们视野的当是宋代以来的传世器“盄和钟”。盄和钟就是北宋内府旧藏秦式镈，在《集古录》《金石录》《考古图》《历代钟鼎彝器款识》

周式镈——西周中期眉县出土

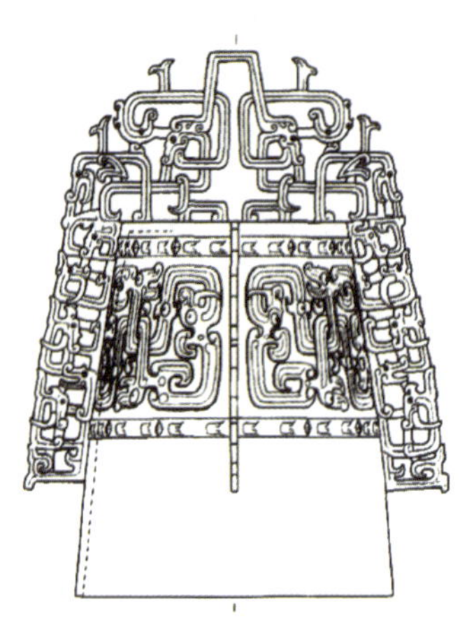

中原（许国）镈——春秋早期河南叶县出土

秦式镈——春秋早期

图一　秦式镈与中原（许国）铸周式镈比较

等古籍中有记载，但毕竟只有摹画的图形，未见实物。郭沫若在《殷周青铜器铭文研究》一书中曾据此镈与《博古图》所绘叔夷镈的图形相似，以后者确定前者的年代，难免出现偏颇。容庚在《宋代吉金书籍述评》（《学术研究》1963年6期）就曾指出后书图形每每有混用前书之处，举例有十几器之多，其中即有此器。实际上，这两张图不只是相似而且是完全相同，后者就是混用前者[4]。虽然盄和钟只有临摹的图形，看不到实物，且临摹的图形不一定很准确，但与铭文相互对应，学界多认为其是春秋晚期或秦共公、或秦桓公、或秦景公时的器

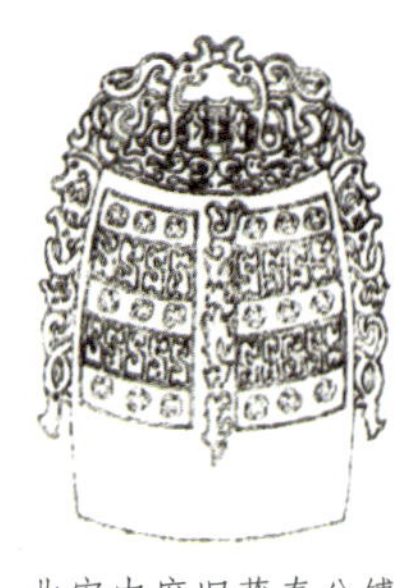

北宋内府旧藏秦公镈

日本美秀博物馆秦公镈

礼县大堡子秦子镈

上海博物馆藏秦公镈

美国私人藏秦公镈

太公庙藏秦公镈

图二　秦式镈的发现

物。并且推测盄和钟（秦公镈）很可能出土于陕西（图二）。

1978年初，陕西宝鸡太公庙村同时出土了3件秦公镈和5件秦公钟。秦公镈形制基本一致，只是大小有所不同。最大者通高75.1厘米，重62.5公斤。最小者通高64.2厘米，重46.5公斤。体形硕大，造型别致，匠心独具，特别是透雕的蟠龙和凤鸟组成的扉棱图案，华丽精美，呈现出一种清新自然、活泼秀丽的时代气息。三件镈的鼓部各有独立成篇、内容相同的铭文135字，其中重文四，合文一。这种造型乐器的出土，从发现时间与获取手段上看，在关中地区的周秦考古中还是第一次出现，也可以说在当时是独一无二的。

2007年下半年，甘肃、陕西两省考古研究所与北京大学、西北大学和国家博物馆组成的早期秦文化考古队，在礼县大堡子山秦公陵园M2的西南20米处发现一乐器坑，埋有3件秦子镈、8件秦子钟、10枚石编磬等[5]。三件镈与早先太公庙出土的三件镈相似，最大者通高66厘米，最小者通高53.2厘米。最大者上有铭文，显示作器者为秦子，故称秦子镈和秦子钟。

1994年，甘肃礼县大堡子山秦公大墓被盗，一批青铜器流失到了海内外。其中一件带铭文的秦公镈流落到香港后，被上海博物馆马承源馆长发现后以高价买回，现藏上海博物馆。这件镈通高39.5厘米，是秦式镈中最小者，造型与其他秦式镈大体相似，只是镈身显得粗矮，鼓部中央铸有两行七字铭："秦公作铸□□钟"。

至此，已经发现的秦式镈有宝鸡太公庙与甘肃礼县大堡子山出土的这两批青铜镈，以及宋代传世的一件秦公镈（盄和钟）。这批青铜镈现在国内能看到实物的只有7件，即太公庙的3件秦公镈、礼县的3件秦子镈、上海馆藏的1件秦公镈。

另外，据赵化成先生见到的资料，日本美秀博物馆收藏有一件秦公镈，高67.3 厘米。上有铭文："秦公作铸龢钟"[6]。据说大堡子山秦公陵园所出镈在美国和台湾也各有一件[7]。陈佩芬在美国纽约私人收藏所见到一件秦公镈，形制、纹饰皆与上博所藏秦公镈相同，高 47.3 厘米，铭文二行七字："秦公作铸镈龢钟"[8]。2017年10月，笔者在礼县博物馆看到了流落到日本与美国的这两件秦式镈的照片。从照片上看，流落到美国的这件造型、纹饰与上海博物馆收藏的秦公镈酷似，当属同类；日本美秀博物馆收藏的那件与礼县秦子镈和太公庙秦公镈几乎看不出有什么差异。显然，这些流失海外的秦式镈，从时代、形制和铭文内容上来看，当出自礼县大堡子山被盗大墓，属秦器无疑。这样，除台湾私人收藏的那件外，秦式镈的形状都能看到，可以进行比较了。

二、秦式镈的分类及特征

迄今为止，这些先后出土的秦式镈能看到资料的差不多共11件，特别是太公庙三件秦公镈、礼县三件秦子镈，再加上上海博物馆收藏的一件秦公镈，为认识和研究秦式镈提供了宝贵的实物资料。赵化成、王辉、韦正、李朝远先生都对此有过研究，并提出了“秦式镈”的概念[9]。我们在此基础上，对秦式镈分作三型进行叙述（图三）：

A型 基本特征是：镈身粗矮。舞顶透雕兽钮低矮，阔腔粗矮而微鼓，四面饰透雕夔龙纹扉棱，截面略呈椭扁圆筒形，于口平微收敛。

以上海博物馆藏秦公镈与美国私人所藏秦式镈为代表。上海这件镈是马承源馆长从香港买回的，鲜有介绍。通高39.5厘米，铣间距24.5厘米，鼓间距20.5厘米。平于，椭圆口，舞面中央无孔，器身略呈立鼓形。四条透雕扁连环龙纹扉棱均分器身，透雕龙纹繁钮与两条侧扉棱相连。顶端饰昂首翘尾的凤鸟。舞部饰对称的四组龙纹。被扉棱分为四区的器表也各饰繁复的龙纹，上下各有一周袢带。鼓部中央铸有两行七字铭：“秦公作铸□□钟”[10]。流落到美国的这件镈被一私人收藏，也是1994年从甘肃礼县大堡子山秦公陵园被盗大墓出土。造型与大小与上海这件酷似，很有可能为同组器。

B型 基本特征是：镈身呈碌碡圆筒状，上下较细，中间较粗，比例匀称。透雕兽钮稍高耸，阔腔微鼓体稍瘦，四面饰透雕夔龙纹扉棱，左右贯通至舞部并与钮连接，截面略呈椭扁筒形，口平微收敛。

以礼县大堡子山乐器坑出土的秦子镈为代表[11]，舞上为对称的两半铸接而成的镂空龙纹桥形钮，舞中心有一小圆孔。器体以四条镂空龙纹扉棱等分为四区，每区纹饰相同。左右扉棱贯通至舞顶并与钮连接。纹饰分为三条带，上下均为菱形枚钉和蝉纹相间的窄条带，中间纹饰带为主纹饰，可分为上下两层，上层为蟠龙纹；下层为两条形体相异的单首龙纹。与器体的两条扉棱相接，龙、蝉纹内有阴刻线纹。上有铭文 28 字：“秦子作宝龢钟，以其三镈，乃音鏽鏽灉灉，秦子畯紷在位，眉寿万年无疆。”区别在于二、三号镈上没有铭文，图案略有差异。

C型 基本特征是：镈身呈碌碡圆筒状，但上端略细小，中间较粗，镈于口沿收敛较明显。透雕兽钮高耸，阔腔粗矮而微鼓，四面饰透雕夔龙纹扉棱贯通至舞顶并与钮连接，截面呈椭扁筒形，体腔中部外鼓，舞部收敛度明显加大。与B形基本形制相同，只是四面透雕夔龙纹扉棱贯通至舞顶并与钮连接，舞中部没有穿孔，形体较为粗矮，体量较大罢了。

以太公庙秦公镈为代表，钮部为两个夔龙双首共身，龙首下视，扉棱与镈体扉棱连接。舞平面略呈长方椭圆形，并由扉棱自然分成四个区域，每区饰有相背回首的两夔龙相绕纹，旁有小凤鸟。镈体鼓腹下垂略呈弧形，前后左右各有一上下贯通的高凸扉棱。侧面两扉棱有九条透雕夔龙相互纠结而成，向上蜿蜒

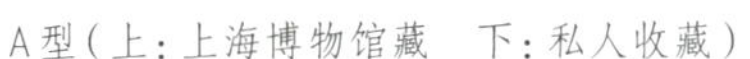

A型（上：上海博物馆藏　下：私人收藏）　B型（礼县秦子镈）　C型（太公庙秦公镈）

图三　秦式镈

到舞部，联结成钮，左侧向下蜿蜒至鼓腹交界处之条带纹，右侧下端残缺一组夔龙。夔卷鼻上翘，有的曲舌吐信，有的圆目外视。前后两扉棱与侧面扉棱有所不同，由五条透雕夔龙和一只凤鸟纠结而成。上部两对龙凤回首相连，相背立于顶，下有一对凤鸟回首相连。有的夔龙舌作象鼻，有的双首共舌，给人以飘逸生动之感。镈身上下各有一条由变形蝉纹、窃曲纹和高凸菱形纹相间组成的宽带纹。上下带纹之间又由高凸的扉棱自然分割为四个区，每区纹饰以夔龙纹为主。夔龙相互勾结缠绕，组成一个非常生动的画面。鼓部向下收敛平齐。鼓下沿内侧有四个缺口。

鼓部有铭文，竖行共排26列。共135字，其中重文四，合文一：

> 秦公曰：我先且（祖）受天令（命），商（赏）宅受或（国）。剌剌卲（昭）文公、静公、宪公不豕于上，卲（昭）合皇天，以虩事蛮方。公及王姬曰：余小子，余夙夕虔敬朕祀，以受多福。克明又心盭龢，胤士咸畜，左右蔼蔼允义，翼受德明，以康奠谐朕或（国），盗（盗）百蛮（蛮），具即其服，作乓龢钟，灵音鉠鉠雝雝，以匽皇公，以受大福，屯鲁多釐，大寿万年。秦公其畯紷才（在）立（位），雁（膺）受大命，眉寿无疆，匍有四方，其康宝。

铭文为范铸而成，剔剥清理时，发现个别字口内尚留有范土，范土极坚硬，呈黄白色。铭文似乎一气呵成，笔画纤细、匀称、流畅。铭文整体布局合理，在秦式镈中尚属首见。

见于著录的青铜镈，舞面上的装饰虽然也有扉棱之类花纹，但像秦式镈这样装饰华丽，特别是夔龙纹缠绕相交，向上与钟钮连接，向下贯通延伸至鼓部的高凸扉棱装饰，是商周时期为数不多的同类乐器上所没有的。

以太公庙秦公镈和大堡子山乐器坑秦子镈为代表的秦式镈器型硕大，造型华丽，鼓部齐平，中起四道飞棱，侧旁的两道飞棱，形状是九条盘曲的飞龙，前后两条则是五条飞龙和一只凤鸟。舞部各有一龙一凤，背对背，向后回首。钮上有环。镈身上下各有一条带状花纹，由变形的蝉纹与窃曲纹组成。是我国春秋时期最有影响的青铜乐器。赵化成等先生把这种形制的镈称为“秦式镈”[12]。并对此做了统计，迄今所见的秦式镈不超过11件，但完整资料并且能看到照片的只有一部分。尽管如此，这些秦式镈之造型无一与钮钟式镈之形状有相似之处。与传世器克镈和眉县四虎镈为代表的周式镈区别也很大。

“秦式镈”的基本特征：

1. 镈身都有华丽对称的四出脊镂空夔龙相互缠绕的扉棱，并且与钮部贯通连接成一体。扉棱由数目不等的透雕夔龙相互纠结而成，向上蜿蜒到舞部，或左右连接至钮，或四侧全部连接至钮。且在向两侧扉棱过渡的转角处呈圆弧状下倾。从正面看，上半部扉棱外侧线略成半圆状。北宋内府旧藏秦公镈尽管所绘图形不够准确，但也可看出延续了这一变化趋势，繁缛扉棱突高出钮部，并与钮形成相互连接的繁缛装饰，上半部扉棱外侧线形成半圆状。透雕夔龙舌作象鼻，卷鼻上翘，有的曲舌吐信，圆目外视，给人以飘逸生动之感。

2. 四出脊扉棱把镈身等分为四个区域，每区纹饰以夔龙纹为主要装饰，夔龙相互勾结缠绕，组成一个非常生动的画面。镈身上下各有一条由变形蝉纹、窃曲纹和高凸菱形纹相间组成的宽带纹。

3. 腔体截面略呈圆角碌礴筒状，舞部收敛度明显加大，体腔中部外鼓，鼓部于口与周式镈相比开始出现收敛。

4. 镈体硕大。从目前所掌握资料可看出，上海博物馆藏秦公镈及台北私家所藏的镈最小，通高分别为39.5厘米和42厘米；三件秦子镈均在53.2～66厘米之间，太公庙三件秦公镈均在64.3～75.5厘米之间，传世的秦公镈（盄和钟）为74.57厘米。也就是说，秦式镈的体积有逐渐增大的趋势。除过传世的几件钮钟式镈，如北京故宫博物院收藏的一件春秋晚期至战国初年的蟠虺纹钮钟式镈和楚王镈外，还没有能超过秦式镈的。从考古发现看，这与秦人素有以“大”著称的物质文化特征与博大精神有关。

5. 镈腔内有调音槽。与周式镈相比，秦式镈华丽之程度远远超过周式镈，主要体现在镈体四面之透雕扉棱贯钮的装饰，其铸造工艺难度之大可想而知。尤为重要的是，作为青铜乐器，它不光是要求造型华丽，而且还必须兼顾乐器自身发音功能的需要。以上海博物馆秦公镈为例，口沿向内平折，其厚度最宽处的四角为2厘米，最窄处为1.7厘米，要厚于器壁。平折沿每一边的正中有一道凹槽。四个凹槽实际上是宽沿的凹进，其凹底未及于器壁，所以这不是一般意义上的“隧”。凹槽是铸造的结果，并非是铸好整器后再锉。李朝远先生认为，有先生将此类凹槽称为“调音锉凹”，恐有未妥之处[13]。这种凹槽既非锉出又未及器壁，调音之说恐无根基。从已发表的资料看，1985年陕西眉县窖藏出土的西周中期的三件镈也是口沿内折2.1～2.5厘米，但第一、第二件没有凹槽，第三件的四边中部各有一凹槽。太公庙出土的三件镈也有类似的凹槽，第一、第二件有四处，第三件仅有两处。口沿凹槽是一种什么现象，有无实际的功能，与音质或音域有无关系，是值得音乐专家讨论的问题。问题的最终解决可能要依靠音乐考古者的模拟实验。

6. 镈体上多有铭文。11件秦式镈，9件上有铭文，这些铭文都是独立成章。上海博物馆藏秦公镈字数最少，只有7字，铭文长者为太公庙秦公镈，达135字。传世的秦公镈（盄和钟）铭文多达144字。

太公庙所出三件秦公镈的鼓部都铸有独立成篇的铭文。铭文记载了秦人早期的历史，特别是在记其先公业绩时只述襄公，而不记其他公，接下来就是对文公、静公、宪公三代功德的颂辞。这种行文风格与早年传世的盄和钟（镈）一脉相承。这不仅对于我们理解铭文中“赏宅受国”很有帮助，而且对于解决聚讼已久的“十又二公”这一历史争议意义重大。大堡子山所出三件秦子镈中的一件鼓部中央铸有7字铭文，上海博物馆所藏秦公镈鼓部中央也铸有7字铭文。虽然字数较少，但表明器主为秦公，这对于确定作器者起到了关键的作用。据李朝远先生提供的资料，我国台湾清玩雅集的一位雅士珍藏的一件秦式镈上，也有铭文，但发表时无介绍[14]。美国纽约私人收藏的秦公镈，形制、纹饰皆与上博所藏秦公镈相同，高47.3厘米，铭文2行7字，作“秦公作铸镈龢钟”[15]。这些与西周时期本土所见真正意义上的周式镈，如扶风任家村西周晚期克钟（镈）[16]以及眉县西周中期四虎镈对比，就十分清楚。西周镈只有克钟（镈）上有铭文，且是分器铸字连读成篇。河南叶县春秋许国墓出土的4件扉棱镈都没有铭文[17]。而秦式镈上普遍铸有铭文（图四）。

秦式镈上铭文字体有浓厚的西周色彩，是因其在周人故土上的发迹，直接继承了周文化，故而与西周晚期虢季子白盘很接近。春秋早期，秦人即在宣王时的籀文基础上创造了一种既富有观赏性，又有实用价值的新字体，方正瘦劲，书

周初周公东征方鼎上的秦字

虢季子白盘书体风格

秦公镈书体风格

秦子镈书体风格

图四　秦式镈上铭文字体与周朝铭文比较

写方便。该书体的典型作品如秦式镈中的秦公镈和秦子镈。同时，秦式镈上铭文字体中还透露出秦人西迁后与戎人杂居生活环境中鲜明的农牧特征。相当一段时间里，人们认为秦人是一个游牧民族，这自然而然地就把秦人和西部以游牧为主要生活方式的戎狄羌等民族部落联系在一起。这种文化上的偏见往往影响到对秦人历史的认识。从秦式镈铭文字体中“秦”字的书写风格就可窥见一斑。秦式镈和秦公器铭文中“秦”字的两种写法，都与农耕有关。一种是带有“臼”字下面有两个“禾”字，另一种则是省“臼”字下面为两个“禾”字。秦字在甲骨文中作，像双手抱杵舂禾之形，就是一个反映农耕生活的象形字[18]。《说文解字》曰：“臼像舂米器具，中间的四点表示有米”；“禾像垂穗的禾本科农作物。”再从中国汉字的发展史来看，从金石文字到今天的方块汉字，不论是象形的，还是会意的，凡“禾”都与农作物有关。“秦”字体结构不但从“臼”，而且两“禾”并列，不但体现了秦族重视农耕，而且反映出秦族对收获的农作物果实进行加工食用的过程。“秦”不单是秦人的族名，而且是国名，其书写和包含的意义则更非一般。仅此而言，就足以说明，殷代末年，秦之祖先中潏虽“在西戎，保西垂”，以至于到西周中叶，非子居犬丘，后来又为周孝王“主马于汧渭之间”，和西部诸戎杂居，但他们的农耕及生活方式还是和当地戎狄族的游牧生活方式有着显著不同。说明秦人并非是一个以游牧为主要生活方式的民族。

秦式镈上的铭文大体可以分为两类：一类以大堡子山秦子镈为代表，包括上海博物馆藏秦公镈，其风格体现的是秦人早期文字的初期特点，也是对西周晚期青铜器铭文风格的延续。铭文整体相当规范，字迹工整、笔道圆润、结构和谐，可以说是西周晚期所使用的标准书体。一类是以太公庙秦公镈为代表，字体笔画纤细匀称、非常流畅，沿袭了虢季子白盘的风格。

值得一提的是，迄今学界对秦式镈和秦公器铭文中，“秦”字带“臼”与否的两种写法的早晚聚讼不已。但各秦式镈上的秦字，除“禾”字有两个与三个区别外，还未发现有一例的铭文有从“臼”者。不过从西周早期周公东征方鼎铭文上的秦字无“臼”写法看，秦式镈铭文中的这种写法，是沿用了周人早期的写法。“秦”字带“臼”与否，恐怕不具早晚因素（图五）。

太公庙三件秦公镈（C型）与礼县大堡子山三件“秦子镈”（B型）都是通过

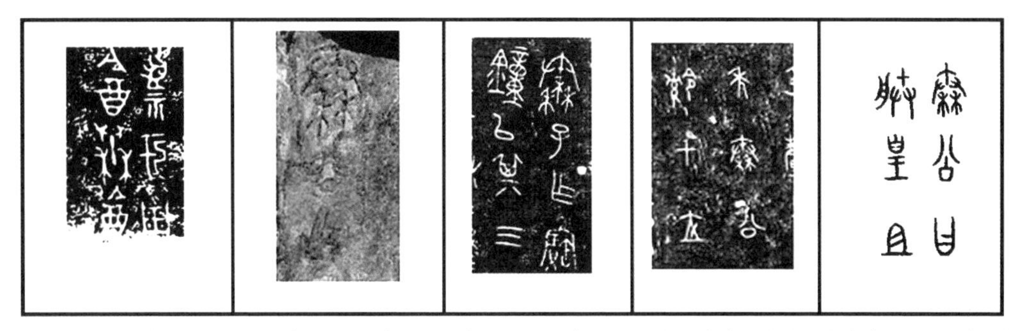

周公鼎上“秦”字　上博秦公镈上“秦”字　秦子镈上“秦”字　太公庙秦公镈上“秦”字　宋府秦公镈上“秦”字

图五　秦字演变比较

考古手段获得的比较完整的资料，造型十分相似，并且时代紧密衔接，文化上属于同根同源，是秦式镈群体中最为重要的标准器。秦子镈也是三件，其中一件有铭文，另两件无铭文。从造型上看，两件无铭者与太公庙秦公镈酷似，镈身基本上都呈碌碡筒状，高宽之比恰到好处。从纹饰上看，主体纹饰均以回首夔龙纹为装饰，似乎很难区分早晚。

上海博物馆秦公镈和流落到美国的镈都属A式镈，形状与大小极为相像，但与B型、C型明显不同。主要是钮较低平，使得整器显得特别粗矮，舞中央没有小圆孔。与钮连接的左右扉棱较平且在向两侧扉棱过渡的转角处较方正，而前后扉棱上部则基本与体上部齐平。与之相比，秦子镈（B型）的钮则高出许多，与钮连接的左右扉棱中部稍高且在向两侧扉棱过渡的转角处略呈圆弧，前后棱上部也基本与体上部齐平，整器显得比例适中。太公庙秦公镈（C型）的钮则显得更为高凸。被日本美秀博物馆收藏的秦公镈，其造型与秦子镈和太公庙秦公镈几乎看不出有什么差异。台湾清玩雅集珍藏的秦式镈，也有铭文。尺寸略比上海博物馆收藏的秦公镈要大一些，高42厘米。形制、纹饰相同而规格有别。但至今看不到铭文内容和图片介绍，所以就很难有一个直观的印象。

迄今为止，考古发掘中还未见到有与这种“秦式镈”相似之报道。这些秦式镈的相继发现，大大地加深了我们对编镈这类大型青铜乐器的直观认识。不仅如此，秦式镈所反映的文化内涵，对于周秦文化的研究更为重要。

三、秦式镈与周式镈的渊源关系

秦式镈的形制当源于西周晚期的克镈，并且形成了自己的特点。特别是镈身都有华丽对称的四出镂空夔龙纹扉棱，以回首夔龙纹为主体纹饰。这种形制的镈在周秦本土以外很少发现。湖北随州叶家山发现的一件四虎镈虽是少有的通过考古手段所获得[19]，但属于桥钮、长腔、四虎四脊扉棱式，与秦式镈风格差距较大。早年于扶风任家村出土的西周晚期的克镈，应当与秦式镈同类同源，但发展到秦式镈，演变轨迹明显，主要表现在周式镈体上端比秦式镈收敛明显。而秦式镈体腔中部较周式镈外鼓，呈碌碡状，于口开始收敛。陕西眉县杨家村出土的西周中期的三件镈上的扉棱装饰风格，与太公庙这三件秦公镈体上的四出镂空扉棱风格很相似，但感觉又有明显的不同。主要是眉县镈的四侧扉棱是以虎装饰，比较简洁，而秦式镈全是以夔龙装饰，比较繁缛。从这个特征观察，可以说眉县四虎镈是周式镈向秦式镈发展的过渡阶段。发展到克镈时，从商代晚期就一直流行的虎纹装饰变成了夔龙纹。到了秦式镈，就看不到虎纹装饰镈的出现。并且镈腔体两铣微鼓，近于口稍敛，舞部略下凹，舞上置龙形繁钮，腔面中脊占腔体上部2/3。相比之下，秦式镈就显得既繁褥而又华丽。

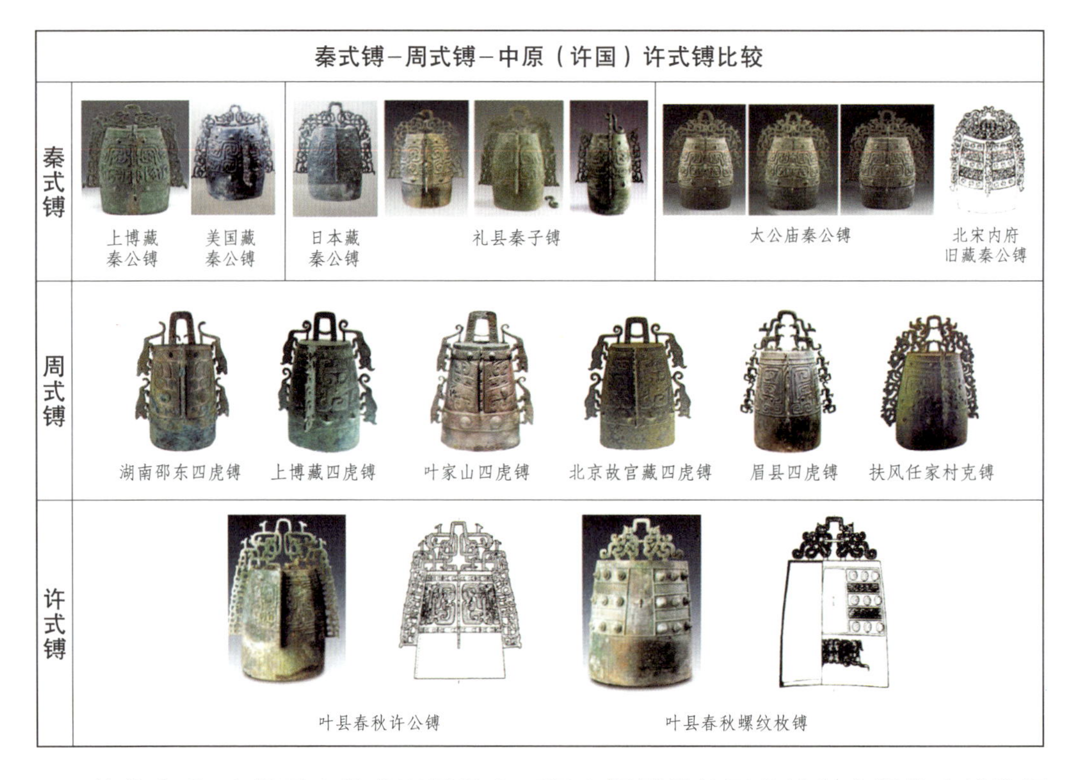

总体上看，大堡子山的秦子镈是由西周中期眉县的四虎镈和晚期的克镈发展而来，又向太公庙所出的秦公镈发展而去。眉县镈和克镈器壁弧度相对较小，被

扉棱分隔成四区的器表均装饰一大夔龙纹。作为稍晚的克镈较之眉县镈多了主纹上下的袢带，前后的扉棱也开始耀出舞平面，这两点恰为大堡子山的秦子镈所继承。上海博物馆所藏及另两件大堡子山出土秦公镈的前后扉棱，上端以一小鸟饰之，且昂出于舞平处；而太公庙的秦公镈前后的扉棱，一龙一凤直向上攀援，经舞部近至钮部。这显然又是大堡子山秦子镈与秦公镈的发展[20]，说明春秋时的秦人就已对青铜镈情有独钟，以致形成了具有独特风格的秦式镈。迄今为止，至少已给我们留下了三套大型编镈。这在周秦考古中是绝无仅有的。

秦式镈的形制虽与眉县镈和克镈一脉相承，但其豪华程度远胜于后者。发展到春秋中期的秦公镈（即盄和钟），形制已稍有改变，出现钲部和三横排短枚，间以两条变形兽纹篆带，但显示其豪华和气势的四条扉棱依旧挺立。在总体形态上，仍表现出了秦式镈独有的豪华风格（图六）。

江西新干商代晚期镈

叶家山西周早期镈

陕西眉县西周中期镈

太公庙春秋早期秦镈

图六　秦式镈渊源关系比较

首先，秦式镈的中脊与扉棱是由周式镈演变而来。从新干大洋洲商墓出土的商镈看[21]，早期镈的铣侧就具扉棱，又多在腔体正面设有中脊，这一特点保持至西周中期的陕西眉县四虎镈上。在眉县四虎镈的棱脊之上，虎纹与鸟纹的组合特征在江西新干大洋洲商墓镈上已见端倪。但是，在西周晚期的克镈棱脊之上，虎形象之装饰已不复存在，代之以蟠龙纹。因此，秦式镈可以看作是克镈的延续。虽然，秦式镈棱脊的纹饰已基本演化成具有秦文化特色的夔龙纹饰，但是，其中脊上的凤鸟纹依然清晰可辨。这一特点显然来自早期镈的中脊风格，表明秦式镈在自身发展的同时，镈体上发达的四出脊夔龙纹装饰之扉棱，与江西新干商镈上的两侧扉棱可能有着一些渊源关系，特别是与西周早期湖南邵东[22]及湖北叶家山出土的四虎镈体上的四出脊一脉相承。

其次，秦式镈的圆角筒状腔体是西周早期四虎镈腔体形制的延续。秦式镈的腔体呈圆角筒状，这一点与在周秦文化本土出土的眉县四虎镈与扶风任家村出土的克镈，以及湖北叶家山西周早期墓中出土的四虎镈无异。这些镈纹饰风格不同，但其腔体却基本沿袭了这一特点。与江西新干商代镈的合瓦形腔体相比较，椭圆形或圆角筒形的腔体不能对侧鼓部的敲击振动进行有效控制，其双音性能较差。这个特征主要还是基于发音功能上的考虑。从目前的考古发现来看，早期镈多出自南方，但还未见有成套之组合，还不能形成研究上例证的气势。到了西周中期以后，镈被纳入青铜乐器之中，并被当作有固定音高的旋律乐器使用，这点在眉县杨家村镈体现得已是十分清晰。当镈的椭圆形或圆角筒形腔体对其音乐能力形成阻碍之时，这一形制必将得到改变[23]。

第三，秦式镈器身的主纹由夔龙纹组成，上下各有两道弦纹间夹变形蝉纹、窃曲纹和菱形枚组成的围带。这点与西周晚期克镈的关系十分紧密，与西周早期四虎镈的距离已经较远，只有某些细微之处还可见早期镈的痕迹。显然，湖北叶家山四虎镈、陕西眉县四虎镈与扶风任家村克镈，以及以太公庙秦公镈为代表的秦式镈之间的发展线索较为清晰。秦式镈和周式镈主体纹饰的兽面形态基本相同，只有眉县四虎镈镈身上下不设枚饰。秦式镈在此基础上发展得更具秦文化的特点，扉棱则承袭了眉县四虎镈和克镈的基本特征，只是变得更为抽象化与线条化。值得注意的是，秦式镈上下的菱纹装饰风格与叶家山四虎镈、克镈的菱纹装饰风格十分相似，显然是受其影响。

李朝远认为，上海博物馆藏秦公镈与流落到美国的A式镈时代最早，其次是大堡子山乐器坑出土的秦子镈以及宝鸡太公庙出土的秦公镈，最晚为北宋内府旧藏秦公镈。而“乐器坑”新出秦子镈正好介于上博秦公镈与太公庙秦公镈之间，同属春秋早期。从宝鸡太公庙出土的秦公镈以及乐器坑出土的秦子镈组合看，秦式镈很可能以3件为一组合。而台北、美国私家所藏2件镈与上海博物馆藏秦公镈很相似，它们很可能为一组器物并出自同一座大墓。日本美秀博物馆所藏龙纹镈则与新出秦子镈最为相似，其年代也应相当，可能与秦子镈同属一套乐器[24]。这是从器物类型学角度得出的结论。

值得关注的是，迄今为止，礼县大堡子山除了被盗掘的两座秦公大墓外，再未发现秦公大墓。学界大多数认为这两座大墓埋葬的是静公与文公。针对当前对大堡子山秦公陵园研究中的分歧意见甚至误区，笔者认为，对静公葬地和宪公葬地没有统一认识，就不可能对西垂陵区所葬秦公得出正确结论。两座大墓地表发现纯匀的五花土覆盖整个墓地这一现象，不可能是盗墓者所为。这一十分罕见的奇怪现象表明，连同两座车马坑在内的四座大坑是同时埋葬或同时封填墓口的。文公在位长达50年，晚年兆域理应早定，大墓亦当建成。静公盛年以太子身份而亡，加之先公在世，必不可能提早建有大墓，死后仓促于兆域已定、大墓已建成的文公墓M3旁建造全长88米的大墓，拼凑制作丰厚的随葬器物，必然旷时日久，和早已一切齐备的文公同时入葬则不无可能。也有在静公入葬后文公即逝，待文公入葬后连同静公墓和车马坑统一封口垫土的可能[25]。这个观点对于我们从考古学角度认识大堡子山秦公陵园先后出土的秦式镈的年代与组合至关重要。从目前的研究情况看，礼县秦子镈与太公庙秦公镈虽有早晚之差，但是早晚的绝对年代只有十二年。从这个意义上说，上述秦式镈除北宋年间传世下来的秦公镈时代可以晚至秦景公外，其他礼县大堡子山墓地出土的秦式镈基本上都是同时埋葬的，差异并不是时代上的原因所致，当是属于铸造技艺上的差别。

综上所述，可以看出，秦式镈基本上沿袭了周式镈，主要是西周晚期克镈的特点，并在此基础上形成了秦式镈独特的风格。太公庙这套秦公编镈的发现，是20世纪70年代考古资料中最早最完备的一套，无论是数量上、质量上或是文化属性上，都已形成了比较鲜明的群体特征。后来在礼县大堡子山秦公陵园乐器坑出土的秦子镈，更加完善了秦式镈的群体内涵与特征，并将周人用镈与秦人用镈的历史紧紧衔接，无论是从时空概念还是区域概念上，对于我们认识这种器物，其意义无疑是十分重要的。

本文系全国社科课题“宝鸡太公庙秦国陵墓与城址聚落考古发掘报告”（项目编号：17BKG011）阶段性成果。

注释

[1] 刘怀君：《眉县出土一批西周窖藏青铜乐器》，《文博》1987年第2期。

[2] 黄凤春、郭长江等：《随州叶家山西周墓地第二次考古发掘的主要收获》，《江汉考古》2013年第3期。

[3] 平顶山市文物管理局、叶县文化局：《河南叶县旧县四号春秋墓发掘简报》，《文物》2007年第9期。

[4] 李零：《春秋秦器试探——新出秦公钟、镈铭与过去著录秦公钟、簋铭的对读》，《考古》1979年第6期。

[5] 早期秦文化联合考古队：《2006年甘肃礼县大堡子山祭祀遗迹发掘简报》，《文物》2008年第11期。

[6] 赵化成、王辉、韦正：《礼县大堡子山秦子“乐器坑”相关问题探讨》，《文物》2008年第11期。

[7] 礼县博物馆等：《秦西垂陵区》，文物出版社，2004年，第13页。

[8] 陈佩芬：《夏商周青铜器研究·东周篇》，上海古籍出版社，2004年，第215页。

[9] 同［6］。

[10] 李朝远:《上海博物馆新藏秦器研究》,《上海博物馆集刊》, 2002年。
[11] 同[5]。
[12] 同[6]。
[13] 同[10]。
[14] 同[10]。
[15] 陈佩芬:《夏商周青铜器研究·东周篇》, 上海古籍出版社, 2004年, 第215页。
[16] 罗西章:《扶风县文物志》, 陕西人民教育出版社, 1993年, 第58页。
[17] 平顶山市文物管理局、叶县文化局:《河南叶县旧县四号春秋墓发掘简报》,《文物》2007年第9期。
[18] 何清谷:《嬴秦族西迁考》,《秦文化论丛》(第一辑), 西北大学出版社, 1993年, 第150页。
[19] 黄凤春、郭长江等:《随州叶家山西周墓地第二次考古发掘的主要收获》,《江汉考古》2013年第3期。
[20] 同[10]。
[21] 江西省文物考古研究所、江西省新干县博物馆:《江西新干大洋洲商墓发掘简报》,《文物》1991年第10期。
[22] 刘彬徽:《随州叶家山西周曾侯墓出土的甬钟和镈钟初论》,《湖南省博物馆馆刊》2014年第11辑。
[23] 冯卓慧:《商周镈研究》,《中国艺术研究院》, 2008 年。
[24] 同[10]。
[25] 田亚岐、张文江:《礼县大堡子山秦陵墓主考辨》,《唐都学刊》2007年第5期。

（责任编辑：朱学文　党士学）

秦漆扁壶

朱学文　秦始皇帝陵博物院

内容提要　漆扁壶是秦漆器中的典型器物，战国中晚期才开始出现，属仿青铜漆器类型的器物。结合考古资料，通过对扁壶的溯源及秦漆扁壶的造型特征、装饰纹样等方面的研究，表明了秦漆扁壶传承、演变的历程及漆扁壶在秦漆器发展序列中所处的重要地位，同时，也印证了秦漆扁壶作为一种文化媒介在促进秦文化与巴蜀文化、楚文化等地域文化的交流融合中所发挥的重要作用。

关 键 词　秦　漆扁壶　研究

扁壶作为一种古老的盛器，经历了陶、铜、漆、瓷等不同质地的发展演变阶段。关于扁壶的命名，学界有“榼”[1]“区”[2]“柙”[3]“椑”[4]等不同的称谓。也有人认为：“柙”即“椑”，是盛酒用的扁壶式器具[5]。从相关考古资料看，西汉前期铜扁壶与漆扁壶的称谓似乎有所不同。譬如：西安大明宫乡西汉前期墓出土铜扁壶的器盖铭文：“酒，河间食官，榼盖”“酒，河间食官，榼容二升，重十一斤二两”等。据此判断，当时的铜扁壶应称为“榼”[6]。江陵凤凰山一六八号汉墓出土三件漆扁壶，并有简文三〇记“大五斗柙一”[7]。据报告所言，简文内容当指M168：117漆扁壶，以此判断，西汉前期，漆扁壶的称谓应为“柙”。江陵凤凰山一六八号汉墓墓主下葬于汉文帝十三年（前167年），距秦亡仅39年。从已有的考古资料看，西汉前期，漆器的类型、形制、装饰风格等与秦漆器非常相似。因此，笔者认为，秦漆扁壶的定名为“柙”较为合理。秦漆扁壶、楚漆豆是最能反映各自特征的典型器物，漆扁壶仅见于秦[8]。作为秦漆器中的典型器物，秦漆扁壶造型特征、装饰纹样及艺术风格的传承演变，对研究秦漆器具有重要意义。

从考古资料可知，扁壶的历史可追溯至史前时期。山西襄汾县陶寺城址[9]、河南驻马店杨庄遗址[10]等均有出土。在四川新繁县西周初期的水观音遗址中，

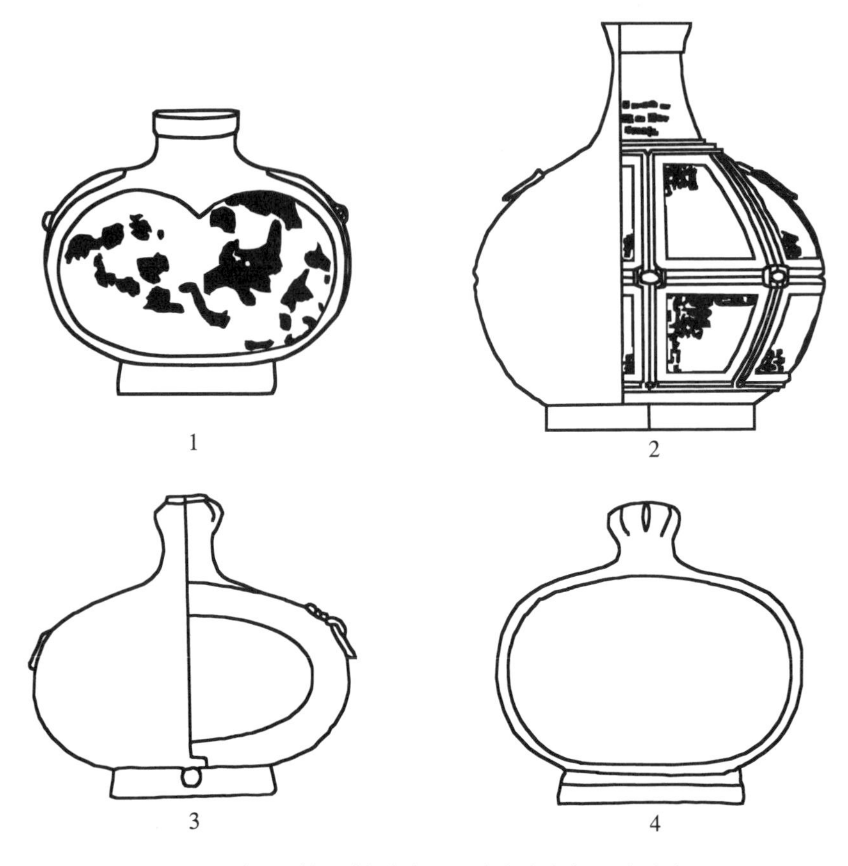

1. 甘肃礼县椭圆形铜扁壶　2. 湖北随州砖瓦厂铜扁壶
3. 湖北云梦睡虎地铜扁壶　4. 陕西咸阳塔尔坡铜扁壶

图一　秦铜扁壶

考古工作者采集了两件夹沙粗红陶扁壶，圆形扁体，短颈，椭圆形口，肩部有两小耳，耳上有穿。与今天的行军水壶相似[11]。春秋时期，在秦国出现了与扁壶形制最为接近的扁盉。甘肃礼县圆顶山春秋秦墓出土98LDMI：21号铜扁盉身为方口，圆唇，扁体，底微圆，口径9.4厘米，最大腹径22厘米，通高32厘米[12]。陕西陇县边家庄春秋秦墓出土M5：13号铜扁盉为圆角方形扁体，小口，通高21.6厘米、最宽21.6厘米[13]。扁盉的壶身造型，正是战国以后出现的铜扁壶的前身。战国秦的铜扁壶，在今甘肃礼县[14]（图一，1）、湖北随州[15]（图一，2）和云梦[16]（图一，3）、陕西咸阳塔儿坡[17]（图一，4）等地多有发现。礼县出土战国时期的椭圆扁壶，扁腹，圆口，短颈，肩部有两钮。随州砖瓦厂出土铜扁壶，敞口，细颈，溜肩，扁腹，下腹内收，平底，长方形圈足，两肩附铺首衔环一对。云梦睡虎地秦墓出土M45：21号铜扁壶，圆口，做蒜头状，颈较短，腹扁平，平底，圈足较矮呈长方形，肩饰两个对称的铺首衔环，素面。咸阳塔儿坡出土铜扁壶，圆口做蒜头状，体腹扁平，平底，长方形圈足，素面无纹饰。

秦人使用铜扁壶的原因可能与其早期的生活习惯有关。早期秦人逐水草而居，以游牧为生，扁壶携带方便。这时的扁壶可能是扁圆形的皮囊。在日后迁居周人故地，不仅收留了大量的周人遗族，而且还吸收了周人的青铜手工业技艺，并在此基础上发展成了秦人的青铜文化。铜扁壶正是其中的一个有机组成部分。

战国中期，漆工脱离木工开始成为独立的手工业部门[18]。漆器手工业发展开始进入快车道。此时奴隶制等级的礼乐制度濒于崩溃，青铜礼器逐渐衰落，漆器因其造型丰富、装饰华丽、体型轻便的特点而在贵族生活中得到广泛使用。漆器生产就是在这种情况下发展起来的。战国中期，首先在秦国出现了漆扁壶。两汉时期，漆扁壶得到传承发展。在随后的各个历史时期，又出现瓷质等材质的扁壶。

研究表明，秦式扁壶在战国中、晚期主要分布于关中及邻近的四川等地区。此后的秦汉时代，秦式扁壶的分布范围有了空前拓展，北抵秦长城沿线至辽东及朝鲜半岛北部，南越长江、珠江流域以至越南北部，东达东部沿海地区[19]。

从现有的考古资料看，秦漆扁壶最早出现于战国中晚期的青川秦墓[20]。统一后，秦人在广泛吸收楚文化的基础上，以楚国原有的手工业生产作坊和手工工匠为依托，在楚国旧地大力发展秦漆器手工业。其中漆扁壶主要出土于湖北云梦睡虎地[21]、木匠坟[22]、龙岗[23]、荆州擂鼓台[24]、白庙山[25]及江陵岳山[26]等秦墓。从秦漆扁壶出土的地域看，主要集中于今四川、湖北两地，尤其湖北云梦地区是目前秦漆扁壶出土最集中的地方。作为墓葬的随葬器物，漆扁壶数量并不是很多，说明秦漆扁壶作为一种新型的仿青铜漆器类型在人们日常生活中并没有占据十分重要的地位，但其新颖的造型风格较楚、巴蜀漆器而言，彰显出独特的魅力。尤其是在战国中晚期，漆扁壶已成为秦漆器的典型器物，其装饰纹样的组合、变化也充分见证了秦漆器艺术风格演变的历史轨迹。

根据湖北、四川等地现有的考古资料分析，除成都羊子山、荆州关沮周家台、江陵杨家山与河南泌阳秦墓出土的秦漆器中未见到漆扁壶之外，其他出土漆器的秦墓中均有漆扁壶的发现。

从漆扁壶制作方法看，几乎都采用了斫制辅以挖制，由两半边分别制作后黏合而成。从漆扁壶的用色看，基本上为黑、红两色，其中以黑色居多，扁壶的器表基本全用黑漆修饰，大部分在黑漆之上用红漆彩绘。从漆扁壶的形制来看，非常明显地传承了铜扁壶的造型，只不过铜扁壶的装饰图案通过铸造工艺来实现，而漆扁壶的装饰纹样则是通过髹漆彩绘方式来实现。较铜扁壶而言，漆扁壶制作相对容易，造价相对低廉，且美观大方、轻便实用。这是秦漆扁壶的基

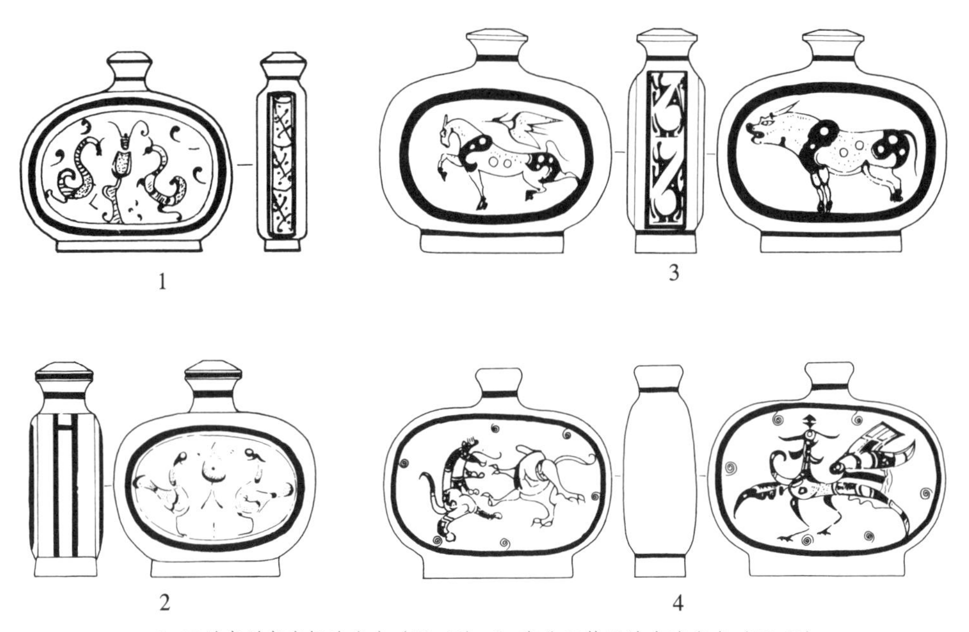

1. 四川青川郝家坪漆扁壶（M1：10） 2. 湖北云梦睡地虎漆扁壶（M3：19）
3. 湖北云梦睡地虎漆扁壶（M44：5） 4. 湖北云梦睡地虎漆扁壶（M25：3）

图二 秦漆扁壶

本共性。但漆扁壶的造型特征、尺寸大小及装饰纹样，风格迥异，差别较大。从秦漆扁壶的口沿特征看，可分为圆口、蒜头口和直口三种，其中，圆口漆扁壶，以湖北云梦地区最为集中。秦漆扁壶的尺寸大小各异，其高度为12～31厘米，腹宽为10～36.5厘米不等。器物的造型特征存在一定的差异，但个别漆扁壶在某些方面却惊人的相似。如：云梦睡虎地44号墓出土的M44：5号漆扁壶，通高22.8厘米、宽24.2厘米、厚7.8厘米。云梦老虎墩12号墓出土彩绘鸟鱼纹漆扁壶，通高22.4厘米、宽24厘米、厚7厘米。两个漆扁壶均为小圆口，扁腹，平底，长方形圈足，形制与尺寸非常相近，趋于标准化，只不过彩绘纹饰不同而已。这种现象充分说明了漆扁壶在同一地区小范围的传承交流。同时，也印证了秦统一后，在手工业制造等方面实行的标准化政策[27]。

战国中晚期秦漆扁壶的装饰纹样以动植物纹居多，这种纹样组合介于现实与抽象之间，兼有仿铜器纹饰的特点。这以青川战国中晚期秦墓与湖北云梦地区秦墓出土的漆扁壶彩绘的动物纹样最具特色。通过这些动物组合纹样可看出不同地区漆扁壶的传承关系。如青川秦墓出土M1：10漆扁壶（图二，1）和云梦睡虎地秦墓出土的M3：19漆扁壶（图二，2），两者装饰的双凤纹样较为相似，说明两地漆器制造业的融合交流、传承发展的现象。秦统一后，漆扁壶的动物纹样组合风格有了较大的变化，生活化的气息愈加浓厚。如：云梦睡虎地秦墓出土

图三　汉漆扁壶（江陵凤凰山M168：117）

M44：5号漆扁壶（图二，3）扁腹的一面绘奔马和飞鸟各一，另一面绘一头肥壮的牛；M25：3号扁壶（图二，4），扁腹的一面绘一只高冠展翅欲飞的凤鸟，另一面绘双兽相斗的场景。这些纹样构图简单明了、形象生动逼真，完美再现了一幅幅真实的生活画面。这种装饰风格到两汉时期得到了进一步的发展。江陵凤凰山一六八号汉墓出土 M168：117号扁壶[28]（图三），口沿外和圈足上朱绘鸟头纹图案；两侧腹为朱、褐色彩绘云鸟纹、点纹、鸟头纹；正面、背面各绘神豹三只，其分布是：正面中下部绘一飞豹，左右各绘一神豹，三豹之间绘鸟纹、云鸟纹、圆圈纹；背面三豹分绘于上部、中部和下部右侧。中部神豹张牙舞爪，追捕一只似獐子的动物。三豹间也填绘鸟纹、云鸟纹和圆卷纹图案。盖顶中心亦绘一豹，四周绘云鸟纹、鸟纹、圆卷纹。七豹各具姿态，形象生动，其间填绘的花纹、线条勾勒交错，使豹的特点更加突出，格外美观[29]。此扁壶的装饰纹样仍以生动的写实手法为主，只不过较秦漆扁壶的纹样复杂而已，充分说明了二者的传承关系。正如有学者认为："西汉早期扁壶与战国晚期——秦时期器物十分接近，继承关系十分明显。西汉早期扁壶形态与战国、秦时期相同，是典型的秦式阶段。"[30]

从已有的考古资料看，战国中晚期（秦占领巴蜀及楚地之前），巴蜀地区及楚地出土的漆器未见到漆扁壶，只有在秦人涉足该区域后，漆扁壶才相继出现。这充分说明了漆扁壶的地域性与代表性。《华阳国志·蜀志》记载：惠王二十七年，"成都县本治赤里街，（张）若徙置少城内城。营广府舍，置盐、铁、市官并长、丞；修整里阛，市张列肆，与咸阳同制"。秦简《语书》云："古者，民各有乡俗，其所利及好恶各不同，或不便于民，害于邦。是以圣王作为法度，以矫端民心，去其邪避（僻），除其恶俗。"上述两条文献资料说明，秦人占领巴蜀和楚地后，利用统一的法规条令和经济政策来管理所占之地，实际上是利用秦文化的思想理念来影响巴蜀与楚国旧地的人们，以期达到文化的融合、思想的统一，最终达到政权的稳固。秦漆扁壶也正是在这样的历史背景下诞生的。秦漆扁壶作为一种新的漆器类型，最早出现于已被秦占领的巴蜀地区，即青川秦墓群。此种新型的漆器可能是秦占巴蜀之后，在当地发展秦漆器手工业时，结合秦青铜扁壶的部分元素所致。随着秦对楚地的占领，这种器形逐渐流传于今湖北等地。这一地区是目前出土秦漆器最为集中的地方，战国中晚期，该区域曾受在巴蜀地区发展起来的秦漆器手工业影响。秦灭楚后，咸阳的漆器也曾流通于此。因此楚地的秦漆器手工业，实际上是多种地域文化的交汇、融合所致。所以，这里出土的秦漆扁壶的艺术特征更具代表性，也更能直观地反映秦漆器的文化本色。

漆扁壶是秦漆器发展序列中的重要组成部分，是秦人在其自身文化基础上不断地吸收外来先进文化所致的产物。其在促进秦文化与巴蜀文化、楚文化等地域文化的交流融合中发挥了重要作用。

注释

[1] 王长启、孔浩群:《西安北郊发现汉代墓葬》,《考古与文物》1987年第4期，第40页。

[2] 朱凤瀚:《古代中国青铜器》，南开大学出版社，1995年，第116－118页。

[3] 湖北省文物考古研究所:《江陵凤凰山一六八号汉墓》,《考古学报》1993年第4期，第472页。

[4] 孙机:《江陵凤凰山汉墓简文“大柙”考实》,《文物》1986年第11期，第48–51页。

[5] 孙机:《汉代物质文化资料图说》，文物出版社，1991年，第319页；洪石:《战国秦汉漆器研究》，文物出版社，2006年，第64页。

[6] 同 [1]。

[7] 同 [3]。

[8] 阮文清:《楚与秦汉漆器的几个问题》,《江汉考古》1987年第1期，第68页。

[9] 中国社会科学院考古研究所山西队等:《山西襄汾县陶寺城址祭祀区大型建筑基址2003年发掘简报》,《考古》2004年第7期，第20页。

[10] 北京大学考古系、驻马店市文物保护管理所:《河南驻马店市杨庄遗址发掘简报》,《考古》1995年第10期，第880页。杨庄遗址报告中将其命名为陶鼓形壶，但从其形制看实为扁壶。

[11] 四川省博物馆:《四川新繁县水观音遗址试掘简报》,《考古》1959年8期，第406－407页。

[12] 甘肃省文物考古研究所、礼县博物馆:《礼县圆顶山春秋秦墓》,《文物》2002年第2期，第10-11页。

[13] 陕西省考古研究所宝鸡工作站、宝鸡市考古工作队:《陕西陇县边家庄五号春秋墓发掘简报》,《文物》1988年第11期，第16-17页。

[14] 甘肃礼县博物馆、礼县西垂文化研究会:《秦西垂陵区》，文物出版社，2004年，第130页。

[15] 左得田:《湖北随州市发现秦国铜器》,《文物》1986年第4期，第21页。

[16] 陈振裕:《1978年云梦秦汉墓发掘报告》,《考古学报》1986年第4期，第501页。

[17] 咸阳市博物馆:《陕西咸阳塔儿坡出土的铜器》,《文物》1975年第6期，第71页。

[18] 刘士莪:《商周时期的漆器》,《中国生漆》1985年第3期，第27页。

[19] 谢崇安:《试论秦式扁壶及其相关问题》,《考古》2007年第10期，第63页。

[20] 四川省博物馆、青川县文化馆:《青川县出土秦更修田律木牍——四川青川县战国墓发掘简报》,《文物》1982年第1期，第8页。

[21]云梦县文物工作组:《湖北云梦睡虎地秦汉墓发掘简报》,《考古》1981年第1期，第35-36页。

[22] 云梦县博物馆:《湖北云梦木匠坟秦墓发掘简报》,《江汉考古》1987第4期，第39页。

[23] 湖北省文物考古研究所、孝感地区博物馆、云梦县博物馆:《云梦龙岗秦汉墓地第一次发掘简报》,《江汉考古》1990年第3期，第24页。

[24] 荆州市荆州区博物馆:《荆州擂鼓台秦墓发掘简报》,《江汉考古》2003年第2期，第21页。

[25] 陈振裕:《楚秦汉漆器艺术·湖北》，湖北美术出版社，1996年，第300页。

[26] 湖北省江陵县文物局、荆州地区博物馆:《江陵岳山秦汉墓》,《考古学报》2000年第4期，第545页。

[27] 秦统一后，随着“车同轨，书同文”等统一政策的实施，手工业产品也趋于标准化，如云梦睡虎地秦简《工律》:“为器同物者，其小大、短长、广亦必等。”

[28] 陈振裕:《战国秦汉漆器群研究》，文物出版社，2007年，第385页。

[29] 湖北省考古研究所:《江陵凤凰山一六八号汉墓》,《考古学报》1993年第4期，第470-472页。

[30] 吴小平:《汉代铜壶的类型学研究》,《考古学报》2007年第1期，第40页。

（责任编辑：党士学　史党社）

二十枚秦封泥的地名再读

后晓荣　首都师范大学历史学院

内容提要　本文结合秦汉简牍资料、文献资料以及相关研究成果，对十九枚秦封泥进行重新释读，弥补了秦史研究中的疏漏。本文解读的这十九枚秦封泥涉及秦朝县名以及秦朝行政管理制度，这对于重新解读秦汉官僚机构和中国县域发展史等均具有重要的学术和现实意义。

关 键 词　秦封泥　地名　郡　县

自1997年秦封泥资料首次被揭露以来，出现了大量的相关研究成果，但尚有部分封泥存在着误读、误释，或需进一步补充之处。正如《秦封泥集》书中所言"在某些封泥的释读以及具体见解方面尚有可商榷之处"[1]。特别是借助近年大量出土同时代的其他秦文物资料，如部分秦兵器铭文、简牍、钱币铭文等可以与秦封泥进行对读和互释，解决不少问题。本文利用近年来战国秦汉简牍资料，以及相关研究成果，主要就涉及秦代地名的十九枚秦封泥进行补读和再释[2]。不妥之处，敬请方家斧正。

淮阳弩丞　传世秦封泥有"淮阳发弩"，为秦淮阳郡之发弩官。秦郡置发弩官，其例有秦封泥"衡山发弩"和"琅邪发弩"等。此地原为楚地，公元前224年秦取陈以南至平舆，次年灭楚，在这一带设置郡县，初名楚郡。《史记・秦始皇本纪》："二十三年，秦王复召王翦，强起之，使将击荆。取陈以南至平舆，俘虏荆王。秦王游至郢陈。"又《史记・楚世家》："五年，秦将王翦、蒙武遂破楚国，俘虏楚王负刍，灭楚为楚郡云。"即同灭赵国，设赵郡，以国名郡。《史记・白起王翦列传》："岁余，（王翦）虏荆王负刍，竟平荆地为郡县"。故谭其骧曰："按《始皇本纪》，二十三年，取陈以南至平舆，虏荆王。陈郡当置于是年。秦于六国故都多置郡，且自陈以至平舆，实得《汉志》淮阳、汝南二郡之地，果优足以置一大郡。"[3] 其所考置郡时间合乎情理。

秦淮阳置郡，《史记·陈涉世家》可证之。其曰：“攻陈，陈守、令皆不在”。姚鼐就据此云“则知有陈郡矣”[4]。之后，王国维、谭其骧都沿袭此说，并谓秦设有陈郡。陈，秦之陈城也，并非郡名。秦之“陈”实为陈县，为秦淮阳郡之郡治，所以有守有令。汉初人叙事，本有以郡治县名替代郡名的习惯。秦汉郡太守之省称也有用郡治之地替代的习惯。如秦南郡治宛，故有宛守之称；又《史记·樊滕郦灌列传》：“（樊哙）渡江，破吴郡长吴下，得吴守”。吴为秦会稽郡之郡治，故称吴郡、吴守也。其例尚有秦东海郡，“东海治郯，故楚汉之际亦称郯郡也”[5]。楚郡估计为秦初灭楚之名，后改名为淮阳郡。郡治陈，今在河南淮阳县。因文献缺载，致使后人一直把淮阳郡治陈县误为郡名，今秦封泥纠之。

又“淮阳”一名，云梦秦简也证之[6]。云梦秦墓四号墓出土的木牍家书云：“（黑夫）直佐淮阳，功反城久，[死] 伤未可知也。”黄盛璋就对此两封秦家书上的历史地理做过详细的考证，认为“是秦始皇时，已有淮阳之名，不是始于汉高帝”，“项燕拥立昌文君，及其反秦的根据地可以断定就是淮阳”[7]。故马非百就推测“陈有守有令，其为一郡，实无可疑，惟郡名似当为淮阳”[8]。又张家山汉简《奏谳书》有“淮阳守行县掾新郪狱”案例，据李学勤考证此案例是高祖六年（前201年）的一件案情复杂的谋杀案[9]。新郪，县名，在《汉书·地理志》属汝南郡，靠近汉淮阳国。淮阳国初封是在高祖十一年（前196年），高祖六年还没有淮阳国，从简文“淮阳守”看，为淮阳郡。当时新郪属淮阳郡，也符合秦新郪所上属郡，也证汉初淮阳郡实为秦淮阳郡之延续。今秦封泥等文物证之，确为其事。

淮阳弩丞

衡山发弩

琅邪发弩

江左盐丞、江右盐丞 秦封泥有“江左盐丞”“江右盐丞”，周晓陆解释为“长江以东、以西之地”，或误。广西平乐银山岭战国墓葬中出土秦兵器有“江”戈[10]，其铭文刻有“江、鱼”，原文认为江、鱼是楚之属地，战国晚期归秦；

江左盐丞

江右盐丞

又1980年湖南省大庸市（今张家界市）三角坪68号战国墓出土秦“廿七年蜀守”戈[11]，铭文“廿七年蜀守□西工师乘丞□禺”（正面），“江武库”（反面）。原文以为“江”为楚国所灭江国，其地在今河南息县南，实误。此戈为秦戈，而非楚器，故此秦“江”非楚“江”地。《水经·江水注》曰：“江州县，故巴子之都也……及七国称王，巴亦王焉。秦惠王遣张仪等救苴侯于巴。张仪贪巴苴之富，因执其王以归，而置巴郡焉。治江州”。《后汉书·百官志》曰：“凡郡县出盐多者制盐官，主盐税。”秦封泥有“西盐”，为秦陇西郡西县盐官，故“江左盐丞、江右盐丞”也应为江县盐官。《汉书·地理志》巴郡有江州县，同时巴郡属县朐忍有盐官。巴蜀地区自古产盐，四川、重庆出土的汉画像石就有此图景。推之此江县应为秦巴郡之江县，故址即今重庆市。

右云梦丞、左云梦丞　西安相家巷出土秦封泥有“左云梦丞”“右云梦丞”。《战国策·楚策一》：“楚王游于云梦，结驷千乘，旌旗蔽日。”杜预注曰：“楚之云梦，跨江南北。”胡三省曰：“安陆有云梦泽，枝江有云梦城。盖古之云梦泽甚广，而后世悉为邑居聚落，故地之以云梦得名者非一处。”按谭其骧考证，春秋战国时的云梦范围估计东西约八百里以上，南北不下五百里，比《子虚赋》所说“方九百里”要大上好几倍[12]。秦在古云梦设左、右云梦县在秦简中也得到证实。考古出土的湖北云梦龙岗秦简有“诸假两云梦节以及有到云梦禁中者得取灌”[13]，此“两云梦”或就应指秦左、右云梦县。又《汉书·地理志》南郡属县编，“有云梦官”；江夏郡属县西陵，“有云梦官”。二者或许就是秦左、右云梦县之旧址。秦左云梦就是汉编县之前身，位于今湖北荆门、南漳县之间。

高栎□　秦封泥有“高栎□”，根据秦封泥的特征，所缺之字或为“丞印”。《汉书·地理志》渤海郡有属县高乐，“莽曰为乡”，“栎”“乐”互通，或秦时称高栎，西汉改为高乐。《史记·曹相国世家》：“击三秦军壤东及高栎，破之”。

《索隐》文颖云：“高栎，地名，其地阙。”《正义》：“村邑名，高栎近壤乡也。”即二者无涉。秦高栎或为西汉渤海郡高乐县之前身，故址地望在今河北省沧州市南。

丰丞　秦封泥有“丰玺”。《史记·高祖本纪》：“秦泗川监将兵围丰”；“攻胡陵、方舆，还守丰”。《汉书·地理志》记载沛郡有丰县，在今江苏丰县。《读史·卷二十九》南直隶徐州丰县，“州西北百八十里。南至山东单县九十里，西至山东金乡县百里，秦沛县之丰邑，汉高沛丰邑中阳里人也。又高祖使雍齿守丰，齿反为魏，即此。寻置县，属沛郡。”有关秦是否置丰县，历来多认为秦时丰为沛县属邑。今封泥和其他秦汉文物证之，秦置丰县，笔者有详细考证[14]。秦丰县故址在今江苏省丰县。

酆丞　秦封泥有“酆丞”，半通印。酆县本周丰邑地，周平王东迁后，因秦襄公护送有功，赐给岐、酆之地。秦攻逐犬戎后，即有其地。《史记·秦本纪》：

右云梦丞

左云梦丞

高栎□

丰丞

酆丞

“周自平王东迁雒邑，以岐酆之地赐秦襄公，乃为秦地矣。”又1948年户县出土秦惠文君四年（前334年）的封宗邑瓦书：“取杜才（在）酆丘到于潏水，以为右庶长歜宗邑”[15]（《编年》第55号）。杜为秦杜县省称，酆与杜连言，可知当时此地名酆，而非鄠。又阜阳汉简《仓颉篇》：“酆、镐□□”。《汉志》右扶风有鄠县下提到“酆水”。《说文解字》：“酆，周文王所都。”即秦时设酆县，而非唐人文献所言“鄠县”[16]。又西汉初年张家山汉简《秩律》中有“酆”县和“新丰”县[17]。“酆”“新丰”二者同列，且“丰”字不同，都是当时汉初年内史属县，可证西汉初年尚有酆县，鄠县或为西汉中期后所改名。鄠音同户，汉鄠县即今陕西鄠邑区。《读史·卷五十三》陕西西安府：“酆城，在县东五里，殷为崇侯虎国，文王伐之，故《诗》云：‘既伐于崇，作邑于酆’也。酆宫在焉。周武王虽迁镐，而酆宫不改。《书》云：‘步自宗周，至于丰。’《左传》昭四年：‘楚椒举曰：康有酆宫之朝。杜预曰：‘丰宫东有灵台，康王于是朝诸侯’，孔颖达曰：‘丰去长安西镐池二十五里’，《括地志》：‘鄠县东三十五里有文王丰宫’。”“钟官城在今鄠县东北二十五里，相传秦始皇销兵铸虡于此。”秦酆县在今陕西省西安市西南鄠邑区。

岐丞之印　秦封泥有“岐丞之印”，又西汉初年的张家山汉简《秩律》有“岐”县，其上属郡，周振鹤断为河南郡，暂从。从以上文物可知，秦时汉初都置岐县。《史记·郦商列传》：“沛公略地至陈留，六月余，商以将卒四千人属沛公于岐。”索隐：此地名缺，盖在河南陈、郑之间。故周晓陆认为“岐县失载，秦时约在砀郡与三川郡之间”[18]。今从地望来看，秦时汉初的岐县属砀郡或更符合史事。《汉书·地理志》无，估计为西汉中期后废罢。这种情况也说明秦时汉初之季，县治应有一定的延续性。

枳丞之印　秦封泥有“枳丞之印”[19]。原作者释读“机之丞印”，误也。“枳”从木从只，其例有秦封泥“轵丞之印”中的“轵”字可证。枳原巴地，后归楚。

岐丞之印

枳丞之印

《燕策》：“楚得枳而国亡。”《汉书·地理志》巴郡有枳县。汉巴郡为秦置郡，其属县当沿袭秦县。《四夷县道记》：“涪陵故城在蜀江之南，涪江之西，上有枳城，即汉枳县也。”秦枳县在今重庆涪陵区东。

郢采金丞　西安相家巷出土秦封泥有“郢采金丞”[20]。原文认为此“郢为楚都，在今湖北江陵”，实误。秦置江陵县，秦简已证[21]。此“郢”实为西汉南郡领县郢县之前身。《汉志》南郡领县有郢县，“楚别都，故郢。莽曰郢亭”。秦汉时，在铁矿、铜矿等矿产资源丰富的郡、县设采矿之官，如汉封泥有“齐铁官印”“采铜”等[22]。此“郢采金丞”当为郢之采金官署属官之印。考古发掘表明今湖北荆州的郢城古城近方形，东1400米，西1267米，南1283.5米，北1453.5米，时代从秦南郡治至汉郢县[23]。

阳陵禁丞　秦封泥有“阳陵禁丞”，通常以为与汉代弋阳有关，实误。《汉志》：“阳陵，故弋阳，景帝更名。”其故址在今陕西高陵西南。从此文献可知，西汉左冯翊属县阳陵之前身实为秦弋阳县，与此封泥无关。传世秦虎符有“阳陵虎符”，铭文“甲兵之符，右才（在）皇帝，左才（在）阳陵”。王国维《秦阳陵虎符跋》云：“实秦虎符也”[24]，但以为此阳陵即西汉左冯翊属县阳陵，误。又湘西里耶秦简，简文：“卅三年四月辛丑朔丙午，司空腾敢言之，阳陵宜居士五毋死有赀馀钱八千六十四。……；卅五年四月己未朔乙丑，洞庭假（假）尉觿谓迁陵巫，阳陵卒署：迁陵其以律令从事报之……。”从秦简文格式看，由洞庭尉的批示，阳陵列于迁陵之后。笔者推测此“阳陵”应为洞庭郡下辖属县，故可知秦阳陵虎符实为秦洞庭郡阳陵县之物，具体地望不详[25]。故推之秦封泥“阳陵禁丞”中“阳陵”也与秦虎符和里耶秦简犊中的“阳陵”有关。

薄道丞印、薄道　秦封泥有“薄道丞印”“薄道”，又西汉初年的张家山汉简

郢采金丞

阳陵禁丞

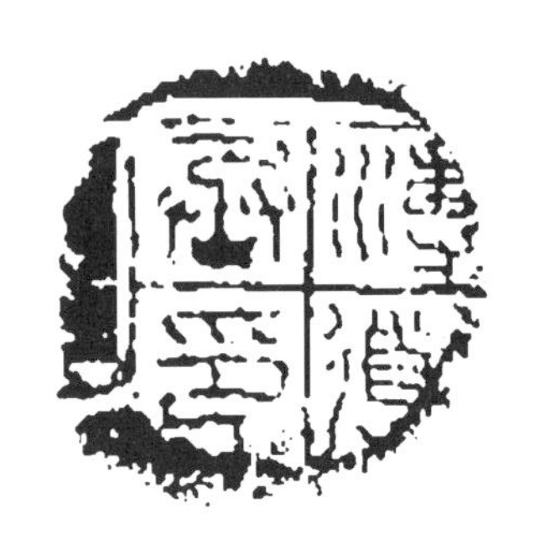

薄道丞印

薄道

长武丞印

华阳丞印

南陵丞印

《秩律》有“薄道”。周振鹤认为“要皆在陇西郡中”[26]。薄道不见《史记》《汉书》等书记载，但秦封泥和汉初年简牍证明秦和西汉初年确置薄道，周言可备一说，具体地望无考。

长武丞印　秦封泥有“长武丞印”[27]。长武，地名，史无记载。此名始见于《新唐书·地理志》。笔者原认为“汉鹑觚县即秦长武县，属北地郡，今在陕西长武县西北”[28]，实误。湖南里耶秦简出土三枚地名里程木牍中（17）14正面记载：“……启封到长武九十三里，长武到鄢陵八十七里……”即秦长武在启封和鄢陵之间，故张春龙认为“长武，不见于文献记载，从简文揭示的路线和距离分析，长武应在今尉氏一带”[29]。今从秦封泥和简牍文看，可见秦时在今河南尉氏县一带设置此县，《汉书·地理志》没有相关记载，估计西汉时该县被废除。

华阳丞印　秦封泥有“华阳丞印”。《史记·秦本纪》：“（昭襄王）三十三年，客卿胡伤攻魏卷、蔡阳、长社，取之。击芒卯、华阳，破之。”其事又见《史记·白起列传》，也与睡虎地秦简《编年纪》“卅四年，攻华阳”的记载相同。秦武王时有华阳君，《索隐》注："华阳，韩地，后属秦。"又《史记·韩世家》："厘王二十三年，赵、魏攻我华阳。"《正义》引《括地志》："故华城在郑州管城县南三十里。《国语》云：史伯对郑桓公，虢、郐十邑，华其一也。华阳即此城也。"秦华阳故城在今河南省新郑市东南，地名华阳寨，因城南有洧水，故称华阳。《汉书·地理志》中没有华阳县，估计此县在西汉时废。

南陵丞印 相家巷出土秦封泥有"南陵丞印"[30]。周晓陆先生认为此南陵即为京兆尹属县南陵，但《汉书·地理志》记京兆尹属县南陵，"文帝七年置"，应误。"南陵"出现较早，楚国文物就有此地名。包山楚简"上新都人蔡羌讼新都南陵大宰乐首、右司寇正陈得、正吏炎，以其为其兄蔡襄断不法"（J102）；又"□□南陵公吕羌、襄陵之行仆邑于鄢，郢足命葬王士，足葬王士之宅"（J155）。南陵长官称"公"，可知为楚置县。有关南陵地望，晏昌贵先生有详细考证："南陵的地望可由新都推得，《汉志》有二"新都"，一属南阳郡，一属广汉郡，乃武帝时开置。南阳之新都见于《水经·比水注》："谢水又东南，径新都县，左注比水。又西南流，径新都县故城西，王莽更之曰'新林'，《郡国志》以为新野之东乡，故新都者也"。又"（大）湖水西南流，又与湖阳诸陂散水合，谓之'板桥水'。又西南与醴渠水合，又有赵渠水注之。二水上承派水，南径新都故城东，两渎双引，南合板桥水"。比水在今泌阳河、唐河中下游，谢水在今新野县东北，醴渠水和板桥水均在今唐河县西南。其中板桥水在今枣阳市西北会于长水。由上诸水推定，新都当在今新野县东，而与之相邻的南陵，亦当离此不远"[31]。又西汉初年的张家山汉简《秩律》有"南陵"县，周振鹤定其上属郡为南阳郡，甚确[32]。从秦封泥和汉初简文中的"南陵"看，与京兆尹属县南陵无关，秦时汉初的南陵县亦当沿袭楚县之旧，但《汉书·地理志》南阳郡无此县，估计西汉中期之后，此县废。

泾下家马

上家马丞

泾下家马 秦封泥有“泾下家马”。“家马”为秦汉太仆或郡县属官家马令，秦封泥有“上郡家马”，“泾下家马”应是秦泾阳县下家马令之省文。秦人西戎牧马，在此置家马官也在情理之中。此例也同于《汉书·地理志》太原郡有家马官。《史记·周本纪》：“宣王时，猃狁内侵，至于泾阳”。《史记·秦本纪》：“昭王母弟曰泾阳君。”《通典》：“唐京兆府泾阳县，本秦旧县地，非汉县。”《清一统志》：“故城在平凉县西四十里。”其故址在今甘肃省泾阳县。

陉山 西安相家巷出土秦封泥有“陉山”[33]。又包山楚简有“陉公嘉之告之攻尹”（J159）；“戊寅，陉山尹”（J162）。《史记·六国年表》：“魏败我（楚）陉山。”《史记·楚世家》：成王恽“十六年，齐桓公以兵侵楚，至陉山”。《正义》引杜预云：“陉，楚地。颍川召陵县南有陉亭。”《括地志》：“陉山在郑州西南一百一十里，即此山也。”此封泥也例同秦封泥“屯留”“皮氏”等。按西安相家巷出土秦封泥性质都为秦郡县上计秦廷的文书遗物，涉及地方行政至县一级单位，推之此“陉山”也应为县级遗物。徐少华根据包山楚简认为“陉山”为春秋以来楚国北境要塞，并在此设县，以加强对此地控制和防御[34]。其地望即西晋杜预注：“陉，楚地，颍川召陵县南有陉亭”，故址在今河南郾城县东南，漯河市以东地带。从文物看，秦陉山县应为楚陉山县之延续，《汉书·地理志》无此县，估计废除。

桃林丞印 秦封泥有“桃林丞印”。桃林，传世文献无载，但从封泥的性质看，为县级之印，自应是失载之县。《战国策·秦策四》：“（秦）举河内，拔燕、酸枣、虚、桃人。”又《史记·春申君列传》：“举河内，拔燕、酸枣、虚、桃，入邢”。《史记》文误“人”为“入”，应以《战国策》为正。又“林”“人”音同，秦封泥“桃林”实为文献之“桃人”，或为秦时所改。《索隐》引徐广曰：“燕县有桃城，平皋有邢丘。”故址在河南延津县胙城集东。《汉书·地理志》无桃林县，应是秦桃林县在西汉中期之后废除。

通过对以上十九枚秦封泥的重新释读，有助我们对那段秦史的认识。事实上，旧物新知，材料的日益丰富，以及秦汉史研究的深入，都会有助我们对秦汉出土文献更为深入地了解，即使是对那些“既成事实”的考古史料，也会有新的认识，从而拨云见日，逐渐郭清蒙在考古文物上的面纱，最终还文物和历史的真实面目。

注释

[1] 周晓陆、路东之：《秦封泥集》，三秦出版社，2000年。

[2] 本文所引用秦封泥资料主要出自周晓陆、路东之：《秦封泥集》，三秦出版社，2000年。个别封泥资料注出其出处。

［3］谭其骧:《秦郡新考》,《长水集》，人民出版社，1987年。
［4］〔清〕姚鼐:《复谈孝廉书》,《惜抱轩文集》卷六。
［5］同［3］。
［6］《云梦睡虎地秦墓》编写组:《云梦睡虎地秦墓》，文物出版社，1981年。
［7］黄盛璋:《云梦秦墓出土的两封家信与历史地理问题》,《历史地理论集》，人民出版社，1982年。
［8］马非百:《秦集史》，中华书局，1982年，第644页。
［9］李学勤:《〈奏谳书〉解说》(上),《文物》1993年第8期。
［10］陈远璋:《广西考古的世纪回顾与展望》,《考古》2003年第10期。
［11］陈松长:《湖南张家界出土战国铭文戈小考》,《古文字研究》(第25辑)，中华书局，2004年。
［12］谭其骧:《云梦与云梦泽》,《长水集》，人民出版社，1987年。
［13］刘信芳、梁柱:《云梦龙岗秦简》，科学出版社，1997年。
［14］后晓荣:《刘邦故里丰县新证》，待刊。
［15］王辉:《秦出土文献编年》，新文丰出版公司，2000年。
［16］《元和郡县志》:“鄂，夏之扈国，秦改为鄠邑”。
［17］张家山二四七号汉墓竹简整理小组:《张家山汉墓竹简(247号墓)》，文物出版社，2001年。
［18］同［1］。
［19］傅嘉仪:《新出土秦代封泥印集》，西泠印社出版社，2002年。
［20］刘庆柱、李毓芳:《西安相家巷遗址秦封泥考略》,《考古学报》2001年第4期。
［21］《云梦秦简》《云梦龙岗秦简》和湖南龙山出土的《里耶秦简》都见“江陵”简文。
［22］孙慰祖主编:《两汉官印汇考》，上海书画出版社、中国香港大业公司，1993年。
［23］江陵郢城考古队:《江陵县郢城调查发掘简报》,《江汉考古》1991年第4期。
［24］王国维:《秦阳陵虎符跋》,《观堂集林》卷十八，中华书局，1991年。
［25］后晓荣:《秦代政区地理》，社会科学文献出版社，2009年。
［26］周振鹤:《〈二年法律令·秩律〉的历史地理意义》,《学术月刊》2003年第1期。
［27］同［19］。
［28］同［25］。
［29］张春龙、龙京沙:《里耶秦简三枚地名里程木牍略析》,《简帛》(第一辑)，上海古籍出版社，2006年。
［30］周晓陆等:《于京新见秦封泥中的地理内容》,《西北大学学报（哲学社会科学版)》2005年第4期。
［31］晏昌贵:《张家山汉简释地六则》,《江汉考古》2005年第2期。
［32］同［26］。
［33］同［20］。
［34］徐少华:《包山楚简地名数则考释》,《武汉大学学报（哲学社会科学版)》1997年第4期。

（责任编辑：史党社　党士学）

“拄剑将军俑”误判校正

党士学　秦始皇帝陵博物院

内容提要　秦兵马俑坑出土了数尊双手交叠于腹前的高级军吏俑，俑的身旁常伴出铜剑。考古人员在描写这种陶俑时，说他们的双手“做拄剑状”。媒体和公众则称他们为“拄剑将军俑”。本文通过对秦俑坑出土铜剑的长度、陶俑手掌距离地面的高度、人双手持拄物体必须具备状态、陶俑的出土位置等相关因素的分析和考察，否定了“拄剑将军俑”这一错误认识，提出高级军吏俑双手交叠的姿势很可能是“按扶车轼状”，抑或是表现人物站立思考时常见的习惯性动作。

关键词　将军俑　双手　拄剑　战车　扶轼

秦始皇兵马俑，以其规模宏大、阵列壮观、气势雄浑而震人心魄；以其体形高大、雕塑精美、生动写实而引人入胜。在这群威武雄壮的陶质武士中，有一种头戴双卷尾长冠（鹖冠）、身形魁梧的中年军人形象尤为引人注意。他们多数穿双重长襦，外披带有精美包边的鱼鳞铠甲，少数仅穿双重长襦，不披铠甲。学术界称他们为高级军吏俑，但通常情况下人们多称他们为“将军俑”。

“将军俑”的手臂姿势大致可分作三种：第一种是右臂自然下垂，右手半握，做持物状，或轻握拳；左臂略向前弯曲，左手做扶（按）剑状。第二种是双臂弯向腹部，两手交叠于腹前；左手五指并拢，掌心向下；右手握住左手手背，同时翘起食指做弹动状（图一）。第三种是双臂自然下垂，右手半握，做持兵器状；左手轻握，并缩在下垂的袖口内。

手臂呈现为第二种姿势的均为铠甲“将军俑”，其交叠在腹前的两手给人以按着某种器物的感觉，加之发掘时，“将军俑”的身旁一般都伴出有青铜长剑，因此，考古发掘者便在分析不够缜密的情况下，将这种两手交叠腹前的姿势称为“做拄剑状”[1]，甚至直接称这种俑是“拄剑伫立”[2]。其他学者都信从发掘者的断识，没有人去探究“拄剑”之说是否正确。继而“拄剑将军俑”这个通

图一　叠手“将军俑”

俗化的名称，在各种宣传和旅游从业者的讲解中，得以广泛传播。现今在互联网上搜索“拄剑将军俑”，能够得到数以千计的搜索结果。著名的《国家地理》杂志中文网在介绍秦俑彩绘时，便根据“拄剑将军”的概念，硬生生地将一把没有剑鞘的青铜剑“填塞”到“将军俑”交叠的手下（图二）。

事实上，“将军俑”交叠在腹前的双手并不是“做拄剑状”，威武的“将军”也不是“拄剑伫立”。“拄剑将军俑”是对秦俑手臂姿势的错误解读，是秦俑研

图二 《国家地理》中文网使用的彩绘秦俑复原图

究中出现的具有典型特征的认识偏差[3]。在秦兵马俑一号坑军阵中，“将军俑”是站在指挥车上的高级军官；而在二号兵马俑坑，所发现的一尊双手交叠在腹前的“将军俑”，则站在俑坑东端独立步兵方阵的右后角[4]。根据此类“将军俑”所处的位置，笔者推测他们双手所扶（按）的可能是马车前部高起的车轼，也就是说他们的姿态可能是“扶轼而立”；也可能秦代雕塑大师只是通过“将军俑”双手的动作来表现军队指挥官的内心活动。

一、“将军俑”及相关情况

见于报告的“将军俑”共9尊，其中秦俑一号坑出土7尊，秦俑二号坑出土2尊。一号坑的7尊“将军俑”中，有5尊出土于俑坑东端的5个探方（考古编号为T1、T2、T10、T19、T20），即军阵前部，具体为T10G5：15号铠甲俑、T2G2：97号铠甲俑（叠手）、T20G10∶97号铠甲俑（叠手）、T1G3∶15号袍俑、T19G9∶13号袍俑；有2尊出土于俑坑中部开挖的勘探方内，铠甲俑（叠手）和袍俑各1尊。从着装看，一号坑出土的7尊“将军俑”中有4尊身着铠甲，3尊仅穿战袍。从阵列位置看，7尊“将军俑”全部出土于车后或倒伏在车旁，均属于车上的乘员[5]。从装备的兵器看，“将军俑”身旁一般都伴出青铜剑，说明他们均身佩长剑（图三）。

秦兵马俑坑出土的青铜剑是为陶质军队中的军官所配，同时也是秦国的实战兵器。《史记·秦本纪》记载“秦简公六年，令吏初带剑”。官吏包括军官“带剑”，既作为防身和格斗的武器，更是礼制的要求和身份的标志。秦俑坑的高级军吏和秦陵铜车马中的御官均佩带长剑，说明秦国官吏带剑是在制度规范下的普遍现象。

据不完全统计，秦俑一号坑已出土完整的青铜剑20余把。《秦始皇陵兵马俑

图三　叠手“将军俑”三视图

坑一号坑发掘报告1974—1984》报告完整的铜剑17把（含附件），另有剑的残段8件、剑茎12件。此外还出土有剑首19件、格7件、珌109件、璏27件。这种有附件而不见铜剑的现象，可能与秦俑坑建成后不久被盗扰有关。铜剑出土时，剑鞘大都腐朽不存，仅在少数剑身下面坍塌的土层中看到一些残存的炭迹、褐色的漆皮或压印留痕（图四）。剑的首、格及剑鞘上的珌、璏等，或留在原位，或散落附近[6]。袁仲一先生在《秦始皇陵兵马俑研究》中对剑鞘的描述更详细一些，他说："有的剑出土时仍套在剑鞘内，鞘已腐朽。鞘为木胎，外面包裹着麻布，用丝组缠扎，髹褐黑色漆。鞘的末端有铜珌……鞘上还有铜璏、骨管等饰物。"[7]诚然，考古清理时在剑的表面看到剑鞘遗迹，自然是剑套在鞘内的铁证。同时，在剑的相应位置或剑的旁边出土有剑鞘上的附件，也能证明当时剑是套在剑鞘内的有力证据。上述迹象表明，秦俑高级军吏所佩的剑原本都是装在剑鞘之内的，并不是现在陈列厅中展示的"裸体"模样。秦俑方阵是一种仪仗队列，因此秦俑手中的兵器都呈现为弩装弢、铍入室、剑入鞘的携带状态。

秦人使用长剑是出了名的，荆轲刺秦王时，秦王拔剑不出便是典型例证。据考古报告的统计，秦俑一号坑前部出土的17把铜剑中，有14把剑的长度超过了90

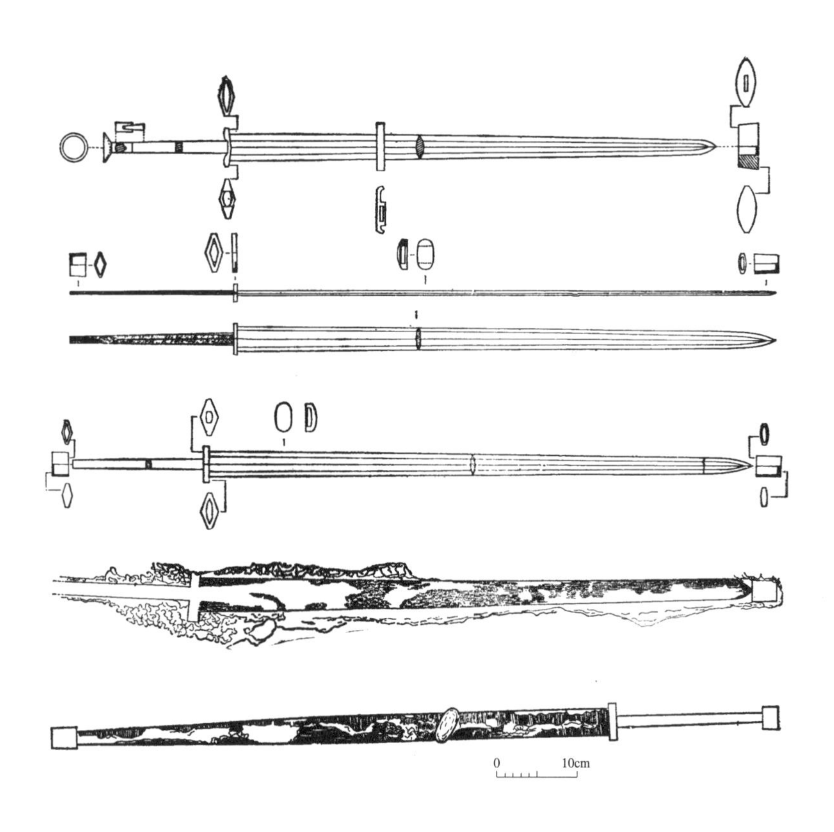

图四　秦俑坑出土的铜剑及剑鞘痕迹

厘米，最长者为T2G2：0403号剑，通长94.8厘米。只有3把剑的长度低于90厘米，其中最短者为T1G3：0481号剑，通长81厘米，另外2把剑则分别为88厘米和89.6厘米[8]。这里所列剑长尺寸，均是不含剑鞘的“裸剑”长度，而秦俑坑军官的佩剑原本都是带鞘的。所以，要考察陶俑佩剑的总长度，还应当加上剑鞘的因素。剑鞘一般用木片、麻线和生漆制作，考虑到保护剑锋也是剑鞘的重要功能，人们制作剑鞘时，通常会加长鞘室的深度，从而在鞘尾给剑锋留出适量的距离，以防止因剑入鞘时太过用力或剑鞘末端受到碰撞而导致尖峰折断。同时，木质剑鞘末端的收尾成顶工艺也会加长鞘尾的长度。两项因素相加，剑鞘的长度一般会比剑身长出6～8厘米。此外，剑鞘尾部还要安装强固和保护鞘尾的铜珌。秦俑坑出土的铜珌，高度多在3～3.4厘米。如此一来，剑鞘的长度就会比剑身长出10厘米左右。也就是说，秦俑坑的铜剑在装入鞘后，其总体长度大约都在100厘米以上。

另外，作为讨论问题的基础，这里还需要对秦俑坑战车与“将军俑”的关系加以说明：其一，马车在秦国的军队中已经变化为指挥车，秦俑一号坑阵列的马车上基本都载有战鼓就是证明。其二，春秋战国时期，交战双方的指挥官是站在站车上发号命令的，如《左传·庄公十年》记载的齐鲁“长勺之战”中的作战细节足以为证。秦军的高级指挥官站在车上发号命令，这也是“将军俑”均出土于战车旁边的原因。其三，秦俑是陶土雕塑，身高体重，即使是车上乘员，入坑列阵时也不便于放置车上。在秦俑坑中，车上的乘员包括御手在内，都是被摆放在车后的。在讨论秦俑坑的马车和车上人员时，应当把“将军俑”按照站在车上的指挥者来考察分析。

二、“将军俑”手臂姿态分析

“拄”是人们经常使用的动作，例如，拄手杖、拄雨伞等，因此，我们非常熟悉“拄”的动作要领。但基于讨论问题的需要，这里还得啰嗦两句。要做到“拄”，首先必须用手控制住被“拄”的器物，比如本文所讨论的长剑，就必须先将剑首紧抓在手中，之后才好做出扶定、按压、支撑等一系列“拄”的程序。如果不抓住被“拄”的器物，只是用手掌按住，被“按”的器物就极容易从手中滑落。观察“拄剑将军俑”的手部姿态，能够

图五　叠手“将军俑”双手姿态

清楚地看到，交叠在下面的左手，即用来完成“拄”这个动作的主体，不仅五指并拢而且呈现为完全伸直的状态（图五）。笔者选择手杖、雨伞、钢棍等作为实验器材，也以手掌平伸的手型采取“按”的方法，在不同情形做操作实验。其结果是：在坚硬的土地上且注意力高度集中的情况下，实验器材不出10分钟就会倒掉。在被噪音或对话干扰的情况下，操作者的注意力稍有分散，手下的实验器材立刻就会倒掉。在大客车上选择发动机颤动和车辆平稳行进两种情形做测试，测试结果是实验器材都迅速从操作者的手中滑落倒掉。

笔者对实验测试的体会是，人的神经和肌肉是很难长时间保持紧张状态的，即使实验者非常专注地用力在某种物体上，但他的神经和肌肉也会出现无法控制的间歇性的短暂松弛。因为实验者的神经和肌肉出现了间歇性松弛，他的双手便不能保证给予被实验器材恒定、稳健的压力，这应当是用手掌“按”住实验器材却难以保障其不从手中滑落的根本原因。其他环境干扰和外力影响都是次要因素，只会对器材从手中滑落的快慢构成影响。我们还应注意到，秦俑阵列中“将军俑”是站在马车上的，而由马驾驭的车是不可能做到静止不动，“将军俑”用平伸的手掌“拄”剑，手下的长剑如何能够稳定不倒？

通过上面的分析，足以说明“拄剑将军俑”的手型不是“拄剑”的姿态，其平伸的左手无法形成对剑的有效控制，其按而不握的手型姿势也不符合“拄”的动作要求。

然而，手的姿态不能拄剑只是问题之一，交叠的双手距离脚底的高度小于剑的长度，长剑不能“拄”进“将军俑”手里，才是最关键的问题。一号坑出土的T2G2：97号铠甲“将军俑”通高（含冠）197厘米，手臂为双手交叠姿势，该俑目前陈列在二号坑的走廊中。经过笔者实地测量，俑的左手掌到脚踏板的距离只有85厘米。据有关资料称，这尊陶俑的身旁正好出土铜剑1把，考古编号为T2G2：0403号[9]。此剑长94.8厘米，剑及鞘上的附件齐全。以该剑长度再加上剑鞘及附件增长的尺寸，其总长度必定在100厘米以上。俑的手掌高度为85厘米，而所配青铜剑的长度却超过100厘米。剑的长度超过陶俑手掌的高度，这样的长剑如何能够“拄”到“将军俑”的手下？

综上讨论可证，此前把“将军俑”交叠在腹前的手臂姿态判定为“拄剑状”显然是一个错误。

三、“将军俑”交叠的手势推想

在秦兵马俑一号坑军阵中，“将军俑”都是站在指挥车上的高级军官；而二号兵马俑坑已知的两尊“将军俑”中，双臂自然下垂的一尊出土于T9探方的车上[10]，另一尊双手交叠在腹前的“将军俑”，则出土于俑坑东端独立步兵方阵的右后角，是以步兵身份出现的。这一现象说明“将军俑”在军阵中的位置并不一定在车上，从而增加了解释他们手部动作成因的难点。笔者从“将军俑”与车的关联关系和雕塑艺术与人的行为模式两个角度思考，对“将军俑”交叠双手于腹前的姿势做出了两种推测：一是“将军俑”交叠的双手可能是“做扶（按）车轼状”，也就是说他们的姿态可能是“扶轼而立”；二是他们双手的姿势可能与扶（按）物体没有关系，或者只是秦代雕塑大师利用对“将军俑”的手部动作的刻画，来表现其军队指挥官的内心活动。

（一）双手交叠于腹前，很可能是“扶轼而立”

前面已经说明“将军俑”是站在车上的高级军官，而车是会移动的平台，即便是停顿的马车，也难免出现轩轾的摆动。因此车上乘员会做出稳定身体的保护性动作，如抬手去扶车箱前部的轼。

秦兵马俑坑出土的车均被砸毁并已腐朽，车的面貌和有些部位的尺寸不够清晰。秦陵铜车马忠实按照秦代实用车的二分之一尺寸制作，其中的一号车是皇帝乘御中的戎车，由当时的战车改进而来，车的基本形制与秦代战车大体相同。铜车马结构完整，尺寸明确，我们可以参照一号铜车车轼和车较高度，与“将军俑”的手型和距脚踏板高度做对比分析，探究俑的手型姿态与车箱结构之间的对应关系。

图六　秦陵一号铜车的车轼及站在轼后的御手

车箱两旁的围栏谓之犄，犄顶的扶木谓之较，横跨两犄而高出较上的横梁名曰轼。秦陵一号铜车的左右犄高（含軨）34 厘米，较距车底高（不含軨）31.5 厘米。车箱近前部三分之一处架设供人凭扶的轼，轼高于较上9.3 厘米。两项数据相加就是车轼距车底的高度，即秦陵一号铜车的车轼高度实际为40.8厘米[11]。按照铜车是实用车的二分之一做放大复原，秦代实用车的较高应是

63厘米，轼高应是81.6厘米（图六）。以秦陵一号铜车为参照，复原后的秦代立车的车轼高度，要比“将军俑”交叠在腹前的双手略低一些，但这样的差别应当在可以接受的范围内。寻找出现差别的理由，或许秦俑坑的战车（指挥车）的车轼会比皇帝乘御立车的车轼高一些，或许因为秦俑雕塑的高大化现象及烧制过程中的收缩比例不易掌控而导致的尺寸误差。

“将军俑”是站立在车上的指挥官，而车上乘员手扶车轼来维持身体平衡是自然而然的行为，同时，“将军俑”双手的高度也与秦代车轼的高度相当。因此，把“将军俑”交叠在腹前的双手解释为“做扶轼状”是最合理的判断。

另外，本文做出如此判断还基于另一条资料的支持。在秦俑二号坑T1探方的一乘战车后，曾经出土一组非常精美的雕塑，身体和手臂动作很有特点的3件车兵。中间的御手，颈部着盆领颈甲，臂部的铠甲长及腕部，就连手上也有护甲。两旁的车左、车右，转头的方向及身体动作正好相反；车左左手持长兵，右手做按车状；车右右手持长兵，左手做按车状[12]。两位车兵转体的方向和手的动作表明，他们都是侧脸向前，身体正面朝外，分别将靠近车轼一边的手掌伸出，用以扶轼（图七、图八）。由于这组陶俑不在秦陵博物院收藏，相关资料中也没有陶俑伸出手掌的数据，笔者只能通过陶俑的身高与考古报告插图的尺寸来推算其伸出手掌的高度。以比例尺计算，这两件车士扶轼的手掌高度约为83厘米，其扶车的手掌与“将军俑”交叠的双手高度大致相当。两项实物资料相互呼应，可以作为判断“将军俑”的手势是“扶轼状”的相关证据。

（二）交叠的双手，可能只是表现“将军俑”内心活动的形式

对于古人的某些做法，今天的人们可能因想得太多才不得其解，即自解困局时常说的“庸人自扰”。事实上，交叠双手于腹前，是人们站立时最常做出的习惯性动作之一。在大多数情况下，人们做这个动作时手中并无“扶按”之物。所以，我们不必非要把“将军俑”交叠双手于腹前这个动作解释为撑扶着某种东西。根据心理学分析，无意间做出“交叠双手”这个动作的人，多数可能有焦虑情绪，少数可能是在思考问题。如果是心中焦虑，通常会反复地用一只手去紧握另一只手；如果是思考问题，则在用一只手握住另一只手的同时，可能会下意识地去弹动手指。本文所谈的“将军俑”，其双手交叠，且位于上面的右手食指翘起，给人一种正在弹动的感觉。这应当是秦代雕塑大师刻意打造的点睛之笔。雕塑师先用沉稳而又若有所思的面部神情来表现“将军”的稳重和老辣，同时用交叠紧握的双手和看似正在弹动的手指来表现“将军”的内心活动。手部动作与面部表情相互呼应，从而成功塑造出老谋深算的秦军指挥官形象。

抛开复杂念头，如果仅从雕塑艺术来理解“将军俑”交叠在腹前的手势，这

图七　秦俑二号坑车上的车左俑

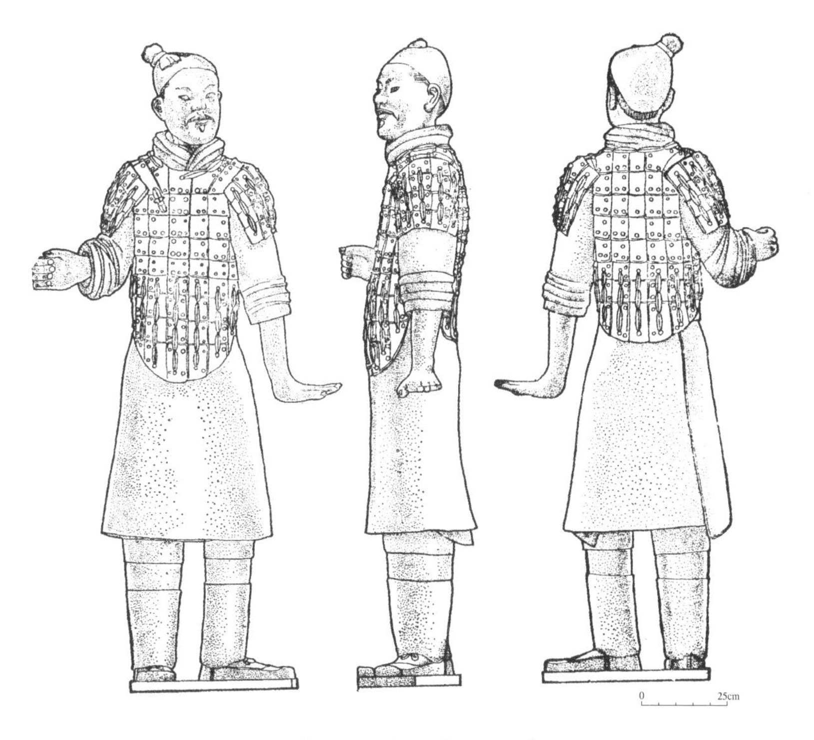

图八　秦俑二号坑车上的车右俑

个动作可能只是秦代雕塑大师刻画秦军指挥官内心活动的一处精彩表现形式。

"将军俑"交叠双手于腹前，或是表现"扶轼而立"，或是刻画"内心活动"，笔者虽然更倾向第一种推断，却感觉证据似乎不够充分，故没有给出定论。但不管如何，将这种手势判断为"拄剑"肯定是错误的，应当予以纠正。

注释

[1] 陕西省考古研究所、始皇陵秦俑坑考古发掘队编著:《秦始皇陵兵马俑一号坑发掘报告1974—1984》(上)，文物出版社，1988年，第53页。

[2] 秦始皇兵马俑博物馆编:《秦始皇兵马俑博物馆》，文物出版社，1999年，第224页、239页、292-294页。

[3] 秦兵马俑研究中出现的偏差认识有一定共性，故而笔者将这种具有共性的偏差视为"典型性特征"。

[4] 袁仲一:《秦始皇陵兵马俑研究》，文物出版社，1990年，第145页。

[5] 同[1]，第51—53页；同[2]，第292—294页。

[6] 同[1]，第249—254页。

[7] 同[4]，第167页。

[8] 同[1]，第250—251页。

[9]《秦始皇兵马俑博物馆》大型图录刊登的一尊"将军俑"下的说明文字称:"一号兵马俑坑T2方2过洞出土，通高1.97米，位于战车后(车为木质，已朽)。此俑……双手交垂于腹前做拄剑状，其附近伴出青铜长剑1柄。" 秦始皇兵马俑博物馆编，主编袁仲一，文物出版社，1999年，第292页。

[10] 同[4]，第93页。

[11] 秦始皇兵马俑博物馆、陕西省考古研究所:《秦始皇陵铜车马发掘报告》，文物出版社，1998年。

[12] 同[4]，第89页，参见该书第90页图三九、第91页图四〇、第92页图四一。

(责任编辑：陈洪　朱学文)

“服以旌礼”观念下泡钉俑性质初探

付　建　秦始皇帝陵博物院

内容提要　秦始皇帝陵 K9901在2012年出土一件上身着衣，下身着裳的彩绘陶俑，该俑为研究秦汉时期的服饰提供了第一手资料。结合考古资料，通过对文献的梳理，在“服以旌礼”的传统礼制观念下该俑所着之衣极有可能为“偏裻之衣”，那么4号俑的性质就可能是文献记载的“狂夫”。

关 键 字　泡钉俑　偏裻之衣　方相氏

2012 年秦始皇帝陵博物院考古一队发掘清理了编号为9901的陪葬坑，在第三号过洞（编号G3）出土姿态各异的陶俑20余件。其中编号为2012：4号的俑（俗称“泡钉俑”，本文统一称为4号俑），是9901坑中为数不多身着彩绘仿真衣的陶俑之一，其独特的仿服饰结构，为研究秦汉时期衣着服饰，提供了第一手珍贵资料，但通过其服饰所能展现的人物性质，更是这件珍贵陶俑带来的新问题。

一、K9901及4号俑的概况

K9901位于秦始皇帝陵的东南部（图一），夹在东内外城墙之间，东距东外城墙50米，西距东内城墙51米，南距南外城墙420米，北侧为 K9801 [1]。K9901大致呈东西向，东西通长80.8米，宽12.8—16.7米，距现地表深4.6米，总面积900.93平方米，主体由二层台、隔墙把整个坑分为三个过洞，其中 G3较短，向北

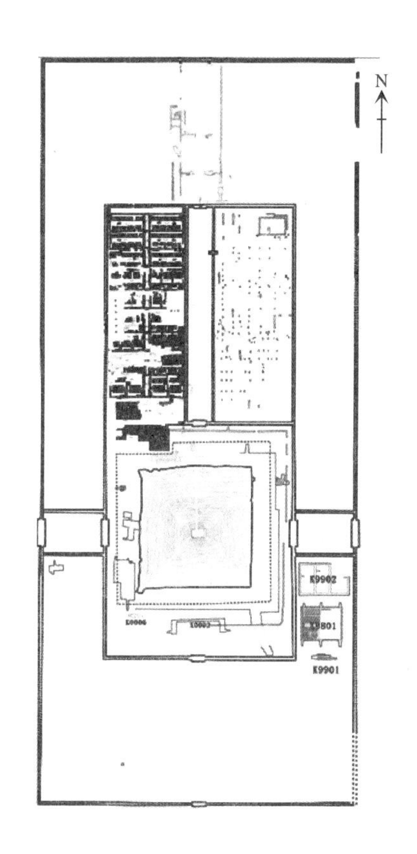

图一　K9901坑位置示意图

图二　K9901坑4号俑出土照

图三　K9901坑4号俑

"凸"出，所有能拼对的陶俑均出自该过洞。1999年，K9901试掘过70多平米，共出土11个体，可拼对修复的为6件[2]，本次并不包含这六个个体。

4号俑出土的T21探方，其中大部分为G3的西部，而4号俑则位于整个G3的西南部。相对位置为距G3西端3.2～5.82米，距Q2隔墙北侧0.73～2.38米，距二层隔台2.35米。4号俑（图二）出土是已经完全破碎，俑片位移严重，但双脚、下肢，身体的主体还保持原来被毁坏时的特征，出土时大致头北足南，其中双脚分开，并与脚踏板相连，身体部分呈俯卧姿态趴于双脚东北侧0.4米，头部破碎严重，且残片分别发现于I区的a、b小区[3]，胳膊距离身体较远。

修复后的4号俑通高157厘米（不含头部），其中身高154厘米，踏板厚3厘米，俑整体呈站立姿，身体稍向左侧扭转，左手臂上举，右臂搭于胸前，双腿分离，略呈小弓步（图三）。4号俑的两臂一上一下呈不同的姿势。左臂向左前侧上举，上臂、前臂大部分残缺；右上臂从身体右前侧下垂，贴在身体的前胸右侧，右手残缺。双腿呈分离式站姿。右腿的大腿、小腿上下呈一条直线，右脚尖左前侧扭转。左腿的大腿与小腿呈折曲状，小腿竖立，膝关节突出，几乎朝向身体的左侧，左脚方向朝身体左侧，与膝盖的方向一致；两脚从身体的正面看，间距约5厘米。

4号俑肩宽28、胸围81、腰围79、左臂残长17、右臂通长50厘米；自上腰带以下身长110厘米，从下裳处露出的右腿通长55、大腿围48、自膝关节以下小腿长46、小腿围40、左腿通长56、大腿围45、小腿长42、小腿围40厘米。右脚通长25～25.5、足颈围（以踝关节处计）26、左脚通长26、足颈围25、足背高5～6、内外踝高7～8、足宽9～10、足背长16～17、足趾高1～1.5、足跟宽5～6厘米。

4号俑上身着衣，下身为裳。该衣前后通长125厘米，其中前身上下长63、后身上下长62、胸围81、腰围79厘米；主体部位装饰有上下方向13列、左右方向20排共98个园形泡饰，圆泡平均直径3、厚1厘米左右。主体部位圆泡的排布因为身体的遮挡，排布并不一致，衣的正面呈5列，其中4列位于身体正面，每列9个泡，另一列位于身体右前侧，只有上下2个泡，共38个泡；后身泡的排布规整，共4列，每列9个，共36个泡；右肩部只有上下2个泡，左肩部无泡；右腋下2列，上下5排，共10个泡；左腋下2列，上下6排，共12个泡。以上各部位原有98个泡，由于脱落现存92个泡。

裳主体部位外观呈上小下大的圆桶状。根据现状，腰部被上衣下边缘所覆盖，推算其腰部延展长度88厘米，下边缘延展长度137，上下高28.5～36.5，臀围90厘米；裳的下沿应有腰带，但是被上衣所遮避，仅露出带结，位置在左腹前部；带环呈滴水状，上下长4.5、左右宽3.1厘米，环的部位显示其结构为6股，带宽度为0.4～0.6厘米；带头显示4股，长1，残宽3，每股的宽度为0.4～0.8厘米，下裳部位后侧面下有一个戳印文字，前一字为"宫"，后一字残缺，但从大体轮廓和主要结构可以判断为"臧"，这应该是制作该俑的工匠的名字。

二、4号俑的服饰特征

"服以旌礼"和"器以藏礼"是古代礼制器物的两种表现形式。不同服制出现在不同的礼制场合，这就是"表"礼的作用；不同器物组合又蕴藏着了不同的礼制内涵，这就是"藏"的作用，个体人所穿衣服表现的礼仪场面属性，但当其被固化成"俑"的时候则转化为礼仪场面中的器的作用。本文暂时只讨论"服以旌礼"的层面，展现的是4号俑人物职能属性，而K9901坑则必须在"器以藏礼"的丧葬礼制观念下讨论，坑的属性暂不讨论。

"服以旌礼"中的"服"有广义和狭义两种表现形式，广义的既表示服饰，也表示车制，而本文只讨论狭义的衣服，且只讨论穿在外边的"裼衣"。《礼记·玉藻》云："锦衣狐裘，诸侯之服也。"郑玄注："非诸侯则不用锦衣外裼。"而中衣和内衣不在讨论之列。

"服以旌礼"，杜预注："旌，表也。"表就是展现的意思。不同的礼制内涵使用不同服色的衣服。如龙服为杂色衣服，杂色即是多色的意思，而偏衣为两色衣，不同颜色的使用，其场面和人物地位也有不同。《周礼》《仪礼》《礼记》《左传》等书中的各种礼仪场所，以宗法制为核心的古代社会，各宗族的宗主在不同场所也有身着不同的服饰，而这些服饰也就时刻提醒着宗主在某些特定场所要完成不同的任务。

服饰在各个场合表现着不同的礼制，通过梳理商周秦汉时期不同服饰及各服饰的名称，可以还原不同的服饰在不同场合的深层次意义。商周秦汉时代，服饰主要的样式有两种："上衣下裳制"和"上衣下裳连成一体制"。这个时期的服饰都是在这两个的样式上衍生而出的，且产生了很多不同名称、不同类型的服饰。结合文献，帝王和王后的服饰一般分为便服、吉服和丧服。便服就是平常所穿的服饰，不同人群的样式有所不同，其不出现在朝宴等礼仪场合，如袍、元端和深衣；吉服就是参加各种祭祀礼仪活动所穿的服饰，主要是社会的上层，样式主要是冕和裘衣，如大裘等，《周礼·春官·司服》称"王之吉服，祀昊天上帝，则服大裘而冕。"《乡师》注云："吉服者，祭服也。"丧服就是丧礼上穿的衣服，但古代丧礼分为哀死亡、哀凶札、哀丧祸、哀围败和哀寇乱，由于国家的统一，仅剩哀死亡的丧礼了，那么丧服的组合就犹如《仪礼·丧服》中的"衰裳、苴绖、杖、绞带、冠绳缨、苴屦，且衰裳"。而弁服，也就是常服，由于是军装，也可以归到吉服中。这些服饰除常服大多是上下连体外，其余基本都是上衣下裳式。

相应的各类礼仪场合，也就有了服饰的等级和使用标准。一般情况下，便服的级别最低，使用场合也较多，使用人群相对较广；其次是吉服，吉服级别适中，上对下的各种场合都可以使用吉服，使用场合相对比较集中，使用人群相对较少；最后是丧服和弁服比较特殊，使用场合单一，使用人群最少。各种服饰因为材料不同，就衍生出来许多固定的名称，这些名称不随着服饰工艺的变化而变化，但由于礼制的不同，其自身的名称发生了变化。

4 号俑的最明显的特征就是其服饰。4 号俑的服饰，又不是一般的常规的服装，它不同于常人常穿的服饰。不管衣服的名称怎么变化，但衣服各个局部的名称是不会变的，结合对深衣、曲裾等衣服的局部名称[4]研究，结合4号俑衣服的各名称，考究衣服所使用的材质，纹饰，最后利用衣服的属性来判断身着该衣服的人物性质。

4号俑的颈领，为典型的直领（图四），直领指衣领沿左右两襟相对直下。4号俑领部的锦上有黑白相间的花纹，残存部位衣领颈高4厘米。《释名·释衣服》："领，颈也，以壅颈也，亦言总领衣体，为端首也。"该领又绘有黑白相间的花纹，是仿自彩锦，其名应为“襮”。古人的衣服没有纽扣，要靠带子来维系，在衣襟上缝上小带，用以系结，这种小带为“衿”。衿，亦为紟，《说文》：“紟，衣系也。”在残存的领部可以见到打结的小带。

图四　直领及衿带照

4号俑的肩部与腋下的连接部，是三块仿柔软质地的材料（图五），这三块仿白色柔软材质的东西用钮钉把裳和袖连接起来，宽约5厘米左右，左袖由四片进行联结，上部的三片结构形状同右袖侧面，最下面一片呈向上开口的半圆状。上下间有轴状结构进行联结部，这就是文献中的“袼”。《礼记・深衣》云：“袼之高下，可以运肘。”郑玄注：“袼，衣袂当掖之缝也。袼，腋也。”

图五　袼照

4号俑上衣的背缝部，是左右两襟相对直下，且有仿彩锦的衣边（图六）。彩锦衣边直上到领部，直下到腰部，衣边宽约5厘米，为黑白相间的彩绘纹饰，上衣从后背处开合，右侧衽压住左衽；上衣的胁间饰有一条带子，且包边的内侧为柔软材质的衣服，这种衣服绘有太阳八角纹，四个太阳八角纹围着一个泡钉（图七）。从交叉叠压的衣襟推测，该衣应为丝质。衣服包边的锦当为“纯”。《礼记・深衣》云：

图六　裻缝照

图七　衣襟叠压照

“衣纯以缋”，郑玄注：“纯，谓缘之也。”直上直下又在背后的为“裻”。《国语·晋语》：“是故使申生伐东山，衣之偏裻之衣。”韦昭注：“裻在中，左右异，故曰偏。”

4号俑的黑带，为仿黑色丝质的大带。上衣的中下部胁间围有一条腰带，腰带的位置距上衣下边缘14～18厘米处，周长76厘米、宽1.5厘米、厚1厘米，在身体的右后侧挽成一个带花。带花的结已残损，环呈滴水状，长6厘米、宽3厘米，带头残长3.5厘米、宽3厘米。《说文》：“带，绅也。”同时又说：绅，“大带也”。然文献又释“绅”是带子末端的下垂部分。《礼记·玉藻》：“士练带，率下辟。”郑玄注：“士广二寸”，士用练带，并饰以黑边。用大带束衣，要在腹前打结，余下的部分下垂，称绅，故大带又称绅带。汉班固《白虎通》：“所以必有绅带，示敬谨自约，整缋缯为结于前，下垂三分，身半绅居二焉。”所以身份越高，垂绅约长[5]。

通过上述的梳理，基本可以确定4号俑身着的衣服不是便服与丧服。作为4号俑身着的这类服饰，孙机先生认为“穿左右异色的偏衣，亦应归入法衣之列。”[6]最有可能的就是吉服了，法衣也是吉服中的一类。至于“泡钉”是否为防护的铠甲[7]，由于“大带”“袼”以及下身黑白相间纹饰“裳”的出现，其可能性就更小了。纵观文献中的吉服，大多都是由首服、体服及足服组成，4号俑的头部没有首服，脚部也赤裸没有足服。“上衣下裳”的衣制，两处带制，下层被上衣遮挡的是腰带，而上衣结系的是黑色的练带，襮直领，偏裻之衣，錦衣纯，这种衣服就有可能为一种简化的吉服。

《礼记·玉藻》云：“锦衣狐裘，诸侯之服也。”郑玄注：“非诸侯则不用锦衣外裼。质略，亦庶人无文饰。”《周礼·天官·冢宰》云：“奇服怪民不入宫。郑玄注：奇服，衣非常。”《说文》裻训：“背缝，即衣背缝也，则奇服为偏裻之衣。”4号俑着“锦衣”和“绅”，都说明其地位较高，不可能是普通百戏的表演者，但又着偏裻之衣的奇服，说明这类衣服只能出现在特殊的场合。

三、4号俑性质蠡测

《史记·晋世家》：“太子帅师，公衣之偏衣。”裴骃集解：“偏裻之衣”。《国语·卷七·晋语一》韦昭注：“裻在中，左右异，故曰偏。”《内传》：“衣之偏衣。”杜预注：“偏衣，左右异色，其半似公服。裻在中，左右异色，故曰偏裻。”裻，衣背缝，以衣背缝为界，衣服两半的颜色不同。《广雅》：“缝，合也。”指的衣襟的结合部。《史记·赵世家》：“四年，王梦衣偏裻之衣。”《正义》引杜预注：“偏，左右异色。裻在中，左右异，故曰偏。”

戴季在《略谈楚墓中的偏衣俑》一文中说：“墓中随葬偏衣俑，很可能也是为引导墓主人的魂魄出阴入阳，通神而置的。”[8] 可见偏裻之衣俑有特殊寓意。《左传》等书记载的衣偏裻之衣的太子申生的下场又很悲惨。可见“服以旌礼”的礼制意义了。

《国语·卷七·晋语一》云：“是故使申生伐东山，衣之偏裻之衣，佩之以金玦。仆人赞闻之，曰：‘太子殆哉！君赐之奇，奇生怪，怪生无常，无常不立。’使之出征，先以观之，故告之以离心，而示之以坚忍之权，则必恶其心而害其身矣。恶其心，必内险之；害其身，必外危之。危自中起，难哉！且是衣也，狂夫阻之衣也。”“狂夫”音转而为“狂阻”，亦即“狂夫阻”“狂阻”[9]。

《诗经·齐风·东方未明》：“东方未明，颠倒衣裳……折柳樊圃，狂夫瞿瞿，不能辰夜，不夙则莫。”而颠倒衣裳就是头戴“魌头”，身着“偏裻之衣”的狂夫。《荀子·大略》云：“诸侯召其臣，臣不俟驾，颠倒衣裳而走，礼也。”倒穿衣裳是可以拒绝见国君的，而《东方未明》中见国君的穿戴是不符合礼制的。那么倒衣裳就应该是反穿衣服，正面的衣襟反向穿到背面。偏裻之衣，背缝在后，且颜色异样。结合《说文》：“颠，丑也，今逐疾有颠头。”又《淮南子·精神训》：“视嫱，西施颠丑也。”高亨注：“颠头也。”再《酉阳杂俎·尸俎》：“魌头……一曰狂俎。”狂俎即魌头，魌头则是“方相氏”的面具[10]，而方相氏直接管理狂夫。《周礼·夏官·方相氏》：“方相氏，狂夫四人。”而狂夫的衣着也是出现在特殊的场合，且地位较高。

“偏裻之衣”的“偏”，即所谓的异色。在4号俑的身上体现的是，直领的“襮”本身是黑白相间，背缝上的“纯”也是黑白相间，且下身裳上的纹饰也是黑白相间，甚至白色的泡钉和黑色的八角太阳纹都显示着这种黑白相间。“裻”背缝从后颈的直领“襮”到上衣下缘的“纯”部黑白相间就更明显了。4号俑所穿的服饰很可能就是申生所衣的“偏裻之衣”。

偏袭之衣是古代森严礼制下的一种特殊服饰。偏袭之衣当出现在特殊的环境中，或出现在祭祀表演的场所。光绪《茂名府志·风俗》卷六“风俗十二”篇记载：“自十二月到是月（农历二月）乡人傩，沿门逐鬼，唱土歌，谓之‘年例’。或官绅礼服迎神，选壮者赤帻朱蓝其面，衣偏袭之衣，执戈扬盾，索厉鬼而大驱之，于古礼为近。”表演者中着偏袭之衣的人，就是的狂夫。

《周礼·夏官·方相氏》云：“方相氏，掌蒙熊皮，黄金四目，玄衣朱裳，执戈扬盾，帅百隶而时难，以索室驱疾。大丧，先柩，及墓，入圹，以戈及隅，驱方良。狂夫，方相氏之士也，阻，古诅也，将服之衣，必先诅之。”狂夫是方相氏的士，其是有身份地位的，《礼记·玉藻》云：“士练带，率下辟”，郑玄注：“士广二寸。”黑色的练带是士一级别使用的。4号俑表现的正是在表演傩舞的狂夫。仔细观察4号俑的面部，会发现其头发为黑色，而其眉毛以及胡子为白色，而传统戏曲中的人物，正是脸部有色彩的涂面，其也印证是“朱蓝其面”的假面或者是涂面现象。

4号俑的性质对K9901的性质都有着明显的指示性作用。4号俑头上未发现首服，脚上未见足服，上着偏袭之衣，下着宽大之裳，白色的眉毛和胡子与黑色的头发形成鲜明对比，应是古代的“涂面”，其展现的是“狂夫驱傩”的场景。而偏袭之衣正是咒诅之衣，身着这类衣服的人展现的可能是东汉张衡《东京赋》中“方相秉钺，巫觋操茢”的场面。那么，K9901在“器以藏礼”的观念下，第三过洞出土的各类陶俑就有可能不是“乐舞百戏”的戏子，而有可能是正在表演“大丧”驱傩的狂夫及百隶了。

身着偏袭之衣的狂夫带领着“右爪扣在右膝上，左爪上举作招手状。大乳房、肚子、脐窝特别突出的”百隶[11]，他们正在驱赶着恶鬼，完成驱傩的舞蹈场面。到了汉以后，“狂夫驱傩”在《后汉书·礼仪志》中已不使用“百隶”，而是改用黄门子弟十岁以上，十二岁以下的“侲子”；而“方相氏”和“狂夫”也逐渐二合为一，并随着傩舞种类以及信仰的不同出现了新的不同类型了。

注释

[1] 张卫星等：《2011—2012年度秦始皇帝陵K9901考古简报》，《秦始皇帝陵博物院》（总叁辑），三秦出版社，2013年，第54-95页。

[2] 陕西省考古研究所、秦始皇兵马俑博物馆：《秦始皇帝陵园K9901陪葬坑试掘报告》，《秦始皇帝陵园考古报告》，科学出版社，2000年，第166-199页。

[3] 同［1］。

[4] 魏红梅、刘家忠：《王筠〈说文〉著述中的民俗物象解读》，中国社会科学出版社，2011年，第16-29页。

[5] 吴爱琴：《先秦服饰制度形成研究》，河南大学博士毕业论文，2010年。

［6］孙机：《中国古代的带具》，《中国古舆服论丛》，文物出版社，2001年，第253页。
［7］豆海锋：《秦始皇陵K9901陪葬坑新见4号陶俑甲衣渊源考》，《西北大学学报》2015年第1期，第16-19页。
［8］戴季：《略谈楚墓中的偏衣俑》，《长江文化论丛》（第六辑），第26-38页。
［9］鲁元：《〈狂夫〉小记》，《华侨大学学报（哲学社会科学版）》，2000年第3期，第15页。
［10］同上。
［11］罗西章：《试论汉代的傩仪驱鬼与羽化登仙的思想》，《考古与文物》2001年第5期，第60-62页。

（责任编辑：党士学　陈昱洁）

战国时期六盘山区域西戎经济发展及其影响

周银霞　甘肃省委党校
李永平　甘肃省博物馆

内容提要　六盘山区域地理位置十分重要，在先秦时期是重要的民族融合地区，是战国时期西戎的主要活动区域之一。战国时期，六盘山区域西戎的农业、畜牧业、手工业都得到发展，深刻影响了汉代河西走廊和河湟地区的开发和发展，对秦汉时期民族融合有积极作用。

关　键　词　六盘山区域　西戎　民族融合　经济

关中西部的天然屏障六盘山，北望河套，南抵巴蜀，西达河西，在古代中国的战略地位十分重要。春秋战国时期，以六盘山为中心，在子午岭以东，宁夏南部地区，渭河中上游以北地区，甘青交界的河湟地区，形成了周秦王朝—斯基泰—匈奴游牧联盟—西戎几方互为犄角的关系。直到汉晋时期，这一地区仍然是羌族主要的聚居区。那么，从“西戎”到“西羌”的这个称呼是怎样变化的？其历史进程体现出怎样的特点？近年来，六盘山区域西戎墓葬的考古发现，促使我们尝试揭开这一历史的迷雾，并以此为基础，对这一时期西戎经济的发展进行剖析和研究。

中国古代史学典籍中，对东周到秦汉时期西戎、西羌的认识，主要来自以下记载：战国历史的传世文献，《史记·匈奴列传》《后汉书·西羌传》，以及前四史中记载这一时期华夏西部地区民族史迹的相关文字。细读史籍，可以发现，古代史家的记载中西戎与匈奴、西羌都有密切的关系。有学者指出：司马迁认为西戎与匈奴起源有密切关系，战国时期的西戎是匈奴的一支，依据之一即为《史记·匈奴列传》的记载：

> 当是之时，秦、晋为强国。晋文公攘戎翟，居于河西汧、洛之间，号曰赤翟、白翟。秦穆公得由余，西戎八国服于秦，故自陇以西有绵诸、绲戎、翟豲之戎，岐、梁山、泾、漆之北有义渠、大荔、乌氏、朐衍之戎。

而晋北有林胡、楼烦之戎，燕北有东胡、山戎。各分散居谿谷，自有君长，往往而聚者百有余戎，然莫能相一。[1]

《后汉书》作者范晔将西戎作为西羌的源头之一，《后汉书》卷八十七《西羌传》记载：

穆公霸有西戎，公今欲复之。兵临渭首，灭狄䝠戎。忍季父卬畏秦之威，将其种人附落而南，出赐支河曲西数千里，与众羌绝远，不复交通。其后子孙分别，各自为种，任随所之。或为牦牛种，越巂羌是也；或为白马种，广汉羌是也；或为参狼种，武都羌是也。忍及弟舞独留湟中，并多娶妻妇。忍生九子为九种，舞生十七子为十七种，羌之兴盛，从此起矣。

及忍子研立，时秦孝公雄强，威服羌戎。孝公使太子驷率戎狄九十二国朝周显王。研至豪健，故羌中号其后为研种。及秦始皇时，务并六国，以诸侯为事，兵不西行，故种人得以繁息。秦既兼天下，使蒙恬将兵略地，西逐诸戎，北却众狄，筑长城以界之，众羌不复南度。

至于汉兴，匈奴冒顿兵强，破东胡，走月氏，威震百蛮，臣服诸羌。

自20世纪70年代以来，六盘山区域东周时期考古获得重大收获，给我们多视角探讨西戎民族的发展轨迹提供了新的线索。较早利用考古学资料关注这一问题的是俞伟超先生，他在《古代“西戎”和“羌”“胡”考古学文化的归属问题讨论》中[2]，对陕甘宁青地区考古学文化与西戎、羌的关联关系进行了分析研究。林沄先生也关注到这一区域考古学与民族历史的关系。他指出：戎狄并非战国时出现的“胡”的祖先[3]。近年，杨建华，单月英对东周时期，中原华夏、西戎与北方游牧草原文化的关系又进一步做了更深入的分析研究。单月英认为东周时期陕甘宁地区的青铜时代文化，深刻地反映了戎狄文化与中原华夏文化的互动。杨建华认为东周时期，中国北方长城地带文化，重现了中国北方与中原诸国交往的历史环境，即中原诸国不断北扩和欧亚草原前匈奴—斯基泰世界的存在。这一区域“正是在南北压力下，文化逐渐趋同”。“胡服骑射”，筑长城以拒胡，鼓励农民到北方定居是中原国家针对游牧武装力量南下的具体措施[4]。

北方游牧部落的南下和秦对六盘山区域的经营，给相对封闭落后的西戎社会以震撼力的冲击。到战国时期，出现了义渠这样可以与秦抗衡的较为强大的部落联盟。先进的生产力和生产方式促进和刺激了这一区域西戎经济的发展，进一步推动了西戎社会变革。

前匈奴—斯基泰游牧部族南下河套以南及六盘山区域之前，在六盘山周围及其区域分布的考古学文化中，东南为“董家台类型”文化，东北为先周和周文化，六盘山腹地和甘肃庆阳以及更广大的地区为寺洼文化。在太白岭以东，甘肃和宁夏境内往北流向的黄河以东，渭河以北，以六盘山为中心的广大区域，是以经营农业为主，兼营畜牧业的文化，并受到了来自东面的周秦文明和来自欧亚大陆的游牧文化影响，相对来说是一种青铜器制造还不发达、以陶器为主的经营粗放农业为特色的文明，与文献中记载的“西戎”为主体的考古学文化相吻合。张寅研究认为：春秋战国以来，陶铲足鬲、陶双耳罐、陶单耳罐是西戎文化的典型器物[5]。

六盘山区域处在前匈奴—斯基泰游牧部族与秦发生交往和冲突的前沿地带，这当中，前匈奴—斯基泰游牧部族是进攻的一方，处于主动地位。秦政权处于防守地位，只能采取“胡服骑射”，筑长城以拒胡，鼓励农民到北方定居等措施防御游牧部族的进攻和掠夺。这种交互和冲突，深刻地影响了六盘山及其周边的西戎。

一、六盘山区域西戎学习并掌握了秦先进的农业生产技术

林剑鸣将秦农业生产的发展概括为耕地面积的扩大、牛耕和铁农具的使用、大型水利工程的修建、农业生产技术的提高，并使得粮食产量大幅提高[6]。他认为，秦霸西戎是秦初农业发展的重要时期。秦与诸戎的斗争，对保卫关中农区先进农业传统具有重要意义。而秦与诸戎的融合，为调整周秦传统生产结构，建立新的富国强兵体制创造了条件[7]。

西戎学习秦的农业生产技术，主要是精耕细作技术，较大规模农田灌溉技术，以及种植农作物品种的增加。六盘山区域的清水河、葫芦河谷地是中国原始农业的发祥地，到春秋战国时期，经过秦多年的经营，农业生产得到了进一步发展。渭河流域的上古先民很早就在这里种植粟、黍、糜、油菜等作物，这些经济作物的种植技术对这一区域从事农业的西戎必定产生影响。河西汉简记载，两汉时期，河西走廊的农作物品种有：胡麻、粱米、黄谷、土麦、白米、白粟、胡豆、糜子、茭、麦等[8]。新近的张掖西城驿遗址考古发现表明，小麦在四坝文化时期已经是河西当地居民的重要农作物。《汉书》卷六九《赵充国传》记载，汉代前期在湟水流域已经可以大规模种植麦。六盘山区域的土壤气候条件优越于河西走廊和湟水谷地，我们认为这些农作物中的大部分，在战国时期的六盘山区域已经能够种植，并被从事农业的西戎人民所掌握。在我国古代第一部诗歌总集《诗经》中的《七月》一篇做了生动描述和真实记载。诗中所说的一些农事活动及民俗事项，至今仍在羌族生活地区持续和传承着. 成为地域文化的一大特色[9]。

司马迁在《史记·货殖列传》中记载：关中自雍以东至河、华，膏壤沃野千

里，自虞夏之贡以为上田……天水、陇西、北地、上郡与关中同俗，然西有羌中之利，北有戎翟之畜，畜牧为天下饶。然地亦穷险，唯京师要其道。故关中之地，于天下三分之一，而人众不过什三；然量其富，什居其六。战国时代，六国一个劳动力耕地的亩数相当于今天的8亩左右，而秦国一个劳动力耕作的面积达到了近16亩。可见，秦国一个劳动力的工作效率是六国一个劳动力的两倍。秦人的劳动效率高，与秦人普遍使用铁器和畜力使用的进步有关。秦国在农耕使用畜力中广泛使用了马、牛，而且秦人先使用了马耕，其次才是牛耕。秦国法律中有“盗马者死，盗牛者加（枷）”的说法，可见，秦人在对马和牛的态度上，马要重于牛。秦国是使用牛耕和铁农具的先进国家之一，这和西周时就在这个地区使用马耕或牛耕的历史不无关系。秦简《厩苑律》云：“以四月、七月、十月、正月肤田牛。卒岁，以正月大课之，最，赐田”。说明秦国对于耕牛很是重视，法律规定中已有评比耕牛饲养的条文。通过评比鉴定，对饲养好的尚夫（管理耕牛饲养的负责人）和饲养人员要给予奖励，对于饲养不好，耕牛减重的，要惩罚啬夫和饲养员。如此的重视耕牛，农业生产自然会不断发展。在秦都咸阳一号宫殿建筑遗址中，考古发现许多铁器，且官府还可以借出铁器使用，据《厩苑律》亦可知道。秦政府设置有“左采铁”“右采铁”等专管铁器生产和使用的官吏，足见对于铁器的重视。战国时期冶铁炼钢最著名的地方是楚国的苑（今河南南阳市），这个地区并入秦国后，对于秦国冶铁炼钢事业的发展，无疑是有着极大的推动作用。

耕作方式的进步，加速了秦国经济的强盛。据秦简《秦律》所载，秦国境内到处都有“万石一积”的粮秣仓库，栎阳粮仓，“二万石一积”，咸阳粮仓，竟达到“十万石一积”（《仓律》）。这些粮仓，都分门别类（《仓律》）。因此，秦在诸侯国中被视为最富有者，战国后期一些游说之士也常称秦国“积粟如丘山”。战国中期以后，商鞅变法实行重农政策。六盘山区域作为秦的根据地，自然深受利。马家塬战国墓的考古发掘中，出土有“鞅”字款的陶容器，很有可能与商鞅变法在这一区域的影响有关。通过《汉书》卷六九《赵充国辛庆忌传》，可以看出西汉羌族农业生产的进步。

“计度临羌东至浩亹，羌虏故田及公田，民所未垦，可二千顷以上，其间邮亭多坏败者。臣前部士入山，伐材木大小六万余枚，皆在水次。愿罢骑兵，留驰刑应募，及淮阳、汝南步兵与吏士私从者，合凡万二百八十一人，用谷月二万七千三百六十三斛，盐三百八斛，分屯要害处。冰解漕下，缮乡亭，浚沟渠，治湟狭以西道桥七十所，令可至鲜水左右。田事出，赋人二十亩。至四月草生，发郡骑及属国胡骑伉健各千，倅马什二，就草，为田者游兵。以充入金城郡，益积畜，省大费。今大司农所转谷至者，足支万人一岁食。谨上田处及器用簿，唯陛下裁许。”

上述记载说明，尽管羌族在农业生产上还落后于中原农民，但在西汉前期，已经在湟水谷地和黄河上游一带开始了大规模的农耕生产，我们认为这一进步与春秋战国时期西戎在六盘山区域学习和掌握了先进的农业生产技术密切相关。

二、六盘山区域西戎畜牧业的经营和管理水平大幅度提升

六盘山区域与北方草原和青藏高原相比较，雨水更为充沛，缓坡的草原适宜放牧羊、马、牛等牲畜。秦在畜牧业管理方面的先进经验和北方游牧民族在蒙古高原和欧亚内陆地区的大规模游牧业，深刻地影响到了六盘山区域西戎的畜牧业。马长寿先生总结道：羌人的“畜牧分游牧和定居畜牧两种”，“羌民的畜牧跟农业同时经营时，这种畜牧随着定居的农业而必然也是定居的”，“民如果不兼营农业，而其畜牧生产只跟射猎，采集联系在一起的时候，则畜牧业可分为两种：一种是定居的或半定居的；其他一种便是游牧的”[10]。

笔者认为，春秋战国时期六盘山区域西戎的畜牧业中，马长寿先生指出的几种畜牧业的经营方式都存在。根据六盘山区域植被分布的格局，经营游牧的戎族应该主要活动于六盘山森林的草原地带（宁夏泾源、隆德的山地和河谷地带）和靠近关中地区的陇山山间河谷草原。从事定居和半定居畜牧业的戎族，在葫芦河流域、陇东高原、渭河流域、泾河流域、黄河上游谷地都有分布。据我们的观察，现在生活在葫芦河、清水河流域从事农业的甘肃静宁、秦安、庄浪、张家川、清水等县的农民，仍然在非农业用地的分布荆棘的丛林和山地、草地放牧羊群。秦律中有关畜牧业管理和保护牲畜的法律，十分具体而易于操作。《秦律》记载：公家的牧苑建有堑壕、墙垣、藩篱。大规模放牧时，牧群途经的各县对出现的各种意外事宜（牛马的死亡、赔偿等）都要依法处理。以马、牛、羊头骨殉葬，是六盘山区域西戎贵族墓葬的普遍埋葬习俗，说明游牧在该区域变得十分重要。宁夏彭阳县王大户村已发掘的墓葬中均有二三十件马、牛、羊头骨殉葬，并出土以动物形象为装饰题材的铜饰件，如鹿形牌饰等青铜器中出现短剑、戈等，但没出现农具。马家塬战国墓葬中也有大量的马牛羊殉葬。甘肃阳关博物馆收藏一枚记载天水休茵苑的汉简，我们考证，休茵苑的地理位置在张家川、秦安一带，是《汉书》缺载的汉代边地“牧师苑”之一[11]。史料记载，到东汉时期，羌人的畜牧业已经达到很高水平。永初七年（113年），骑都尉马贤与侯霸掩击零昌别部牢羌于安定，得驴骡骆驼马牛羊二万余头；建光元年（121

年）春，马贤率兵斩庐忽而击其种人，掠马牛羊十万头；永和四年（139年），马贤率兵掩击那离等，得马骡羊十余万头；汉安三年（144年）夏，护羌校尉赵冲与汉阳太守张贡掩击烧何种，得牛羊驴十八万头；建康元年（144年）春，领护羌校尉卫瑶等追击羌人，得牛马羊二十余万头，等等。可见羌人畜牧业规模很大，畜群种类亦多。

东汉西羌畜牧业的发展，与战国时期西戎在六盘山区域积累的畜牧业经验积累（包括管理技能、牲畜的疾病防御能力提高）是密切相关的。畜牧业的发展，北方游牧民族南下六盘山区域，使得西戎马匹的牧养水平提高和改善，给西戎武装提供了充足的战马资源。受北方民族娴熟骑乘技术的熏陶和培养，西戎士卒的战斗力大大提高，到两汉时期出现了“羌骑”这样一支得力的有生武装力量。不仅如此，天水、陇西、安定、北地个郡，由于处势迫近羌胡，民俗修习战备，尚勇力鞍马骑射，涌现出了赵充国、辛武贤、马援、凉州“三杰”等一代名将，为两汉国家统一和民族融合做出了贡献。

三、西戎的手工业生产取得了成就

车和车器制造，金属开采和冶炼技术，盐业和漆器业的发展，体现着春秋战国时期秦国手工业技术的高超水平。娴熟的技工显然靠长期作坊工作的磨炼。尽管目前还没有西戎矿产开采和手工业作坊遗址的直接材料，但是西戎手工业受到秦的影响，出现了熟练的技术工人应是事实。西安相家巷村出土秦封泥中有“属邦工丞”“属邦工室”，“属邦”是秦在西土设立的专门管理西戎事物的行政机构。封泥中还有“西盐”的记载，是秦经营管理西汉水流域井盐的明证；陕西历史博物馆藏铭刻“西工”的战国时期青铜罍，是秦在西土铸造青铜容器的明证；甘肃省博物馆收藏的平凉庙庄战国墓出土的“鼎形铜灯”，铸造技艺十分高超。曾经做过实验，铜灯装入液体扣合后，上下翻腾，液体一滴都不溅出。秦的手工业发展也影响了西戎。

先秦时期马车的制造代表当时手工业技术的最高水平。马家塬西戎贵族墓地一号和三号墓葬内各有5辆车随葬，其中墓道4辆，墓室1辆。档次最高、装饰最豪华的一辆车在墓室内，饰以锚金银的铁条和铁牌饰，在车的侧板上有用金铂、青铜制作的虎和大角羊等动物图案作为装饰品。第一辆车的车轮为铜花所包，非常豪华。第二辆车的整体外边为漆制，并绘有图案，车厢为皮条编制而成，车辐条也为漆制。车轮轮径1.6米，前挡板两面均为彩绘的漆，并有饕餮图案。车轴亦为彩绘漆制。在车的后侧发现有较大铜铃。第三辆车是漆制，与第二辆车相似。第四辆车为纯木制车。在陇东地区宁县、陇西地区的漳县、宁夏固原杨郎的西戎贵族墓中都发现了马车随葬。可见西戎的马车制造业已经达到一定规模。

金银的纍丝技术是欧亚内陆游牧民族的发明，马家塬战国墓出土的金管、金耳坠中使用了这种堪称先进的贵金属技术加工工艺。金银器的锤揲、压花工艺也十分的娴熟，这方面有学者做过深入的研究。

四、西戎贸易得到发展，为丝绸之路的开辟做了铺垫和准备

生产力水平的提高，经济的发展，促使生活在这一区域的西戎社会发生变化：人口急剧增长，社会需求扩大。贸易得以发展是必然。葫芦河流域、泾河流域、固原、庆阳一带西戎墓葬随葬品展示出惊人的一致性：贵族墓葬均出土有动物形铜饰牌、青铜短剑、马具等，这说明，六盘山区域内的贸易网络已经形成。从装饰豪华的马车上使用漆器工艺，以及甘肃静宁、成县汉墓出土大量漆器来看，很可能六盘山区域西戎与现在陇南地区、汉中地区也存在着贸易往来。除上述金银纍丝技术来自欧亚内陆外，马家塬战国墓还出土了肉红石髓珠、白色玛瑙、费昂斯玻璃珠、蜻蜓眼玻璃珠等外来天然或人工合成材料。显然西戎社会与欧亚内陆地区有着贸易上的紧密联系。六盘山周边地区已经与青藏高原及其边缘地区有了联系和交往，甘肃华池县博物馆藏青铜“透雕虎噬牦牛铜带钩”是重要佐证。杨建华研究认为：从装饰母题、装饰手法看，甘肃天水张家川马家塬墓葬的草原文化因素与中亚七河地区的文化有许多相似性，战国晚期天山山脉已经成为联结这两个地区的通道；从葬俗看，张家川墓葬的草原文化是以直接的方式传入的[12]。干福熹认为：先秦时期从新疆东部通往中原传播玻璃玉石的路线是：从哈密向东，经内蒙古西北草原道，穿居延海、黑水城、经过阴山到包头，再南下到今陕西、山西、河南农耕文明地区[13]。河套和关中地区毗邻六盘山区域，自然这条道路也是六盘山区域与欧亚内陆发生贸易的一条通道。

除了直接的传入外，河西走廊地区也是西戎的聚居区域之一，春秋战国时期，曾承担中原与西域交往的中转站。塞伊玛—图尔宾诺式倒钩铜矛经天山北麓三大河流通道大约于公元前两千年左右进入新疆，向东传播，经河西走廊中转，以齐家文化为中介，逐渐作为文化因素的代表器物继续向东影响，北达晋陕高原包括鄂尔多斯地区，东南经关中以至中原腹地及丹江流域。中国境内发现的此类铜矛显然已不具有武器的功用，很可能属于仪礼用品。中原地区史前文化及社会对于传入的欧亚草原青铜文化，并非简单的“拿来主义”，而是创造性地发明了铸造“青铜容器”的技术，并把这类青铜容器加入了“礼制”的内涵，成就了辉煌的夏、商、周三代青铜礼乐文明。新的考古发现表明，从距今四千年前到春秋战国时期，河西走廊中部地区的四坝文化居民，也曾在中原与

西域贸易文化交流中发挥作用。大量小麦、土坯建筑的发现是西城驿遗址考古的重要成果之一，技术冶炼规模也已经相当可观。大量炉渣、矿石、炉壁、鼓风管、石范等与冶炼相关的遗物不断发现，西城驿遗址还出土了大量的陶器、石器、骨器和玉器。可以看出，至少在战国秦时期，六盘山区域经过河西走廊再通过天山廊道到欧亚内陆地区的贸易往来已经具备一定规模。正是在这个基础上，为以后张骞通西域做了时间和地域上的伏笔和储备。

总而言之，六盘山地区西戎经济的发展，促进了西戎社会的进步和发展，对春秋战国时期西部地区民族融合发挥了积极作用，对丝绸之路的畅通做了时间和地理上的准备。西戎经济和社会的发展，也对秦汉时期中原与羌族关系埋下了伏笔，意义是深远的。

注释

[1] 陈立柱:《夏文化北播及其与匈奴关系的初步考察》,《历史研究》1997年第4期，第17—34页。

[2] 俞伟超:《先秦两汉考古学论集》，文物出版社，1985年。

[3] 林沄:《戎狄非胡论》,《金景芳九五诞辰纪念文集》，吉林文史出版社，1996年。

[4] 单月英:《东周秦代中国北方地区考古学文化格局——兼论戎、狄、胡与华夏之间的互动》,《考古学报》2015年第3期；杨建华:《中国北方东周时期两种文化遗存辨析——兼论戎狄与胡的关系》,《考古学报》2009年第2期。

[5] 张寅:《东周时期关中地区西戎遗存的初步研究》,《考古与文物》2014年第2期。

[6] 林剑鸣:《秦史稿》，中国人民大学出版社，2009年，第224—230页

[7] 樊志民:《秦霸西戎的农史学观察》,《敦煌学辑刊》1995年第1期。

[8] 薛英群:《居延汉简通论》，甘肃教育出版社，1991年，第9—10页。

[9] 王国基，杨滨:《从<诗经·七月>看古代羌戎族的农事活动》,《阿坝师范高等专科学校学报》2007年第1期 。

[10] 马长寿:《氐与羌》第三章《羌族的起源、迁徙和汉代西羌部落名称及其分布》，广西师范大学出版社，2007年。

[11] 周银霞，李永平:《阳关博物馆藏记载天水休茵苑汉简及相关问题》,《敦煌研究》2015年第6期。

[12] 杨建华:《张家川墓葬草原因素寻踪——天山通道的开启》,《西域研究》2010年第4期，第51—56页。

[13] 干福熹:《古代玻璃和玉石之路》,《早期丝绸之路暨早期秦文化国际学术研讨会论文集》，文物出版社，2014年，第202页。

（责任编辑：党士学　陈洪）

从秦文化的特殊性分析秦统一的必然性

徐卫民　西北大学文化遗产学院

内容提要　秦人由弱变强，由小变大，乃至于统一天下，是一个值得认真探讨的问题。尽管秦统一是由多元因素造成的，但笔者认为从秦文化的特征分析其原因是值得研究的。

关 键 词　秦文化　特征　秦统一　必然性

秦一步步由弱变强，又一步步迈向统一，与秦文化的特殊性有必然的联系。而秦文化的特殊性主要表现在以下几个方面。

一、尚武好战

秦人之所以能够百战不殆，攻灭六国，统一天下，尚武的传统是重要因素之一。秦人早期与西北戎狄杂居，严酷的环境使得他们在发展与扩张的过程中，经常和其他部族为争夺生存空间进行频繁的战争。同时戎狄强悍的民风对秦人产生了重要的影响，正如史书记载的因为“秦杂戎翟之俗”“秦与戎翟同俗”。

东方诸国对秦人“夷翟遇之”，称秦为“虎狼之国”，表现出很深的文化隔阂。这种情形也同时告诉我们，秦人具有尚武的风俗。商鞅推行新法，推行军功爵制，鼓励民众在战争中立功建业，就是这种尚武风气的反映。军功爵制的有效激励，使秦人在战场上勇于进取，终于使士兵个人成就富贵的“军功”凝聚为国家整体克敌制胜的“军功”。秦国历史上也出现了很多著名的大力士并得到统治者的欣赏和重用，春秋时期有力士杜回，战国时期则有任鄙、乌获、孟说等。甚至连秦武王本人也崇尚武力，秦始皇陵百戏俑坑中出土的大力士俑也反映出这一社会文化现象。

“商君之法曰：‘斩一首者爵一级，欲为官者为五十石之官；斩二首者爵二级，欲为官者为百石之官。’官爵之迁与斩首之功相称也。”这样的军功爵制大大调动了秦人参与战争的积极性。于是，“民闻战而相贺也，起居饮食所歌谣者，战也。”[1]“民之见战也，如饿狼之见肉。”[2]“秦人闻战，顿足徒裼，犯白刃，蹈炉炭，断死于前者，皆是也。是故秦军战未尝不胜，攻未尝不取，所挡未尝不破。”[3] 张仪曾经这样渲染秦军的强大：“秦带甲百余万，车千乘，骑万匹，虎挚之士，跿跔科头，贯颐奋戟者，至不可胜计也。秦马之良，戎兵之众，探前趹后，蹄间三寻者，不可称数也。山东之卒被甲冒胄以会战，秦人捐甲徒裎以趋敌，左挈人头，右挟生虏。”[4]

秦始皇陵兵马俑坑发现的不戴头盔的士兵组成的军阵，证实了秦军“虎挚之士”“科头”即“不著兜鍪”的记载。秦国军人能够形成勇猛无畏的作风，除了“商君之法”的刺激之外，尚武习俗传统应是重要因素之一。东方人之所以把秦人称为“虎狼之秦”，也正是对秦尚武文化的形象描述。

二、“便国不法古”的原创性

秦人在西迁东进过程中，始终以变革图强为目标，不断改革和创新。

秦始皇在中国历史上的杰出贡献不仅在于他顺应历史潮流，实现了中国社会由诸侯割据向统一的转变，而且在于他在这一转变中对每一个历史性关键节点的准确把握和驾驭，创立了一种影响中国古代社会两千多年的政治制度，无论是为加强中央集权而构建一套相互制约、监督体系完整的制衡机构，还是为维护国家主权和领土完整而探求的以“郡县制”为框架，以地方基层政权建设为基础的政体，秦始皇所从事的实践大多是具有开创意义的。

商鞅变法在发展过程中的重要性不言而喻。秦孝公执政后发出了“能出奇计强秦者，吾且尊官，与之分土”的求贤令，打动了在魏国已经做官的商鞅。商鞅到秦后，经孝公宠臣景监推荐，与孝公有过三次关于如何使秦国强大的对话。由于这时商鞅还不了解秦孝公的真正想法，便在第一次见面时，把道家学说讲了一通，孝公根本不感兴趣，听得直打瞌睡。第二次商鞅又求见孝公，改为大讲儒家学说，孝公仍然不愿意听。于是孝公十分生气地对景监说：“你推荐的人简直太迂腐了，我哪能用他呢？”可是商鞅经过前两次的对话却由此摸透了孝公的心思，知道孝公是想使秦国尽快富强称霸，而不愿意顺着一般人的想法慢慢去实施德政王道。于是第三次对话的议题便是霸道，当谈到霸道即富国强兵之道时，孝公甚为高兴，颇感兴趣，他听得全神贯注，“不自知膝之前于席也”。因为古人席地而坐，他不知不觉地就移出了席子，移到了商鞅的面前。后来两人连续谈了几天，商鞅的博闻强记和治国之术深深打动了孝公，于是孝公对商鞅刮目相看，立即任命商鞅为左庶长，让商鞅开始变法的筹备工作。商鞅变法是战国时期各国变法中最为彻底的，效果也是最为明显的。“行之十年，秦民大说，道不拾遗，山无盗贼，家给人足。民勇于公战，怯于私斗，乡邑大治。”[5]

三、“士不产于秦，而愿忠者众”——对人才使用的开放性

起用外来人才是秦统治者的一个优良传统，秦孝公时的商鞅，秦惠文王时期的苏秦、张仪，秦昭王时期的范雎、蔡泽，秦始皇时期的李斯、韩非、尉缭、蒙恬、郑国等，都是外来的士。他们不仅在秦国找到了实现其政治抱负的舞台，而且这些人才的引进，带入了大量外部世界的新信息、新观念，对促进人文融合发挥了显著的引领作用。而更值得称道的是，秦国统治者对待外来知识分子的态度。据史书记载，秦孝公当年与商鞅探讨变法图强，常常通宵达旦。每当思想碰撞出火花的时候，双方都情不自禁地向对方的座位移动，以致双膝相促。秦人的这种胸怀使得秦国成为当时人才云集的舞台。如秦惠王以张仪为客卿，后至相位。秦昭王以寿烛为客卿，继为丞相。范雎、蔡泽皆先为客卿后任丞相。秦始皇时，李斯也曾任过客卿。

秦穆公用人的特点是用人不疑，而且勇于认错，这为秦穆公独霸西戎奠定了良好的基础。前 627 年，秦穆公听信了替郑国掌管北门钥匙的秦人杞子的报告，杞子说他开北城门，让秦军前来偷袭。穆公便决定任命孟明视、西乞术和白乙丙三人为帅，偷袭郑国。他的两个老臣蹇叔和百里奚当时都不同意出兵，他们劝告穆公说：“军队长途跋涉会削弱战斗力，千里行军不可能保守秘密。因此偷袭肯定不会成功，而且秦军在崤山一带必定要遭到晋军的围攻，到那时后悔就来不及了。”穆公自以为这次出兵万无一失，不接受他们的忠告。结果，孟明视等人果然在半路上中了郑国商人弦高的圈套，以为郑国早有准备，便仓皇退兵。当退至崤山险要之处时，又遇上优势晋军的伏击，全军覆没，孟明视等三个主帅全部成了晋国的俘虏。后由于晋襄公的母亲是秦穆公的女儿，出面说情，其意就是说服晋襄公把孟明视等人放回秦国接受秦穆公的处理。秦穆公闻知三帅回国，不但未责罚而且身穿素服，亲自到郊外迎接，并且当众自责说：“都是因为我不听蹇叔和百里奚的话，才使你们打了败仗，蒙受了耻辱。你们无罪，都是我的过错。”孟明视等三人听了这番话甚为感动。两年以后，秦穆公再次使用孟明视为帅伐晋。兵至彭衙（今陕西白水），遇到晋军截击，又吃了败仗。经过两次失败，秦穆公对孟明视的才能仍坚信不疑。而孟明视在穆公的支持下，也毫不气馁，更加奋发图强，抓紧训练军队，准备新的战斗。彭衙战后的第二年夏天，秦穆公第三次派孟明视为帅带兵伐晋，并亲自督战，这一次，秦军渡过黄河后，烧毁了所有船只，决心破釜沉舟，背水一战。结果，晋军一经交锋，便节节败退，最后只能坚守城池，不敢交战。秦军乘机攻占了晋国的郊城和王官两地。

秦穆公求贤用人的另一个特点就是不分地域、不分贵贱。只要具有真才实

学，无论是哪里人，也无论出身如何，他都任用。被誉为美谈的百里奚、蹇叔归秦的故事，就是一个生动的事例。百里奚来到秦国时已是须发皆白的老人了，年愈七十。穆公不嫌其老，反而向他请教富国强兵之策，两人整整谈了三天，穆公高兴极了，拜百里奚为大夫，委以国事。不久，百里奚又当上了秦国的丞相，他有感于穆公的知遇之恩，尽心竭力扶助穆公，为秦国的发展施展了自己的才能。同时，百里奚还向穆公推荐了自己的好友蹇叔。他向穆公说："我的才能远远比不上蹇叔。当初，我想在齐国和周王那里做官，是蹇叔劝阻了我，才避免了两次杀身之祸。后来，我没有听蹇叔的话，在虞国当了大夫，没多久就变成了俘虏。所以，我知道蹇叔是个有远见卓识的人。"于是，秦穆公立即派人从宋国把蹇叔请来，任为上大夫，与百里奚共掌国政，他很快也成了穆公的得力助手。

百里奚作为杰出的政治家，在晚年建树了辉煌的业绩。他依靠出众的才智和超群的谋略，使僻处一隅的秦国逐渐强大起来，为秦国取得霸主地位起到了不可低估的作用。正如《史记·孔子世家》所载孔子的评论："昔秦穆公国小处辟，其霸何也？"对曰："秦，国虽小，其志大；处虽辟，行中正。身举五羖，爵之大夫，起累绁之中，与语三日，授之以政。以此取之，虽王可也，其霸小矣。"[6]百里奚相秦期间，内外安缉，充实秦的国力，奠定了称霸以及统一的基础，在春秋时期已很明显，为有识者所称道。秦霸西戎，与晋国抗衡，成为诸侯争霸中举足轻重的一方势力，都是在秦穆公时期完成的。这固然是穆公雄才大略，善于用人的结果，但与百里奚的相业也是分不开的。故论者称许秦穆公的功业，总以任用百里奚为其大端。

秦穆公很注意赢得民心，有一次，在岐山脚下有300多野人偷吃了穆公的一匹好马，官吏要严办他们，穆公不仅没有惩罚这些野人，反而说："吃马肉不喝酒，有害身体，再赐酒给他们喝。"后来，在秦晋韩原大战中，秦军被晋军围困，穆公危在旦夕，那些岐下野人拼死来援，生擒了晋惠公。由于秦穆公实行的"尚贤"政策，秦国上下人才济济、贤能荟萃。许多有识之士从各地汇聚秦国，都能起到相应的作用，秦国从此发展迅速，国力更强，从而促使秦穆公的称霸事业取得成功。秦穆公的这一政策，得到后来秦公帝王们的效法，也成为秦国迅速强大、统一天下的秘密武器。

秦昭王时重用范雎。范雎是魏国人，学纵横术，先投奔魏国中大夫须贾，做他的门客，可以说是英雄末路，一直郁郁不得志。一次，范雎跟着须贾出使齐国，一连几个月，不得见齐王，于是范雎施展辩才，很快得到齐王的召见，并圆满完成任务。齐襄王佩服范雎的辩才，派使者赐给范雎十斤黄金、牛肉和酒，范雎知道作为外交使节，不能接受别国礼物，于是婉辞。然而须贾听说后非常嫉妒，回国后诬告范雎接受齐国贿赂，里通外国。魏国丞相魏齐听后非常生气，令人鞭打范雎，范雎被打断了肋骨，于是装死，魏齐命人将他用席子卷起来扔进厕所，甚至让宾客对着范雎小便。遭到这样的奇耻大辱，范雎反而出奇地冷静，他对看守他的小吏说："你如果能把我救出来，我一定会重重报答你。"于是，小吏放了他，范雎连夜逃亡，改名张禄。在郑安平的帮助下，范雎见到秦国的使者王稽，一番高谈阔论之下，王稽折服，于是设法将范雎偷运出魏国，进入秦国。范雎至秦后，上书秦昭王，提出了"远交近攻"的统一策略，即被拜为客卿，深得昭王重用。他又进说秦昭王，指出太后擅权，"四贵"用事，恐致"卒无秦王"之危。于是昭王于四十一年（前266年），秦昭王下令废宣太后，驱逐穰侯、高陵君、华阳君、泾阳君于关外，并拜范雎为相，"远交近攻"这一外交策略对秦的统一战争贡献不小。

秦王政时，重用郑国，修建了大型人工水利工程——郑国渠。郑国为秦国修渠是带有政治色彩的，是"疲秦之计"，当工程进行过程中，间谍案暴露了。于是秦王政对秦国境内的客卿，下达了驱逐令，李斯也列入被逐的行列，这绝对是一场空前的政治风暴。李斯冒着被杀头的危险，写了《谏逐客书》，向秦王政展示了自己的非凡才能。在他的奏章中引经据典，用秦国先祖的成功经验告诉秦王政，秦孝公认用商鞅变法使得民富国强；秦惠文王采用张仪的计谋实现了领土扩张；秦昭襄王启用范雎强化了王权，这些人才都是从国外引进的，他们是间谍还是秦国的功勋之臣？李斯提醒秦王政，泰山不挑剔微小的尘土，才能高不可攀；河海不拒绝细小的流水，才能深不可测。他还毫不客气地指出秦王政这种做法是愚蠢的。拒绝宾客而不接纳，疏远贤臣而不任用，不仅削弱了自己的力量，反而壮大了敌人。他又指出："明珠不产于秦，未必就不珍贵。人才不出于秦，未必就不忠心。驱逐了宾客可以找回，伤害了人心将无法弥补。"李斯的话让秦王政幡然悔悟，立即停止了逐客的行为。同时，秦王政也看到了李斯的胆识与能力，这样的人才，正是他打天下的良师益友。始皇帝任命李斯为廷尉，位列九卿，成了秦国的高级官员。李斯的《谏逐客书》打动了秦王政，让郑国继续主持修建郑国渠，对秦的统一奠定了坚实的物质基础。"渠就，用注填阏之水，溉泽卤之地四万余顷，收皆亩一钟。于是关中为沃野，无凶年，秦以富彊，卒并诸侯"[7]。

四、"河海不择细流"的人才包容性

秦在立国前后，由于地处中原文化和戎狄文化的交汇处，特定的地理环境铸就了秦文化兼容并蓄的鲜明特征，因此秦文化不仅吸收了周朝的宗法制、礼乐制等作为自身主体，而且还在不断地与戎族的交往、斗争中，融汇了戎族的功利主义因素和君民一体的朴实作风。正是这种开放性的文化，使得秦人从来不排斥任何形式的外来文明，总是能够以开拓者的姿态将各诸侯国、各阶层民众的智慧化为己用，为自身注入了无穷的精神源泉。

李斯在《谏逐客书》中对秦文化的吸纳性概括有助于我们了解秦人“海纳百川”的文化视野。所谓“随和之宝”“明月之珠”“太阿剑”“郑、卫、桑闲、昭、虞、象”之乐，都不过是异国文化的象征，而秦人抛弃击翁叩缶而纷纷演奏郑、卫的旋律，丢掉弹筝而演奏昭乐和虞乐，不仅反映了秦始皇执政时期文化的繁荣，尤其体现出秦人对待外来文化的宽松态度。尽管在秦建都咸阳的144年中，法家思想作为主流意识形态一直占据着主导位置。然而，事实上从秦孝公建都咸阳时起，咸阳就一直是一个诸子百家十分活跃的舞台。在商鞅变法的初期，的确存在着“燔《诗书》，明法令”的禁绝儒术政策，但这只是一个很短的时期，到秦昭王时，学术风气已经出现了“纳六国之士”的可喜变化。特别是在秦始皇执政以后，吕不韦召集六国学子，编撰《吕氏春秋》，兼采各家学说，开了秦国学术的新风。秦都咸阳中的仿六国宫室建筑，就是秦文化的开放性和包容性的充分展示。

在用人上的包容性表现在：秦王政知错就改。在灭楚大战需要多少兵力的这个问题上拿不准主意，于是征求众将的建议。年轻气盛的李信认为只要20万兵力就可以，而老成持重的王翦提出需要60万兵力。不加思考的秦王政同意了李信的方案。结果李信军被楚国打败，楚军还一直向西进发，大有反攻秦国的势头。秦王政在听到这个消息后，大为震惊。自驰如频阳，见谢王翦曰：“寡人以不用将军计，李信果辱秦军。今闻荆兵日进而西，将军虽病，独忍弃寡人乎！”王翦刚开始还推辞，说自己年老体弱，又有病在身，疲乏无力，实在不能担当重任，请秦王另选良将。秦王政知道王翦是在怄气。“始皇谢曰：‘已矣，将军勿复言！’王翦曰：‘大王必不得已用臣，非六十万人不可。’始皇曰：‘为听将军计耳。’于是王翦将兵六十万人，始皇自送至灞上。”[8]

对尉缭的重用显示出秦王政的宽大胸怀。秦王政“衣服食饮与缭同”。[9] 尽管尉缭享受了如此高的待遇，但还是对秦始皇的为人有这样的评价：“秦王为人，蜂准、长目、鸷鸟膺，豺声、少恩虎狼心。居约易出人下，得志亦轻视人。”[10] 从这些话可以看出，尉缭是个性格刚直的人，始皇帝赏他饭吃，他不仅不逢迎拍马，还费尽心机地想出些贬义词诋毁秦王政。尉缭的这番话简直有点大逆不道的意味了。而且在尉缭认清秦王嬴政的本质后，便萌生离去之意，不愿再辅助秦王政，秦王发现后立即将其追回。国家正在用人之际，像尉缭这样的军事家如何能让他走？于是，秦王嬴政发挥他爱才、识才和善于用才的特长，想方设法将尉缭留住，并一下子把他提升到国尉的高位之上，掌管全国的军队，主持全面军事，所以被称为“尉缭”。心存余悸的尉缭不好意思再生去意了，只好死心塌地地为秦王出谋划策，为秦的统一做贡献。

五、管理的严格和科学性

秦之所以能从一个西陲弱小的诸侯国而发展成“春秋五霸”“战国七雄”，以至于最后统一全国，秦之科学有效的管理方式是一个重要的原因。从商鞅变法时的“南门徙木”，到《云梦秦简》《里耶秦简》等很多内容，再到秦兵马俑身上刻的工匠名字等，都清楚地反映了这一问题。难怪战国时期著名思想家荀子在看到秦国的情况时指出：“入境，观其风俗，其百姓朴，其声乐不流污，其服不挑，甚畏有司而顺，古之民也。及都邑官府，其百吏肃然，莫不恭俭敦敬，忠信而不楛，古之吏也。入其国，观其士大夫，出于其门，入于公门，出于公门，归于其家，无有私事也；不比周，不朋党，倜然莫不明通而公也，古之士大夫也。观其朝廷，其闻听决百事不留，恬然如无治者，古之朝也。故四世有胜，非幸也”[11]。这是荀子对秦管理水平的高度评价。秦统一以后，为了维护统一的局面，实行了一整套的管理措施，包括中央管理体系、地方管理体系。统一文字、货币、度量衡等，地方上实行郡县制，县之下又设置乡与里，从里耶秦简的内容可以看出基层管理有序进行。云梦秦简尽管不是秦全部的法律文献，但是也可以看出其法律体系是比较完整的，是秦进行管理的有效办法。云梦秦简中记载，秦的一些基层部门要定期开展评比活动。成绩好的有奖，差的要罚，奖罚分明。里耶秦简中也有许多关于当时管理内容的简牍。洞庭、苍梧郡和迁陵、酉阳、阳陵等县的设置，说明秦中央政权的有效管理随着秦军事征服的成就而迅速遍及各地。简洁而完备的公文记录，细致的记时方式，乡一级吏员如里典、邮人的任免过程之严格，均表明秦行政效率高且细致入微。秦国实行标准化管理。我国古人早就提出了“型范正”的观点，秦代还把这一条列入法律，按照标准化进行管理生产各类标准化兵器，云梦秦简《工律》规定：“为器同物者，其大、小、短、长、广亦必等。”[12] 在秦兵马俑坑中发现的陶俑身上有不少的名字，是陶俑制作者的名字，反映出当时秦对陶俑制作的管理是严格的，是当时“物勒工名，以考其诚”制度的具体表现。另外，从秦兵器题铭可知，兵器上一般都需标明最高督造者、司造者及造器者的姓名，以表示对产品质量负责。在云梦秦简里，还可以看到不少对官府手工业产品每年进行考核的规定。

正是基于以上五个与山东六国不同的秦文化特征，才使秦国由弱小变为强大，从一个西陲小国变成了统一天下的大国，不但建立了中国历史上第一个统一的多民族的中央集权国家，并且创造了璀璨夺目的文化。

注释

[1] 蒋礼鸿:《商君书锥指·赏刑》, 中华书局, 1986年, 第105页。

[2] 同 [1], 第108页。

[3] 蒋礼鸿:《韩非子·初见秦》, 见许嘉璐主编:《文白对照诸子集成》(中册), 广西教育出版社、陕西人民教育出版社, 1995年, 第1页。

[4]《战国策·韩策一·张仪为秦连横说韩王》, 上海古籍出版社, 1985年, 第934页。

[5]《史记》卷六十八《商君列传》, 中华书局, 1959年, 第2231页。

[6]《史记》卷四十七《孔子世家》, 中华书局, 1959年, 第1910页。

[7]《史记》卷二十九《河渠书》, 中华书局, 1959年, 第1408页。

[8]《史记》卷七十三《白起王翦列传》, 中华书局, 1959年, 第2340页。

[9]《史记》卷六《秦始皇本纪》, 中华书局, 1959年, 第230页。

[10] 同 [9], 第230页。

[11]《荀子·强国篇》, 见许嘉璐主编:《文白对照诸子集成》(上册), 广西教育出版社、陕西人民教育出版社, 1995年, 第95页。

[12]《睡虎地秦墓竹简·工律》, 文物出版社, 1990年, 第43页。

(责任编辑: 史党社　陈洪)

秦农业图景的考古学观察

叶　晔　秦始皇帝陵博物院

内容提要　本文通过对秦农业发展脉络的梳理、粮食储备情况的分析、农业政策的解读以及农业科技的介绍，还原勾勒出秦农业的大致图景，呈现秦农业的繁荣状况。发达的农业为秦的国力强盛奠定了丰厚的物质基础，为秦最终平灭东方六国、统一天下奠定了良好的物质和经济基础。

关 键 词　秦　农业　考古学

农业是经济活动的基础。农业生产不仅直接关系到个人的生存，而且也关系到国家的盛衰存亡。《管子·治国》中说："民事农，则田垦；田垦，则粟多；粟多，则国富；国富者兵强；兵强者战胜；战胜者地广……上不利农，则粟少；粟少则人贫；人贫则轻家，轻家则易去；易去则上令不能必行；上令不能必行，则禁不能必止；禁不能必止，则战不必胜，守不必固矣。"由此可见，在古代社会，农业对国家命运的决定性作用。秦高度发达的农业为秦的国力富强奠定了丰厚的物质基础，为秦最终平灭东方六国、统一天下奠定了良好的物质和经济基础。

一、秦的农业发展脉络

有关秦人农业之传说，最早可以追溯到有虞氏时代。据说，虞舜作为炎黄部落联盟首领，用二十二人为辅佐，治理天下。秦祖伯益即在部落联盟中担任山泽之官，并且立有大功，被赐嬴姓，始食于嬴。嬴即春秋时齐国嬴邑，秦置嬴县，治所在今山东莱芜县西北。史学界有人认为，这一带大汶口文化晚期的某些遗存可能与伯益时期的秦人活动有关[1]。

在商周之际，秦人已生活在今甘肃东部一带。其农业状况可从甘肃毛家坪居址和墓葬的情况来观察。在居住遗址中发现有灰坑、残房基地面，说明从西周早期开始，秦人已过着相对定居的生活。居址出土陶器的基本组合为鬲、盆、豆、罐、甗和甑等，这种组合反映了其饮食生活的内容，当以农作物的粮食为其重要的食物来源之一。这完全不像人们一贯传统的说法，认为秦人当时是完全过着游牧、狩猎的生活[2]。

秦国建立以后，都邑逐渐东迁，占据关中平原理想的农业区域。并且还把一些具有较高农业生产技术水平的“周余民”接收过来。关中有悠久的农业开发历史。在《史记·货殖列传》中有记载：“而公刘适豳，大王、王季在岐，文王作丰，武王治镐，故其民犹有先王遗风，好稼穑、殖五谷。”这使得秦农业的发展获得了一个新的高起点。

秦人利用渭河流域优良的自然条件，学习周遗民的先进经验，迅速建立起比较发达的农业经济。随着国力的强大，秦向南蚕食楚、蜀之地，其农业地域也逐渐向南拓展，沟通了稻作农区与旱作农区的联系。秦凭借着悠久的农业历史、良好的生产条件、先进的农业科学技术，仅用百余年时间就跃居诸侯国前列，对比山东各国，占据着显著的优势。《史记·高祖本纪》中说：“秦富十倍天下。”《史记·货殖列传》曰：“关中之地（秦国核心地区），于天下三分之一，而人众不过十三，然量其富，十居其六。”《汉书·地理志（下）》曰：“故秦地天下三分之一，而人众不过十三，然量其富居十六。”当然，“这种估计，未必确实，但经济力量，秦确占优势”[3]。

二、秦粮食储备的富足

农业繁荣最直接的表现就是粮食储备的富足。在甘肃毛家坪居址的考古发现中，出土了一件泥质灰陶，厚胎平底、口微侈，饰绳纹的小杯，有学者推断极有可能为饮酒器具，而酿酒的原料是粮食，酿酒的前提则是粮食的富足。此外，在毛家坪遗址中发现了猪、狗等家畜的遗骸，圆顶山墓葬中也有大量的猪、狗的骨骼，这些家畜的饲养，特别是食量较大的猪的饲养，需要以粮食为饲料，这些考古遗存证明了早期秦农产品的富足程度。秦人嗜酒，凡遇重大庆典，宴飨宾客或犒劳将士皆饮酒以贺。“秦穆公与群臣饮酒酣”，故有奄息、仲行、针虎从死之诺，岐下野人得穆公“赐酒而赦”，故能“毕力为穆公疾斗”。酿酒豪饮，是以浪费大量的粮食为代价的[4]。酿酒业的发达从另一个侧面反映了秦农业的兴盛。

我们可以从一些文献记载中对春秋战国时期秦粮食的储备情况有所认识。《左传·僖公十三年》中记载：“秦于是输粟于晋，自雍（今陕西凤翔南近渭水）及绛（今山西侯马西，傍汾河）相继，命之曰‘泛舟之役’”。运输粟的船只排成的队伍，从秦都雍（今陕西凤翔）一直延伸到晋都绛（今山西翼城），从运粮船的规模我们就可以想见其所运的粮食数量之多。《史记·张仪列传》中记载：“秦西有巴蜀，大船积粟，起于汶山，浮江以下，至楚三千余里。”亦可见秦的粮食储备之充足。1975年湖北省云梦出土的秦墓竹简，记载了当时的秦国境内到处都有“万石一积”的粮食仓库。在栎阳还建有“二万石一积”的粮仓，咸阳的粮仓竟达“十万石一积”[5]。这些史料充分说明秦国的农业经济到了战国时期是相当繁荣的。

三、秦的农业政策

秦孝公时期，任用商鞅变法，对秦国内政进行了一系列大刀阔斧的改革。其中对农业政策的改革体现在以下几个方面：

（一）颁布垦草令

在今本《商君书》中有《垦令》一篇，多数学者倾向于认为这就是商鞅提出的垦草令。垦草令可以说是“商鞅在秦国变法关于农耕政策的一个纲领”[6]。垦草令的颁布对于加快土地的开发利用，解放生产力，稳定小农经济起到了不可低估的作用，加速了秦国封建化的进程。与此政策相配套，商鞅又提出了增加劳动力的“徕民”政策。秦国地旷人稀，如何增加农业劳动人手，加速土地的开发利用，是一个十分迫切的问题。秦孝公以“优其田宅，复及子孙”的政策诱来三晋之民，不仅使秦国大量的荒芜土地得以开辟为良田，使秦人有足够的力量来应付外敌，还能保证其足够的劳动人手，起到强兵富国之效用。秦孝公在商鞅帮助下实行徕民政策的同时，在其农业政策中还规定：民有一二男以上必须分居，反对坐食、游食者。将民户划小，使一夫一妇的小家庭成为秦国社会最基本的组成单位，从而形成了大批的自耕农阶层。这种分户政策是“最适合封建主义生产的方式，他把耕织两大产业结合其中，血缘亲合度最为密切，财产关系最简单，生产积极性最高”[7]。

（二）制爰田，开阡陌

这是秦孝公时代农业政策中最为重要的一项。制爰田就是把土地分配给人民，一夫百亩，承认其对土地的占有，可以自由买卖，也即“开阡陌”。它是残存于“周余民”中的井田制度与秦人军事民主制经济相结合的产物。与井田制相比，爰田制由于不分公田、私田，使野人亦可“出车徒，给摇役”，参军作战，有效地提高了他们的身份与地位；爰田制实行“爰土易居”，充分考虑了田土之美恶、劳逸之均衡，负担之平等，有利于调动劳动者的生产积极性。爰田制上的劳动者兵农兼务，在客观上符合了秦国富国、强兵的现实需要，在秦国发展史上发挥了重大作用。

（三）奖励耕织，重农抑商

为鼓励个体劳动者的生产积极性，新的农业政策还规定，凡努力本业而致粟帛多者复其身，即免除本身及一户之内皆不徭役。孝公时期，传统的抑商政策也再次被强调，为稳定农业经济持续发展，秦政府严厉禁止商人买卖粮食，囤积居奇，又重关市之征，向商人征纳重税，强迫他们弃商务农。

（四）普遍推进县制

普遍地推进县制也是孝公时期农业政策的重要组成部分，集小乡邑聚为县，建立起直属于君主的地方行政政权，把农业社会生产纳入集权政治轨道上来，县制的推行有利于更大规模地组织生产，兴修大型水利工程，有利于促进先进的农业科学技术的推广和交流，有力地保障了农业经济繁荣和稳定发展[8]。

秦简公七年（前408年），秦国开始实行“初租禾”，就是第一次按土地亩数征收租税。它承认了土地私有权的合法性，而一律取税。它标志着地主阶级和自耕农阶层作为一支新兴的政治经济力量已在秦国成长起来了。秦由“爰田制”到“初租禾”的转化过程，为新兴地主及自耕农的大量涌现创造了条件。他们分地速做，具有更高的生产积极性，有力地推动了社会经济的发展。秦自孝公以后变法图强、飞速发展，新兴地主阶级和广泛存在的自耕农阶层是新法赖以推行的社会基础。而这股新生力量的形成与发展，“初租禾”政策有肇始之功。

四、秦的农业生产工具

秦早中期，秦地出现的铁器多为兵器，罕有用诸农业者。进入春秋战国之交，秦农具渐次以铁器为主，青铜农具或铜石并用农具逐渐退出历史舞台。陕西凤翔秦公一号大墓填土中先后发现铁铲、铺等农具10余件，经化验分析其成分为脱碳铸铁，这反映了当时相当高的冶铸技术。“秦将冶铁铸造的较高技术投入农具铸造，这本身既反映了秦对农业生产的重视，同时也说明春秋晚期以来秦农业生产大幅度发展的物质技术基础。”[9] 在凤翔高庄村发掘的战国秦墓中，出土铁器50件，其中仅铁插就有7件。以铁农具随葬，而且又都出土于小型墓葬中，不但表明墓主人的身份属于农业劳动者，而且说明当时铁农具的使用是相当广泛的。

五、秦的农业科技

农业生产严格受到气候、水利等自然条件的制约。秦国天文历法知识的积累和水利工程的建设为农业的发展创造了良好条件。

秦自立国以来，便有对“伏日”的历史记载，并进行对天文、气象的详细观察。自景公以后秦史中有关“彗星见”“日月蚀”“六月雨雪”“昼晦星见”等自然现象的记载明显增多。对天文、历法、气象问题的关心，反映了秦对农业生产问题的重视。据时令以安排适宜的农事活动是传统农业科技的重要组成部分。它表明秦农业科技已在继承周人传统的基础上有所创新和发展了。

除了依靠自然的河流湖泊本身所具有的天然灌溉条件之外，秦人还善于利用水系之间的关系，分别在关中和成都平原上修筑了战国时代著名的水利工程郑国渠和都江堰。这两大工程极大地促进了秦国的农业发展，为秦的统一战争提供了可靠的物质保障。《史记·河渠书》中有载郑国渠建成之后，“（渠就）用注填阏之水，溉泽卤之地四万余顷，收皆亩一钟，于是关中为沃野，无凶年，秦以富强，卒并诸侯。”《汉书·沟洫志》中记载秦蜀守李冰修筑了都江堰以后，“……辟沫水之害，穿二江成都中。此渠皆可行舟，有余则用溉浸，百姓飨其利。至于所过，往往引其水益用溉田畴之渠，以万亿计，然莫足数也。”《华阳国志·蜀志》中记载：“于是蜀沃野千里，号为陆海。旱则引水浸润，雨则杜塞水门……‘水旱从人，不知饥馑’。‘时无荒年，天下谓之天府’。”由此可见，郑国渠与都江堰两大水利设施的建设，极大地促进了秦国农业的发展，给秦国经济的繁荣打下了坚实的自然物质基础。

六、秦的农业地位

里耶秦简“祠先农”简记载了秦始皇三十二年三月二十日这一天（农业春播时节），洞庭郡迁陵县的仓库管理员“是”，助手“狗”以及监督者“尚”从库房中调出盐、米等物资祭祀先农，又于当天完成祭品分胙、售卖的情况，官府售卖祭品所得收入要上交公家，写入校券。其中7枚简为准备物品以供祭祀，祠祭先农所用物品有米、盐、牂等，另13枚简为祭祀结束后的祭品售卖，卖于城旦的剩余祭品有羊的肢体、豚、肉、肉汁、酒等。农神祭祀虽属宗教信仰活动，但其与农业生产息息相关。古人通过祭祀先农，表达对先农的敬重，祈祷先农保佑他们风调雨顺、五谷丰登、粮仓充裕、生活富足，反映了古人对幸福美好生活的向往和憧憬，这乃是发自古人灵魂深处的认知及行为。秦代政府将祭祀先农升格为国家典礼仪式，由各级政府主管主办。从里耶秦简“祠先农”校券可知，其财务收支、祭祀流程都由各级政府主办，费用由各级政府承担。在秦代，祭祀先农典礼仪式已是中央及地方行政事务的重要组成部分，是中国古代国家政治生活中的大事，是各级政府官员的法定职责及义务。因此，祠先农体现了秦代政府对农业的重视[10]。

秦农业在社会中的重要地位在秦墓葬礼俗中也有所反映。历年来，秦陶仓囷模型在陕西的凤翔、长安、宝鸡、长武、铜川等地均有发现。其时代上起春秋晚期，下延于统一后之秦，说明秦人习于以仓囷贮粮随葬，这也是当时列国中所少见的。在陕西凤翔高庄秦墓中，开始发现用粮食随葬现象，以后这种情况日渐普遍，有的盛粮于明器内，有的撒粮于棺椁外，有的专辟小仓以存放粮食。这种种迹象表明，粮食代表着重要的财富象征，从另一侧面显示了农业在秦国国民经济中的重要地位。

七、结语

纵观秦农业图景，秦国之所以拥有如此发达的农业，应该说得益于其悠久的农业传统、优越的地理条件、先进的农业科学技术、顺应历史规律的农业政策，以及政府对农业的高度重视。秦高度发达的农业使得其在战国百余年间迅速成长、壮大，国富兵强，对内维护了国家稳定，对外不断扩张，平灭六国，最终建立了我国历史上第一个统一的、多民族的封建帝国。

注释

[1] 樊志民：《早秦农业历史初探》，《中国农史》1994年第4期，第1页。

[2] 袁仲一：《从考古资料看秦文化的发展和主要成就》，《文博》1990年第5期，第7页。

[3] 范文澜：《中国通史简编（修订本）》第1编，人民出版社，1964年，第259页。

[4] 樊志民：《试论初秦末期社会经济的稳定发展》，《文博》1995年第4期，第65页。

[5] 秦简整理小组：《睡虎地秦墓竹简》，文物出版社，1978年，第36页。

[6] 林剑鸣：《秦史稿》，上海人民出版社，1991年，第183页。

[7] 张金光：《商鞅变法后秦的家庭制度》，《历史研究》1988年第6期，第74页。

[8] 雷依群：《秦的统一与秦的农业政策》，《咸阳师范专科学校学报》2000年第2期，第47页。

[9] 呼林贵：《陕西发现的秦农具》，《农业考古》1988年第1期，第64页。

[10] 秦其文：《从里耶秦简和睡虎地秦简看秦代政府对农业的保护》，《黑龙江史志》2014年第1期，第66页。

（责任编辑：朱学文　陈昱洁）

秦都雍城凌阴遗址相关问题再认识

田原曦 陕西省文物保护研究院

内容提要 凌阴是古代的一种藏冰建筑，由于实用与祭祀功能显著，其在先秦时期有着非同寻常的地位。本文在秦都雍城考古资料的基础上，结合历史文献的记载，对凌阴遗址从发现到属性最终确定的过程进行了梳理。依据秦都雍城遗址整体布局与凌阴位置的特殊性，探讨了凌阴与都城的关系，总结了先秦时期凌阴的特点，分析了凌阴与冰鉴的联系与区别等相关问题。

关 键 词 凌阴 凌人 先秦 雍城

凌阴，也叫冰室、凌室、冰厨等，是古代一种用于储存冰的半地下式或地下式建筑。文献中对“凌阴”有着比较明确的记载，随着考古事业的发展，考古工作者也陆续发现了此类型的遗址，其中包括陕西雍城大遗址中的凌阴遗址，这使得凌阴的性质、用途等信息愈加清晰。凌阴的主要用途有：第一，避暑之用。夏季为皇室贵族提供冷饮、冰食等，达到降温、消暑的目的；第二，保存尸体之用。根据文献记载，秦公“五月而葬”，在葬礼举行之前，尸体的保存主要依赖于凌阴遗址中的藏冰，以达到防腐的目的；第三，祭祀之用。从城址区的布局看，凌阴遗址位于秦雍城城址区的西部位置，距离宫殿区、秦公陵园、国人墓葬区都比较近。雍城作为秦国的都城，每年秦公会在此地举行盛大的祭祀典礼，祭祀所使用的大量食物需要保鲜，在当时的条件下，离不开大量的冰。这就使得凌阴遗址在雍城大遗址中有着突出的地位。

一、文献记载

关于凌阴与藏冰，在文献中有着比较丰富明确的记载。

传说为“三代之书”的《夏小正·三月》中就有“三月，颁冰”的记载，“颁冰”，即分配冰块[1]。在国家举行大型祭祀、礼仪活动的时候，国君将冰块分配给大臣们，作为一种赏赐。在古代，天然冰块比较难以采集、保存，能够得到这样的赏赐，是极高的荣誉。

《周礼·天官·凌人》中有关于“凌阴”的记载：“凌人掌冰正。岁十有二月，令斩冰，三其凌。春始治鉴。凡外、内饔之膳羞鉴焉。凡酒、浆之酒、醴亦如之。祭祀共冰鉴。宾客，共冰。大丧，共夷槃冰。夏颁冰，掌事。秋，刷。”文献明确记录了西周时期国家对于凌阴的管理制度，及藏冰的时间、数量、用途等安排。有明确的藏冰时间，即每年的十二月“斩冰”，由掌管采冰事务的官员“凌人”组织。古人考虑到了冰的损耗，为确保有足够的冰使用，“三其凌”，即入藏冰量为所需用量的三倍。

《诗·豳风·七月》中也有关于凿冰及在凌阴储冰的情景：“二之日凿冰冲冲，三之日纳于凌阴。四之日其蚤，献羔祭韭”。在腊月之际，正当天寒地冻的时候，开始凿冰，随后送到“凌阴”这个专门用于贮藏的建筑内；二月行祭礼出冰，并杀羊等作为祭品[2]。在当时，冰是非常稀缺的，对藏冰的管理也有一套比较系统的礼仪。在新冰入藏凌阴的时候，要举行祭祀司寒之神的活动，在取用藏冰之时，也要举行祭神仪式。

唐代白居易《谢冰状》中也有关于“颁冰”的记载：“伏以颁冰之仪，朝廷盛典；以其非常之物，来表特异之恩。”皇帝会将冰赐予有功之臣，来表示一种极高的待遇，臣吏们也把接受赐冰当成一种荣幸[3]。说明在唐代，冰仍然是珍贵的稀缺资源，颁冰作为一种礼仪制度仍然在延续，而且被视作朝廷的重要典礼活动。

《月令》曰，季冬之月，“冰方盛，水泽腹坚，命取冰，冰以入”。《周礼·凌人》曰：“十二月斩冰”，即以其月纳之。

清代富察敦崇《燕京岁时记·打冰》：“周成王命凌人掌冰，岁十二月，敕令斩冰纳于凌阴。凌阴者，今之冰窖也。”这说明，“凌阴”的名称经历了时代的变迁，到了清代，演变为“冰窖”，并一直沿用到今天。

二、秦都雍城凌阴遗址的考古发现

目前，先秦凌阴遗址在国内发现有两处，分别是秦都雍城、新郑郑韩故城。考古发现的秦人冰室，是我国迄今出土最早也是时代最早的冷藏建筑遗址。

1976—1977年，在秦都雍城凤翔县姚家岗宫殿遗址的西部发现了春秋时代的秦国凌阴（图一）。其遗址系一倒置的长方形夯土棱台，夯土基台四边有长16.5米，宽17.1米的土墙一周，墙内面以细泥抹光。土墙之内为一周回廊。夯土基中部有一口东西长10米，南北宽11.4米的长方形窖穴。窖内四壁呈斜坡状，坡长1.84米，上部夯筑而成（约占窖壁全高的三分之二），下部为生土。窖壁坡底有夯筑而成的二层台一周，其台宽0.70～0.80米，台高0.32米。窖底东西长6.4米，南北宽7.35米，并铺有与二层台等高之砂质片岩一层。窖穴四周为回廊，东西宽3～3.2米，南北宽2.1～2.2米。西回廊之正中有梯形通道，自东向西有槽门5道。第五号槽门之通道与西回廊上缺口相通，是为窖穴上部的进出门户。在第二道槽门之西的通道底部，铺设有排水道一条（水道管13件，每件长0.71米，首端直径0.30米，尾端直径0.24米，壁厚0.01米）[4]。水道位置与窖底片岩的水平大体一致，向外与姚家岗西南部之白起河相通，是为窖穴冰释或洗刷之排水设施。据推算，这一凌阴始藏冰为190立方米。

图一　雍城凌阴遗址（由东向西）

（引自陕西省雍城考古队：《陕西凤翔春秋秦国凌阴遗址发掘简报》，《文物》1978年第3期）

三、先秦凌阴遗址的特点

依据春秋战国时期凌阴遗址的考古发现，可以总结出这一时期凌阴遗址的特点：

（一）管理制度的专门化

《周礼》记载：“凌人掌冰正”，从周朝开始，朝廷还专门设立了负责藏冰的官吏，称为凌人，此后的历朝历代也都会设立专门的官吏来管理藏冰的事务[5]。凌人的职责主要有：第一，采冰入藏。第二，藏之以周，即保存在密封性较好的地方。第三，春夏出冰，秋日洗刷修整凌阴[6]。表明在西周时，凌阴与藏冰的管理已经制度化了，有专门的机构与人员负责冰的提取与保存工作，关于冰的采集、保存、取用也有固定的时间。春秋战国时期的凌阴管理在很大程度上沿袭了西周的制度。

凌人也是对凌阴管理机构人员的总称，凌人内部有多个层级，包括下士二人，府二人、史二人、胥八人、徒八十人。下士管理众事，府主藏文书，史主作文书，胥管十徒，八胥有徒八十名。胥徒是冰窖出纳的主要劳动者[7]。每一个层级对应不同的职责，由相应的人员承担其职责。

（二）服务主体的阶级性

根据文献记载，在每年举行的颁冰仪式上，朝廷会按照官员级别，把不同分量的冰分给王族、臣僚，分到冰的人会把这当成一种荣耀[8]。在这一历史时期，无论是凌阴的建造还是冰的采集提取，都需要耗费相当大的人力、物力。这一时期由于保存的条件与技术尚不发达，冰的使用尚未普及，属于稀有之物，物以稀为贵，只有社会上层人士才有权利享用，用冰具有显著的阶级性。凌阴的藏冰主要供王室、贵族使用，国君会在国家举行重大礼仪活动时，把藏冰作为赏赐分配给重要的宾客、大臣使用。

（三）凌阴建筑的等级性

雍城的凌阴遗址位于姚家岗大郑宫遗址的西北部，新郑的凌阴遗址位于阁老坟村北部（图二），均在宫殿区范围内，这种空间位置关系表明，凌阴与都城宫殿有着密不可分的联系。凌阴由国家设专门机构管理，位于宫殿附近，在一定程度上可视作宫殿建筑的附属物，服务于宫殿生活等需要是其主要功能之一。这

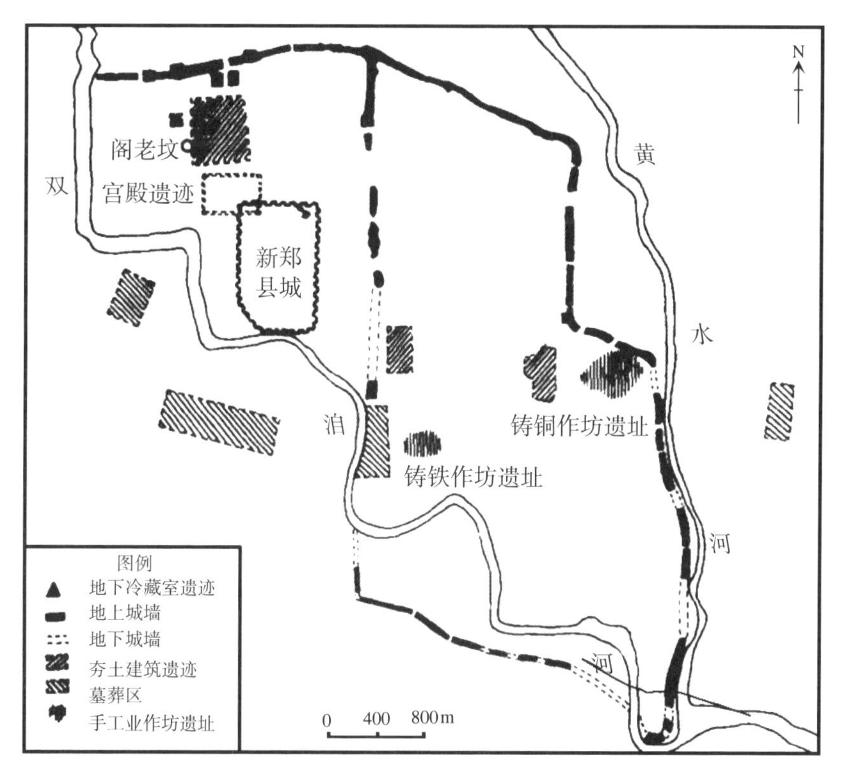

图二　新郑郑韩故城地下冷藏室遗迹示意图

（引自河南省文物研究所：《郑韩故城内战国时期地下冷藏室遗迹发掘简报》，《华夏考古》1991年第2期）

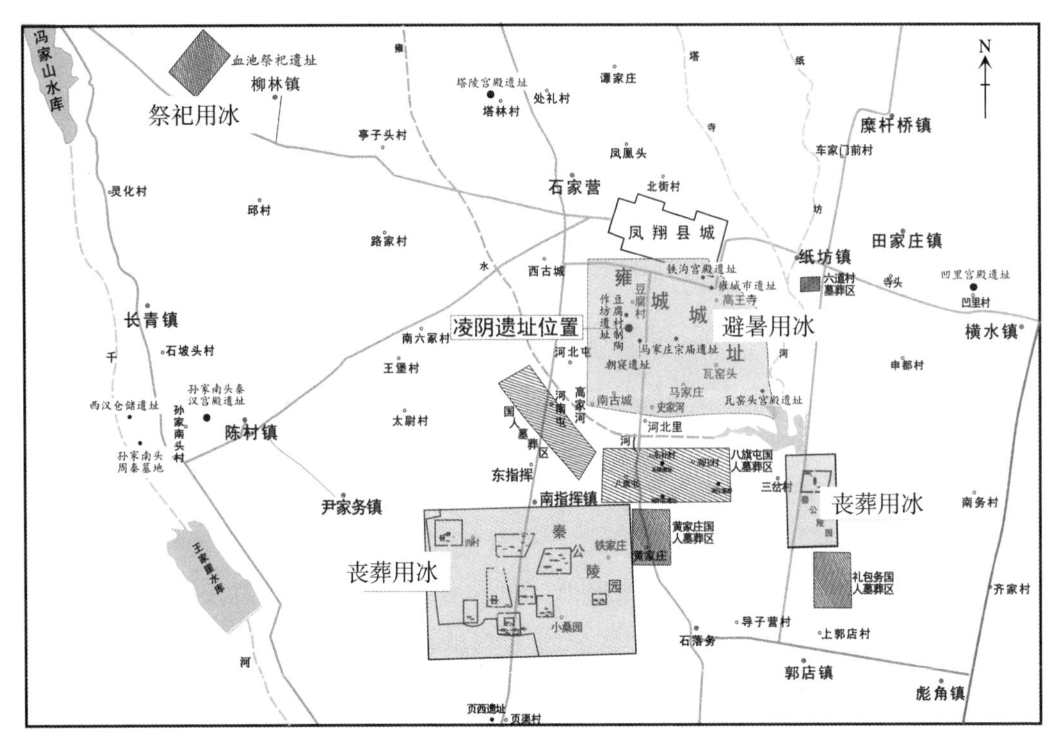

图三　凌阴遗址的布局与藏冰的多种用途

表明先秦时期,凌阴遗址在选址上具有特殊性,属于都城之中比较高等级的建筑。

（四）使用功能的多元化

根据文献记载，并结合先秦时期的考古发现材料，凌阴遗址具有多元化的功能（图三）。《周礼·天官·凌人》载："祭祀，共冰鉴；宾客，共冰；大丧，共夷盘冰。"表明古代藏冰已有多种用途：如祭祀荐庙、避暑冷饮、保存尸体等。雍城是秦国"九都八迁"过程中使用时间最长的一个都城，在相当长的时期内都是国家的政治、经济、文化中心。"国之大事，在祀与戎"。在古代，祭祀是国家的头等大事，每年国君都要在此地举办大型的祭祀活动，其间有大量的祭祀用牲、食物需要保存，那么就需要有相应的冷藏设备或场所，凌阴能够满足这种需要。按照《礼记·王制》的记载："天子七日而殡，七月而葬。诸侯五日而殡，五月而葬。""秦公五月而葬"，丧葬礼制活动举行的时间已经制度化，秦国又是一个律法严明、礼制规范的国家，国君的尸体在葬礼举行之前应当也是借助凌阴来得以保存的。

四、相关问题再探讨

（一）先秦时期凌阴藏冰存储的流程和方法

依据文献的记载，《诗·豳风·七月》：“二之日凿冰冲冲，三之日纳于凌阴。四之日其蚤，献羔祭韭。”大致描述了凌阴贮藏冰的相关流程。古代凌阴藏冰的存储、使用流程为：冰的采集→搬运→入藏→取用→凌阴的清洗与整修→地下排水系统的疏通。

凌阴遗址包括夯土围墙、槽门、排水沟等（图四、图五）。槽门用于隔热，水道管用以确保排水的畅通。每年最寒冷的季节，由专人组织负责开采冰块，考虑到冰的融化速度，故采冰量为用冰量的三倍，将之收集并搬运至凌阴入藏，在国家举行盛大祭祀、礼仪活动之时取用，之后洗刷清理凌阴，疏通地下排水系统，确保来年新冰的入藏。

（二）结合考古发现，探讨“凌阴”与“冰鉴”的联系与区别

凌阴与冰鉴之间存在着密切的联系，但二者也有着本质上的区别。首先，凌阴是一种地下式藏冰建筑，相当于今天的冰窖，具有不可移动性。冰鉴则是一种可以移动的容器，功能是用冰，相当于古代的“天然冰柜”，与今天的冷藏设施不同的是，冰鉴完全借助于自然冰块来保鲜。其次，凌阴的容量非常大，存放着大量的冰，秦雍城发现的凌阴遗址容量达190立方米之多，郑韩故城凌阴遗址的容量达数十立方米。冰鉴的体积比较小，容量也是有限的，尚家岭遗址发

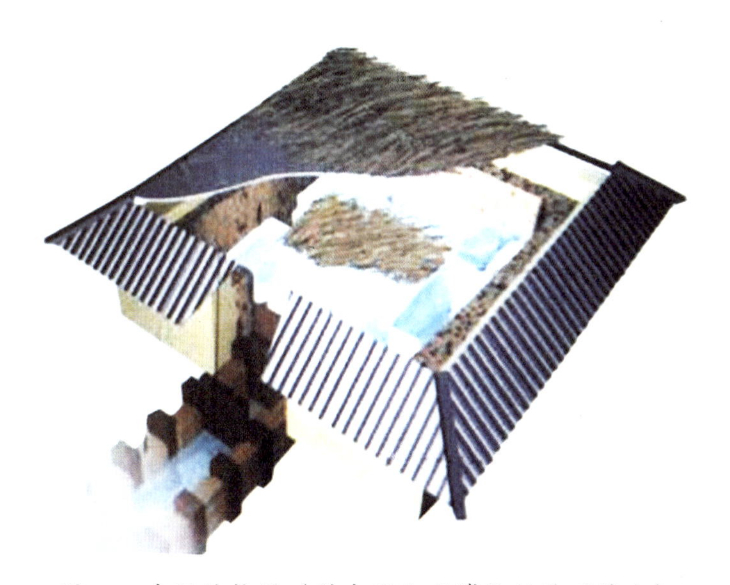

图四 凌阴结构图（引自凤翔县博物馆陈列展室）

图五　雍城凌阴遗址槽门（由南向北）

（引自陕西省雍城考古队：《陕西凤翔春秋秦国凌阴遗址发掘简报》，《文物》1978年第3期）

现的“鉴”内容积不过1.4立方米[9]，曾侯乙墓出土的青铜冰鉴容量不足1立方米[10]。再次，凌阴有完备的排水设施与隔热材料等，可以长期保存大量的冰，保存时间长达数月。而冰鉴储存时间短，在祭祀、礼仪活动中用于盛放冰块，使食物保鲜、酒浆降温，无法达到长期冷藏的效果。二者之间也存在着一定的联系，冰鉴与凌阴都属于凌人的管理范围之内，凌阴使用于冰的采集、运输、入藏、保存等流程中，冰鉴则主要使用于冰的取用环节。

（三）千阳尚家岭发现冰鉴之功能

千阳尚家岭遗址规模较为宏大，等级较高，位于古代陇东至关中地区东西通行大道沿线，也正好处在汧河水道与回中道之间。秦至西汉时期，皇帝西行与郊祀活动也主要是这条线路，尚家岭宫殿的用途是一处离宫性质的建筑[11]。尚家岭发现的陶井圈套合而成的也叫冰鉴（图六）。其功能应是为雍城的重大祭祀活动提供藏冰、用冰。与曾侯乙墓出土的冰鉴缶（图七）比较，尚家岭发现的冰鉴结构比较简单，但其功能与使用原理应是一致的。

（四）凌阴、冰鉴与血池遗址之联系

血池遗址位于凤翔县城西，距离雍城遗址15千米，是首次在雍城发现的高规格祭祀遗址。雍城是秦汉时期的“圣城”，历代诸多高规格的祭祀、礼仪活动均

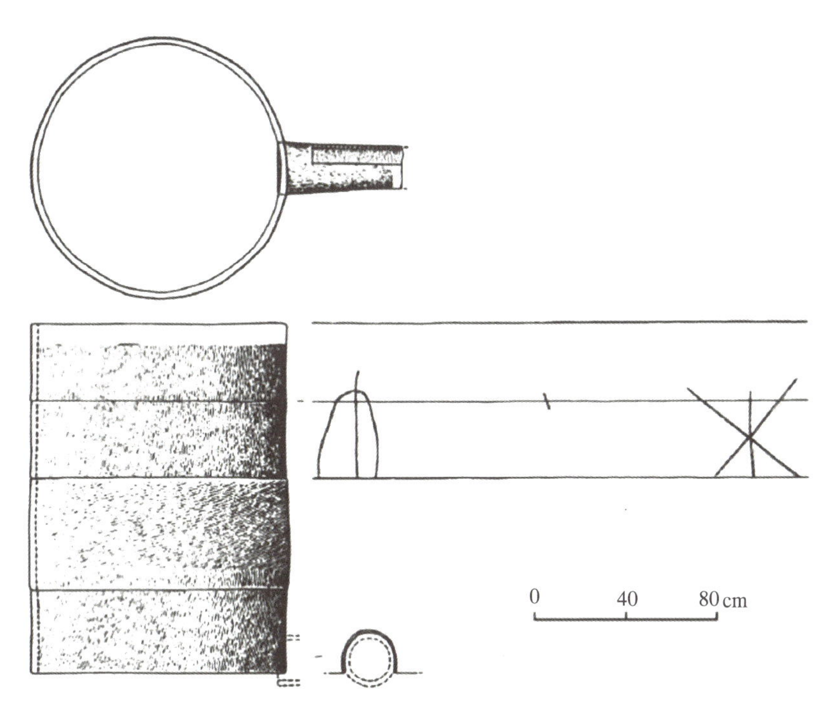

图六　千阳尚家岭发现冰鉴

（引自陕西省考古研究院、宝鸡市考古研究所、千阳县文化馆：《陕西千阳尚家岭秦汉建筑遗址发掘简报》，《考古与文物》2010年第6期。）

图七 冰鉴缶（曾侯乙墓出土，现藏于国家博物馆）

在此地举行，如秦始皇登基时的加冕典礼，汉武帝之前的多位西汉皇帝的郊祀活动等[12]。血池遗址是目前在雍城发现的持续时间最长的秦汉祭祀遗址，在此所举行的重要典礼、祭祀活动，需要使用大量的藏冰，凌阴、冰鉴应该都发挥了比较关键的作用。除了这两处遗址之外，在雍城附近也许还有类似功能的、尚未被发现的遗址。

五、结语

秦都雍城凌阴遗址是重要的先秦时期考古发现，凝聚着古人的智慧，在秦国的政治生活中起到了关键的作用，具有重要的历史价值、科学价值、文化价值。雍城发现的凌阴遗址是研究先秦时期国家祭祀制度与文化礼仪的实证资料，为后世冷藏技术的发展提供了借鉴，也为中国古代冷藏设施的发展演变历史提供了佐证。

本文系全国社科课题“秦都雍城城址区考古调查、发掘与专题研究”（项目编号：16AKG004）阶段性成果。

注释

[1] 卫斯:《我国古代冰镇低温贮藏技术方面的重大发现——秦都雍城凌阴遗址与郑韩故城“地下室”简介》,《农业考古》1986年第1期。

[2] 李麦产:《东周列国都城实用地下建筑述论》,《延安大学学报（社会科学版）》2017年第6期。

[3] 王赛时:《古代的藏冰与使用》,《文史知识》1989年第10期。

[4] 田亚岐:《秦雍城遗址考古工作回顾与展望》,《秦始皇帝陵博物院》(总贰辑)，三秦出版社，2012年。

[5] 郑秀亮:《古人在盛夏也有冷饮》,《羊城晚报》2010年8月11日第B04版。

[6] 单先进:《略论先秦时期的冰政暨有关用冰的几个问题》,《农业考古》1989年第1期。

[7] 陕西省雍城考古队:《陕西凤翔春秋秦国凌阴遗址发掘简报》,《文物》1978年第3期。

[8] 郑秀亮:《中国古代的藏冰官吏》,《科学大观园》2012年第8期。

[9] 田亚岐:《陕西千阳尚家岭秦汉建筑遗址初识》,《考古与文物》2010年第6期。

[10] 王正刚:《曾侯乙青铜冰鉴缶的结构和艺术表现》,《兰州大学学报（社会科学版）》2011年第5期。

[11] 陕西省考古研究院、宝鸡市考古研究所、千阳县文化馆:《陕西千阳尚家岭秦汉建筑遗址发掘简报》,《考古与文物》2010年第6期。

[12] 田亚岐:《秦都雍城布局研究》,《考古与文物》2013年第5期。

（责任编辑：陈洪　史党社）

徐州狮子山“食官监”陪葬墓及相关问题简论

刘尊志　南开大学考古学与博物馆学系

内容提要　徐州狮子山楚王墓中墓道内壁东侧底部有一陪葬墓，葬具规格高，陪葬品丰富，出土的三枚印章中有一枚为铜质“食官监印”。该陪葬墓应为楚王属官殉葬楚王的墓葬，与其他陪葬设施构成了楚王墓内的陪葬系统。“食官监印”是陪葬墓墓主本人的官印，而“食官监”当为该楚王墓葬的食官令，其主要职责是为死去的楚王提供膳食祭品，这或许是其殉葬于楚王墓的一个重要原因。食官监墓的内容及其内涵从一个侧面反映出该楚王墓的墓主应为第二代楚王刘郢（客）。

关 键 词　狮子山　楚王墓　陪葬墓　食官监　印章

徐州狮子山汉墓[1]位于徐州市东郊狮子山主峰南坡，为西汉早期的一座楚王墓葬。楚王墓墓道内有一座陪（殉）葬墓，出土有“食官监印”铜印等文物，因此又称该陪葬墓为“食官监”墓。目前，针对“食官监”陪葬墓的专门研究并不多，如《徐州狮子山楚王墓陪葬人位置问题初步探讨》[2]一文，根据狮子山楚王墓相关室的开凿及“食官监”墓的埋藏等情况，指出现所见到的狮子山汉墓内钱库（E2）原应是“食官监”陪葬之处，由于原设计因故变化，加之时间仓促，形成现在看到的将“食官监”葬在墓道中的情况。关于“食官监印”，则是在相关研究中有所涉及，较多研究认为其为楚国宫廷职官印章，“食官监”是专门负责监管楚王饮食的官吏[3]；一些研究对“食官监印”做了相关探讨，或指出食官监为食官属下，但具体性质未做论述[4]；还有研究就狮子山汉墓陪葬官印的性质等进行了论述，但对“食官监印”论述不多[5]。上述诸文关于官印的陪葬性质与制度及所体现的楚王墓墓主归属等问题的结论并不一致，对食官监印的认识也不统一。本文拟在已有研究的基础上，结合考古、文献等相关资料，对“食官监”陪葬墓及相关问题做浅显论述，不正之处，以求指正。

一、“食官监”陪葬墓与“食官监印”概况

狮子山楚王墓由墓道、甬道、前后室及耳室、侧室等组成（图一）。墓道南向，分前、中、后三段，由外向内，宽度依次变窄，前段及中段南端呈斜坡状，中段北端及后段较平。前墓道北端有对称两土台，台上置放有陪葬的陶俑，后段墓道上有一面积较大的竖长方形天井，下部两侧凿有耳室，耳室内放置众多陪葬品。中墓道底部北端较平处的东西两侧分别置有陪葬墓和陪葬陶俑。陪葬陶俑位于墓道壁西侧底部，原放置于长95厘米、宽45厘米、高35厘米的木箱内，男、女俑皆有，均为侍俑。陪葬墓（图二）位于墓道壁东侧底部，编号为PM，长方形，范围南北长4.35米、东西宽1.6米。有漆木质葬具，已朽，余有痕迹，应为一棺一椁。棺位于北部，痕迹清楚，底铺玉璧5块。葬1人，头北向，头部有玉枕，两手各握一玉璜。死者足部放置铜钱一堆，不见榆荚半两，为四铢半两，有千枚之多。另有一定数量的其他陪葬品，如铜鼎、勺、镜、环、带钩，铁剑、环首刀，陶壶、罐、钫、俑及圆珠饰等。墓内出土印章三枚，腰部有无字玉印一方，偏上位置两侧各有铜印章一枚，皆桥形纽，正方形，边长2.2厘米。一方铜印锈蚀严重，印文难辨，可能为死者私印；另一方铜印印文为“食官监印”四字（图三）。从葬具及敛、陪葬品等来看，墓主具有一定的身份和地位。

除上述三枚印章外，狮子山汉幕还出土印章多枚，为铜质或银质，主要发现于盗洞、墓门前拉出塞石的位置和W4内，而它们原应合放在W4内的一贮藏器中。与“食官监印”相近的为“楚食官印”，铜质，和“食官监印”最大的区别是无

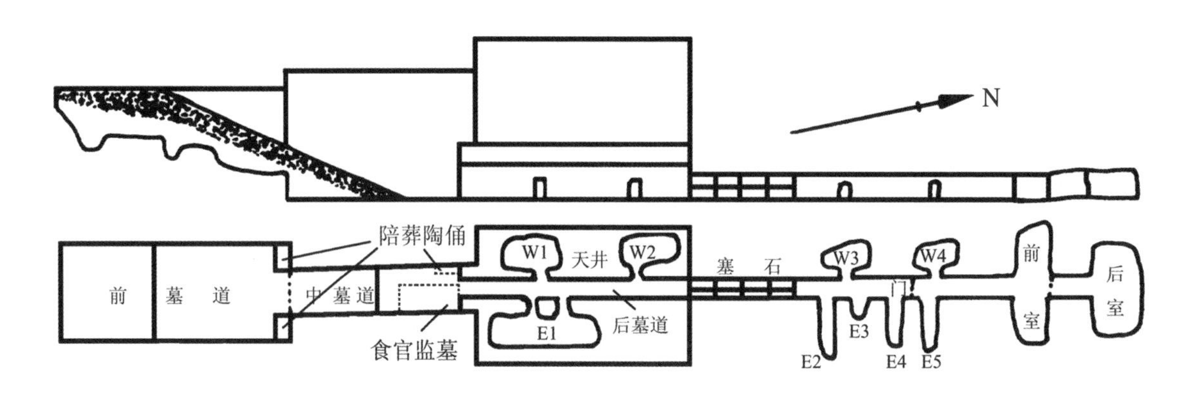

图一　徐州狮子山汉墓平、剖面图

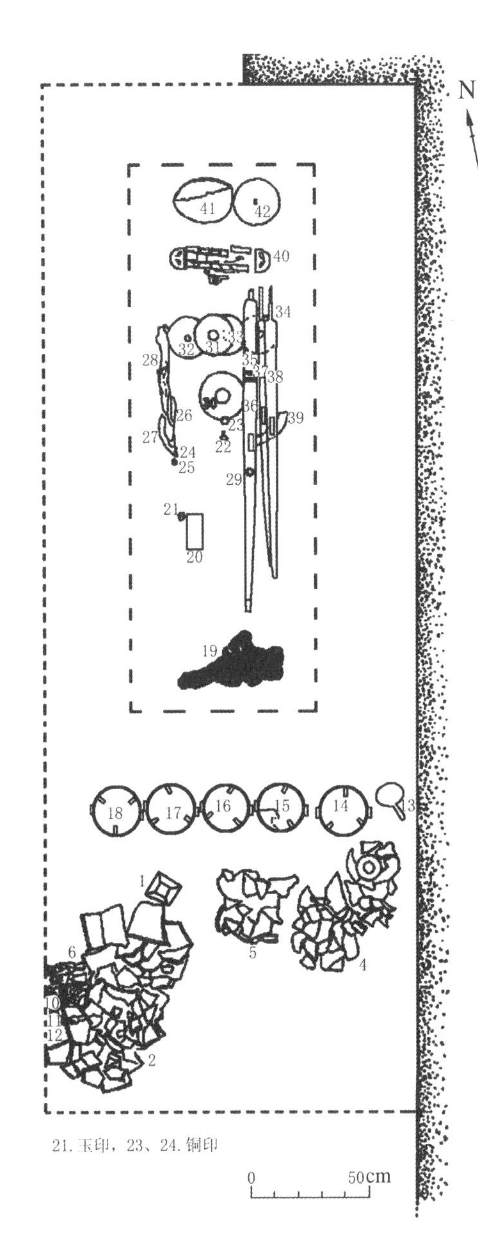

图二　徐州狮子山“食官监”陪葬墓平面图

图三　徐州狮子山汉墓陪葬墓出土“食官监印”印文

图四　徐州狮子山汉墓出土“楚食官印”印文

“监”字，有封国名“楚”字（图四）。另外，楚王墓出土的一件陶瓮（E1：64）上刻有“茈酱二石食官第二”“食官三石”等文字，还有一件陶瓮（E1：52）上刻有“月（肉）酱二石食官第二”等文字。

二、陪葬墓与“食官监印”的陪葬性质

（一）陪葬墓的陪葬性质

狮子山楚王墓的陪葬墓众多，墓外已发现、发掘相当数量，而且较具层次[6]。关于墓内（含墓道）陪葬墓，《徐州狮子山西汉楚王陵发掘简报》一文指出：“狮子山楚王陵共发现3座陪葬墓，即食官监墓及E4、E5两座女性墓。根据鉴定，食官监为40余岁的男子，E4女性墓死者年龄在30岁左右。以活人殉葬乃商周丧葬制度的残余，到了西汉已很少见，特别是楚王的属官与楚王的女侍同为殉葬的情况非常少见。”

从位置上看，E4、E5均位于塞石填封之内的甬道东侧，前室门的内外两侧。楚王尸身下葬之后，甬道外端即要用塞石封堵，E4、E5的墓主也在封堵之前埋葬在各自的室中。食官监墓位于中墓道壁东侧底部，死者为一男性，《徐州狮子山楚王墓陪葬人位置问题初步探讨》一文认为其原应葬在甬道东侧的E2中，因一些情况的出现才葬在中墓道一侧底部。不管这一推测正确与否，就该墓来讲，在楚王墓封填之前也是要埋入的。虽相关资料中没有对该墓之上的土质、土色等有相应描述，但在楚王墓封填后再挖开夯土葬入一陪葬官吏似乎不太可能，更何况楚王墓除封填墓道外，还要筑起高大的封土。徐州地区的中型墓葬中，有墓葬封填后再挖开葬人的现象，但后葬者基本与先葬者为夫妻关系，如铁刹山M6[7]等。另外还发现有竖穴墓道内陪葬人但无打破关系的现象，如火山汉墓[8]，墓主刘和葬在竖穴底部一侧的洞室内，敛服为完整的银缕玉衣，等级和地位较高。该墓一侧有一等级较高的墓葬与之并列，墓主当为刘和夫人。在刘和墓的墓道中部偏下近北侧还葬一人，等级不高，其上填土与竖穴内其他填土一致，当是在刘和墓封填时埋入的，殉葬的可能性极大，而狮子山汉墓墓道内陪葬者的埋葬情况与之较为相似。虽然存在上述三位陪葬者死亡时间与楚王去世时间相近的可能，但这种概率极小，最大的可能就是殉葬。从鉴定结果看，E4所葬女性30岁左右，墓道内所葬男性40余岁，均非正常的死亡年龄，也基本证实了这一推测。从埋葬情况看，这三位殉葬者基本为“死殉”，而非“活殉”。所谓死殉，应是在埋葬前通过一定手段或方式致使殉葬者死亡，然后再埋入陪葬；活殉则是将有明显生命特征的人直接埋入陪葬。虽然这两种殉葬均较残忍，但比较而言，死殉相对理性一些。

从发掘情况看，狮子山汉墓的前墓道北端东西对称位置陪葬有陶俑，后墓道的东西两侧有放置物品的耳室，中墓道北端西侧陪葬有陶俑，东侧为男性陪葬墓。可以说，前、中、后三段墓道均设置有陪葬设施，基本东西对称，是轴对

称布局及墓葬安排或设计的体现；再结合该墓其他各室的陪葬内容，反映出由外及内、较具层次的陪葬系统。在墓道末端置放俑等陪葬设施在其他西汉诸侯王墓中也有发现，如湖南长沙地区的象鼻嘴M1 [9]、徒壁山M1 [10] 等，墓道接近墓室处有偶人，时代基本为西汉早期 [11]。相关内容正是西汉诸侯王墓仿现实建筑的第宅化特征及“事死如事生”丧葬观念的充分体现。但严格来讲，狮子山汉墓中墓道北端的陪葬墓与陪葬陶俑虽在内涵和用途上有相近之处，但形式、内容和面积大小并不协调，也与前墓道北端两侧的陪葬陶俑不甚一致，这可能与楚王墓葬修建时间仓促及其他因素有关。

关于狮子山汉墓陪葬墓及陶俑的埋葬方式，应是在规定的位置，按要求摆放相关物品后，与墓道统一填埋。陪葬陶俑基本有盛放的木箱，而陪葬墓则是棺外套椁，棺内有墓主尸身、随身的陪葬品及钱币等，椁内棺外为陶、铜器等陪葬品，而椁本身正好起到保护棺及陪葬品等的作用。

西汉时期，殉葬渐被摒弃，正常的陪葬较为普遍，帝、王、列侯及相关贵族、官吏等多有陪葬者。但在西汉早期，还有一定数量的诸侯王、高级贵族或官吏墓葬存在殉葬者。除徐州狮子山汉墓、火山汉墓外，广东省的广州南越王墓，墓道及外藏椁内均有殉葬者 [12]，广西贵县罗泊湾 M1、M2 [13] 皆有一定数量的殉葬者，特别是M1，椁室底层发现七具殉葬木棺，每棺殉葬一人。从汉景帝时期开始，诸侯王墓用人殉葬的现象急剧减少，已发现发掘的景帝及以后的西汉诸侯王墓基本没有殉人现象大致证明了这一点 [14]。但就整个西汉时期来讲，至宣帝时还有诸侯王准备用人殉葬，《汉书·景十三王传》载赵缪王刘元（前56年薨），“病先令，令能为乐奴婢从死，迫胁自杀者凡十六人，暴虐不道”，反映出这一葬俗延续时间较久。

（二）“食官监印”的陪葬性质

有关狮子山汉墓出土印章的研究中，基本都将“食官监印”与其他印章并论，即将“食官监印”与其他印章视为楚王墓出土印章。从大的方面讲，该印章及陪葬墓等均是对狮子山汉墓墓主的陪葬，但其更具有针对性，陪葬性质也不同于该陪葬墓外出土的其他印章。

其他众多印章基本陪葬于狮子山汉墓的西侧第四耳室（W4），集中放置在专门的漆木箱内，体现出明确陪葬楚王的特征。与这些印章陪葬位置不同的是，“食官监印”置于墓道内的陪葬墓之中，从出土情况看，其位于陪葬墓主的身侧 [15]，应是殓葬时放置的，因此，该印章当是陪葬墓主最为直接的陪葬品之一。考虑到印章作为陪葬品的特殊性，“食官监印”为陪葬墓墓主官印的可能性较大，玉印和另外一枚铜印则可能为墓主的私印。从具体位置看，玉印和其中一枚铜印

（PM：24）同位于墓主右侧，分布集中，PM：23则位于墓主左侧，推测PM：23应为“食官监印”，PM：24为墓主私印。

徐州地区中型墓葬中，同时陪葬墓主官、私印的现象常有发现。东郊陶楼M1[16]出土有墓主私印和官印，私印为玉质双面印，一面为“刘欣”，一面为“臣欣”；官印为龟纽银质，印文为“君侯之印”，可能为临时刻凿的陪葬品。黑头山西汉墓[17]出土印章8枚，其中“刘慎（臣慎）”私印6枚，为男性墓主人的私印，铜、玉质各3枚，官印1枚，为铜质“东宫府印”；另有1枚双面铜印，一面为“萧真”，另一面为“平阳君印”，为刘慎之妻的印章。以上内容表明，西汉时期楚国的一些官吏死后，除用私印外，还使用本人官印陪葬，官印有的为临时刻凿，而私印可以是多枚。因此，狮子山汉墓陪葬墓陪葬有墓主官印和2枚私印当属于正常情况。“食官监印”笔画模糊，可能为临时刻凿的陪葬品，也存在长期使用的可能。但无论是临时刻凿还是长期使用，其作为陪葬墓墓主本人的官印当无疑问。

由上所述，狮子山汉墓墓道内的陪葬墓为殉葬墓应无疑问，而殉葬者为官吏“食官监”。根据出土楚王骨骼的鉴定结果，其死亡年龄大致在37岁左右[18]，食官监墓墓主年龄与其相近，推测二者可能有较密切的关系，这或许是其殉葬楚王的原因之一。由于殉葬，殉葬者的安葬规格或享受的待遇等可能与正常陪葬者情况不同，所以会出现陪葬墓有一棺一椁，棺底铺玉璧，有玉枕、玉握，随身葬有多枚印章、四把铁剑等，并有陶俑、一组五件铜鼎及较多其他器物等，即形成整体规格相对较高的情况。

三、“食官监印”所属职官分析

狮子山汉墓出土2枚与“食官”有关的印章，虽然有专门的庖厨间，内有大量盛放食品的器物，但无相关封泥发现。“楚食官印”和其他众多印章基本位于西侧第四耳室（W4）专门的漆木箱内，陪葬特征明显，而W4的位置居内，与楚王的棺室距离较近，体现的关系也较密切。“楚食官印”印文最前为“楚”字，结合上述因素，其作为楚国宫廷食官印章的可能性较大。

仅从印文观察，“食官监印”较之“楚食官印”少“楚”字而有“监”字，但二者均与食官有关。汉代食官有两种：一是宫廷内负责生人膳食的官吏；一是帝王陵墓设置为死人准备食物等的行政官员。

关于第一种食官，《后汉书·百官志》载太子官属中有食官，本注曰：“主饮食。”狮子山汉墓出土“楚食官印”可能与之有相似之处。另在詹事下皇后之官也有食官令、长、丞，吴荣曾先生指出：詹事下皇后之食官，是主生人膳食？还是主祭品？现在不大好确定，因为皇后下面有私官，私官是主膳食之官[19]。另据《百官表》载，少府的属官太官为皇帝的主膳食之官，在诸侯国则应为诸侯王的膳食官。西汉初期，楚国即设有此职官，河北满城M1出土铜壶及西安市文物中心馆藏西汉铜鼎的铭文均有“楚太官”等字，而相关器物是七国之乱后被朝廷没收又赐予他人的[20]。由此来看，一些食官可能是宫廷内负责饮食的官吏之一，但并非主要官吏，而且其很可能不负责帝王的饮食。

第二种食官的职责是提供膳食祭品，主要服务于帝王陵墓。《汉书·百官公卿表》奉常下有“诸庙寝园食宫令长丞”。《汉书·冯奉世传》载冯奉世子冯参，“以王舅出补渭陵食官令”。如淳曰：“给陵上祭祀之事。”《后汉书·百官志》载太常之下，“先帝陵，每陵食官令各一人，六百石。”本注曰：“掌望晦时节祭祀。”《汉官旧仪》及《汉旧仪》均载有“食官令，秩六百石。丞一人。”《太平御览》卷五五九引《关中记》载茂陵设“陵令一人，食官令一人，寝庙令一人，园长一人，园门令史三十二人，侯四人。”《西汉帝陵调查钻探报告》一书的《西汉帝陵的综合研究》部分指出，西汉帝陵设置了大量行政官员，食官令是太常属官（西汉时应是奉常属官），每座帝陵设食官令一人，食官令下属有“食官长丞”或“食官丞”[21]，并有“渭陵食官令印”[22]及“杜陵食官□丞”印[23]等可以佐证。食官服务于帝王陵墓的时代不晚于秦代。秦始皇陵西侧建筑遗址出土的饮食用陶器等上有“丽山食官”“丽山飤官”等铭文，推测此遗址为飤（食）官建筑遗址，且食官有左、右之分，管辖下的供厨很多，另飤（食）官建筑遗址北还有园寺吏舍遗址[24]。汉代继承了这一制度，帝王陵墓亦设食官，但目前未发现专门的飤（食）官建筑遗存，推测可能已融入园寺吏舍或其他建筑之中，而这与陵墓自身设施建设的需要及相关机构的增多和不断细化等或许有一定的关系。从徐州地区的楚王墓来看，楚王下葬前，所属陵墓的食官即已设置。据《徐州狮子山楚王墓陪葬人位置问题初步探讨》一文介绍，楚王山M1陪葬的方形铜鼎盖上刻有“右食官”铭文，说明还有左、右食官之分。狮子山汉墓E1出土的一些小陶瓮上刻有“茈酱二石食官第二”“食官三石”“食官”“月（肉）酱二石食官第二”等铭文，相关器物当是在举行相应祭祀仪式后与其他器物一并置入E1之中的，而它们与陵墓食官有着较大关系。

“食官监”在史书中没有明确记载，但有与之相近的内容，即食监。食监与陵墓食官关系密切。《汉官》载：“先帝陵，每陵食监一人，秩六百石。监丞一人，三百石。中黄门八人，从官二人。”南朝梁刘昭注：“案，食监即是食官令号。”《汉官仪》亦载：“置陵园令、食监各一人，秩皆百石。”食监与食官监仅差一“官”字，与食官的关系较为明确，笔者认为，食官监即食监，食监可能是食官监的简称，抑或是后世对其的简化。换言之，食监或食官监应是汉代帝王陵墓食官最高长官食官令的另一称呼，秩六百石，并有丞等下属。狮子山汉墓陪葬墓出土“食官监印”而非“食监印”，可能与墓葬时代较早有关，而较晚阶段则可能为“食监”而不称“食官监”。

由上可知，狮子山汉墓陪葬墓出土的“食官监印”应为该楚王墓食官令的印章。按《汉官仪》：“千石至三百石铜印”，“(秩）六百石，铜章墨绶”[25]，“食官监印”为铜印章，与之相符。这说明至迟楚王下葬前，可能在墓修建之初或过程中，该楚王墓已设有食官，上文所举带有“食官”刻铭的陶、铜器亦可证明。食官监或食官令有相应的地位，如果再将殉葬等因素考虑在内，其墓葬当具有一定等级，该墓的葬具及殓葬、陪葬品等均说明了这一点。而该墓棺外有一组五件铜鼎及铜勺一件，也和食官提供膳食祭品的职责较为一致。狮子山汉墓的前、中、后三段墓道均有陪葬设施，前、中墓道的末端皆置有陶俑，祭祀礼仪的特征明显，而食官监葬在中墓道末端一侧，和西侧陶俑对应，与其职责当有一定关系。

四、从“食官监”墓看狮子山汉墓墓主归属

自狮子山汉墓发掘以来,关于墓主归属的争论多集中在第二代楚王刘郢(客)与第三代楚王刘戊之间，另外还有第四代楚王刘礼或第五代楚王刘道的提法，近年来又有学者提出第一代楚王刘交之说[26]。从目前研究来看，第四、第五代楚王的可能性基本排除。在上文研究的基础上，笔者拟对狮子山汉墓墓主归属做简单分析。

第一，狮子山汉墓不仅墓外有数量众多的陪葬墓，墓道及甬道旁侧还有3位殉葬者。甬道内殉葬2名女性，而“食官监”墓墓主为陵墓食官令，具有一定的身份地位。“食官监”墓的葬具等级高，敛、陪葬品数量多且档次不低，如棺底铺玉璧，有玉枕、玉握等殓葬品，陪葬有铜、玉印3枚及5件铜鼎、4把铁剑，另有诸多陶器及钱币等。第三代楚王刘戊是“七国之乱”的主要参与者，兵败后自杀，虽然可以葬在生前修建的墓葬中，但很难以王礼下葬，所以不可能有殉葬者，即使有，殉葬墓的葬具及敛、陪葬品等也不可能是上述情况。对比参与谋反的宛朐侯刘埶的墓葬[27]，“食官监”墓的殓葬玉器等的数量和品种均较多，也反映出其所陪葬的主墓墓主当非谋反者。因此狮子山汉墓墓主不可能为第三代楚王刘戊。

第二，“食官监”墓的死者足部放置千枚之多的四铢半两，不见榆荚半两。《汉书·文帝纪》载：文帝五年（前175年），“除盗铸钱令，更造四铢钱”。《汉书·食货志》云：“为钱益多而轻，乃更铸四铢钱，其文为‘半两’。除盗铸钱令，使民放铸。”狮子山汉墓食管监殉葬楚王，与楚王基本同时埋葬，而主墓钱库内也有一定数量的四铢半两，故楚王的下葬时间应在四铢半两颁行之后。楚元王刘交死于前179年，距离四铢半两颁行有4年之久，其死后即使有居丧期，也不会超过4年，故狮子山汉墓不应为刘交之墓。第二代楚王刘郢（客）在位时间

为前178—前175年，其下葬时四铢半两已经颁行。考虑到主墓内陪葬钱币85%为榆荚半两，余为四铢半两的情况，其时代应是四铢半两发行之初，这与刘郢（客）的在位时间极为吻合，因此狮子山汉墓应为刘郢（客）之墓。“食官监”墓陪葬钱币的种类与主墓不同，而主墓陪葬钱币中榆荚半两占有较大比例。究其原因，主墓设置有钱库，需要大量的钱币用于陪葬，而刘郢（客）下葬时，四铢半两刚刚颁行不久，不能满足钱库的存放量，故使用较多稍早时期的钱币陪葬，而这也是楚王权力的体现。

第三，食官监墓与对称位置的陪葬陶俑在形式、内容和面积大小上不是太协调，体现出主墓修建时间较为仓促的特点。刘交在位23年，刘戊在位21年，均有充裕的时间修建墓葬和安排墓内的各项设施。刘郢（客）在位不足4年，死亡年龄约在32～38岁之间，与墓主骨骼的鉴定结果基本一致，推测其可能因疾病死亡或突然病故[28]，这就促使其墓葬修建得较为仓促，外墓道未能凿建完整等均是体现，即连墓外的兵马俑陪葬坑也未按要求完工，坑壁及底凹凸不整的现象多见，显露出仓促之感[29]。

鉴于以上几点，笔者认为狮子山汉墓墓主为第二代楚王刘郢（客）的可能性最大。

综上所述，徐州狮子山汉墓墓道内的陪葬墓作为殉葬墓应无疑问，当然也存在陪葬墓墓主在楚王下葬之前的一段时间内去世并陪葬楚王的可能。陪葬墓出土的铜质“食官监印”为陪葬墓墓主本人的官印，而“食官监”就是该楚王墓葬的食官令，其主要是负责为死去的楚王提供膳食祭品，这或许是其殉葬于楚王墓的一个重要原因，同时也与墓道内相关陪葬设施的设置有着一定的联系。食官监墓的内容及其内涵从一个侧面反映出该楚王墓的墓主应为第二代楚王刘郢（客），而非其他楚王。

注释

[1] 狮子山楚王陵考古发掘队：《徐州狮子山西汉楚王陵发掘简报》，《文物》1998年第8期；韦正、李虎仁、邹厚本：《江苏徐州市狮子山西汉墓的发掘与收获》，《考古》1998年第8期；王恺、葛明宇：《徐州狮子山楚王陵》，生活·读书·新知三联书店，2005年，第96－98页。

[2] 耿建军：《徐州狮子山楚王墓陪葬人位置问题初步探讨》，《蒋赞初先生八秩华诞颂寿纪念论文集》，学苑出版社，2009年，第214－217页。

[3] 王恺：《狮子山楚王陵出土印章和封泥对研究西汉楚国建制及封域的意义》，《文物》1998年第8期；耿建军：《试析徐州西汉楚王墓出土官印及封泥的性质》，《考古》2000年第9期；刘瑞：《狮子山楚王陵出土印章封泥考释》，《21世纪中国考古学和世界考古学》，中国社会科学出版社，2002年，第425－436页。

[4] 黄盛璋：《徐州狮子山楚王墓墓主与出土印章问题》，《考古》2000年第9期；韦正：《江苏徐州市狮子山西汉墓墓主的再认识》，《考古》2002年第9期；赵平安：《对狮子山楚王陵所出印章封

泥的再认识》,《文物》1999年第1期。

[5] 韦正、李虎仁、邹厚本:《江苏徐州市狮子山西汉墓的发掘与收获》,《考古》1998年第8期;刘瑞:《徐州北洞山楚王墓墓主考》,《考古》2008年第10期;葛明宇:《徐州北洞山汉墓年代与墓主探讨》,《考古》2009年第9期。

[6] 刘尊志:《试论徐州狮子山汉墓墓外设施与墓主问题》,《南方文物》2010年第4期;葛明宇:《徐州狮子山楚王陵陪葬墓的调查发现与认识》,《华夏考古》2012年第3期。

[7] 李祥、郑洪全:《徐州市铁刹山汉墓群》,《中国考古学年鉴·2006年》,文物出版社,2007年,第191-192页。

[8] 耿建军、盛储彬:《徐州火山汉墓》,《中国考古学年鉴·1997年》,文物出版社,1999年,第132-133页。

[9] 湖南省博物馆:《长沙象鼻嘴一号西汉墓》,《考古学报》1981年第1期。

[10] 长沙市文化局:《长沙咸家湖西汉曹嫘墓》,《文物》1979年第3期。

[11] 宋少华:《略谈长沙象鼻嘴一号汉墓陡壁山曹嫘墓的年代》,《考古》1985年第11期。

[12] 广州市文物管理委员会、中国社会科学院考古所、广东省博物馆:《西汉南越王墓》,文物出版社,1991年。

[13] 广西壮族自治区博物馆:《广西贵县罗泊湾汉墓》,文物出版社,1988年。

[14] 刘尊志:《汉代诸侯王墓研究》,社会科学文献出版社,2012年,第122-136页。

[15] 由于发掘简报及相关资料的介绍较为简略,编号PM:23、24均为铜印章,具体所属并不清晰,但皆位于陪葬墓主的身侧。

[16] 徐州博物馆:《徐州市东郊陶楼汉墓清理简报》,《考古》1993年第1期。

[17] 徐州博物馆:《江苏徐州黑头山西汉刘慎墓发掘简报》,《文物》2010年第11期。

[18] 王凌:《徐州狮子山楚王陵的考古发掘及其意义》,《两汉文化研究》(第一辑),文化艺术出版社,1996年,第265-272页。

[19] 吴荣曾:《从西汉楚国印章封泥看王国中央官职》,《大汉楚王》,中国社会科学出版社,2005年,第22-27页。

[20] 西安市文物保护考古所:《西安文物精粹——青铜器》,世界图书出版社,2005年,第16页;中国社会科学院考古研究所、河北省文物管理处:《满城汉墓发掘报告》,文物出版社,1980年,第42-43页。

[21] 咸阳市文物考古研究所:《西汉帝陵调查钻探报告》,文物出版社,2010年,第187-188页。

[22] 汪启淑:《汉铜印原》,西泠印社,1996年,第31页。

[23] 罗福颐:《汉印文字征》卷五第十,文物出版社,1978年,第188页。

[24] 秦俑考古队:《秦始皇陵西侧"丽山飤官"建筑遗址清理简报》,《文博》1987年第6期;袁仲一:《秦始皇陵考古发现与研究》,陕西人民出版社,2002年,第102页。

[25]〔清〕孙星衍等辑,周天游点校:《汉官六种》,中华书局,1990年,第188页。

[26] 刘照建:《徐州西汉前期楚王墓序列和墓主及相关问题》,《考古学报》2013年第2期。

[27] 徐州博物馆:《西汉宛朐侯刘埶墓发掘简报》,《文物》1997年第2期。

[28] 刘尊志:《徐州狮子山楚王墓墓主再探》,《徐州师范大学学报(哲学社会科学版)》2005年第2期。

[29] 徐州博物馆:《徐州狮子山兵马俑坑第一次发掘简报》,《文物》1986年第12期。

(责任编辑:党士学　朱学文)

秦陵 K9901 陪葬坑夯土遗迹保存状况研究

张尚欣　陶质彩绘文物保护国家文物局重点科研基地　秦始皇帝陵博物院
侯鲜婷　陕西历史博物馆
夏　寅　陶质彩绘文物保护国家文物局重点科研基地　秦始皇帝陵博物院
付倩丽　陶质彩绘文物保护国家文物局重点科研基地　秦始皇帝陵博物院
张卫星　秦始皇帝陵博物院
陈治国　秦始皇帝陵博物院
付　建　秦始皇帝陵博物院

内容提要　K9901陪葬坑作为秦始皇帝陵建筑的重要组成部分，是我们了解秦历史文化的重要载体，但随着时间的推移，遗址出现了多种病害。为了对K9901陪葬坑进行科学保护，通过遗址建筑工艺研究、夯土遗址本体分析、环境监测、病害分析，对K9901陪葬坑保存现状进行了调查研究。此外，在此基础上提出了针对这些病害的治理对策，以期最大限度地保护K9901陪葬坑的本体及信息。

关 键 词　秦陵K9901陪葬坑　夯土遗迹　保存状况　保护对策

秦始皇帝陵园K9901陪葬坑（又称“百戏俑坑”）位于秦始皇帝陵园外城东南部。该陪葬坑平面呈东西向长条形，主体部分向北凸出，方向91.5°。陪葬坑主体部分东西向长40.2 m，加上东西两门道总长80.8 m，南北宽12.8～16.7 m，距现地表4.6 m。陪葬坑主体部分面积620.47 m^2，西门道面积188.83 m^2，东门道面积91.63 m^2，俑坑总面积约900.93 m^2。主体部分由南北两侧东西向及南北向（局部）的二层台与中墙部2条东西向的隔墙将坑内空间分隔为3条过洞，自南向北分别编为1号过洞、2号过洞、3号过洞（图一、图二）。

K9901陪葬坑作为秦始皇帝陵建筑的重要组成部分，是我们了解秦历史文化的重要载体，但随着时间的推移，遗址出现了多种病害。因此，亟须对其保存现状进行调查、分析和研究，从而有利于采取相应的保护措施保证其安全性、稳定性。

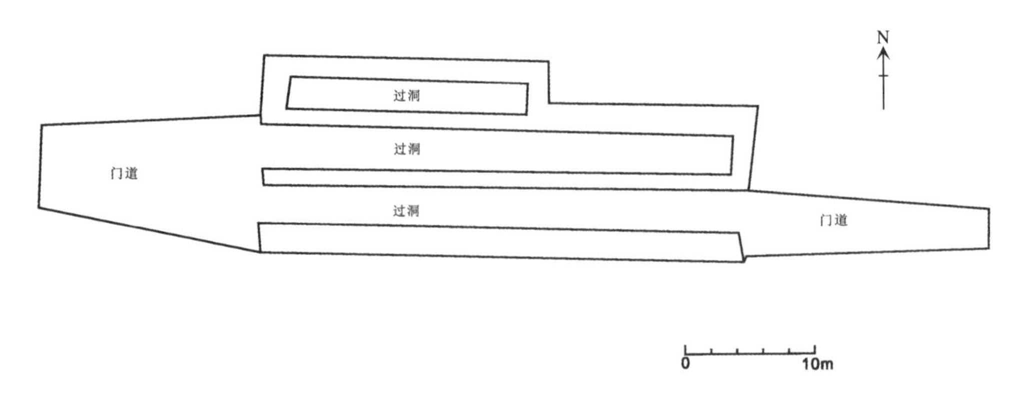

图一　K9901陪葬坑平面图[1]

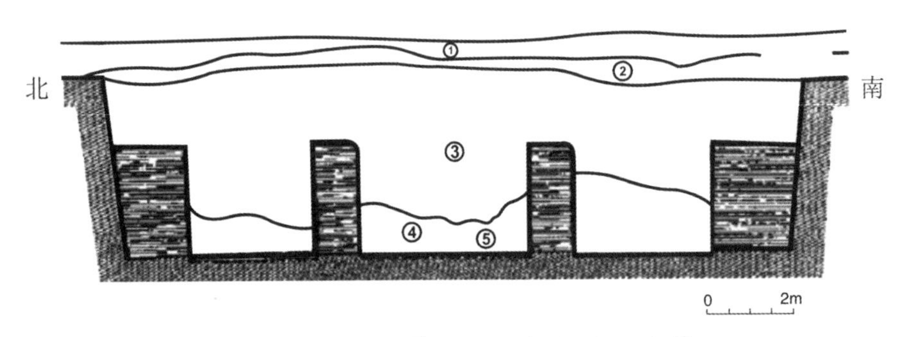

图二　K9901陪葬坑主体部分剖面图[2]

注：①为现代生活层；②为晚期冲积层；③为五花土层；④为坍塌土层；⑤为夯土地基层。

一、K9901陪葬坑夯土建筑工艺

从考古发掘所显露的夯土遗迹来看，K9901陪葬坑遗址主体部分系夯筑而成，而后经火烧。夯筑工艺是我国古代生土建筑的主要建筑方式。夯土技术是使用夯打工具以外力的作用使局部土质密实、牢固，从而求得整体坚实平整。这种技术广泛应用于我国古代的城墙、房屋、陵墓等建造中，有很长的发展历史。它不仅在我国的建筑史上具有重要意义，而且在我国科技、社会发展中也曾产生过深远的影响[3]、[4]。

K9901陪葬坑系地下土木结构建筑，坑体部分及门道主体采用挖余法修筑而成。首先开挖一个土圹，然后在土圹的南北两壁逐层夯筑高2.5 m、宽1.6 m的二层台；土圹坑底夯实作为地基；地基上夯筑2条东西向的土隔墙，把土圹分割为3条宽约1 m、高约2.5 m的过洞；过洞底部纵横交错铺设铺地木，过洞两侧铺设地栿，地栿上贴过洞南北两壁直立木厢板；在隔墙和木厢板上南北向紧密排列棚木以封闭过洞，棚木上盖席，席上铺设五花土并粗夯密实，形成坑顶。

该陪葬坑坑底为厚约70 cm的细夯土，二层台和隔墙均采用版筑法夯筑而成。夯筑质量较高，夯筑细致，土质密度较大，质地坚硬。夯层平直、均匀且清晰，每层厚约5～7 cm（图三—图六）。从塌陷墙体表面及内部均能看到清晰的夯层，其应是从内到外一次夯筑而成的。在二层台和隔墙上每隔一段均会发现从顶部直贯而下的竖直裂隙（图七—图十），推测其为分段版筑。相邻两段版筑墙体并非一个整体，因此长期内应力的不均匀分布即会导致裂隙的产生。

图三　二层台夯层（一）

图四　二层台夯层（二）

图五　隔墙夯层（一）

图六　隔墙夯层（二）

图七　二层台竖直裂隙（一）

图八　二层台竖直裂隙（二）

图九　隔墙竖直裂隙（一）

图十　隔墙竖直裂隙（二）

二、夯土理化性能分析

夯土遗址病害的产生和发展与夯土本身性质及建筑工艺密切相关，因此在调查研究遗址病害的同时，需对遗址夯土土体及其建筑工艺进行研究，掌握其力学性质和工程特性，从而为后续研究工作提供数据支撑。

（一）样品采集

鉴于遗址保护取样的特殊性，无法在遗址完整部分大量取样，因此在该遗址中散落夯土块中进行采样。本次共采样11个，分布位置主要集中于1号过洞和2号过洞。样品列表见表一。

表一　夯土样品编号及采集地点

样品编号	采样位置	样品描述
1	T16 G2 2.3 m	夯土
2	T16 G2 2.4 m	夯土
3	T16 G1 2.4 m	夯土
4	T16 G1 2.5 m	夯土
5	T17 G2 2.1 m	夯土
6	T17 G2 2.2 m	夯土
7	T17 G2 ③C层 2.3 m	夯土

续表

样品编号	采样位置	样品描述
8	T17 ③d层 2 m	夯土
9	T17 ③d层 2.1 m	夯土
10	T18 G2 2.4 m	夯土
11	T18 G1 2.4 m	夯土

（二）实验方法

粒径测试采用马尔文激光粒度仪；容重分析采用石蜡法；阴离子分析采用高效离子色谱法；阳离子分析采用原子荧光分光光度法。

（三）测试结果及讨论

对这些夯土样品进行了遗址土体的容重、颗粒组成、土体中可溶盐离子种类及含量的测试。测试结果见表二和表三。

表二　夯土样品容重及颗粒组成测试结果

测试指标 / 样品编号	容重（g/cm³）	机械组成			
		黏粒（%）	粉粒（%）	砂粒（%）	粗砂粒（%）
1	1.91	1.796175	52.441942	45.761879	0.12114063
2	2.69	1.942031	55.612153	42.445819	0.178715039
3	2.40	0.018795	5.603374	94.377835	0.078569456
4	2.03	0.345559	12.435019	87.219422	0.071016423
5	1.00	0.167726	14.122336	85.709934	0.197115385
6	1.90	1.087082	33.400275	65.512643	0.134262374
7	2.45	0.367549	13.820682	85.811767	0.076112878
8	1.00	0.618628	20.804592	78.57678	0.117416378
9	1.91	0.811147	24.14508	75.043775	0.250597474
10	1.94	0.137528	7.465361	92.397112	0.04779698
11	1.98	0.290389	9.391341	90.318271	0.098383533

注：黏粒（<0.002 mm），粉粒（0.02～0.002 mm），砂粒（2～0.02 mm），粗砂粒（>2mm）

表三 夯土样中可溶盐离子浓度测试结果（mg/kg）

编号 \ 离子浓度	Ca^{2+}	Mg^{2+}	Na^{+}	K^{+}	Cl^{-}	SO_4^{2-}
1	77.90	11.25	70.24	11.38	6.43	9.36
2	87.97	13.44	76.60	9.65	7.19	9.50
3	89.35	12.34	34.92	8.36	7.32	5.50
4	83.14	11.75	58.45	9.51	6.48	6.00
5	50.22	9.19	90.49	12.35	14.34	63.28
6	59.54	7.88	79.56	9.51	6.38	6.33
7	67.20	12.50	89.62	9.99	13.84	157.72
8	56.32	7.15	55.47	7.98	6.21	4.65
9	47.78	6.80	50.19	6.28	6.36	6.05
10	58.07	11.45	87.74	17.59	6.32	5.61
11	63.03	12.13	59.92	11.07	6.45	6.02

1号过洞和2号过洞所测夯土块的容重的结果显示，两个地方土样容重均有大有小，并无规律。如果考虑到是夯筑工艺影响的结果，则说明了当时夯筑时所使用的工具和人力是大量的，因此造成不同位置土体的容重有所差异。

通过对夯土的机械组成进行分析，发现所有夯土均包括黏粒、粉粒、砂粒和粗砂粒，粒径分布较为均匀，具有连续性。通过观察，还发现夯土中的粗砂粒明显少于填土中的粗砂粒，因此可以推测，所用夯土是用周围填土经过剔除粗砂粒后所得的。

夯土中可溶盐的成盐离子主要包括Ca^{2+}、Mg^{2+}、Na^{+}、K^{+}、Cl^{-}、SO_4^{2-}这六大离子，这和其他遗址中分析出来的可溶盐离子种类大致一致[5]。通过分析发现，5号和7号样品中的可溶盐离子Cl^{-}、SO_4^{2-}含量明显高于其他样品，甚至达到了40倍之多，而这两个样品均采自2号过洞的17探方。此结果尚不能排除是人为活动带来的误差。可溶盐对土体的影响是巨大的。当地下水位较高时，土遗址中含水量较大，便会溶解这些盐类，变成盐溶液。含有可溶盐的地下水会因为土体的毛细作用而在其表面扩散、渗透，随着水分的蒸发，被溶解的盐类物质就会停留在较高位置的土体中甚至结晶出来。而结晶产生的压力再结合其他因素会造成遗址表层的开裂、剥落等。兵马俑一号坑、半坡遗址中出现的大片开裂和酥碱剥落病害的产生与发育，与盐的活动密切相关[6]。

三、夯土遗迹赋存微环境特征

夯土的劣化过程受多种外界因素综合的影响，而环境因素尤其是气候因素是最为直接和作用持续时间最长的因素。西安属于暖温带半湿润大陆性季风气候，四季分明，冬季寒冷少雨雪，夏季炎热多雨，秋季易出现连阴雨。其年平均气温为13.1～13.4℃，最高气温为35～41.8℃，最低气温为−20～−16℃。秦陵K9901坑遗址属于半封闭的“室内”环境，大大减少了外界光照、空气污染物、风、雨水、动物等对遗址的影响，但自发掘以来室内微环境（温湿度、土壤含水率等）的反复变化对遗址水分、可溶盐等的活动的影响，导致遗址出现龟裂、根部酥碱等病害。为了掌握土遗址所处微环境的具体情况，我们对K9901陪葬坑2013至2014年室内空气温湿度、土壤温湿度、土壤含水率及电导率进行了监测。

（一）室内环境监测

1. 实验仪器与方法

实验采用室内防潮型大气温湿度传感器（型号为MW301GD），测量范围为温度−40～123.8℃、相对湿度0～100%；

2. 实验结果分析

遗址保存环境的空气温度、相对湿度随外界气候变化都存在较大波动。室内空气温度在5—10月在18～25℃波动，而11月至次年1月在10～15℃波动，整体波动相对较小；空气相对湿度在5—10月在50%～90%波动，而11月至次年1月在35%～68%波动，5—10月的相对湿度大部分时间偏高，而且变化幅度较大（图十一）。

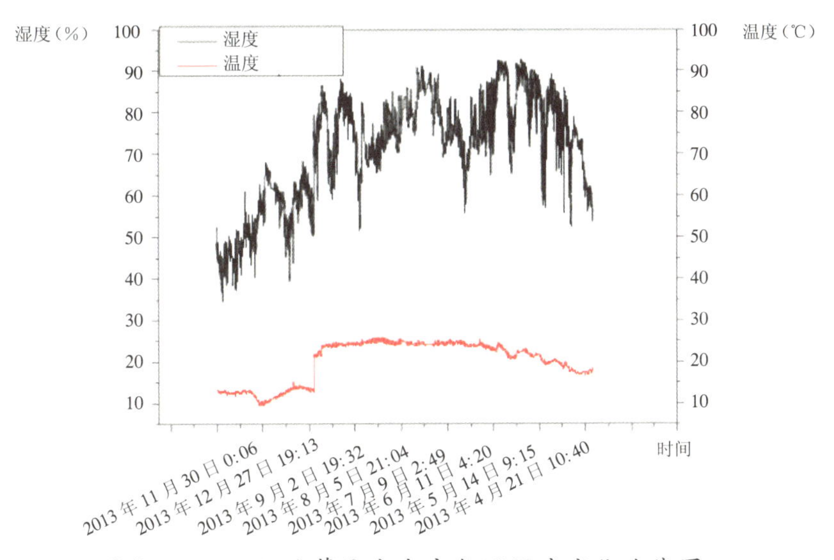

图十一　K9901陪葬坑室内空气温湿度变化曲线图

（二）土壤环境监测

1. 实验仪器与方法

实验采用室内防潮型土壤温度、土壤水分含量、电导率传感器（型号为MW307GD-M4），测量范围为容积含水率0～100 m^3/m^3、电导率0～23 dS/m、温度为−40～50℃；防潮型节点无线传感器，存储范围为−40～85℃、相对湿度为0～90%（无凝露）。

实验采用室内防潮型土壤温度、土壤水分含量、电导率传感器（型号MW307GD-M4）分别监测距K9901陪葬坑坑底表面20 cm、50 cm、100 cm、150 cm 处土壤的温度、水分含量、电导率。

2. 实验结果分析

由图十二可知，不同深度处的土壤温度与K9901陪葬坑的室内大气温度变化趋势一致。其中，5—10月土壤温度低于空气温度，而且随着距地表深度的增加土壤温度逐渐降低。11月至次年1月土壤温度高于空气温度，而且随着距地表深度的增加温度逐渐升高。

由图十三可知，土壤含水率在5—10月、11月至次年1月各自基本稳定，并没有随着室内环境相对湿度的起伏而起伏。其中，距地表20 cm 处的土壤含水率随季节变化较大，5—10月稳定在10%～11%，而11月至次年1月稳定在9.3%～9.7%；距地表50 cm处的土壤含水率在5—10月稳定在10.6%～10.9%，而11月至次年1月稳定在9.7%左右；距地表100 cm处的土壤含水率最大，5—10月稳定在14.7%～15.3%，

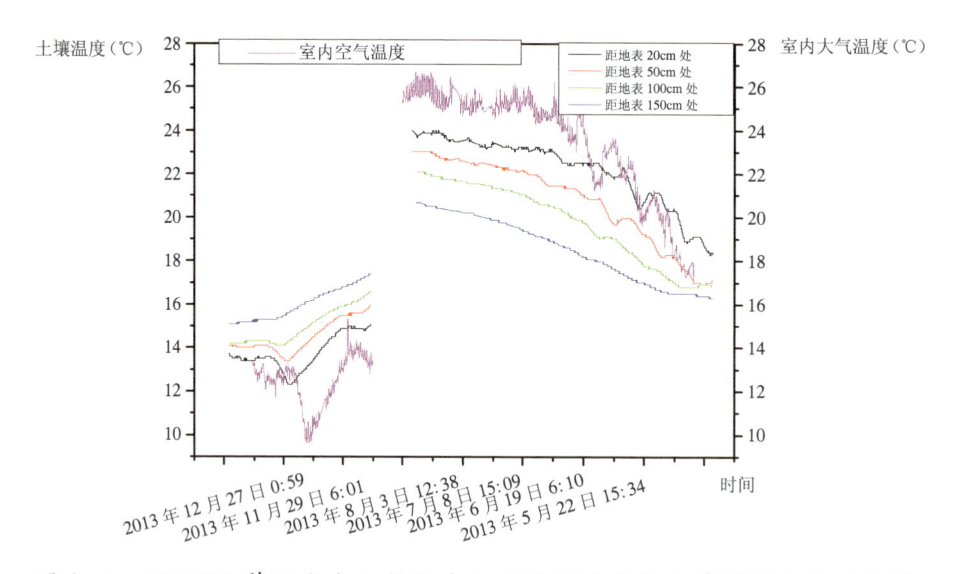

图十二　K9901陪葬坑室内大气温度与不同深度处的土壤温度变化曲线图

而11月至次年1月稳定在13.8%～14%；距地表150 cm处的土壤含水率次大，5—10月稳定在9.6%～10.3%，而11月至次年1月稳定在12.1%～12.5%；

由图十四可知，K9901陪葬坑土壤电导率在0.08～0.12 dS/m之间，随着距地表深度的增加，土壤电导率增大。土壤电导率的变化趋势和土壤含水率的变化趋势并非完全一致，推测其原因是不同深度土壤可溶盐含量不同。

从环境监测数据可以看出，整体环境情况并不理想。数据显示，一年内遗址空气环境及土壤环境都在一定范围内波动，基本在10月左右整体数据会出现大幅度变化，这与外界气候变化有一定的对应，说明外界环境变化对展厅内影响较大。

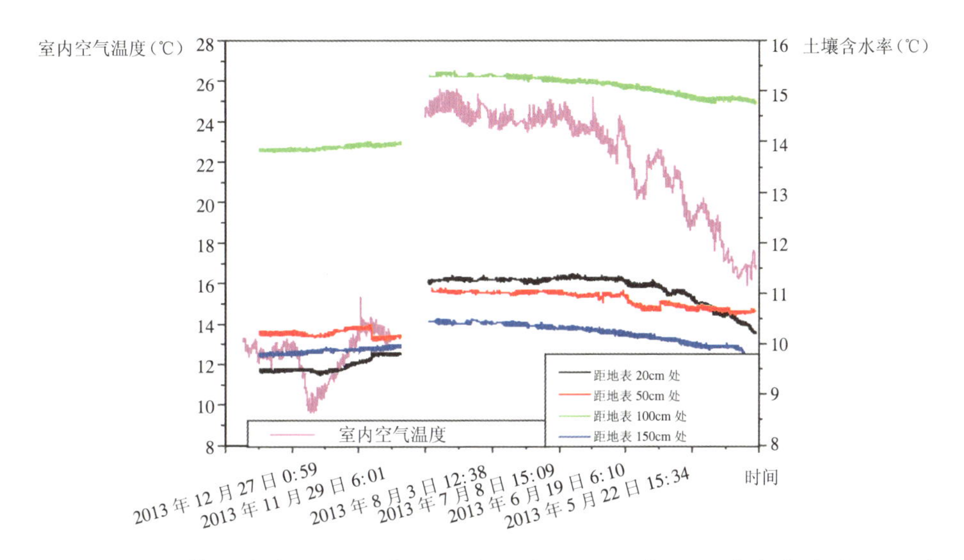

图十三　K9901陪葬坑室内大气温度与竖直方向不同深度处土壤含水率变化曲线图

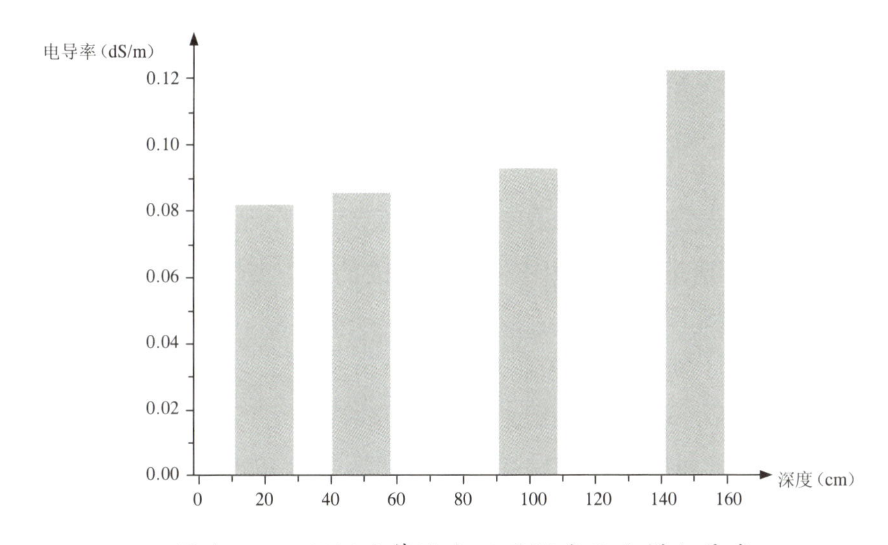

图十四　K9901陪葬坑内不同深度处土样电导率

四、K9901陪葬坑夯土遗迹病害调查分析

土遗址分为室内遗址和室外遗址。室外遗址由于长期受自然和人为因素破坏，大部分遗址病害复杂多变。目前文物保护学者对该类土遗址病害已有很多研究。室内遗址由于受到场馆建筑等的保护，风吹雨淋对土遗址的影响相对较小，室外粉尘、CO_2等大气污染物对土遗址的破坏作用也大为减少。秦陵K9901陪葬坑采用了先建保护展示大厅再进行考古发掘的展示方法，减少了外界环境如风、雨、大气污染物等对土遗址的直接破坏，因此相对于室外遗址而言，K9901陪葬坑土遗址受外界自然环境影响较小。然而环境监测数据反映遗址一定程度上也受到周围环境的影响，室内环境温湿度及土壤温湿度、含水率一年内均有一定的波动，而遗址中也发现有裂缝、坍塌、根部酥碱、粉化、片状剥离、盐析等病害（图十五）。

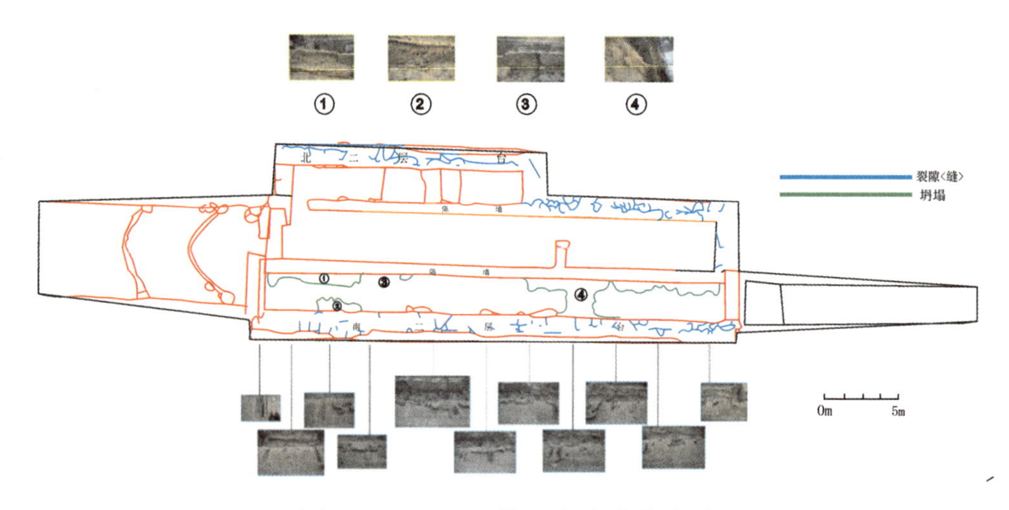

图十五　K9901陪葬坑主要病害分布图

（一）裂隙（缝）

裂隙（缝）指土遗址本体内由不同原因形成的裂隙或裂缝。它往往是坍塌或冲沟病害发生的条件[7]，主要包括卸荷裂隙、构造裂隙、变形裂隙。

K9901陪葬坑夯土遗迹形成裂隙病害的原因有三个：第一，遗址本体建造结构。夯土遗迹二层台、隔墙等均由版筑夯筑而成，其上有从上贯下的竖直裂隙，推测夯筑是分段夯筑而成的，所以导致交接面应力分布进而导致裂隙产生（图七—图十、图十六）。第二，人为影响。由于考古挖掘需要，运土、人员工作走动施加给土遗址载荷重力，使得土遗址出现开裂、裂隙等病害（图十七、图十

八）。第三，温湿度变化。由于裂隙主要存在于遗址表面，所以发掘之后，遗址所处环境的温湿度骤变，导致遗址水分变化。遗址本身含有一定水分、可溶盐，但在开挖之后，由于温湿度变化，可溶盐结晶析出，形成一层硬壳状物质，使土遗址轻则出现泛白，重则产生风化，逐渐造成土遗址出现大量宽度不一的裂隙、裂缝[8]（图十九、图二十）。现场调查研究发现，土遗址二层台以上四周的墙壁和二层台上的裂隙病害出现的频

图十六　构造裂隙

图十七　表面裂隙（一）

图十八　表面裂隙（二）

图十九　变形裂隙

图二十　裂隙

率很高，而相对来说，两道隔墙上的裂隙病害较少。在最北边过道中的南北两道墙上出现的变形裂隙和构造缝都非常严重，可能会对遗址的形貌和安全造成大的威胁。

（二）坍塌

该类病害是土遗址最为严重的病害，它直接威胁土遗址的整体安全性。其中，裂隙、墙基向内凹是开裂坍塌的重要原因[9]。

在K9901陪葬坑内有大量裂隙病害，墙基向内凹进的现象亦很常见，这导致了坍塌病害的发生。土壤在环境干湿变化过程中，极易因产生膨胀、收缩变化而开裂。土块在自身重力的影响下，裂隙很快延伸和发展，使遗址墙体开裂坍塌。墙基向内凹进引起墙体应力重新分布，在墙体上形成卸荷裂隙，再加上其他裂隙切割卸荷裂隙，最终形成不稳定土体，这在其他营力作用下，极易发生坍塌[10]。坍塌病害多发生在两道隔墙上，尤其在最南边的过道中，出现了大量坍塌，很有可能会危及遗址安全（图二十一、图二十二）。

图二十一　坍塌病害（一）

图二十二　坍塌病害（二）

（三）盐析

盐析是指在水的作用下，土体内部的盐分（尤其是硫酸钠）在土体遗址的表面富集。由于盐分“结晶膨胀—溶解收缩—结晶膨胀”的反复作用，土体结构不断疏松，从而引起土遗址的破坏，具体表现为土遗址不断凹进[11]。

K9901陪葬坑挖掘之前因有土壤覆盖水分保持度很好，但是在挖掘之后，由于直接暴露在空气中，温度变化，水分挥发快，盐随水动，水分蒸发导致可溶

图二十三　盐析病害（一）

图二十四　盐析病害（二）

盐向上迁移，在外界温湿度的交替变化下，最终在土遗址表面析出结晶。盐析病害在K9901陪葬坑土遗址中的出现较少（图二十三、图二十四），仅在北墙与西墙的拐角处和北侧隔墙发现盐析现象。盐析物质取样分析显示，其中NaCl含量为0.52%，Na_2SO_4含量为0.37%。

（四）片状剥离

片状剥离是指土遗址的表面在外营力或内营力的作用下表面疏松起壳，在外力或重力作用下成片状或小块状剥离。其可分为雨蚀剥离病害、风蚀剥离病害和裂隙剥离病害[12]。

K9901陪葬坑出现的片状剥离病害都属于裂隙剥离病害。裂隙剥离病害是指由于原生节理、次生卸荷裂隙和次生风化裂隙等组合作用，在土遗址墙体表面形成一些片状、小块状分离体，在外力或重力作用下不断掉落。在K9901陪葬坑土遗址上，我们发现，片状剥离病害出现的频率比裂隙病害低，这些病害均出现在中间隔墙上（图二十五、图二十六），在二层台以上的四周墙壁上没有发现。这是因为过道中的土壤湿度保持得较好。地下水在上渗过程中携带易溶盐向上运移，使遗址局部盐分含量升高，最终在遗址表面堆积。盐分在不断溶解和结晶过程中，在土壤孔隙中形成巨大的内应力[13]，破坏了土壤的团粒结构，使得土壤颗粒之间的结合能力减弱。若该颗粒处在垂直面上，在重力作用下就会出现脱落，表现出片状剥离病害[14]。二层台以上的四周墙壁自身所含水分较少，并且离地面较高，不利于地下水上升到遗址内，所以产生片状剥离的概率较小，甚至不会出现此种病害。

图二十五　片状剥离病害（一）

图二十六　片状剥离病害（二）

（五）粉化

粉化指土遗址表面土体呈现粉末状或者颗粒状的物质。该病害通常是各种影响因素共同作用的结果。

粉化病害在该陪葬坑中出现的很少，只在中间隔墙上发现少量粉化现象（图二十六、图二十七）。产生粉化的原因可以解释如下：盐分随着水向上运移，水盐在与环境接触时，土的性质发生变化，盐分向外析出，遗址表面变得酥松，形成粉化病害。

图二十七　粉化病害（一）

图二十八　粉化病害（二）

五、K9901陪葬坑夯土遗址病害防治对策

通过前期调查研究发现，秦陵K9901陪葬坑的病害主要有裂隙（缝）、坍塌、盐析、片状剥离、粉化。而裂隙（缝）和坍塌病害分布广泛，有些病害较严重，其他几种病害仅在局部有发现。环境监测数据显示遗址所处室内环境温湿度、露

点温度在一定范围内波动，相对湿度较高。因此，若要开展好预防性保护，应该更好地对遗址所处环境进行控制，减小环境的波动，提高环境质量，整体抑制各种病害的发生和发展。另外，针对现存各种病害，提出以下保护对策：

第一，裂隙（缝）。首先选择代表裂隙病害进行安全性监测，监测裂隙长度、宽度、深度的变化，根据监测数据，及时采取保护措施；然后，对于微裂隙，通过控制环境防止其恶化，而对于较大裂隙，可采用PS-C进行灌浆加固工艺处理。

第二，坍塌。坍塌病害现在分为两种：（1）已完全坍塌病害（图二十二），坍塌部分与未坍塌部分已处于稳定状态。对于这部分，我们选择维持现状进行展示，如此展示也是对其历史经历的原状展示。（2）遗址土体趋于坍塌病害（图二十一）。该类遗址面临坍塌危险。对于这类病害视遗址情况，或进行支护应急处理，或采用锚杆进行锚固处理，主要要保证其安全性。

第三，盐析病害。对于盐析病害的处理，最主要的就是去除遗址中的可溶盐。但由于土遗址本体与大地相连，遗址上层可溶盐去除后，地基中的可溶盐又会向上层运移。因此，对于这类病害的修复，主要针对可溶盐浓度高的区域进行适度脱盐处理，使其接近周围遗址可溶盐浓度，彼此达到动态平衡。本次分析的两处Cl^-、SO_4^{2-}含量很高的部位，需进行除盐处理。由于土遗址中除盐技术尚不成熟，所以可以参考其他类型文物的除盐技术[15]。脱盐方法采用 8%的$Na_2[Na_4(PO_3)_6]$多层纸张贴敷，并结合蒸馏水清洗[16]。

第四，片状剥落和粉化病害。这类病害采用丙烯酸树脂、有机硅单体等材料对片状剥落及粉化区域进行表面加固处理，从而达到防风化加固的效果。

六、结语

K9901陪葬坑属于由生土夯筑后经火烧而成，夯筑技艺较高。因其是博物馆内遗址，故受外界环境影响较小，其产生病害的主要外界因素是遗址中的水及可溶盐的活动。本文在调查遗址建筑工艺，分析、检测遗址土体理化性质，以及分析环境监测数据的基础上，分析了该遗址裂隙（缝）、坍塌、粉化、根部酥碱、片状剥落、盐析这些主要病害的现状及产生机理。其中，裂隙和坍塌病害是K9901陪葬坑土遗址的主要病害，同时也直接威胁土遗址的安全稳定性。粉化、根部酥碱、片状剥落出现的频率较小，但也应尽早进行保护处理，放任病害长期自然发展，最终会导致珍贵的历史遗址受到损害。作为半封闭展示的K9901陪葬坑遗址，室内环境温湿度波动及可溶盐是上述病害产生和发育的主要原因。因此，结合K9901陪葬坑遗址的保存现状，本文针对其病害提出了治理对策。由于暴露在环境中的遗址无时无刻不在遭受环境的影响，遗址随着时间的变化在发生细微的变化，所以仍需进一步研究并制订更详细的预防及保护方案。

注释

[1] 秦始皇帝陵博物院：《秦始皇帝陵博物院》（总叁辑），三秦出版社，2013年，第51－66页。

[2] 陕西省考古研究所，秦始皇兵马俑博物馆：《秦始皇帝陵园考古报告1999》，科学出版社，2000年，第167页。

[3] 张振华、关菲凡：《中国传统土作初探》，《广东水利电力职业技术学院学报》2010年第8卷第3期，第10－14页。

[4] 张虎元、赵天宇、王旭东：《中国古代土工建造方法》，《敦煌研究》2008年第5期，第81－90页。

[5] 张慧、李玉虎、黄四平：《陕西境内土遗址析白物成份分析研究》，《考古与文物》2008年第3期，第105－107页。

[6] 张奇锋：《土遗址保护水知道答案》，《广东科技报》2001年12月。

[7] 孙满利、李最雄、王旭谌等：《干旱区土遗址病害的分类研究》，《工程地质学报》2006年第15卷第6期，第773－775页。

[8] 杨梦妮、杨清龙、黄四平等：《土遗址盐分抑制保护研究进展及其发展趋势》，《丝绸之路》2011年第2期，第30页。

[9] 赵海英、李最雄、韩文峰等：《西北干旱区土遗址的主要病害及成因》，《岩石力学与工程学报》2003第22卷增2期，第2875－2880页。

[10] 郭青林、王旭东、李最雄等：《敦煌阳关烽燧现状调查与保护研究》，《敦煌研究》2007年第5期，第66－67页。

[11] 汪海港：《潮湿环境土遗址的新型保护材料合成与初步评价》，《中国科学技术大学学报》2009年第5期，第10-12页。

[12] 孙满利：《土遗址保护研究现状与进展》，《文物保护与考古科学》2007年第4期，第1－3页。

[13] La IglesiaA, Gonzlilez V, L6pez-Acevedo V, et: *Salt crystallization in porous construction materials I Estimation of crystallization pressure*, Journal of Crystal Growth, 1997, Vol. 177, P. 111－118.

[14] 黄四平、赵岗、李玉虎等：《模拟土遗址中可溶盐运移规律的初步探索》，《土壤学报》2011年第48卷第2期，第299页。

[15] G. Pavlogeorgatos: *Environmental parameters in museums*, Building and Environment, 2003, Vol. 38, No. 12, P. 1457－1462.

[16] 王蕙贞、董鲜艳、李涛等：《西汉初期粉彩陶俑的保护研究》，《文物保护与考古科学》2005年第17卷第4期，第39－43页。

（责任编辑：陈洪　党士学）

甘青地区出土早期彩陶科学研究述评

容　波　秦始皇帝陵博物院
陈　洪　秦始皇帝陵博物院
武丽娜　秦始皇帝陵博物院
李　斌　秦始皇帝陵博物院
马　宇　秦始皇帝陵博物院
聂　莉　秦始皇帝陵博物院
崔大龙　秦始皇帝陵博物院

内容提要　本文从彩陶文化内涵、陶器颜料成分、胎体检测、制作工艺等方面，梳理甘青地区早期彩陶科学研究文献。在把握该地区出土早期彩陶研究现状基础上，思考该地区彩陶从繁盛到衰落的人文历史背景，阐释该地区早期彩绘科技研究中存在的问题，并分析甘青地区出土早期彩陶未来研究方向。

关 键 词　甘青地区　彩绘　陶器　颜料　胎体

甘青地区位于中国内陆，黄河的上游，是中华民族的重要发祥地之一，自古以来就是多民族文化互相融合和发展得很有特色的文化板块。因其特殊的地理位置、得天独厚的自然条件、辉煌灿烂的人文历史，造就了大量颇具风采的古代文化遗存，保留了许多璀璨夺目的珍贵历史文物，以马家窑彩陶为典型代表的新石器彩陶就是其中鲜活的范例。为追溯早期陶器彩绘来源，在陕西省社会科学基金项目“秦文化陶器彩绘溯源”课题支持下，我们赶赴甘青相关地区实地调研，与当地考古机构展开合作，收集马家窑文化、辛店文化、寺洼文化中的典型陶器资料。本文从彩陶文化内涵、陶器颜料成分、胎体检测、制作工艺等方面，梳理甘青地区早期彩陶科学研究文献，在把握甘青地区出土早期彩陶研究现状基础上，思考该地区彩陶从繁盛到衰落的人文历史背景，阐释该地区早期彩绘科技研究中存在的问题。

一、甘肃青海地区出土彩陶文化背景

（一）甘青地区出土彩陶文化内涵及分布

甘青地区古代文化遗存丰富、文化脉络清晰，其文明起源的研究更是整个中国文明起源研究大课题中不可或缺的一部分。从新石器时代晚期到两周时期，该地区相继有大地湾一期文化、师赵村一期文化、仰韶早期文化、仰韶中期文化、马家窑文化、宗日文化、齐家文化、四坝文化、卡约文化、辛店文化、寺洼文化、诺木洪文化、沙井文化等各种地域文化绵延不息。与中原夏、商、周时期并行的主要是齐家、四坝、卡约、辛店、寺洼、沙井和诺木洪文化[1]。这些地域文化大多发现彩陶或彩绘陶。

大地湾一期文化是我国西北地区目前考古发现中年代最早的新石器文化遗存，因首先发现于甘肃秦安大地湾而得名[2]，亦称老官台文化或前（先）仰韶文化，主要分布在渭河中上游地区。该期碳14测年为距今约8200～7300年[3]。彩陶数量超过出土陶器总数的三分之一，器类及纹饰均比较简朴。彩绘多为紫红彩宽带纹，色彩浓重。少数圜底钵内壁有内彩，主要是圆点、直线、弧线、折线、山字纹等[4]。因此，大地湾文化一期发现的彩陶是迄今为止西北地区最早的彩陶[5]。秦安大地湾遗存共分五期，各期之间连绵发展延续不断，时间跨度将近三千年。

师赵村一期文化主要分布在渭河中上游及汉水上游地区，距今约7300～6900年。曾有“老官台文化”“前仰韶文化”“北首岭文化”“西山坪二期文化”等名称。该文化发现少量彩陶，多在陶钵、碗的口沿外侧饰一周黑彩或红彩宽带纹，以黑彩居多[6]。

仰韶早期文化遗存亦称“大地湾二期文化”或“师赵村二期文化”，距今约6900～5800年，其面貌与半坡类型相似又存在地方性变异，主要分布在渭河上游的甘肃秦安、天水地区，主要遗址有秦安大地湾、天水师赵村和西山坪[7]。彩陶多为黑彩，红彩极少，施于钵、盆的口唇及上腹部。纹样简朴平直，主要有宽带纹、鱼纹、直边三角纹、折线纹、平行线纹等[8]。

仰韶中期文化遗存有“甘肃仰韶文化”“西阴文化”“大地湾三期文化”“师赵村三期文化”等多种名称，距今约6000～5360年，延续了大约400年。其分布区域较之仰韶早期文化有所扩大，包括黄河上游及其支流渭河、泾水、西汉水流域。经过发掘的遗址主要有秦安大地湾、天水师赵村和西山坪[9]。该文化“彩陶发达，多用黑彩、偶见红彩、白彩，多施于盆、钵的口沿和腹部，盆、钵中已有微量的内彩器。”[10] 彩陶纹饰流畅生动、别具一格，主要由弧线、弧边三角形、圆点、曲线等组成几何形纹饰以及鱼、蛙等动物纹[11]。

马家窑文化旧称“甘肃仰韶文化”[12]，后更名为“马家窑文化”[13]，历经石岭下（旧称仰韶晚期文化）、马家窑、半山、马厂四个文化发展阶段[14]，其上限距今5700多年，前后持续约1600年[15]。马家窑文化彩陶久负盛名，其彩陶均是入窑前在陶胚表面绘彩，因而器表花纹附着牢固，色彩浓郁，不易褪色脱落。彩绘有黑、红、白三种颜色，而以黑彩最多见。纹样主要有以漩涡纹为主的几何图形以及蛙、鸟等动物纹样，还有少量人物舞蹈纹。器型多为日常生活用品，有盆、钵、勺、瓶、罐、甑、缸、瓮等器类[16]。

宗日文化主要分布在青海湖南面的共和盆地，是青海地区新石器晚期与马家窑文化并存的一种地方文化，距今约5600～4000年。宗日文化陶器中明显存在两种不同类型，一种是典型的马家窑文化陶器，另一种是具有浓厚本地色彩的陶器[17]。比较这两类陶器的器形、纹饰、颜色，可知宗日文化早期墓葬出土的主要是马家窑文化陶器，到了中期，宗日式陶器逐渐占据主导地位，其器形、纹饰特色鲜明，即陶器一般为乳白色，表面施以紫红彩。到了后期，宗日式陶器逐步明器化，而马家窑类型陶器则逐渐减少[18]。宗日文化大约延续了 1500 年，后来被齐家文化所代替[19]。

齐家文化距今约4100～3700年，处于从新石器时代向青铜时代过渡时期，年代基本与夏王朝并行[20]。分布在黄河上游及其支流湟水、洮河、大夏河、西汉水、渭河流域，地跨青海、甘肃、内蒙古、宁夏四个省区，较之马家窑文化分布更加广泛[21]。甘肃省已发掘的遗址主要有武威皇娘娘台、永靖大河庄、永靖秦魏家、天水师赵村和西山坪、广和齐家坪，青海省已发掘的遗址有大通县上孙家寨、乐都柳湾、贵南尕马台、大通黄家寨等。该文化彩陶有红、黑、紫红色，其中红彩最多，与马家窑彩陶以黑彩为主的风格截然不同[22]。齐家文化兴起于马家窑文化衰退之时，继承了马家窑彩陶传统，其彩陶器形、纹饰都可在马家窑文化马厂类型中找到源头[23]。

四坝文化主要分布在东起山丹、西至安西的河西走廊地区，距今约 3950 ～ 3430年。经过发掘的遗址主要有甘肃玉门火烧沟[24]、酒泉干骨崖[25]、民乐东灰山遗址[26]等。其文化内涵既不同于马厂类型，也有别于沙井文化，有强烈的地方风格。彩陶比例较大，如火烧沟墓地彩陶占出土陶器总数的一半以上；彩陶均施紫红色陶衣，以黑彩居多，红彩较少，彩绘浓重且凸起于器表[27]。纹饰有由三角、直线、斜线、方块等构成的几何纹饰，以及羊、犬、鹿、蜥蜴等动物纹。该文化既有彩陶也有彩绘陶。该文化冶铜业更加成熟，由该文化的一些器形、彩绘图案以及普遍存在的砷铜制品，可以窥见其与马厂类型、齐家文化以及中亚文化的联系[28]。

卡约文化主要分布在青海省河湟地区，遗存分布在东起甘肃永靖，西至青海湖，北起祁连山麓，南至阿尼玛卿山的广大地区，分潘家梁类型（卡约类型）、阿哈特拉类型、中庄类型三种[29]。卡约文化距今约3600～2600年，相当于中原的西周时期。考古工作者在青海民和县山家头、循化县阿哈特拉山找到了齐家文化向卡约文化过渡的地层关系及类型学传承关系[30]。卡约文化制陶业不很发达，陶器仅占出土器物总数的 10%左右，且制作粗糙、器类单调[31]。有少量彩陶，多在器表施紫红色陶衣，在器物颈部施一条紫红彩。彩绘纹样有斜线三角纹、勿字纹、漩涡纹、回纹等几何纹，以及羊、鹿、蛙等动物纹[32]。

辛店文化主要分布在黄河上游及其支流洮河、大夏河和湟水流域以及渭河上游的陕西宝鸡地区。辛店文化可分山家头、张家咀、姬家川三个类型[33]。距今约3400～2700年，即从商代一直延续到西周晚期[34]。辛店文化彩陶较为发达，但其数量、质量较之马家窑文化均大为逊色。最早的山家头类型彩陶较少，第二阶段的姬家川类型彩陶比例增大，分布面偏西。第三阶段的张家嘴类型遗存（包括唐汪式陶器）[35]，碳14测年为距今3000年左右，分布区域更为偏西，已达湟水中上游一带，彩陶纹饰更为多样化。

寺洼文化主要分布于洮河、泾河、渭水流域以及西汉水、白龙江上游地区。该文化晚于齐家文化，而与辛店文化大致并行，大部分遗存年代约相当于商末至西周晚期、东周初期，距今约3400年～2700年[36]。发掘的遗址主要有临洮寺洼山[37]、庄浪徐家碾[38]、西和栏桥[39]、合水九站[40]等。陇东泾河流域分布的寺洼文化遗存与先周文化多有重合，其素面绳纹灰陶风格的陶器与关中地区先周晚期、西周的器物也很相似[41]。该文化遗存中未发现彩陶，仅发现少量彩绘陶，多是描画在陶罐口沿下方的简单的云纹。

诺木洪文化主要分布于柴达木盆地东南部及其周边地区[42]，其年代约为西周时期，下限可能到战国或汉代以前[43]。该文化彩陶较少，多在器表和口沿内侧施灰黑色或红色陶衣，少数施灰白色陶衣。彩绘色彩浓郁，纹样简单[44]。诺木洪文化居民既从事农业和畜牧业，又有狩猎和制陶业，还有发达的冶铜业、纺织业，与卡约文化关系密切[45]。

沙井文化主要分布在甘肃省的民勤、金昌、永昌三县市境内，距今约2900～2400年左右，相当于中原地区西周至春秋晚期[46]。沙井文化有少量彩陶，流行在陶器颈肩部或通体施一层紫红色陶衣。彩陶均为红彩，彩绘花纹有横竖线、三角形、菱格纹、波折纹等几何纹与动物纹、人形纹等[47]。沙井文化经济形态以畜牧业为主，兼营农业、冶铜业、制陶业等，狩猎及纺织业也占很大比重。沙井文化遗存均位于荒漠绿洲中，文化内涵独特而丰富，与周边的马家窑文化马厂类型、四坝文化、卡约文化、辛店文化都有或多或少的联系[48]。

在青海大部分地区，卡约文化全面替代了齐家文化。分布在柴达木盆地东南一带的诺木洪文化，其陶器从器形、种类到质地等均与卡约文化相似，它和辛店文化在不同地区共同代替了齐家文化[49]。寺洼文化与卡约文化的文化面貌相似，可知寺洼文化也是由齐家文化演变而来的[50]。

关于寺洼文化的族属，学界有古代氐羌族说[51]、薰育戎狄说[52]以及允姓之戎、犬戎、猃狁或氐族[53]等不同说法。吴汝祚先生认为四坝文化、卡约文化、诺木洪文化均属古代羌人的一支[54]。陈洪海先生认为宗日文化也应属于先羌文化[55]。卡约文化、辛店文化、寺洼文化的存在时期，与《后汉书·西羌传》等史书记载中古代羌人的活动时间正相吻合，因此谢端琚先生认为它们应是古羌人的考古学文化[56]。卡约文化、辛店文化的彩陶纹样与现在羌族装饰图案非常相似，这恰好揭示了羌族图案的历史渊源所在[57]。

据史书记载，周、秦、汉时期活动在甘青地区的有羌、戎各部族。根据史料再从时代空间和分布地理判断，卡约文化、辛店文化、寺洼文化很可能是古代羌人的文化遗存。卡约文化属羌人文化，那么在它之前的，与卡约文化内涵相似并且有着渊源关系的齐家文化和马家窑文化也应该是羌人文化的遗存，至少应属于“先羌”文化的范畴。马家窑文化和齐家文化的分布地域正与古代羌人活动地区相符。只是随着周、秦文化的兴起，原活动于陕、甘地区的羌人部分融于周、秦文化之中，其余部分被迫逐步西迁，与原居于河湟地区的羌人会合，于是青海地区成为后期羌族的大本营。

（二）甘青地区彩陶的兴衰与气候环境变迁之间的关系

陶器（彩陶）的发达程度与人们的经济生活有着密切的关系，原始农业部落和畜牧业部落由于生产、生活方式的不同，对陶器的依赖程度有很大区别[58]。众所周知，陶器易于破碎，对于逐水草而居、经常需要与牲畜一起长距离移动的游牧部落来说，需要的陶器数量和品种都会大为减少。考古发现显示，定居的农业部族常常在居住区近旁选择窑址并烧制陶器，而陶窑的不可移动性也决定了逐水草而居的游牧部落不便烧窑制陶。因此，农牧兼营尤其是以牧业为主的氏族部落，其成员不会像农业部落成员那样，花费大量时间精力去制作精致的陶器，特别是彩陶。

卡约文化分布地域偏西，农业条件较差，陶器也就不甚发达，彩陶相对较少。分布在今半农半牧区，特别是牧业区的卡约文化遗存，陶器数量少，彩陶更少，质量也更简陋粗糙[59]。因此，经济形态、生活方式的差异就成了甘、青地区青铜时代诸文化陶器不甚发达的主要原因。考古调查和发掘资料表明，青海地区新石器时代晚期的仰韶文化、马家窑文化和青铜时代早期的齐家文化都是以原始的锄耕农业为其主要经济生活来源。但是到了齐家文化、卡约文化时期，由于青铜工具的使用、生产力的发展、人口的增加，人们需要，也有可能去开发更广阔的生活空间。齐家、卡约文化分布地域的扩大，以及卡约文化遗存数量的骤增都说明了这一点[60]。

卡约文化时期，畜牧业比重大幅上升，生业经济由此前的锄耕农业为主转变为畜牧业为主，并且出现游牧为生的纯牧业形态[61]。有关这个转变的原因，学界有两种解释：一种看法认为当时气候环境变得干冷，不得不以游牧为生[62]；另一种看法认为青铜器的使用提高了生产力，有可能为了拓展更广阔的生存空间，而人口的增加也使得这种的需求更加旺盛，于是其经济生活由以锄耕农业为主转变为农牧兼营而以畜牧为主[63]；也有学者认为是这两种因素兼而有之，同时产生作用[64]。总之，繁荣了数百年的彩陶以及制陶业，随着锄耕农业向畜牧业的转变逐渐衰落了。这种转变，也是甘青地区到达青铜时代后合乎逻辑的一个进步。因此，这种由于社会经济形态的转变而导致制陶业衰落的现象，不能简单地用来说明生产力水平的高低。在中原地区，龙山文化取代仰韶文化，以灰、黑陶为主的龙山陶器取代了彩陶。当中原地区的彩陶消失后，彩陶在甘青地区仍然延续了很长时间，但终归衰落，这也是气候环境变迁以及社会历史发展的必然。

如上所述，在考古学研究中，甘青地区古文化以彩陶为主要特征，该地区在古代是一个农、牧业兼营而以牧业为主的经济文化区，其经济、文化和民族传统等方面均有鲜明的地域特点，并始终与中原地区存在着密切的经济、文化交流。当中原地区步入文明时代，甘青地区的古代羌人也开始迈入青铜时代，他们在接受中原文化影响的同时，也对中原及周边文化产生一些影响。

二、甘青地区出土彩陶的科学研究现状

从新石器时代到青铜器时代对诸文化陶器的分析、对比和研究中可以看到，在一个特定的文化区域内，各时代陶器的器形和彩陶花纹既存在着一定的承袭关系，又有着明显的脱胎痕迹，它的产生、发展、兴盛、衰退和消亡的整个演变过程和轨迹都比较明显。

（一）甘青地区的彩陶纹样及彩绘

大地湾一期文化有西北地区最早的彩陶，虽然数量少且纹样简朴，但它为研究渭河流域早期彩陶的起源提供了很好的实物资料。大地湾一期文化彩陶纹饰与师赵村一期文化的彩陶纹饰相似，最常见的是钵、碗等陶器口沿外侧的一条宽2～3厘米的棕红色条带纹。不同之处在于大地湾一期多为棕红彩，而师赵村

一期多为黑彩[65]。师赵村一期还有少量内彩陶器，在器口内侧施一道较细的红色条带纹，内壁可见点、圈、直线、弧线等彩色纹饰，在一件陶钵内壁还发现红彩“山”字符号[66]。

与大地湾遗址相距不很远的师赵村遗址是甘肃东部重要的新石器文化遗存。该遗存共有七期，各期文化之间连绵发展不曾间断，文化内涵极其丰富。该遗存自第一期就有彩陶出土，直至第六期（相当于半山—马厂类型）均有彩陶出土，各期的彩陶数量不等。各期彩陶均以几何彩图案为主，但纹样不尽相同，各期有各自的主纹。师赵村彩陶的发展趋势是数量逐渐增多，第七期（相当于齐家文化）后彩陶逐渐减少，最后彩陶消失[67]。师赵村第一期以简单的宽带纹为主，而第二期则多见直边三角纹，第三期多见弧边三角纹、涡纹，第四、五期主纹为波浪纹或漩涡纹，第六期主纹为齿带纹及圆圈纹等。此外各期还有鱼纹、鸟纹或变形鸟纹、全蛙纹、人像纹等象征性花纹[68]。

马家窑文化晚期的半山、马厂类型制陶业非常发达，陶器出土量居西北地区史前文化诸类型之首[69]。据统计，柳湾、地巴坪、土谷台、阳山、花寨子、鸳鸯池、张家台等遗址出土的二万余件陶器中，彩陶约占三分之二，彩陶的繁盛由此可见一斑[70]。兰州的白道沟坪遗址曾发现12座较完整的窑址，窑址旁还发现配色用的陶碟和研磨颜料用的石板，陶碟分格中尚存紫红色颜料[71]。这些都说明此时各聚落已有专门的窑场生产陶器，并且其制陶业已具有一定规模，可生产大量的陶器。

马家窑类型彩陶以黑彩为主，兼有少量白彩。半山类型彩陶比例大幅增加，如地巴坪遗址出土的彩陶竟然占到全部陶器总数的90%[72]。半山类型彩陶多利用黑、红两色组成各种几何形图案，色彩对比鲜明，因而装饰风格比马家窑类型更加生动绚丽，还流行在大口器内壁施彩，典型图案有左右连续的漩涡纹、葫芦纹、齿带纹、圆圈纹等[73]。马厂类型彩陶器上部往往有一层红色或紫红色陶衣，主体花纹以黑彩为主，黑、红彩次之，代表性纹饰有四圈纹、蛙纹、连弧文、菱格纹、方格纹、波折纹等；四圈纹中还缀满各种小花纹，大圆圈纹的内填纹样更加丰富，据青海乐都柳湾统计资料显示，马厂期彩陶大圆圈内填纹样多达四百余种[74]。

对半山、马厂类型彩陶颜料检测研究结果表明，半山、马厂类型彩陶黑彩的色调层次普遍比马家窑类型黑彩的色调层次多，并且红彩的色调是偏褐的红褐色，与单纯赤铁矿的显色色调不同，因而半山、马厂类型彩陶的颜色更加丰富多样[75]。此时最常用的黑、红两种颜料，往往采用复合颜料来改变其原有色调，“通过选矿、配色时的变化，利用有限的几种材料，制作出了色调层次丰富的彩陶”[76]。

与仰韶文化晚期相当的大地湾四期遗存中除了较多的彩陶外，还发现有少量彩绘陶，包括“一定数量的白色彩绘以及少量的朱红色彩绘”，彩绘陶属于新出现因素[77]。大地湾四期遗存距今约4900～5500年，在年代上要早于马家窑文化的马家窑类型[78]。因此，大地湾四期的彩绘陶是西北地区最早的彩绘陶。

（二）甘青地区出土彩陶相关科学研究

1. 出土彩陶所用颜料的科学研究

通过梳理发掘报告及相关文章，我们积累了大量有关马家窑、齐家等文化彩陶的知识。观察检测陶器发现，青海新石器时期的陶器表面陶色普遍不均匀，表现在陶片断面上尤为明显。有的陶片断面依次呈现橙黄色、砖红色、红色、灰色，这种现象应是陶器烧制温度不均匀所致。器表彩绘主要使用了黑、红（棕红）、白三种色彩。

青海地区彩陶主要使用矿物颜料。矿物黄土用作黄色颜料，褐铁矿用作棕色颜料，赤铁矿用作红色颜料，软锰矿和磁铁矿用作黑色颜料，重晶石、白垩、硬石膏及高岭土用作白色颜料[79]。

马家窑文化半山类型的黑彩以磁铁矿和锰氧化物为主，马厂类型的黑彩以赤铁矿混合少量锰氧化物为主，红彩以铁红为主[80]。

白色颜料经X射线衍射分析为方解石、碳酸钙、二氧化硅。采用超景深显微镜、扫描电镜（SEM）、X射线能谱仪（EDS）及X射线衍射仪（XRD）对新石器时期马家窑文化彩陶陶片的黑彩、陶衣、胎体的形貌、物相等检测研究表明，黑色颜料以磁铁矿、软锰矿、黑锰矿为主；陶衣以白云石、石英、赤铁矿和钙长石为主；胎体以高岭土、蒙脱石类黏土为主。经过表面观察和显微观察可知陶片胎质细腻，烧结完全，表面有一层光滑陶衣，于陶衣上绘制黑色纹样，纹饰光滑，与陶衣结合度好，此外发现表面有精细打磨修整痕迹，说明新石器时代晚期陶器制作工艺的精湛[81]。甘肃省玉门火烧沟遗址属四坝文化类型，距今约3590±100～3340±100年。出土的颜料经过显微镜分析，确定它们为赭石、硫磺、朱砂、石膏[82]。

红色是众多彩陶中使用最为频繁的颜色之一，并依据施彩部位不同和调配色的多少形成橙红色、鲜红色和深红色。鲜红为朱砂，深红为铁红。在大地湾四期出土了较多的彩绘陶，一类是绘在灰泥质陶器上的红色彩绘，因彩料脱落而图案不清；另一类是绘在泥质瓶、壶上的白色彩绘，脱落现象不如红彩严重。红色彩料经鉴定为朱砂，白色彩料主要成分为方解石及少量的石膏。白色颜料成分与一期基本相同，但质地较细，在陶器上的黏附性能强于一期，工艺明显有了进步，可能是采用了较好的胶质材料。可见，大地湾文化中彩陶与彩绘陶几乎是同时出现的[83]。

黑色呈色物质为黑墨、炭黑，古时常作为黑色墨汁。黑的本义是火熏之色，火熏之后留下的烟是墨的主要原料。从色彩上看，墨的颜色就是黑色。据人类考古学的研究发现，黑色和红色是人类最早使用的颜色[84]。周代的工匠已经知道制墨的主要原料为炭黑，同时出现了专门的“画绘之工”，掌握了使用颜料的技术[85]。

可见，甘青地区早期出土的彩陶，均使用无机质地的矿物颜料，且颜色以红色、黑色、白色为主；矿物颜料使用主要为：红色（朱砂、赤铁矿），黑色（墨，炭黑，含铁、锰含量较高的红土、磁铁矿、黑锰矿或锌铁尖晶石）、白色（高岭土、白垩、铅白）。黄色尽管并不多用，但为后世广泛采用的雄黄已经出现。总体上，史前先民以黑、红、白为主的色彩艺术来表达其单纯的思想和意识。

2. *彩陶烧制原料的相关研究*

研究证明，在原始时期，先民已经对陶土的选择有了一定的经验，倾向于选择容易烧制、质地细腻的陶土。我国新石器时代的黄河流域烧制的陶器采用的并非可塑性差的黄土，而是富含氧化铁、可塑性好的红土、沉积土、黑土或其他黏土，这些黏土统称为易熔黏土[86]。陶土中含铁的化合物，起着助熔的作用，降低陶土的烧成温度，并影响陶土的颜色。根据不同的烧造工艺，可以烧成红陶和灰陶两种。甘青地区的彩陶取本地陶土烧制，先民们已知道用何种土可烧出制质地好的陶器，这一点在陶片的化学组成中有所体现。

甘肃灵台桥村出土的齐家文化素白陶片，陶质中夹有少量红色砂子，其Fe_2O_3含量为3.9%，而Al_2O_3、SiO_2含量加起来已超过87.6%，从陶片断口看，有些细泥陶质地均匀、断口致密，其化学组成CaO的含量很低，说明当时陶土淘洗已得到了应用。对陶片进行岩相分析发现，多数陶片含有石英、长石、云母、方解石、伊利石和高岭石等矿物质，这与黄土风成黏土质比较接近[87]。

20世纪60年代，尼尔斯·森迪厄斯（Nils Sundius）注意到甘肃地区的黄褐色彩陶比河南仰韶村出土的红色彩陶具有较高的CaO含量[88]。

1964年，周仁指出甘肃陶器标本高CaO含量特征明显不同于黄河流域中下游的仰韶文化陶片[89]。《中国陶瓷史》[90]及《中国科学技术史·陶瓷卷》[91]均认为甘肃马家窑文化彩陶普遍具有较高的CaO、MgO含量，而其他地区彩陶中的钙、镁含量相对较低。马清林对甘肃地区新石器时代至青铜时代的多个遗址陶器进行分析后认为，其CaO含量均相当高[92]。甘肃文物考古研究所在持续研究之后指出，西北地区陶器胎体使用含钙量较高的红黏土制成[93]。洪玲玉等学者在对甘肃地区马家窑文化多个遗址的彩陶进行研究后认为，钙含量相对较高的第三纪红黏土是理想的制陶原料[94]。西城驿遗址各文化因素陶器的钙和镁含量均普遍较高，CaO含量均值在2%～6%之间，MgO含量均值在3.5%～5.5%之间，这与甘肃地区黄土和第三纪红黏土化学组成特征相似，显然，在本地就近取土制陶已成为学界共识[95]。

半山类型黑彩以磁铁矿和锰氧化物为主，马厂类型黑彩则主要是赤铁矿混合少量锰氧化物，半山类型黑彩的铁锰氧化物比值偏低，而马厂类型较高。这直接导致半山类型黑彩反射率最低，呈现浓翠的黑色；马厂类型黑彩反射率偏高，波长为400～450nm，呈现偏紫色的黑彩；而齐家文化彩陶的致色物质为Fe_3O_4和锐钛矿，与马家窑文化的半山类型和马厂类型明显不同。半山类型黑彩陶内混有少量石膏，因而陶彩颜色略淡，推测这少量的石膏原本是颜料中夹杂的，而非后来有意识地加入的。锐钛矿常与高岭石伴生，推测齐家文化彩陶的褐彩中曾加入或混入了含锐钛矿比较丰富的高岭石，从而淡化原料的呈色，最终形成浅褐色。这一方面说明，从马家窑文化半山阶段到齐家文化时期，人们已经熟练掌握了各种彩陶颜料的配比和烧制温度。另一方面，锐钛矿的存在暗示齐家文化阶段，彩陶的烧制温度不高，彩陶文化已逐渐走向衰落的事实[96]。

1981年，甘肃秦安大地湾遗址出土的陶器以细泥红陶为主，夹砂红陶次之。外观以绳纹为主，还有不少饰以动物纹的彩陶[97]。该遗存出土的陶器一般选用含有矿物质及胶体物质的黏土制作，由于黏土良好的可塑性与其颗粒度，并含腐植质，黏土的颜色也因组分不同而异，质地纯则呈白色，含褐铁矿则呈褐色，含赤铁矿则呈红色，含锰的氧化物呈深褐色，含有机质的黏土呈黑色。经过烧制后，某些金属离子价态变化，导致黏土的颜色也可能发生变化。如黏土中含赤铁矿物焙烧后变为褐色，无杂质的高岭石黏土不变色[98]。

据最新研究成果，甘青地区新石器晚期“陶器的主要原料是第三纪红黏土；陶器元素组成具有Ca和Mg元素含量高的特征”[99]。甘肃东部和青海东北部在齐家文化时期有了大规模的陶器贸易，而在此之前，该地区极少有这种大规模的区域间陶器贸易，推测是气候的变化促进了这一时期欧亚大陆的长距离文化交流[100]。

3. 甘青地区出土早期彩陶的制作工艺

青海地区的新石器时代陶器大多使用夹杂小砂砾的黏土，采用泥条盘筑法、圈筑法手工成型，经过慢轮修整后，再完成绘彩，入窑烧制[101]。器表经过打磨抛光，晚期器表多施乳白色陶衣，烧制温度较高，质地坚硬[102]，在氧化氛围内烧制断面显现橙黄色、砖红色、红色等色；在还原氛围内烧制断面显现灰色、灰褐色。

彩陶大多是泥质陶，即便是夹砂陶，器表也都较为细腻。大地湾文化陶器主体是夹细砂陶质，但器表均抹有较光滑的泥质层。总体来说，甘青地区早期出土的彩陶制作技法如下：对陶土进行筛选、淘洗，拉坯成型后对器物表面反复打磨。烧制陶胎的温度越高，颜料的附着力就越强，纹饰越牢固。随着生产力的发展，为达到更高烧制温度，逐渐改变了陶窑结构，加大了窑室的密封力度，以达到烧制工艺对大量彩陶生产的保障。

彩陶是在打磨光滑的陶坯上，用矿物质颜料绘制图案后入窑烧制，因而图案纹饰不易脱落。彩绘陶则是将陶器入窑烧制后再绘制图案的陶器，容易脱落褪色。两者的不同之处在于是入窑烧制前还是烧制后绘彩。

从出土实物看，彩陶与彩绘陶都出现于新石器时代，前者盛行于新石器时代中晚期，而后者却盛行于数千年之后的春秋战国及秦汉时期。推测彩绘陶在新石器时代没有盛行的主要原因，可能是因为那时的人们还未找到适宜的胶结材料来进行彩绘，或者虽然进行过彩绘陶的制作，但由于当时颜料的细度还不足以使其靠本身的附着力和器物紧密地结合，又缺乏胶结介质，导致颜料不能牢固地附着在陶器上，在使用过程中彩绘很快就脱落，因而放弃了这种做法。

从彩陶与彩绘陶的技术过程推断彩绘陶在技术上是比彩陶要早的一种彩饰技术，但由于缺乏必要的材料来保证其技术的实施，才被彩陶所取代。在制陶过程中，由于早期对烧制好的陶器无法用颜料来绘彩，随着对黏土性能的深入了解，可能才开始把矿物颜料描绘到未干的陶坯上，但烧成后颜料大部分仍然脱落，陶器表面只留下了一些痕迹，加之有些矿物颜料烧制之后颜色发生变化，最终只能选用黑、红颜色来装饰。为使颜料同陶胎牢固地结合在一起，采用滚压法通体绘彩[103]。

以马家窑彩陶为例，成批量加工制作的马家窑彩陶，显示出先民已对天然矿物颜料有了基本的认识。作为彩陶颜料，必须在高温烧窑时不分解，比如含量较高的赤铁矿具有耐高温性能。而且还要掌握矿物的显色规律，什么样的颜料烧制后会变成红色，或者会变为黑色，如此才能运用自如地生产出理想的颜色。颜料经加工稀释后才能使用，粉末的粗细程度、加水稀释的浓度，都有一个不断熟悉、掌握性能的过程，并且陶坯表面必须达到一定的光洁度，颜料才能渗透到陶胎里面。在加工中将矿物颜料磨成粉末，再进行研磨，漂洗，选出颗粒合适的颜料，因为颜料颗粒的大小直接影响颜色深浅。粗细不同的粉末导致颜色的深浅也不同，一般来说，粉末颗粒越粗，颜色越深，反之越浅。从出土实物证明先民们非常重视矿物颜料的加工，而且具有颜料加工的技术和手段。

在绘彩之前，先在陶坯器表上加施一层彩色陶衣，再用其他颜色绘彩，这种技法是仰韶中期以后各类型彩陶文化中常见的做法。施陶衣的目的是让原本粗糙的陶坯表面更光滑，便于绘彩，并且有陶衣之后的彩绘色彩更加醒目。往往是在红色或紫红色（偶有白色）陶衣上绘黑彩，色彩对比强烈且稳重，更加绚丽夺目。陶衣原料一般为精细淘洗过的细陶土泥浆，有时也调入其他颜料。加施陶衣时，将泥浆涂刷在器表或将器物置放于泥浆中蘸泡而成。马厂类型，以及火烧沟、辛店、沙井文化均流行红陶衣；仰韶、马家窑文化有少量白色陶衣。经鉴定，红色陶衣的原料是含铁量高的红黏土，白陶衣多为白垩土[104]。

三、甘青地区出土早期彩陶未来研究方向

第一，结合多学科的研究方法，梳理甘青地区与早期秦文化陶器彩绘碰撞与联络发展，归纳其历史演变及类型，形成较完整的早期秦文化陶器彩绘调查研究报告，补充完善相关科技史方面的资料。

第二，运用自然科学方法对陶器类型进行分析，分析研究陶器彩绘的生产过程，生产组织和形式，流通方式，交换以及商品经济的产生、发展；探究陶器彩绘包含的文化因素，了解不同区域、不同时代人们的生活状况、礼仪活动规格和等级、丧葬习俗和制度等，探讨各自社会的结构、分层和社会性质。

第三，通过对早期秦文化陶器颜料、器型、制作工艺等方面的科学研究，将秦文化陶器彩绘与辛店文化、周文化的陶器进行对比分析，进行秦文化陶器的溯源研究。

本课题得到陕西省社会科学项目（立项号：13H035）、国家文物局文物科技保护优秀青年项目（课题编号：2015-297）资助，研究过程中得到甘肃省博物馆陈庚龄先生、青海省博物馆吴海涛先生、青海省文物考古研究所高志伟女士、西安市文物保护考古研究院张小丽女士的指导及大力协助，在此一并致以谢忱。

注释

[1] 谢端琚：《甘青地区史前考古》，文物出版社，2002年。

[2] 甘肃省博物馆文物工作队：《甘肃秦安大地湾第九区发掘简报》，《文物》1983年第11期。

[3] 同[1]，第7—10页。

[4] 甘肃省博物馆文物工作队：《甘肃秦安大地湾遗址1978至1982年发掘的主要收获》，《文物》1983年第11期；谢端琚：《甘青地区史前考古》，文物出版社，2002年，第10—15页。

[5] 同[2]。

[6] 谢端琚：《甘青地区史前考古》，文物出版社，2002年，第21—31页；中国社会科学院考古研究所：《师赵村与西山坪》，中国大百科全书出版社，1999年。

[7] 中国社会科学院考古研究所：《师赵村与西山坪》，中国大百科全书出版社，1999年；谢端琚：《甘青地区史前考古》，文物出版社，2002年，第34—45页。

[8] 甘肃省博物馆文物工作队：《甘肃秦安大地湾遗址1978至1982年发掘的主要收获》，《文物》1983年第11期。

[9] 中国社会科学院考古研究所：《师赵村与西山坪》，中国大百科全书出版社，1999年；谢端琚：《甘青地区史前考古》，文物出版社，2002年，第34—45页。

[10] 同[8]。

[11] 同 [8]。

[12] 安特生著、乐森璕译：《甘肃考古记》，《地质专报》甲种第五号，农商部地质调查所刊行，1925年，第37－42页。

[13] 夏鼐：《考古学论文集》，考古学专刊甲种第四号，科学出版社，1961年，第1－11页。

[14] 同 [1]，第62－87页。

[15] 同 [1]，第250－254页。参见文末附录《甘青地区史前文化碳－14年代一览表》。

[16] 同 [1]，第73页。

[17] 崔勇：《宗日陶器研究》，青海师范大学硕士学位论文，2015年，第14页。

[18] 同 [17]，第30－31页。

[19] 陈洪海、格桑本、李国林：《试论宗日遗址的文化性质》，《考古》1998年第5期。

[20] 严文明：《甘肃彩陶的源流》，《考古学报》1978年第10期。

[21] 同 [1]，第114页。

[22] 同 [1]，第115页。

[23] 同 [20]。

[24] 甘肃省博物馆：《甘肃省文物考古工作三十年》，《文物考古工作三十年（1949—1979）》，文物出版社，1979年。

[25] 李水城：《四坝文化研究》，《考古学文化论集》（三），文物出版社，1993年。

[26] 甘肃省文物考古研究所、吉林大学考古学系：《甘肃民乐县东灰山遗址发掘纪要》，《考古》1995年第12期；甘肃省文物考古研究所、吉林大学北方考古研究室：《民乐东灰山考古——四坝文化墓地的揭示与研究》，科学出版社，1998年。

[27] 同 [24]。

[28] 同 [25]。

[29] 许新国：《试论卡约文化的类型与分期》，《青海文物》1988年第1期、1989年第2期；谢端琚：《甘青地区史前考古》，文物出版社，2002年，第156－159页。

[30] 青海省文物管理处：《青海民和核桃庄山家头墓地清理简报》，《文物》1992年第11期；青海省文物考古研究所：《青海化隆、循化两县考古调查简报》，《考古》1991年第4期。

[31] 同 [1]，第160页。

[32] 同 [1]，第160页。

[33] 中国社会科学院考古研究所、甘肃工作队：《甘肃永靖张家咀与姬家川遗址的发掘》，《考古学报》1980年第2期；甘肃省博物馆：《甘肃省文物考古工作三十年》，《文物考古工作三十年（1949—1979）》，文物出版社，1979年；谢端琚：《甘青地区史前考古》，文物出版社，2002年，第171－178页。

[34] 同 [1]，第174页。

[35] 陈德安：《试论川西石棺葬文化与辛店文化及“唐汪式”陶器的关系》，《四川文物》1989年第1期。

[36] 同 [1]，第189－190页。

[37] 夏鼐：《临洮寺洼山发掘记》，《中国田野考古报告》第四册，1949年。

[38] 中国社会科学院考古研究所泾渭工作队：《甘肃庄浪县徐家碾寺洼文化墓葬发掘纪要》，《考古》1982年第6期。

[39] 甘肃省文物工作队、北京大学考古学系：《甘肃西和栏桥寺洼文化墓葬》，《考古》1987年第8期。

[40] 王占奎、水涛:《甘肃合水九站遗址发掘报告》,《考古学研究(三)》,科学出版社,1997年。

[41] 王占奎、水涛:《甘肃合水九站遗址发掘报告》《考古学研究(三)》科学出版社,1997年,第313、445-446页;梁云:《考古学上所见秦与西戎的关系》,《西部考古》2012年第2期。

[42] 青海省文物管理委员会:《青海柴达木盆地诺木洪、巴隆和香日德文化遗址调查简报》,《文物》1960年第6期。

[43] 同[1],第224页。

[44] 青海省文物管理委员会、中国科学院考古研究所青海队:《青海都兰县诺木洪搭里他里哈遗址调查与试掘》,《考古学报》1963年第1期。

[45] 青海省文物管理委员会、中国科学院考古研究所青海队:《青海都兰县诺木洪搭理他里哈遗址调查与试掘》,《考古学报》1963年第1期;谢端琚:《甘青地区史前考古》,文物出版社2002年,第207页。

[46] 同[1],第215页。

[47] 同[1],第216-219页。

[48] 同[1],第222-223页。

[49] 青海省文物管理处:《青海民和核桃庄山家头墓地清理简报》,《文物》1992年第11期;青海省文物考古研究所:《青海化隆、循化两县考古调查简报》,《考古》1991年第4期;陈德安:《试论川西石棺葬文化与辛店文化及"唐汪式"陶器的关系》,《四川文物》1989年第1期。

[50] 俞伟超:《关于"卡约文化"和"辛店文化"的新认识》,《中亚学刊》(第一辑),中华书局,1983年。

[51] 夏鼐:《临洮寺洼山发掘记》,《考古学报》1949年第4期,第71-137页。

[52] 胡谦盈:《试论寺洼文化》,《文物集刊》(二),文物出版社,1980年,第118-125页。

[53] 尹盛平:《猃狁、鬼方的族属及其与周族的关系》,《人文杂志》1985年第1期,第69-74页。

[54] 吴汝祚:《略论诺木洪文化》,《青海考古学会会刊》第三期,1981年。

[55] 陈洪海:《关于宗日文化》,《宗日遗址文物精粹及其论述选集》,四川科学技术出版社,1999年;崔勇:《宗日陶器研究》,青海师范大学硕士学位论文,2015年,第1页。

[56] 同[1],第227-237页。

[57] 同[1],第227-237页。

[58] 严文明:《甘肃彩陶的源流》,《考古学报》1978年第10期,第74-75页。

[59] 青海省文物考古研究所等:《青海湟源大华中庄卡约文化墓地发掘简报》,《考古与文物》1985年第5期;青海省文物考古研究所等:《青海化隆县半主洼卡约文化墓葬发掘简报》,《考古》1996年第8期。

[60] 赵小浩:《青海省东部史前人口——耕地演变研究》,青海师范大学硕士学位论文,2013年,第20-27页。

[61] 崔永红:《简论史前青海先民的经济活动及其与生态环境之关系》,《青海社会科学》2010年第1期。

[62] 同[61]。

[63] 同[61]。

[64] 同[61]。

[65] 同[1],第28-29页。

[66] 同[1],第28-29页。

[67] 中国社会科学院考古研究所甘青工作队:《甘肃天水师赵村史前文化遗址发掘》,《考古》

1990年第7期。

［68］中国社会科学院考古研究所甘青工作队：《甘肃天水师赵村史前文化遗址发掘》，《考古》1990年第7期；焦虎三、仲昭铭：《"古羌人形彩陶艺术"的特点与属性》，《四川民族学院学报》2015年第2期。

［69］同［1］，第98页。

［70］同［1］，第98页。

［71］甘肃省文物管理委员会：《兰州新石器时代的文化遗存》，《考古学报》1957年第1期；谢端琚：《甘青地区史前考古》，文物出版社，2002年，第98页。

［72］甘肃省博物馆文物工作队：《广河地巴坪"半山类型"墓地》，《考古学报》1978年第2期。

［73］同［1］，第91页。

［74］同［1］，第91页。

［75］陈晓峰、马清林、赵广田、胡之德、李最雄：《半山、马厂类型黑、红复彩陶器复合颜料研究》，《兰州大学学报（自然科学版）》2000年第5期，第75—76页。

［76］同［75］。

［77］甘肃省博物馆文物工作队：《甘肃秦安大地湾遗址1978至1982年发掘的主要收获》，《文物》1983年第11期。

［78］同［77］。

［79］马清林、胡之德、李最雄：《甘肃秦安大地湾遗址出土彩陶（彩绘陶）颜料以及块状颜料分析研究》，《文物》2001年第8期。

［80］同［75］。

［81］严小琴、刘逸堃、李立、刘成：《新石器时期马家窑文化彩陶的科技分析》，《电子显微学报》2014年第5期。

［82］苏伯民、马清林、周广济、王辉：《甘肃玉门火烧沟遗址出土颜料分析》，《敦煌研究》2002年第4期。

［83］同［79］。

［84］肖世孟：《先秦色彩研究》，武汉大学博士学位论文，2011年，第155页。

［85］李亚东：《中国制墨技术的源流》，《科技史文集》，上海科学技术出版社，1989年，第114页。

［86］中国硅酸盐学会主编：《中国陶瓷史》，文物出版社，1982年。

［87］甘肃省博物馆考古队：《甘肃灵台桥村齐家文化遗址试掘简报》，《考古与文物》1980年第3期。

［88］SUNDIUS N：*Some aspects of the technical development in the manufacture of the Chinese pottery wares of pre—Ming Age*，Bulletin of the Museum Offar Eastern Antiquity，1961（33）：103—124.

［89］周仁等：《我国黄河流域新石器时代和殷周时代制陶工艺的科学总结》，《考古学报》1964年第1期。

［90］同［86］。

［91］李家治：《中国科学技术史·陶瓷卷》，科学出版社，1998年。

［92］马清林、李现：《甘肃古代各文化时期制陶工艺研究》，《考古》1991年第3期。

［93］甘肃省文物考古研究所等：《甘肃张掖市西城驿遗址》，《考古》2014年第7期。

［94］洪玲玉等：《移民、贸易、仿制与创新——宗日遗址新石器时代晚期陶器分析》，《考古学研究》（九），文物出版社，2012年；洪玲玉等《川西马家窑类型彩陶产源分析与探讨》，《南方民族

考古》(第七辑)，科学出版社，2011年。

[95] 郁永彬、吴小红、崔剑锋、陈国科、王辉:《甘肃张掖西城驿遗址陶器的科技分析与研究》,《考古》2017年第7期，第118页。

[96] 钟黎、肖永明、王涛、罗武干、王昌燧:《化隆县纳卡遗址彩陶颜料的拉曼光谱分析》,《南方文物》2013年第3期，第141—142页。

[97] 同[8]。

[98] 同[79]。

[99] 崔一付:《甘青地区新石器时代晚期陶器贸易及其影响初步研究》，兰州大学硕士学位论文，2016年，第2页。

[100] 同[99]。

[101] 青海省文物考古队:《青海彩陶》，文物出版社，1980年，第21—22页。

[102] 张明川:《中国彩陶图谱》，文物出版社，2005年4月，第73页。

[103] 同[79]。

[104] 同[92]。

（责任编辑：党士学　陈昱洁）

会宁牛门洞遗址出土马家窑文化彩陶颜料分析

朱新选　甘肃省博物馆

内容提要　本文采用X-射线衍射分析、X-射线荧光光谱分析方法，对会宁牛门洞遗址出土的马家窑文化时期马家窑类型（前3280—前2740年）彩陶颜料进行了分析研究，表明白色颜料以石膏与方解石为主，黑色颜料以锌铁尖晶石、磁铁矿及黑锰矿为主，红色颜料以赤铁矿为主，并首次发现锌铁尖晶石。另外，笔者对颜料矿物物相分析结果进行了讨论，揭示了半山类型、马厂类型用两种不同色调的颜料调配复合颜料的施彩工艺。

关 键 词　牛门洞遗址　马家窑文化　彩陶　颜料　锌铁尖晶石

陶器制作技术的发明是人类文明史上的一件大事。陶器的出现，改变了人类茹毛饮血的历史，是人类文明进程中的巨大跃变。制陶技术出现后，很快在各个文化中散布开来，后来在新石器早期出现了彩陶[1]。彩陶制作技术很快广泛地在新石器中期的仰韶文化、大汶口文化、马家窑文化中采用，制作出了很多精美的艺术品。特别是到了甘肃马家窑文化时期（据放射性碳素断代并经校正，年代约为前3280—前2050年），彩陶的制作工艺特别发达，在整个陶器中约占20%～50%，随葬品中的彩陶数量有时多达80%以上[2]。

马家窑文化经历了1000多年的发展，一般分为马家窑、半山和马厂三个类型，分别代表了三个发展时期。马家窑类型年代约为前3280—前2740年[3]，彩陶胎体多为橙黄陶，彩饰大部分为黑彩，也有小部分在黑彩间饰以白彩。半山、马厂类型的年代约为前2740—前2050年[4]。半山类型彩陶主要以红、黑两色作为装饰色料，在陶器表面绘成各种图案，诸如漩涡纹、水波纹、葫芦纹、菱形纹、平行带纹、变体蛙纹和棋盘格纹。马厂类型的彩陶有些带有陶衣，即先用淡的红色或白色颜料浆涂布于陶器表面，然后用其他颜料涂绘，早期用很宽的黑边紫红条带构成圆圈纹、螺旋纹、变形蛙纹和波折纹等，晚期则多用单色线条和变体蛙纹[5]。

2012年8月，笔者受会宁县博物馆，甘肃省博物馆之邀为其馆藏的会宁牛门洞遗址出土的马家窑文化彩陶编制保护修复方案。后因方案编制工作需要，我们委托兰州大学物理科学与技术学院对彩陶彩绘矿物进行了取样分析，分析工作采用了X-射线衍射分析技术和X-射线荧光分析技术。本文主要介绍彩陶彩绘矿物分析情况及结果。

一、彩绘矿物分析

（一）分析条件

采用X-射线衍射分析，仪器为理学D/Max 2400型转靶X-射线衍射分析仪，X光源为CuKa辐射，铁滤窗，工作管压和管流分别为40 kV和24 mA，扫描范围（2θ）为10°～80°。

（二）分析结果

采样时，彩陶片需经清水及丙酮清洗干净后晾干。小陶片直接用X-射线衍射分析，大块陶片则刮取少量颜料粉末用于分析。彩绘矿物X-射线衍射分析结果见表一，分析谱图见图一至图四。

表一 会宁牛门洞遗址出土马家窑文化彩陶颜料矿物分析结果

编号	彩陶类型	样品特征与外观、颜色描述	显色物相	颜料成分
1	马家窑类型	黑白彩陶罐残片，白彩、黑彩	石膏、锌铁尖晶石、少量赤铁矿	$CaSO_4 \cdot 2H_2O$，$ZnFe_2O_4$，少量 Fe_2O_3
2	半山类型	黑红彩陶罐残片，红彩、黑彩	赤铁矿、黑锰矿、磁铁矿、锌铁尖晶石	Fe_2O_3，$MnMn_2O_4$，Fe_3O_4，$ZnFe_2O_4$
3	马厂类型	黑红彩陶罐残片，白彩、红彩、黑彩	方解石、赤铁矿、少量磁铁矿、锌铁尖晶石	$CaCO_3$，Fe_2O_3，Fe_3O_4，$ZnFe_2O_4$

从表一分析结果看，白色颜料以石膏（$CaSO_4 \cdot 2H_2O$）和方解石（$CaCO_3$）为主。黑色颜料以锌铁尖晶石或磁铁矿为主，磁铁矿中常含有一定量的黑锰矿，有时含少量的赤铁矿，且半山、马厂类型的黑色颜料中锰含量很高（表二）。红色颜料主要的显色成分为赤铁矿及少量的磁铁矿和锌铁尖晶石。半山、马厂类型中的红彩偏向褐色色调，这是因为在氧化氛围中，赤铁矿很难变为磁铁矿。可以确认，当时为了获得深褐色的色彩，制陶工匠在红色的赤铁矿中掺入了一定量的磁铁矿或黑锰矿，研细后再施以彩绘。

表二　会宁牛门洞遗址出土半山类型黑红复彩陶罐颜料的X-射线荧光分析结果

样品 \ 分析 ω/ %	铝 Al	硅 Si	碳 C	锰 Mn	铁 Fe	镁 Mg	钛 Ti	锌 Zn
红色颜料	11.14	33.63	5.99	6.40	0.67	—	0.92	0.29
黑色颜料	6.30	18.92	2.83	7.20	24.24	—	1.68	0.40
素陶胎	13.16	48.37	7.65	9.23	0.15	2.48	1.17	0.12

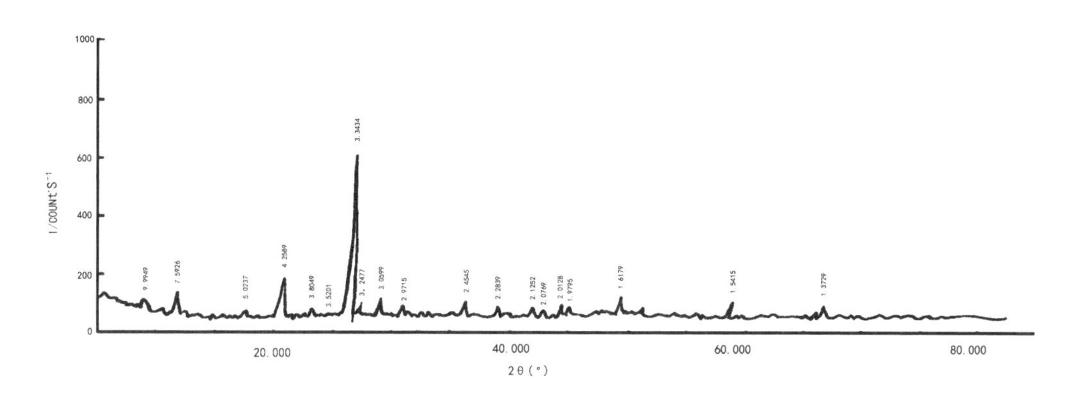

图一　会宁牛门洞遗址出土马家窑类型黑白复彩陶罐白彩X-射线衍射分析谱图

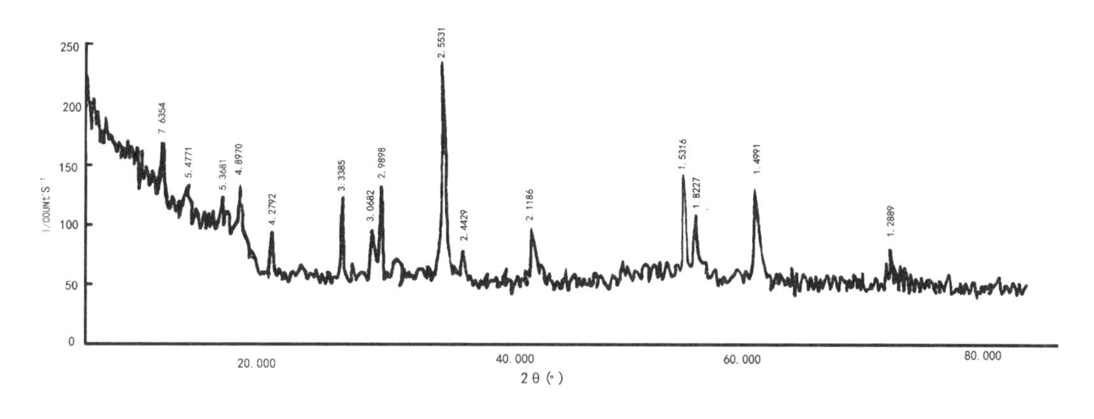

图二　会宁牛门洞遗址出土马家窑类型黑白复彩陶罐黑彩X-射线衍射分析谱图

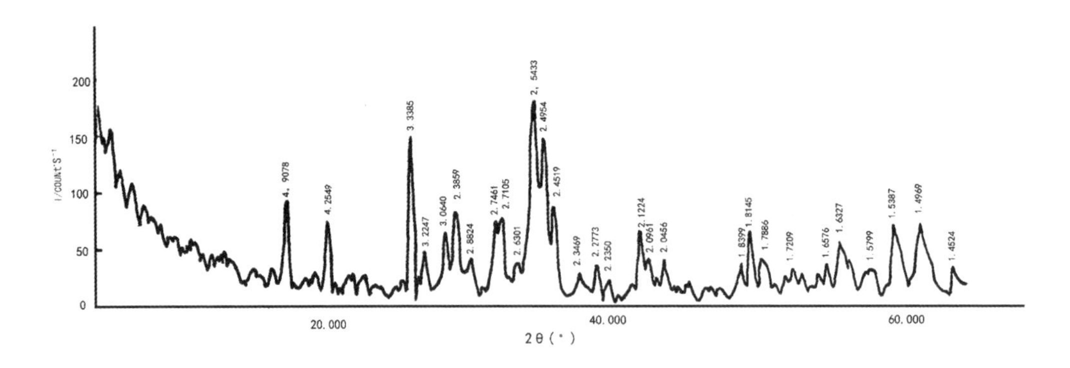

图三　会宁牛门洞遗址出土半山类型黑红复彩陶罐黑彩X-射线衍射分析谱图

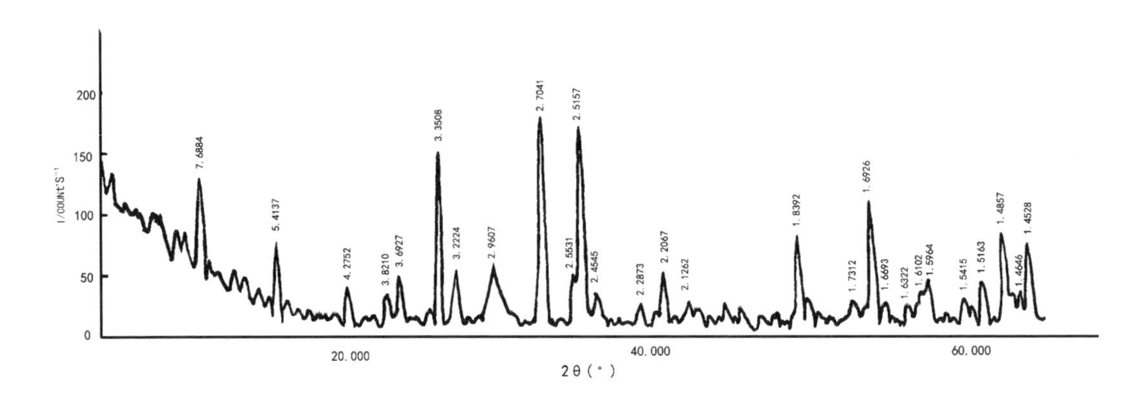

图四　会宁牛门洞遗址出土半山类型黑红复彩陶罐红彩X-射线衍射分析谱图

二、颜料元素成分分析

分析采用X-射线荧光分析，仪器为DX-95EDXRF analyzer型X-荧光光谱仪，实验条件为Mo二次靶，工作管压和管流分别为40 kV和0.3 mA，分光晶体为LiF。

图五分别是会宁牛门洞遗址出土半山类型彩陶黑色、红色颜料的X-射线荧光分析谱图，分析结果见表二。结果表明，红色颜料的主要显色元素为铁元素，而黑色颜料的主要显色元素是为铁、锰元素，并且二者锌元素的含量也有差别。

三、讨论与结论

彩陶与彩绘陶不同，它们是两种不同的制作工艺。其差别在于彩陶是先把颜料绘于未干的陶坯上，经打磨并在700～1000℃的温度下烧成，颜料与器表较牢固地结合在一起，不易脱落，因其制作工艺特殊、工序长，所以彩陶数量只占

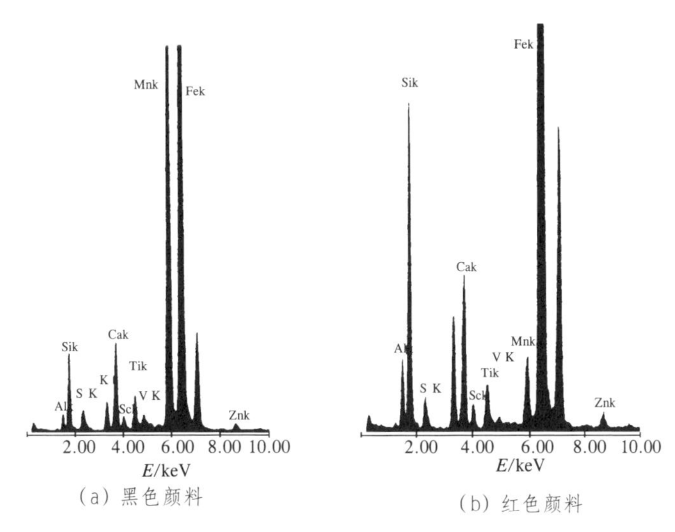

图五　会宁牛门洞遗址出土半山类型黑红复彩陶罐X-荧光光分析谱图

陶器的一小部分；而彩绘陶是素陶坯烧成后，用胶接材料调和颜料涂绘于器表，此种方法简单，但颜料容易脱落[6]。彩陶颜料中的矿物质，要求有相对稳定的化学性质，即在高温（<1 050℃）时不发生分解反应，或者分解反应是可逆的。

（一）白色颜料

会宁牛门洞遗址出土马家窑文化时期彩陶中的白色颜料的主要成分为石膏或方解石。石膏或方解石用作白色颜料，烧制前后发生了一系列物理、化学变化。一般将石膏或方解石研磨成细粉后，将其调和成浆液，涂绘于陶坯表面，然后经打磨压入陶坯表层，最后入窑烧制。石膏与方解石在焙烧过程中发生了脱水及分解反应，那么为什么今天对白色颜料的成分进行分析的结果仍是石膏与方解石呢?

我们知道，石膏（$CaSO_4 \cdot 2H_2O$）在190～200℃失去结晶水变为硬石膏（$CaSO_4$）。在彩陶烧成时石膏以硬石膏形式存在，仍与陶器表面结合在一起，在使用过程中或者在埋藏环境内吸收水分后又会变为石膏。方解石在700～800℃时分解为CaO，但没有脱落，出窑后与空气中的CO_2结合，又变为方解石（$CaCO_3$）。因此今天分析马家窑文化时期的彩陶，白色颜料的主要成分仍为石膏或方解石，也有采用彩绘陶方式为涂绘石膏、方解石的彩陶。

（二）黑色颜料

分析得到的黑色颜料的矿物成分较为丰富，以锌铁尖晶石、磁铁矿与黑锰矿为主，其主色调与这些矿物的显色成分基本一致。这几种矿物都属于尖晶石系矿物，因为锌铁尖晶石、黑锰矿在烧成之后颜色较黑，磁铁矿则偏蓝或偏灰色[7]。由表二数据还可见，黑彩中含有少量石膏，这是由于打磨过程中将白色颜料带到黑彩中所致。锌铁尖晶石作为黑色颜料，在以前的分析工作中尚未发现。是古人直接选取较纯的锌铁尖晶石矿作为黑色颜料，还是在烧制过程中发生化学反应生成的？有待于进一步研究。

马家窑类型的彩陶颜色黑亮，除与颜色的成分有关外，与其研磨程度也有关。马家窑类型的彩陶制作精细、颜料细，彩绘后器表打磨光滑，烧成之后的器物表面致密发亮。至马厂类型，彩绘及打磨不如前期，器物制作稍嫌粗糙。

（三）复合颜料

会宁牛门洞遗址出土半山、马厂类型的黑色颜料的成分以锌铁尖晶石或磁铁矿为主，磁铁矿常混有一定量的黑锰矿，有时有少量的赤铁矿。半山类型黑红复彩陶罐黑色颜料中锰的含量很高，X-射线衍射分析和 X-射线荧光分析结果都充分地说明了这一点。

黑锰矿与磁铁矿常共生，锌铁尖晶石与黑锰矿或磁铁矿较少共生[8]，因此黑色颜料可能是单一含黑锰矿的磁铁矿。在氧化气氛中烧成时，一部分磁铁矿氧化生成赤铁矿，也可能是磁铁矿与黑锰矿混合，或磁铁矿与锌铁尖晶石混合。

红色颜料的主要显色成分为赤铁矿及少量的磁铁矿和锌铁尖晶石。半山、马厂类型彩陶的红色颜料偏向褐色色调。由于在氧化气氛中，赤铁矿很难变为磁铁矿，所以根据实验结果可以确认，当时为了获得深褐色的色彩，制陶工匠在红色赤铁矿中掺入了一定量的磁铁矿或黑锰矿，经研细后进行彩绘。

注释

[1] 中国硅酸盐学会：《中国陶瓷史》，文物出版社，1982年，第1－50页。

[2] 严文明：《甘肃彩陶的源流》，《文物》1978年第10期，第62－76页。

[3] 张朋川：《中国彩陶图谱》，文物出版社，1996年，第609－610页。

[4] 同 [3]。

[5] 张学正、张朋川、郭德勇：《谈马家窑、半山、马厂类型的分期和相互关系》，《中国考古学会第一次年会论文集》，文物出版社，1980年。

[6] 马清林、李现：《甘肃古代各文化时期制陶工艺研究》，《考古》1991年第3期，第262－272页；马清林、胡之德、李最雄：《中国古代颜料》，《台北故宫文物月刊》1998年第192期，第42－57页。

[7] 中国科学院贵阳地球化学研究所：《矿物X射线粉晶鉴定手册》，科学出版社，1978年，第70－74页。

[8] 同 [7]。

（责任编辑：陈洪　陈昱洁）

如何使遗址性博物馆“活”起来
——以秦始皇帝陵博物院、汉阳陵博物院、梁带村遗址为例

申茂盛　秦始皇帝陵陵博物院

内容提要　本文针对目前遗址性博物馆发展所面临的诸多问题，以秦始皇帝陵博物院、汉景帝阳陵博物院、梁带村遗址为例，提出解决方案。首先，需要对博物馆的观众进行大数据分析，分析出博物馆的客户组成，即专业型观众、探究学习型观众、受教育型观众、被动型观众和体验型观众所占的比例和发展趋势，从而归纳整理出博物馆的基本观众和潜在观众。其次，利用优劣势分析方法，分析博物馆的优势、劣势、机遇和威胁。通过分析遗址性博物馆的优势与劣势，对博物馆有一个清楚的定位，以此为基础来制定不同博物馆的发展战略和战术。只有这样才能使遗址性博物馆“活”起来，更好地促进博物馆事业的发展。

关 键 词　遗址性博物馆　定位　战略　建设

近年来，在博物馆行业有一个非常流行的词——让博物馆“活”起来，让文物“活”起来。那么，如何让博物馆“活”起来？首先，我们必须搞清楚我们所在博物馆的发展机遇是什么？挑战在哪里？其次，我们所在博物馆的优势和劣势是什么？不同的博物馆该如何根据各自的实际，制定自己的发展战略和战术。下面，笔者将以秦始皇帝陵博物院、汉阳陵博物院、周代梁带村遗址为例来具体分析一下。

一、博物馆发展的机遇与挑战

当下是博物馆发展的最好时期，党的十八大以来，习近平总书记高度重视传承发展中华优秀传统文化，并多次做出重要指示。他指出，中华民族在几千年历史中创造和延续的中华优秀传统文化，是中华民族的根和魂。建立在5000多年

文明传承基础上的文化自信是更基础、更广泛、更深厚的自信。要让收藏在禁宫里的文物，陈列在广阔大地上的遗产，书写在古籍里的文字都活起来。

近年来，我国博物馆每年举办展览3万余个，举办专题教育活动约11万次。参观人数约93万人次。

新学期，北京市明确要求全市中小学校各学科平均应有不低于百分之十的课时在社会大课堂进行。据此推算，中小学生每周须有半天时间在博物馆上课，走进社会，参加形式多样的社会实践活动。陕西省教育厅和省文物局联合发文，就将博物馆教育纳入全省国民教育体系提出了实施意见。2016年的全国高考语文、历史试题中大概有20分都和博物馆有关。

2017年5月14日，国家主席习近平在北京出席“一带一路”国际合作高峰论坛开幕式，并发表题为《携手推进“一带一路”建设》的主旨演讲。提到中国陕西历史博物馆珍藏千年的“鎏金铜蚕”，在印度尼西亚发现的千年沉船“黑石号”等，见证了开辟出联通亚欧非的陆上丝绸之路和连接东西方文明的海上丝绸之路这段历史。

但是，博物馆的发展也面临着严峻的挑战，各种形式的旅游项目都要参与进来分一杯羹或者说切一块蛋糕。例如，人文精品游、举家亲子游、田园采摘游、民俗体验游、休闲集体游、红色旅游等旅游形式都出现了。《西安商网》根据统计发布，国庆节期间陕西省十大拥挤景点，有八个是民俗村，一个是饮食街，只有一个是博物馆。统计结果如下：

白鹿原影视城约28.24万人次、诗经里小镇约36万人次、兵马俑博物馆约46.01万人次、高陵场畔约49.75万人次、白鹿仓约76.5万人次、茯茶小镇约91.8万人次、沙河水街约97.8万人次、马嵬驿近100万人次、袁家村100万以上人次、回民街约132.88万人次[1]。

陕西修建了一条旅游观光路——陕西沿黄（河）观光路。北起府谷县，南至华山脚下。全长约828.5千米，连接榆林市府谷、神木、佳县、吴堡、绥德、清涧，延安市延川、延长，韩城市，以及渭南市合阳、大荔、华阴等12市县，2017年8月全线建成通车。这条观光线路像串珍珠一样将陕西的旅游景点串了起来，沿线的景点有黄河入陕第一湾，佳县白云山、延川乾坤湾、壶口瀑布、司马迁祠、党家村、洽川湿地、华山，但就是没有梁带村。再加上综合性博物馆免费开放以后，像一些大型的博物馆，如陕西历史博物馆每天接待一万多人，已经达到她接待的极限，经常还有观众在门口排了几个小时的队还拿不上票。这些都对博物馆的发展有很大的冲击，所以博物馆现在的发展形势可谓比较艰难。

二、博物馆的优势与劣势分析

（一）秦始皇帝陵博物院的优势与劣势

秦始皇帝陵博物院是以秦始皇兵马俑博物馆为基础，以秦始皇陵遗址公园为依托的一座大型遗址博物院。她最大的优势就是资源好。1961年，秦始皇帝陵被国务院公布为第一批全国重点文物保护单位，1987年联合国教科文组织将秦始皇帝陵（含兵马俑坑）列入《世界遗产名录》。秦始皇帝陵博物院被誉为“世界八大奇迹”“二十世纪考古史上的伟大发现之一”“国家一级博物馆”、国家“五 A 级景区”、2016年中国人眼中的丝绸之路十佳旅游景区。2017年9月20日猫途鹰网站（trip advisor）公布2017年“旅行者之选”全球最佳博物馆，秦始皇兵马俑博物馆成为唯一的一个入选全球榜单的中国博物馆。

秦始皇帝陵博物院位于陕西省西安市临潼区，距离西安市30千米。由机场、西安北站、西安火车站都有发往秦始皇帝陵博物院的公交车，行程约40分钟。西北的第一条高速公路就是西安到临潼高速，最近西安正在修建西安到临潼的地铁、轻轨，将来到秦始皇帝陵博物院的交通就会更为方便。

除秦始皇帝陵外，临潼地区的旅游资源也十分丰富，有国家 5A 级华清池景区、骊山国家森林公园等自然旅游景观，还有很多的历史故事和传说，例如，女娲炼石补天、抟土造人，周幽王“烽火戏诸侯”，西楚霸王项羽对汉王刘邦暗藏杀机的“鸿门宴”，“温泉水滑洗凝脂”的华清池，爱国将领张学良、杨虎城为了拯救民族危亡而发动兵谏的“兵谏亭”。

但是，秦始皇帝陵博物院也还存在着一些劣势。景区面积大，内涵丰富，这既是秦陵的优势也是她的劣势。以前，曾估计秦始皇帝陵的范围为56平方千米。现在，经过我们多年的工作，我们在100平方千米的范围内都发现有秦代文化遗存，遗迹的种类也非常多。博物院的主要展出有兵马俑一、二、三号陪葬坑、铜车马陈列厅及相关临时展览，在陵园内有秦始皇陵封土，K9901、K0006及城垣遗址等。但是，绝大多数观众所参观的仅仅是三座兵马俑坑，丽山园都很少去。有数据表明，到丽山园参观的观众仅为兵马俑坑的十分之一，绝大多数观众是不会去的，这当然有导游的原因，有的导游为了节约时间去购物或干别的什么，不把观众向丽山园引导。即使有些观众去了丽山园，也看不懂，不知道要看什么。所以，就会听到一些观众说“来兵马俑没有意思，就是看了一群灰秃秃的泥娃娃”，来兵马俑是“不来后悔，来了也后悔”。这就是目前我们要解决的主要问题。

秦始皇帝陵博物院每年接待的观众量很大，2016年已经达到600多万人，所以她不愁没有观众。但如果我们把她的观众进行分类的话，我们可以发现，这其中专业型观众（专家、学者型），探究学习型观众（各高校的历史、考古、博物馆专业的学生，甚至旅游专业的学生），被动服务型观众（陪客人或孩子）都比较少，比较多的是受教育型观众（中、小学校学生）和体验型观众（到此一游型）。其实，最多的就是体验型观众，可以占到90%～95%。1979年法国前总理希拉克来到中国西安参观，他说了这样一句话："不看金字塔，不算真正到过埃及；不看秦兵马俑，不算真正在到过中国。"所以，不管是国内游客还是国外游客，只要来西安，不管他们看得懂还是看不懂，兵马俑是他们必然参观的景点。这就给我们提出了一个问题，如何让这些看不懂兵马俑的人看得懂兵马俑，觉得参观历史文化景点有意思、有内涵，值得回味。并且回去后做广告告诉他身边的人要来，甚至自己有机会还想再来，这样就稳固、扩大了我们的客源。

笔者曾在陕西历史博物馆做过一期讲座，题目叫"如何看好兵马俑"。讲座的主旨是为了告诉大家，来兵马俑博物馆不能只看兵马俑，首先要了解秦始皇。秦始皇是什么样的一个人物，他在中国历史上有哪些伟大功绩。秦始皇他是中国历史上的第一位封建皇帝，统一六国，在中央实行三公九卿制度，管理国家大事；地方上废除分封制，推行郡县制；统一了度量衡、货币，书同文，车同轨；对外北击匈奴，南征百越；修筑万里长城，修筑灵渠，沟通水系。对中国和世界历史产生了深远的影响，奠定了中国两千多年的政治制度的基本格局，被明代思想家李贽誉为"千古一帝"。

他为什么要修建如此大规模的陵园？这就涉及到古人的生死观。"事死如事生，事亡如事存，孝之至也。"（《礼记·中庸》）从原始社会起，人们就产生了一种宗教性的观念，认为人死后灵魂不灭，灵魂在阴间要与阳间一样的生活，因此，人生前所拥有的一切，死后也要有，这是中国古代对丧事处理的一个重要原则。所以，在秦始皇陵园里，除了兵马俑外还有封土、城垣、寝殿、便殿、园寺吏舍 、各种陪葬坑、陪葬墓等等，陵园外还有丽邑。 这意味着，秦始皇要把他所有的财富、宝贝都带到了阴间。"宫观百官、奇器珍怪、徙藏满之"这一传统思想对今天的我们还有一定的影响。如现在农村里死了人，还要烧纸，还会扎高楼大厦、小汽车、电视机、童男童女等。

2017年国庆节期间我们就开始了一些新的尝试，比如，在兵马俑景区观众达到一定数量的时候，观众可先不买票，免票参观秦始皇陵园，先把观众引向陵园。当然，我们还可以做得更多，比如，加强对导游的管控，让他们必须将观众带到陵园去参观才算完成任务，再比如，我们现在正在做的加强陵园内的建设，增强遗址可观性，等等。这样才能让观众看得懂兵马俑，看得懂秦始皇陵。秦始皇帝陵博物院才能得到长久稳定的发展。

（二）汉阳陵博物院的优势与劣势

汉景帝阳陵是汉代第四位皇帝景帝刘启和其皇后王氏的同茔异穴的合葬陵园，位于陕西省咸阳市渭城区正阳镇张家湾。陵园占地面积20平方千米，陵园由帝陵、后陵，南、北区从葬坑，刑徒墓地，陵庙等礼制建筑、陪葬墓园及阳陵邑等部分组成。1963年阳陵被公布为第一批陕西省重点文物保护单位，1991年被评为全国十大考古发现之一，2001年被国务院公布为全国重点文物保护单位。

汉阳陵的优势是什么？文物资源好。如果说秦始皇帝陵园构造了一个基本的礼制框架，那么，汉阳陵则将陵园建制进一步规范化、完善化。如秦始皇帝陵的陪葬坑是散乱分布的，而阳陵则是81条陪葬坑规整地分布在帝陵的四周。坑内还出土有“宗正之印”“大泽津印”等，象征着西汉王朝的官署机构。秦始皇帝陵不见女俑，阳陵不仅有女歌舞俑，还有女骑兵俑。此外还有宗庙遗址、门阙、陪葬墓园等等。所以，要想深入地了解中国古代帝王的陵园制度，最应该去的就是汉阳陵。

但是，汉阳陵也有她自身的一些劣势。第一，交通不方便。虽然从咸阳、西安都有发往阳陵的公交车，但车次比较少，大概一个小时一趟。第二，她的文化内涵与秦始皇帝陵太相似。看了秦兵马俑和秦始皇帝陵后就不想去看阳陵了。那么，阳陵的发展就真的没有突破口了吗？其实不是。下面，还是分析一下她的观众组成。她的观众应该是专业型观众、探究学习型观众、受教育型观众比较多，而被动服务型观众和体验型观众比较少。这样，我们的战略应该是在巩固已有客源的基础上，积极开拓潜在客源。阳陵博物院在这方面做了积极的探索和实验。将新媒体技术和传播优秀文化紧密结合；将博物馆教育与学校的教学计划紧密结合；发挥考古遗址公园的优势，将汉景帝阳陵博物院建成研学旅游基地；向全民教育的发展思路上转变，她将“教育”作为发展的重点，通过开展丰富多彩的社教活动，真正做到“寓教于乐”，让更多的人了解汉代文化。为此，还开展了以下活动：

探秘历史——考古系列教育活动

打造全省首家中小学生课外实践基地。通过考古小课堂、考古调查、考古钻探、考古清理、文物提取等环节向公众普及考古学基础知识，增强公众对考古学的兴趣。

绰约风华——汉代礼仪系列教育活动

以“穿汉服、学汉礼”活动为主，通过亲身体验和寓教于乐的方式普及传统文化知识，让更多的公众了解汉文化，感受中华礼仪之邦的恢宏。

陶育汉朝——制陶DIY系列教育活动

结合汉阳陵出土文物特点，将公众喜闻乐见的制陶作坊作为主要的汉文化体验项目，并修建了“陶艺馆”供人们体验。让公众一边动手实践，一边了解汉文化。

长乐未央——瓦当主题系列教育活动

结合汉阳陵出土的瓦当，以文字、云纹为设计元素设计开发了瓦当拼接、瓦当陶艺制作、瓦当拓印、瓦当蜡笔画等体验活动。

巧思精进——《姗姗带你去闯关》主题教育活动

《姗姗带你去闯关》竞答手册采用青少年喜闻乐见的漫画形式，精心设计了17道闯关题，14岁以下的未成年人均可在讲解员联系处免费获得《姗姗带你去闯关》竞答手册，在参观的过程中闯关答题，顺利闯关后加盖“姗姗”印章后，可以得到一份精美的纪念品。

五彩吉光——“姗姗”涂色系列教育活动

目前“姗姗”已成为汉阳陵的形象大使，由此开发了“姗姗”涂色魔卡、“姗姗”石膏像涂色、“姗姗”手绘风筝等特色活动，在培养孩子色彩搭配技巧的同时，加深他们对陶俑的理解。

一决雌雄——汉代体育游戏系列教育活动

游戏不仅包括投壶、击壤、射箭、蹴鞠等汉代体育游戏，还包括捶丸、木射等唐代体育项目。让你在这里体味汉唐时期的体育魅力。

古意新生——生态阳陵系列主题教育活动

汉景帝阳陵博物院设计开发了“绿色阳陵”主题教育活动，活动包括迎春花、植树节、月季节、银杏节、趣味节气等，将馆藏文物、美术课、园艺体验结合起来，让大众在游戏中增强环保意识。

有礼有节——节日荟主题教育活动

这项活动分为传统节日和现代节日两类。在春节、元宵节、端午节、清明节等传统节日，在劳动节、儿童节、国庆节等现代节日，汉景帝阳陵博物院结合说文解字、节日小课堂、手工制作等教育活动，加深青少年对节日的了解，弘扬中华传统文化。

开蒙养正——儿童体验中心教育活动

汉阳陵儿童体验中心又名“汉学小舍”，是在陕西省文物局经费支持下建立的一座针对5—10岁儿童的活动场所。本着安全、活泼、互动、学习的中心思想，旨在让儿童们能够在玩耍中学习，在学习中玩耍，更快、更容易地学习知识。

文脉传承——“优秀历史文化进校园”系列活动

汉景帝阳陵博物院与各大中小学校多次举办了特色教育活动，改变以往博物馆总是被动地等待学生来参观的局面，更好地发挥博物馆的爱国主义教育职能。

传道于师——教师培训系列教育活动

汉景帝阳陵博物院连续几年策划了多次教师培训活动，活动内容包括主题讲座、交流座谈、展厅导览讲解、体验特色教育活动、教师夏令营等。

（三）梁带村遗址的优势与劣势

陕西韩城梁带村两周遗址，隶属于陕西省韩城市昝村镇，位于市区东北7千米黄河西岸的台地上，遗址紧临黄河。

她的优势是什么？文物资源好。2005年入选全国十大考古发现，2006年被确定为“全国重点文物保护单位”。2007年6月9日，中央电视台对梁带村挖掘现场进行了长达4小时的现场全球直播。与此同时，央视科教、中文国际《国宝档案》等多个频道的专题拍摄与播出更使得梁带村遗址轰动华夏，震惊中外。从2005年至今已发现两周及春秋时期的墓葬1300多座，车马坑64座，其中7座墓葬可能属于芮国国君及其夫人。芮是中国古代西周时期众多诸侯国之一，公元前7世纪，因秦国的一场征伐，芮国由此湮灭于岁月长河之中。极为难得的是梁带村墓葬大部分未遭人盗扰，各种遗迹保存较为完整，出土有大量青铜、金器、玉器、象牙器、漆木器等随葬品，其中包括象征诸侯身份的七鼎六簋，首次发现金鞘玉剑，目前发现的最为复杂的西周玉握，时代最早的青铜錞于等。

她的劣势，交通不便，虽然离市区只有7千米，但因为没有直达车，到韩城市后要包车去。自驾游，路牌标示又不清楚，2017年6月，笔者曾经自己驾车去梁带村。去前，笔者在地图上仔细地查找了一番，规划了路线，还和梁带村的朋友进行了联系，结果还是走错了。可见，如果是普通的游客，到那里应该是比较困难的。另外，展厅面积小、展品不丰富、文化内涵解释不深也是她的一个劣势。可能是出于安全的考虑吧，梁带村出土的文物绝大多数都没有放在当地，展览厅就是一红墙围起的小院，院内的几排平房就是博物馆，展出已出土的极少一部分文物，也没有专职的讲解人员。目前情况下，对观众的吸引力还是不足，观众与其来看芮国墓地博物馆还不如去看和她性质相似的已经比较成熟的三门峡虢国墓地博物馆。

她的观众应该是比较少的，除了个别的专业型观众，探究学习型观众、受教育型观众、被动服务型观众和体验型观众都比较少。针对梁带村遗址的劣势，其发展战略应该是努力地扩大客源，战术应该包括以下几点：

1. 加强博物馆自身建设

这个包括硬件建设和软件建设，硬件就是博物馆及其文物，根据《梁带村遗址总体保护规划》，梁带村遗址公园总占地65千米，将建成一个集文物保护、科普教育、游览观光、休闲娱乐于一体的现代化遗址公园，由入口服务区、遗址保护与展示区、芮国文化展示区、黄河生态景观区和民俗文化区五部分组成。博物馆建设项目于2013年初启动。主要建设为遗址博物馆和游客服务中心，博物馆为三层混凝土框架结构，总建筑面积为16939.88平方米，一层为设备用房、影视厅、临时展厅和专题展厅；二层为报告厅和基本陈列厅；三层为文物库房、文保研究和行政办公区。基本陈列展出文物约600件（组），器物类型有青铜器、陶器、金器、玉器、杂器等。原计划2017年“十一”期间开馆，但仍没有消息，估计要延期。软件就是博物馆的人员建设，要提高博物馆人员的素质，不能就文物而讲文物，要“透物见人”“透物见史”，要挖掘文物背后的故事，必须从观念上摒弃“见物不见人”的思路，把“以物为主”转向“以人为主”。充分体现博物馆的教育功能，2015年颁布实施的《博物馆条例》，较2008年颁布的征求意见稿中博物馆的三大目的做了次序调整，由过去的“研究、教育和欣赏”，变成了“教育、研究和欣赏”。这就为博物馆的发展指明了方向 ，未来博物馆的“教育”功能必会得到更大的加强和提高，这样，未来一定会将韩城梁带村博物馆打造成精品和文化亮点。

2. 扩大宣传，提高知名度

“好酒也怕巷子深”，博物馆要大力宣传自己、包装自己，这一点，梁带村遗址博物馆已经做了相当多的工作，如在陕西历史博物馆，上海、苏州、中国台湾等地的博物馆进行了展览。2017年国庆节期间，大型舞台剧《芮姜传奇》在韩城梁带村新博物馆前盛大公演，这对于提高梁带村遗址景区对外影响力和知名度具有一定意义，但这还远远不够，博物馆还有加强与传统媒体和新媒体的联系。这里可以举两个例子，如电视剧《白鹿原》的热播，带活了白鹿原影视城。电视剧《那年花开月正圆》带火了三原、泾阳的旅游，参观安吴吴氏庄园的游客数量剧增，由原来每天500人左右，激增到播出后的每天1万人左右，国庆期间高峰期更达到每天约5万人，国庆节期间共接待约36.5万人次。

3. 走区域联合，抱团取暖

韩城是“中华史圣”司马迁的故乡，中国历史文化名城，境内的旅游景区有韩城古城、司马迁祠、国家文史公园、党家村、黄河龙口、大禹庙、 文庙、 普照寺、八路军东渡黄河纪念碑、魏长城等等。把景点联合起来，把文化资源利用好，把韩城的文化品牌做好，展现韩城特有的文化和元素，增强韩城的吸引力，让这颗镶嵌在黄河岸边的明珠绽放出璀璨夺目的光彩。

4. 瞄准潜在客户，大力开发利用

前文已经说过，陕西省教育厅和省文物局联合发文，就博物馆教育纳入全省国民教育体系提出了实施意见，我们要借此东风，让博物馆进入校园、让优秀历史文化进入校园。确定一批深入合作的学校，将博物馆教育与学校教育计划紧密结合起来。研发主题实践课程，充分发挥博物馆作为学校第二课堂的作用，策划实施多项博物馆教育活动，传播优秀的历史文化。笔者注意到博物馆虽然对学生们有优惠政策，但并不是免票而是半票，另外，我们开展的各种趣味教育活动还是收费的。所以，博物馆如果能抓住了孩子们，就抓住了最大的客源，博物馆也就一定能够取得社会效益和经济效益的双丰收。

注释

[1]《国庆陕西10大拥挤景点，八个是民俗村》，《西安商网》，2017年10月10日。

（责任编辑：陈洪　陈昱洁）

中华优秀文化海外推广途径之探索
——出访美国的收获与启示

何　宏　秦始皇帝陵博物院
马灵芝　秦始皇帝陵博物院

内容提要　21世纪蓬勃发展的数字技术和互联网技术为博物馆教育资源的分享利用提供了新的平台。本文通过对兵马俑与史密森尼数字教育合作项目在美国史密森尼博物馆及相关学校的应用情况进行实地调研，并将所见所闻与同行交流，希冀对中国博物馆创新知识分享模式有所启示与借鉴，进而探索博物馆数字教育作为中华优秀文化海外推广的新兴途径。

关 键 词　兵马俑史密森尼合作　数字教育　收获　启示

博物馆是自然和人类文化遗产的收集者与保护者，保存着一个国家与民族千百年来优秀文明延续的记忆，为人们了解、学习和传承优秀传统文化提供了公共平台，也是提升文化软实力的重要载体。博物馆不仅是人类文化多样性的守护者，同时也是跨文化交流的使者。在2015年3月20日正式施行的《博物馆条例》中，第34条规定：博物馆应当根据自身特点、条件，运用现代信息技术，开展形式多样、生动活泼的社会教育和服务活动，参与社区文化建设和对外文化交流和合作。博物馆国际交流合作是中华文化海外传播的重要手段之一。

纵观我国博物馆近年来的国际交流与合作，有以下几个类型：第一，因巡展而展开的合作；第二，因学术组织而展开的合作；第三，因人才培养而展开的合作。伴随着数字技术的发展在博物馆领域的应用日臻成熟，博物馆数字教育必将成为国际博物馆间合作的新兴途径。

美国作为世界上博物馆事业高度发达的国家之一，在博物馆管理方面曾进行过诸多探索和实践，积累了相当多有益的经验。早在1995年美国已经正式建成博物馆互联网系统，将国内众多博物馆的馆藏信息数据库纳入网络传播系统，使得博物馆藏品的信息突破了时空的限制。2017年2月，秦始皇帝陵博物院与美国史密森尼学习和数字访问中心开始合作线上数字教育资源，双方创建了中美兵马俑史密森尼在线教育模式。此合作依托史密森尼数字网络平台，应用秦始皇帝陵博物院的文物数字资源，按照美国艺术、历史及社会学科等多个课程标准，以及哈佛大学教育学院思维训练方法："观察—思考—怀疑"和"思考—疑惑—探究"，设计出关于秦文化的中小学艺术教育学科和社会教育学科，研究博物馆数字化教育模式，推广中华优秀文化在海外的传播。

兵马俑史密森尼数字资源合作的应用将进一步加强美国中小学师生更好地使用博物馆资源提升课堂教学效果，扩大秦文化在美国的传播，增进中美博物馆之间的合作和发展。此次合作是中国博物馆与美国史密森尼学会在数字教育资源方面的首次合作，它将为中外博物馆教育合作模式提供新的思路和方法。

2017年9月10日至9月17日，应美国史密森尼学习与数字访问中心主任斯蒂芬妮·诺比（Stephanie Nobby）的邀请，秦陵博物院派遣何宏、马灵芝赴美国华盛顿和纽约执行兵马俑史密森尼数字教育合作研究，并开展优秀历史文化进校园活动。

一、兵马俑史密森尼数字教育项目介绍

美国史密森尼学会是世界上最大的博物馆体系和研究联合体，该组织包括19座博物馆、艺术馆、国家动物园和9座研究中心。史密森尼学习和数字访问中心是一个负责教育的中心部门，它与史密森尼下属的所有博物馆及许多国家教育机构合作，提供以博物馆为基础的教育体验，其首要目标观众是全美的教师和学生。本中心系统地收集和组织史密森尼的全部教育资源并利用这些资源进行知识的传播。史密森尼拥有超过2500多个可以在学校使用的数字教育资源，如：课程计划、专家录像、互动游戏等。教师按照不同的主题领域、教学目标或者感兴趣的话题在本中心建立的门户网站上进行搜索，并生成一个附带相关资源链接的列表。其目的是提供便捷的方式，让教师们通过易于操作的网站获取博物馆全部的教学资源[1]。

出访期间，何宏、马灵芝与史密森尼学习与数字访问中心主任斯蒂芬妮及相关教育专家就兵马俑史密森尼数字教育合作问题的进展状况及未来发展计划进行交流，通过交流我们了解到，本项目首先设计出两个"中美兵马俑史密森尼数字教育"模块：

1. 艺术学科：面向初中生（12—15岁）、高中生（16—18岁），采用美国《国家核心艺术标准》，能够理解和分析艺术作品；能够解读艺术作品的意图和意义；能够将艺术作品及其观念与社会、文化和历史背景联系起来以加深理解。

2. 社会学科：面向初中生（12—15岁）、高中生（16—18岁），采用《大学、职业和公民生活框架——社会科课程国家标准》，通过针对特定历史人物和群体提出的问题来分析其主导事件的历史意义；通过对历史资料的作者、年代、发生地、人群和目的评估发掘其历史意义和影响；能运用有关的历史资料组织关于历史事件的讨论。采用《历史课程标准》让学生能够理解及评价秦始皇在建立统一帝国的过程中的政策和成就。

2017年11月17—19日，史密森尼学会在美国旧金山举行的第97届全美社会科学年会上，中美兵马俑史密森尼数字教育合作的6个教育项目（三个社会学科、一个艺术学科、一个教师参考资源及一个中国古代纪年表）成功发布。自发布后的两个月内，有7000多人次访问了兵马俑史密森尼数字教育资源的六个项目，访问人员中大多数是教育工作者。

本项目将运用科学的方法评估秦陵博物院数字资源在美国中小学及其他教育机构的应用，将进行谷歌数据分析及史密森尼学习和数字访问中心后台检测系统数据分析，获取用户在使用本项目的相关数据。抽样进行学校课堂调研、问卷调查和访谈，收集老师和学生的反馈信息。计划每个季度进行所有数据分析，写出报告，加强和完善薄弱环节。

二、开展优秀历史文化进校园活动

出访期间，何宏、马灵芝来到美国华盛顿国际学校，为该校孔子课堂的50多名学生开展了两场以秦兵马俑为主题的博物馆教育活动。此次开展活动的华盛顿国际学校是兵马俑史密森尼数字教育合作的试点学校，这也是秦始皇帝陵博物院“优秀历史文化进校园”活动首次走出国门。

本次教育活动分初中部和高中部两场进行，每场的活动内容由专题讲座、知识导入和“我是秦俑修复师”三部分组成。首先，何宏研究员为同学们做专题讲座《秦始皇和他的兵马俑》，以互动问答的形式向同学们生动介绍了秦始皇帝的生平、历史功绩和秦俑艺术。接着马灵芝通过图片、视频等方式使同学们了解兵马俑的发掘、保护及修复过程。然后每三人一组，在两位老师的指导下对兵马俑的复制品进行粘接修复。活动现场气氛活跃，同学们分工明确，相互协作，经过半个小时的精心修复，大家自豪地拿出自己的作品进行合影留念。这些孔子课堂的学生们对中国文化有着浓厚的兴趣，此次教育活动使同学们了解到文物修复专家所付出的艰辛与努力，加深了他们对中国传统文化的了解与热爱。

活动结束后，何宏、马灵芝与校方和史密森尼的专家们就兵马俑史密森尼在线教育资源在华盛顿国际学校的使用情况进行座谈交流。学校非常感谢秦始皇帝陵博物院为该校学生带来此次有意义的教育活动，希望秦始皇帝陵博物院进一步把更多秦代历史文化知识通过网络教育的形式传播给在校学生。双方都认为中美博物馆数字资源的合作，不仅会进一步加强美国中小学师生通过使用博物馆数字资源提升课堂教学质量，扩大秦文化在美国的传播，而且未来会增强学生们的全球竞争力，为中华文化海外传播提供新的途径。

三、与史密森尼博物馆进行业务交流

在此期间，我们与美国国立亚洲艺术馆、美国国家历史博物馆、美国国家航空航天博物馆等多家史密森尼所属博物馆的同仁就博物馆教育工作开展座谈。在美国国立亚洲艺术馆，我们与教育部主任埃德尔（Eder）、中国艺术部主任斯图亚特（Stuart）等就博物馆志愿者工作、博物馆教育人员的培养问题进行交流。美国国立亚洲艺术馆由佛利尔美术馆和赛克勒美术馆组成，是史密森尼协会所属的一个艺术馆。2017年4月，亚洲艺术博物馆馆长朱利安·兰比（Julian Ranby）带领博物馆董事及工作人员到访秦始皇帝陵博物院，与秦始皇帝陵博物院院长侯宁彬、副院长田静进行了深入座谈，双方希望两馆之间在博物馆保护、交流展览、博物馆研究及博物馆教育等方面能够加强合作。因此，此次到访双方就博物馆教育人员的培养及互访合作问题继续进行了交流与探讨，同时也在积极寻找有效途径解决合作中遇到的实际困难。

在进行博物馆志愿者工作交流时，我们了解到，博物馆一线工作大多是由志愿者承担，美国国立亚洲艺术馆的志愿者工作时间最长的达40年之久，先进的志愿者管理制度值得我们学习与借鉴。美国国立亚洲艺术馆定期会对志愿者进行培训和考核，志愿者不仅要掌握基本陈列内容，临时展览的讲解内容也在志愿者考核范围之内。另外，志愿者自身也会自发组织学习，经常就一个展览或一个问题分成不同的小组进行讨论、交流和研究。为了给志愿者创造良好的学习氛围，博物馆专门为志愿者提供图书馆以便学习。博物馆还采取一定的奖励机制来鼓励志愿者工作，例如，每季度会对工作突出的志愿者予以奖赏，年底评选出年度最佳志愿者，并举办年会晚宴，为志愿者提供更多交流学习的机会。

在美国国家历史博物馆，我们就博物馆教育活动的策划及实施与博物馆教育部主任嘉莉 C. 科奇（Carrie C. Kotcho）、公众服务部主任安德里亚·劳瑟（Andrea Lowthwer）及教育人员进行交流。美国国家历史博物馆在展厅设有固定的教育活动场地，根据不同的年龄段分为不同的场所。学龄前儿童活动室营造家的氛围，让孩子在轻松舒适的环境中获得互动和多感官的体验，探索孩子们的兴趣所在，激发他们进一步学习。虽然他们只是年幼的儿童，当他们发现实物能够具体地表现出某些概念的时候，也时常能在实物的帮助下去理解这些相当复杂的概念[2]。例如，在一艘色彩鲜艳的模型船上，孩子会触摸到方向盘是圆形的，进而想知道它的作用是什么？船和水之间有什么关系？学龄前是孩子们走进博物馆的重要时段，这样的互动体验可能会陪伴他一生。

创造发明活动室是为 6—12 岁孩子设计的学习空间，教育人员每年根据吃、住、行、玩四个不同的主题开发不同类型的教育活动。所有的活动都是以激发孩子的想象力、实现梦想为宗旨，孩子们按照一定的主题动手创造出自己的作品，然后放在固定的展示区一起分享。在活动室的角落里，有一小块休息思考区很引人注目，孩子们在这里不仅可以休息，还有书籍可供阅览，抑或安静地思考一下问题。活动室里还设有一间研发室，专为活动所需材料提供设计与加工。如此大的工作量仅由一人来承担，这种高效率的工作方式令人钦佩。

除了在博物馆内举行丰富多彩的教育活动外，教师培训工作也是美国国家历史博物馆的一项重要内容。除了学校组织教师前来博物馆参观学习外，博物馆人员经常走出去，到边远地区为教师做培训工作，加强教师利用博物馆资源提高课堂教学意识。同样，史密森尼学会制订了在全国范围内广泛培训教师的计划。特别是在首都华盛顿为教师们举办的夏季研究班上，培训老师如何利用博物馆的收藏品进行教学。在每年一度的“教师之夜”，组织教师观看展出并对为当地学生制定的教学资料和规划进行讨论。

美国国家航空航天博物馆是史密森尼协会创建的众多博物馆之一，也是全世界首屈一指的有关飞行的专题博物馆。在教学经理迈克尔·荷斯兰德（Michael Hulslander）和首席教育师蒂姆·格罗夫（Tim Grove）的带领下，我们对航空航天博物馆的教育活动进行了现场观摩与学习。博物馆的24个展厅共有18000平方米的展览面积。各展厅陈列飞行史上具有重要意义的各类飞机、火箭、导弹、宇宙飞船及著名飞行员用过的器物，如1903年莱特飞行器、太空船一号、哈勃太空望远镜试验车等等，可以说是美国航空乃至世界航空史的缩影，每月接待观众达10万人之多。博物馆没有专设教育活动厅，但是展厅沿线的互动内容十分丰富。穿着红色T恤的教育人员在现场引导观众参与各项互动活动。有些活动是随到随做，有些是定点开始，不同时间段有不同的活动内容。活动内容和展品密切相关，具有很强的操作性，观众参与兴趣浓厚。在物体如何飞行展览馆（How Things Fly），孩子们在教育人员的引导下利用道具亲自操作来学习器物飞行原理。方便进出各个展厅活动的小推车设计独特，引人注目。在与两位专家的交流中我们发现，他们对博物馆的教育及博物馆教育工作者有着深入的理论研究，其中首席教育师蒂姆·格罗夫（Tim Grove）编写的博物馆教育工作者手册（*The Museum Educator's Manual*）值得我们学习与借鉴。

四、收获与思考

在与史密森尼各博物馆专家及美国学校教育工作者的座谈中，我们发现，美国博物馆的教育工作几乎已经变成博物馆内所有部门的工作，而不只限于一个单一的教育部门。具体表现在以下几方面：

1. 教育人员专业分工明确细致。美国博物馆都有着力量强大的教育部门，高素质、高水平和职业化的教育人员是推动美国博物馆教育发展的核心力量。美国博物馆教育员根据博物馆的使命，发展、完善、评估和管理博物馆的教育项目，从而让更多公众进入博物馆，更深入了解博物馆的展品、展览和资源。教育人员的专业分工十分明确、精细，通常根据服务对象和工作性质进行项目分工[3]。

2. 教育理念先进。无论学校教学还是博物馆教育都是以学生参与的主观能动性为主，强调启发、思考、探索与创造，没有固定的模式与方法禁锢孩子的思路与想象力。除了传统的依赖于课本的授课形式外，巧妙的实物教育法会更加启发孩子们以不同的形式去学习，激发孩子们对科目的兴趣和对科目更深的理解。他们普遍认为，一个教育项目成功与否，并不在于举办了多少场活动，有多少人参加,而是它给观众到底带来了什么？在人们生命中真正起到了什么作用？

3. 高度重视志愿者工作。在美国的博物馆界，活跃着数十万名志愿者服务人员，是全美博物馆正式员工数量的 2.5 倍。史密森尼学会拥有的志愿者人数超过 6500 人，已经超过该机构正式员工6000人的数量。史密森尼学会志愿者特点是：人数众多、严格挑选、重视培训及考核全面。

4. 建立长期深入的馆校合作。21世纪，美国博物馆教育的重点在于进一步探索如何满足学校课程及教师教学的需要。博物馆对学生的重视和学校对博物馆的重视促使双方积极主动地开展合作，并从资金、人员、组织、时间和制度上给予了充分保证。

通过此次出访，结合秦始皇帝陵博物院教育工作的实际情况，我们得到以下思考与启示：

1. 提升秦始皇帝陵博物院网络教育。如今，史密森尼发展为一个包含了多家附属博物馆的全国博物馆网络系统，引领全球博物馆蓬勃发展。利用数字技术，每个人都有可能看到史密森尼的全部馆藏。史密森尼大力开发网络课程资源，取得了很好的效果。观众在进入博物馆之前就能在网络上了解博物馆，对博物馆资源进行分享和传播。在信息技术高度发达的社会，我们应该创建线上教育。实体博物馆和网上博物馆线上线下的互动，更会给现代博物馆增添新的吸引力，并将使得公众的学习体验得以拓展延伸[4]。

2. 加强多领域跨界合作。积极与不同领域的机构合作，充分利用博物院资源，有创意地打造出特色项目来广泛传播秦文化。

3. 多层次介入学校教育。博物馆教育与学校教育的紧密结合，愈来愈受到社会的关注，秦始皇帝陵博物院应与学校加强合作，寻找与学校教育的契合点，建立起多元稳定的合作机制。

4. 持续发展人才培养。数字化时代对博物馆的专业人员在技能、知识、素养方面提出了更高的要求。目前秦始皇帝陵博物院教育人才的理论研究相对薄弱，缺少系统的培养，寻找不同途径进行人才馆际间的培训与交流，或是通过学校输出专业博物馆教育人才都是更好地发展博物馆教育事业的根本保证。

通过兵马俑史密森尼数字教育项目的初步开展以及笔者此次出访美国的收获，我们切身认识到在快步前行的今天，数字技术是博物馆教育不断发挥作用、持续发展的核心动力，它能够完善创新博物馆的教育模式、方法和内容[5]。国际博物馆之间的数字教育合作将会突破时间和空间的限制，更加方便快捷地为海内外公众提供博物馆信息资源服务，这不仅是中外博物馆专业交流的需要，更成为促进中华优秀文化海外推广的有效途径。

注释

[1] 史蒂芬妮·诺比、萧凯茵：《从物品的墓地到思想的摇篮——从古德到数字化时代史密森博物院的教育理念与实践》，《中国博物馆》2015年第1期，第96页。

[2] 米歇尔·海曼等：《寻找与学校教育的契合点——史密森学会的实践》，《中国博物馆》2000年第3期，第30-34页。

[3] 吴镝：《浅谈当代美国博物馆教育——湖南省博物馆教育人员赴美考察报告》，《湖南省博物馆馆刊》，2010年，第717页。

[4] 顾洁燕：《何以卓越？——美国博物馆教育背后的思考》，《科学教育与博物馆》2015年第4期，第305页。

[5] 林岩：《谈数字化时代博物馆教育及其相关问题》，《才智》2017年第36期，第43页。

（责任编辑：陈洪　陈昱洁）

信息传播视角的考古遗址博物馆展示架构研究
——以东北地区考古遗址博物馆为例

孔利宁　秦始皇帝陵博物院
靳梦瑶　西北大学文化遗产学院
刘瑶佳　西北大学文化遗产学院
张　宁　秦始皇帝陵博物院

内容提要　考古遗址博物馆的展示架构受到遗址的保存状况、遗址价值、展示理念、展示规划目标等多重因素的影响。不同的展示主题、展品和陈列方法向观众传递的信息也不同。本文通过对东北地区典型考古遗址博物馆展示的信息构成、信息传播路径和传播方式的对比分析，提出增强遗址展示信息的真实性和完整性，根据信息内容，充分考虑受众特点、传播环境等因素，选择恰当的信息传播路径，综合运用多种传播方法，建立完善的博物馆展示信息传播模式，是提升遗址信息传播成效的重要途径。

关 键 词　考古遗址博物馆　展示研究　信息传播

考古遗址的展示是遗址保护工作的重要组成部分，是一种通过向公众传播遗址信息，以实现遗址价值社会共享的传播行为。在当前博物馆公共服务职能不断强化的背景下，随着新媒体、新技术的蓬勃兴起，考古遗址博物馆展示传播的信息内容和传播方式也逐渐发生变化。受秦始皇帝陵博物院“考古遗址展示叙事研究”课题的资助，我们对东北地区考古遗址的展示状况进行了调研。本文系研究的阶段性成果之一，以东北地区代表性的考古遗址博物馆为研究对象，通过对比分析这几所博物馆展示中的遗址信息内容构成、信息传播的主要路径以及信息传播方式的异同，探讨考古遗址博物馆的展示架构对遗址信息传播的影响。

一、研究对象

展示架构是展示主题大纲与展示整体空间配置方式交织成的基本结构[1]。考古遗址博物馆的展示架构受到遗址的保存状况、遗址价值、展示理念、展示规划目标等多重因素的影响，呈现出多元的面貌。不同的展示主题、展品选择和陈列方法都会向观众传递不同的信息。本文的研究对象主要包括辽宁省的新乐遗址博物馆、牛河梁遗址博物馆、大连汉墓博物馆，以及黑龙江省的金上京历史博物馆和昂昂溪遗址博物馆。上述博物馆所依托的遗址年代跨度自史前至历史时期，包含了史前聚落、历史时期墓葬和城址三种典型遗址类型，遗址特色鲜明且具有重要的考古学意义。从博物馆建设来看，沈阳新乐遗址博物馆建成开放于1984年，属国家二级博物馆，现有陈列室于2014年向公众开放；金上京历史博物馆新馆落成于1998年，为国家三级博物馆；昂昂溪遗址博物馆于2004年开放，是黑龙江省首座史前遗址博物馆；大连汉墓博物馆于2010年开放，是目前大连唯一的遗址类博物馆，也是我国第一座汉墓遗址群博物馆[2]；牛河梁遗址博物馆于2012年试运行开放，以牛河梁遗址所具有的重要考古学价值，以及考古遗址公园与遗址博物馆相结合的保护展示方式受到广泛关注。上述遗址博物馆建成开放于不同时期，规模不同且特色鲜明，具有较高知名度和影响力，是东北地区极具代表性的遗址博物馆。因此，对其展陈进行研究，有助于全面了解东北地区考古遗址展示的发展状况与发展趋势，为考古遗址展示研究提供区域性的研究样本。

二、考古遗址展示信息的构成

荷兰学者彼德·冯·门施提出，博物馆学属于信息科学，“博物馆的物是信息的载体”[3]。考古遗址博物馆以考古遗址为主要展示对象，准确、全面、有效地传播遗址相关信息，是考古遗址博物馆展示工作的基本目标。考古遗址从形成发展到废弃，从被发现到向公众展示，经历了漫长而复杂的过程，蕴含了大量珍贵的信息，承载着考古遗址特有的历史、艺术、科技等多重价值。考古学研究的目的是根据古代人类所遗留的物质资料以复原古代社会，考古遗址的展示应充分反映遗址科学研究的成果，以全面呈现遗址价值作为展示目标。考古遗址博物馆展示的遗址信息内容应当包括：(1) 遗址的基础性信息。遗址原生环境、遗址本体及其包含物的基本信息，包括其空间形态、物理属性、材料构成、工艺技术、功能用途等；(2) 遗址的延伸性信息。遗址及其包含物所反映出的历史文化信息，如遗址所处的历史背景，社会生活面貌，与遗址及文物相关的事件、习俗、文化活动，遗址与文物的内涵和价值；(3) 遗址的衍生性信息。遗址从发现到向公众展示过程中所产生的信息，尤其是遗址的考古发掘、保护、研究工作的相关信息，如考古工作的过程、成果、研究方法与技术等内容。

本文所述五个考古遗址博物馆的展示信息构成如下表所示（表一）。

表一　东北考古遗址博物馆展示信息构成简表[4]

博物馆（以陈列开放时间为序）	展示内容				
	遗址基础信息			遗址延伸信息（遗址相关历史文化信息）	遗址衍生信息（遗址考古发掘、保护、研究工作）
	遗址原生环境	遗址本体	遗址出土文物		
金上京历史博物馆（1998年）	——	——	金上京地区的文物精华，包括金代的生产生活用具、武器、宫廷礼器、官府印鉴、宗教法器、金银饰品等，以及金代铜镜246面	基本陈列通过女真的崛起、金上京的辉煌、金源文化与金源人物、完颜后裔、金上京与金中都等5个单元全面展示金代的政治、经济、文化、军事及发展历程	——
昂昂溪遗址博物馆（2004年）	——	——	昂昂溪遗址，滕家岗遗址，五福遗址出土的石器、骨器、陶器、玉器等	基本陈列“北方渔猎文明的摇篮”中“渔猎文明”单元展示遗址文化面貌与艺术成就	基本陈列“旷世考古”与“保护研究”单元介绍遗址考古发掘与保护规划工作概况
大连汉墓博物馆（2010年）	——	营城子汉墓群192号墓墓室	营城子汉墓群出土各类文物近300件	基本陈列“汉风古韵——大连汉代墓葬文化陈列”介绍大连汉代各类典型墓葬分布、形制、出土文物及汉代丧葬习俗	大连地区汉代墓葬发掘现场图片
牛河梁遗址博物馆/牛河梁考古遗址公园（2012年）	依托遗址核心保护区建立考古遗址公园，对遗址周边环境进行整体性保护展示	原状展示牛河梁遗址第一地点（女神庙）、第二地点（祭坛、积石冢）；标识展示遗址第十三、十四、十五、十六地点	牛河梁遗址出土的石器、陶器、玉器等	基本陈列通过文明曙光、红山古国、人文始祖、祈福圣坛、古国王陵、玉礼开端、魅力红山等单元介绍红山时期的生态环境、建筑形态、生产生活、丧葬习俗、宗教祭祀等	基本陈列中的“牛河梁大遗址保护成果展”展示遗址保护工程图片

续表

<table>
<tr><th rowspan="3">博物馆（以陈列开放时间为序）</th><th colspan="5">展示内容</th></tr>
<tr><th colspan="3">遗址基础信息</th><th rowspan="2">遗址延伸信息（遗址相关历史文化信息）</th><th rowspan="2">遗址衍生信息（遗址考古发掘、保护、研究工作）</th></tr>
<tr><th>遗址原生环境</th><th>遗址本体</th><th>遗址出土文物</th></tr>
<tr><td>新乐遗址博物馆（2014 年）</td><td>——</td><td>原状展示第 1、2、3、4、6、11、17 号等房址，复原展示第 7、8 号房址，标识展示第 12、13、18、25 号房址</td><td>新乐下层文化出土文物 200 余件；新乐上层文化与偏堡子文化出土文物 200 余件</td><td>基本陈列“沈阳历史的源头——新乐遗址”通过文明伊始、日出而作、渔猎荒泽、图腾崇拜、文化之谜等单元诠释新乐先民的生产、生活以及精神文化生活成就</td><td>“新乐文化所在区域层位示意图”展板</td></tr>
</table>

金上京历史博物馆东邻金上京故城——上京会宁府遗址，西侧为金代开国皇帝完颜阿骨打的初葬地——金太祖陵址公园，但三者并未建立统一的展示体系，属各自相对独立的状态。金上京会宁府遗址现存的城墙、建筑基址等遗迹目前为原状保护，仅有简单标识。金太祖陵在保持封土原状基础上，进行了地宫的复原展示以及宁神殿的复建展示，但其展示效果与博物馆的展示标准有一定差距，未能向公众有效传播遗址的相关信息。金上京历史博物馆的基本陈列包括女真的崛起、金上京的辉煌、金源文化与金源人物、完颜后裔、金上京与金中都五个单元。通过金上京地区出土的典型文物，集中展示了金朝自1115年建国至1153年迁都38年间金上京地区的历史沿革、经济、文化、交通等发展概况，以及对后世产生的影响。展示传播的信息内容是以遗址出土文物及其相关历史文化信息为主，侧重于女真族群的历史叙事，对于金上京遗址信息的展示仅见少量图片文字。

昂昂溪遗址是我国北方渔猎文化代表性遗址之一，距今约7500年，由39处遗址和遗物点组成[5]。1930 年，考古学家梁思永首次在此进行科学发掘。昂昂溪遗址博物馆是黑龙江省首座史前遗址博物馆，馆藏文物3000多件，是研究中国北方草原渔猎文化的重要依据。昂昂溪遗址博物馆当前的展示是以遗址出土物为主体，未来规划将依托昂昂溪遗址和滕家岗遗址建立考古遗址公园，以实现对遗址环境和遗址本体的展示。该馆的基本陈列“北方渔猎文明的摇篮”分类展示了昂昂溪遗址，滕家岗遗址，五福遗址出土的石器、骨器、陶器、玉器等，以实物展示为主，对器物的延伸信息阐释不足，除石磨棒等极少数器物辅以使用示意图外，大量器物仅标注名称，未对其工艺技术、内涵与价值等信息进行阐释。展示中介绍了遗址的考古工作，“旷世考古”单元通过图文展板介绍外籍学者在东北地区的考古活动、梁思永先生在昂昂溪遗址的考古工作、遗址科学发掘的第一地点、昂昂溪史前遗址报告、昂昂溪文化简介、昂昂溪史前遗址附近地图，以及采用的考古方法等内容；“保护研究”单元通过图版、文件、书籍等展示了遗址考古工作图片、全新世及更新世晚期地层年代表、昂昂溪遗址调查发掘情况年表、昂昂溪文化研究相关论著、学术研讨会图片、昂昂溪遗址考古公园规划图和规划文本等内容，侧重于考古工作成果的介绍，未见对于考古工作方法技术的阐释。

大连汉墓博物馆建在营城子汉墓群遗址中心区域，是大连地区唯一的一座古代遗址类博物馆，也是全国第一座汉代墓葬群遗址博物馆。营城子地区发现的汉代墓葬规模庞大、种类繁杂，包含了大连地区几乎所有的汉墓形式。大连汉墓博物馆的展示体系由墓葬展示和出土文物展示构成。墓葬本体的展示主要包括大连地区唯一的一座东汉时期的壁画墓——营城子壁画墓的原状展示（目前未对公众开放）和营城子地区发现的最大的贝砖木椁墓——192号墓的墓室原状展示。出土文物展厅的主题陈列“汉风古韵——大连汉代墓葬文化陈列”通过展示大连各类汉代典型墓葬分布、形制、出土文物及汉代丧葬习俗，表现两汉时期大连地区的政治、经济、文化风貌和发展特征，以及大连地区与周边地区的紧密联系。作为一座汉墓专题博物馆，博物馆在展示中传播了丰富的墓葬相关信息。在对典型墓葬进行原状展示的基础上，补充了大连地区墓葬分期表、大连地区汉代墓葬简介、大连地区汉代墓葬、城址分布图、大连地区汉代墓葬发掘现场照片、营城子地区汉代墓地分布示意图、砖墓、贝墓等各类墓葬的结构复原模型、汉代文献关于厚葬风俗的记载等内容，为公众了解汉墓知识提供了必要的信息资源。但是，对墓葬出土文物的阐释相对不足，大部分文物仅标注名称和出土地点，并且，对汉墓群所处环境信息、考古工作方法、壁画保护工作等信息亦缺乏必要的阐释。

牛河梁遗址是新石器时代晚期红山文化的代表性遗址，距今约5500至5000年。自1981年发现至今，遗址区域内现已发现大型祭坛、女神庙、积石冢群等重要遗迹，规模宏大，出土文物丰富，代表我国北方地区史前文化发展的最高水平，2003年第十六地点的发掘被评为“年度全国十大考古发现”。根据《牛河梁红山遗址保护规划》，牛河梁遗址保护区的总面积为58.95平方千米，将保护遗址区的整体自然环境风貌作为保护原则之一[6]。牛河梁考古遗址公园依托8平方千米的遗址核心保护区而建立，于2014年正式向公众开放。目前遗址公园的展示内容主要由三部分组成：牛河梁遗址博物馆、第一地点（女神庙）保护展示馆和第二地点（祭坛、积石冢）保护展示馆。此外，对遗址第十三、十四、十五、十六地点的遗迹进行了标识展示。上述展示内容互为补充，有机地构成了牛河梁遗址的展示体系。第一地点保护展示馆和第二地点保护展示馆分别对女神庙、祭坛和积石冢遗址本体进行原状保护展示。牛河梁遗址博物馆的基本陈列分为文明曙光、红山古国、人文始祖、祈福圣坛、古国王陵、玉礼开端、魅力红山等单元，通过展示遗址出土的石器、陶器、玉器等各类文物，辅以场景复原模型等展示手段，展现红山时期的生态环境、建筑形态、生产生活、丧葬习俗、宗教祭祀等内容，使观众了解遗址与文物的丰富内涵。基本陈列内含“牛河梁大遗址保护成果”图片展，展示牛河梁各遗址点的保护工程图片，但未对考古工作充分阐释。

新乐遗址是我国新石器时代的重要遗址之一，自1973年发现至今已进行了五次重要发掘，发现房址四十余座，出土文物两千余件。博物馆当前的展示体系由遗址展示区和文物陈列展厅构成。遗址展示区包含了新乐遗址半地穴式房屋40余座，采用了多种展示方式：二号房址建设了专门的保护展示大厅；七号房址和八号房址进行复原展示，在复原建筑内分别模拟复原了宰割猎物和氏族成员议事场景；对第1、3、4、6、11、17号等房址进行了原状覆罩展示；遗址区内并设置了考古发掘预留区，对未发掘的12号、13号、25号、18号房址等进行了标识展示。文物陈列厅当前的基本陈列包括“沈阳历史的源头——新乐遗址”和“新乐遗址出土偏堡子文化”“新乐上层文化文物展”，分别展出了新乐遗址发现的三种文化类型的遗物：新石器早期的新乐下层文化遗物、新石器晚期的偏堡子文化出土文物以及青铜时代早期新乐上层文化的遗物，从而构建起区域考古学文化发展的完整序列。“沈阳历史的源头——新乐遗址展”通过文明伊始、日出而作、渔猎荒泽、图腾崇拜、文化之谜等单元诠释新乐先民的生产、生活及精神文化生活成就。通过大量的图文版面和多媒体展示手段，以多样化的展示手法展现了遗址及文物的内涵信息。“新乐遗址出土偏堡子文化、新乐上层文化文物展”侧重于器物形态和考古学文化的展示。通过出土遗物展现了偏堡子文化的源流与发展脉络，新乐上层文化的遗址分布、聚落形态、墓葬习俗等信息。与上述信息相较，博物馆对于遗址环境和考古工作相关信息展示不足，展示中仅有少量反映遗址所处环境风貌的图片，考古工作信息主要表现为遗址分布图、考古学文化分布图等专业性资料，缺乏向公众普及考古学知识的内容。

三、考古遗址展示信息的传播路径

根据国际古迹遗址理事会颁布的《文化遗产阐释与展示宪章》，考古遗址的阐释（interpretation）与展示（presentation）包括“一切可能的、旨在提高、增进公众对文化遗产的理解的活动”。其中“阐释”包含印刷品和电子出版物、公共讲座、现场及场外设施、教育项目、社区活动，以及对阐释过程本身的持续研究。而“展示”尤其指在考古遗址原址通过对阐释信息的安排、直接的接触，以及展示设施等有计划地传播阐释内容。可通过各种技术手段传达信息，包括（但不限于）信息板、博物馆展览、精心设计的游览路线、讲座和参观讲解、多媒体应用和网站等[7]。考古遗址博物馆的展示传播路径并不局限于陈列展览本身，与陈列展览相关的解说和教育活动也是传播遗址信息的重要路径。并且，随着新媒体技术的蓬勃兴起，利用新媒体技术开辟遗址展示信息传播的线上路径，已成为遗址展示工作的发展趋势。

表二　东北考古遗址博物馆展示信息主要传播路径对比简表

博物馆	展示信息传播路径					
	实体路径			网络路径		
	陈列	解说	教育活动	网站	微信	微博
金上京历史博物馆	√	√				
昂昂溪遗址博物馆	√	√				
大连汉墓博物馆	√	√				√
牛河梁遗址博物馆	√	√			√	√
新乐遗址博物馆	√	√	√	√	√	√

注：“网络路径”包括博物馆的官方网站、微信公众号与新浪微博账号；
“解说”包括人工讲解及各类电子解说设备；
“教育活动”指博物馆配合展示，面向公众开展的常态化教育活动，临时性、随机性活动不在讨论范围。

表二列举了文中五座博物馆展示信息传播的主要路径，这六种传播路径在信息容量、传播速度、受众范围、传播方式、反馈特点等方面具有不同的特点[8]。博物馆里的陈列展览、解说和教育活动等传统路径基于遗址和文物实体进行，信息直观、权威性强、可信度高。但其传播的信息容量有限，受众范围仅限于现场观众，受众范围较小，传播方式表现为直线传播，受众以被动接收信息为主。而依托互联网进行线上信息传播，可以拓展更多的信息量，受众范围更广，传播方式表现为裂变式传播，受众可以主动地接收并反馈信息。但受复杂的网络环境影响，受众易受不准确信息甚至虚假信息的干扰。

在博物馆传统的信息传播路径方面，有四座博物馆只采用了陈列与解说两种途径，没有通过举办常态化的教育活动进行遗址信息的传播。只有新乐遗址博物馆针对遗址特点长期举办各类教育活动，如公众体验模拟考古发掘、原始手工制陶、钻木取火等教育活动，促进了遗址信息的传播，拉近了公众与遗址、公众与考古工作的距离，也提升了博物馆的社会影响力。

五座博物馆对网络信息传播路径的建设比较薄弱，有很大的提升空间。开设博物馆官方网站的仅有新乐遗址博物馆，通过博物馆官网发布博物馆概况、藏品、陈列展览、活动、学术研究等信息，但传播形式主要表现为图片、文字简介和少量视频资料，未见利用数字化技术进行虚拟导览等新技术的应用。博物馆应用社交媒体进行遗址信息传播的情况如表三所示，三个开通微信公众号和官方微博的博物馆表现出了对新媒体的重视。但推送消息的数量和频率都比较低，其中与遗址信息直接相关的微博（信）数则更少，大连汉墓博物馆的微博已长期处于停滞状态。就信息的浏览量、转发量、点赞量等数值而言，与国内遗址博物馆的热门微博、微信公众号相比差距很大。用户的关注度较低，未充分发挥“微传播”的优势，没有与用户形成信息及时传播与积极反馈的良性互动。

表三　微博、微信信息传播情况统计简表
（截至2018年5月2日）

博物馆	媒体类型	粉丝数	微博（信）开通时间及最后更新时间	原创微博（信）数	月平均推送量	与遗址及文物相关的微博（信）数
大连汉墓博物馆	微博	53	2013.3.18—2014.3.20	18	1.5	16
牛河梁遗址博物馆	微博	1355	2016.1.20—2018.4.15	79	2.9	33
	微信		2016.4.18—2018.5.2	73	2.9	33
新乐遗址博物馆	微博	323	2013.3.11—2018.4.27	159	2.6	72
	微信		2015.8.24—2018.4.26	100	3.1	26

注：新乐遗址博物馆的微信公众号除推送信息外，设有参观指南、陈列展览、社会服务3个栏目，提供了博物馆藏品、展览及服务信息。

四、考古遗址展示信息的传播方式

在考古遗址博物馆的展示中，应用不同的展示媒介，采用不同的展示手法，产生了不同的信息传播与反馈方式。本文所研究的这五座博物馆所采用的展示方法主要包括：（1）实证展示。通过文物与标本原件、图文展板、触摸屏等查询设备进行实证性的展示信息传播；（2）影像展示。通过多媒体设施播放遗址相关视频资料；（3）模拟展示。通过场景模型、沙盘模型等模拟复原建筑、环境、生产生活场景等；（4）虚拟展示。通过投影虚拟成像等方式进行演示性展示；（5）互动展示。可供观众参与的展示装置与展示项目。

表四显示了这5种展示方法在文中五座博物馆展示中的不同比重，通过对比

可知：

（1）五座博物馆均以实证展示为最主要的展示方法，表现为展示遗址本体和文物标本原件，辅以相关的图文展板。依托实物进行信息传播是博物馆信息传播的基本特点，具有直观性、真实性、权威性的传播优势。

（2）次要展示方法中，采用各类复原模型进行展示成为最常见的方法。模拟复原有助于观众了解遗址和文物原件由于残损所缺失的信息。但是，模拟复原方式普遍存在的一个突出问题是信息的真实性。一些博物馆展示中的复原场景缺乏充分的考古资料支撑，比如场景的环境背景、动植物信息是否基于环境考古研究成果，场景中的人物形象是否以遗址所出遗骸的体质人类学研究成果为佐证。由于研究资料的匮乏或对研究的忽视，将复原展示演变为艺术创作，人为添加了许多想象成分，影响了遗址信息传播的真实性。

表四　东北考古遗址博物馆展示方法比重表

博物馆	展示方法及比重（●主要展示方法　⊙次要展示方法　○更次要展示方法）				
	实证展示 ●	影像展示 ⊙	模拟展示 ⊙	虚拟展示 ○	互动展示 ○
金上京历史博物馆	文物标本实物、图文展板	——	金上城皇城复原沙盘模型、乐舞场景复原模型	——	——
昂昂溪遗址博物馆	文物标本实物、图文展板	——	生活场景复原模型、制陶场景复原模型	——	——
大连汉墓博物馆	贝砖木椁墓墓室、文物标本实物、图文展板	——	贝墓剖面模型、营城子壁画墓墓室结构模型	——	——
牛河梁遗址博物馆	女神庙、祭坛、积石冢遗址本体、文物标本实物、图文展板	视频短片介绍红山文化及牛河梁遗址概况	牛河梁遗址环境沙盘模型、红山文化先民生产生活场景复原模型、牛河梁遗址祭坛祭祀场景复原模型、女神庙建筑复原模型、积石冢墓葬墓室复原模型	全息投影模拟展示红山文化的祭祀场景	——
新乐遗址博物馆	遗址房址本体、文物标本实物、图文展板	短片《沈阳历史文明的源头》《原始制陶流程》《木雕鸟与图腾崇拜》等	狩猎场景复原模型、制陶场景复原模型等；沈阳偏堡子文化、新乐上层文化遗址分布沙盘模型	幻影成像短片《新乐人的一天》	观众合影自动计数屏幕

注：一些博物馆的触摸屏等电子设备因故长期关闭，未发挥信息传播的作用，未列入本文的研究范围。

(3) 通过播放音像资料的影像展示也是一种常见的辅助展示手法，但多家博物馆的影像设备因技术故障等原因长期处于关闭状态，阻碍了展示信息的传播。

(4) 数字化投影等最新技术在展示中应用不足，仅见牛河梁遗址博物馆和新乐遗址博物馆两处采用，尚有很大的拓展空间。高新技术动态展示手法的应用可以弥补传统静态展示手法的不足，新奇的感官体验可以增加展示的趣味性，增强展示信息的传播效果。

(5) 互动展示手法成为五所博物馆展示的共同短板。相对于前四种展示手法中信息的单向传播，互动展示手法可以通过观众的实时参与实现信息的快速传播与即时反馈，通过寓教于乐的方式吸引观众，使观众由被动的信息接收者转为积极的信息采集者，提升展示信息的传播效率。在考古遗址的展示中，制作工艺、技术、考古工作方法等非物质性信息更适于通过动态方法展示，可以通过演示展示、观众参与体验的互动性展示项目来实现。

五、结语

1. 真实性与完整性是考古遗址展示的首要原则，也是遗址信息传播的基本要求。在不同的展示理念和展示主题下，会形成遗址信息采集和遴选的不同原则和标准，导致展示中遗址各类信息的比重不同，或是部分遗址信息的缺失。在遗址信息不完整的情况下，需要因地制宜地采用多元化的展示策略以弥补不足。如本文列举的昂昂溪遗址博物馆，有望通过昂昂溪考古遗址公园的建设，启动对遗址周边环境和遗址本体的展示工作。而沈阳新乐遗址博物馆由于地处市区，周边环境被现代建筑破坏，可以根据遗址环境考古的研究成果，通过数字化的展示方式进行虚拟重建，为公众提供完整的遗址信息。文中五座博物馆普遍缺乏考古学科普内容的展示，需要强化公众考古意识，将公众考古理念贯穿到展示工作中，拉近公众与考古学及考古遗址的距离。模拟复原展示中信息不准确的问题，反映出遗址研究工作与展示工作的脱节。博物馆应促进研究成果与展示的紧密结合，准确、及时地向公众展示遗址的最新研究成果，才能确保遗址信息传播的真实性和完整性，真正实现遗址价值的社会共享。

2. 本文所讨论的信息传播路径和传播方法各有其优势和局限。在考古遗址展示中，单纯采用某一种传播途径或方法并不能满足信息传播的需要。而应当根据信息内容，充分考虑受众特点、传播环境等因素，选择适宜的传播路径，综合运用多种传播方法，通过多种方式的有机组合，建立适宜的博物馆展示信息传播模式，以达到最佳的遗址信息传播效果。

3. 受众是信息传播的核心。考古遗址博物馆应加强对展示受众的研究，包括持续开展对博物馆现场观众的调查研究，以及对博物馆网络用户的分析研究，了解不同受众的特点与需求，在此基础上建立完善的考古遗址展示评估体系，才能不断提升博物馆的信息传播成效。

4. 本文是对考古遗址展示信息传播的区域性和阶段性研究，侧重针对展示的整体架构，讨论因展示理念、展示主题和展示方法不同所产生的信息传播问题。在后续研究中，应进一步研究遗址展示信息传播过程中的各类要素，尤其是对传播效果进行细化研究，以助考古遗址展示工作的提升。研究对象方面，受条件所限，只选取了东北地区遗址博物馆中的部分典型样本，希望能在今后展开更为全面、系统的调查，以验证并完善本文的研究结果。

本文受秦始皇帝陵博物院“考古遗址展示叙事研究”课题资助，在调研工作中得到相关博物馆同行的热情帮助，在此一并致谢！

注释

[1] 吕理政：《博物馆展示的传统与展望》，南天书局，1999年，第22页。

[2] 卢凤椿、曹明玉：《大连汉墓博物馆现状与发展浅析》，《科教文汇》2016年第5期。

[3] 王宏钧：《中国博物馆学基础》（修订本），上海古籍出版社，2001年，第9页。

[4] 文中表格均据实地考察资料编制。

[5] 辛健：《昂昂溪原始文化》，黑龙江人民出版社，2002年。

[6] 傅熹年、陈同滨、王立军：《牛河梁红山文化遗址保护规划》，中国建筑设计研究院建筑历史研究所，2002年。

[7]国际古迹遗址理事会官方网站http://www.icomos.org/charters/interpretation_cn.pdf。

[8] 张芳：《博物馆信息传播途径的比较与选择浅论》，《杭州文博》2016第1期。

（责任编辑：陈昱洁　陈洪）

基于创建秦汉文化研究学科门户实践的相关问题探讨

孟中元　秦始皇帝陵博物院

内容提要　在互联网信息时代，学术资源整合研究一直都是图书馆情报界的重要研究课题。通过互联网搜集、整合学术资源，建立一站式学术资源检索平台，为用户提供个性化知识和信息服务成为研究的热点。随着计算机网络技术和信息技术的发展，通过互联网学术资源平台检索获取知识和学术信息成为学术研究必不可少的重要途径。秦汉文化网就是在秦汉文化研究学术资源整合的基础上而创建的。创建秦汉文化网的宗旨在于从秦汉文化研究的学科知识管理的理念出发，集中会员力量共建共享秦汉文化学术资源，逐步将秦汉文化网建成秦汉文化研究的学科门户，建立起完善的秦汉文化研究学术资源知识库，更好地服务于秦汉文化研究。本文结合创建秦汉文化网的实践经验，对在网站编程开发过程中的相关问题进行研究探讨。

关 键 词　秦汉文化网　学术网站　数字图书馆　数字博物馆

互联网时代信息技术的发展深刻地影响着学术研究的开展，数字图书馆、数字博物馆是数字化信息技术在图书馆、博物馆领域深入应用的结果，数字考古、网络史学是数字化信息技术与考古学研究和历史学研究融合的产物。互联网、云计算、大数据、数字考古、网络史学、数字图书馆、数字博物馆这些信息时代的技术已深入应用到学术研究中并发挥着重要作用。自主软件开发创建秦汉文化网的目的就是利用信息技术对学术资源进行整合，建立起秦汉文化研究学科门户网站。

一、建立秦汉文化研究学科门户网站有着成熟的技术条件和外部环境

国内外在学术资源整合研究方面已有一定的理论研究基础和应用开发成果，

学术资源的整合带来了学科信息门户网站建设的开端。率先提出学科信息门户建设的是国外的研究机构。我国在学术资源知识与信息整合和学科门户建设方面的研究已有多项应用成果，如中国知网全文期刊数据库、万方全文数据库、维普科技文献数据库、超星数字图书馆建设等。另外国家哲学社会科学数据库中心的建设并免费开放为学术资源的开放存取开了一个好的先例，这充分说明，在互联网信息时代提高学术资源利用率，为广大读者提供可共享、可无障碍获取的学术资源开放式存取已经受到国家重视。另外，历史、文物、考古、博物馆系统也建有不少的网站进行学术交流，如中国社会科学网、简帛研究网、中国文物网、中国考古网以及众多的博物馆网站。纵观我国历史、文物、考古、博物馆领域的学术数字化资源建设情况，还没有建立起秦汉文化研究的学科门户，在秦汉文化研究的数字化学术资源整合方面还需进行深入研究和开发。

互联网大数据时代为秦汉文化研究的学术资源整合带来了有力的技术支持，为秦汉文化研究学术资源的海量存储、快速检索、迅速传播和方便及时地获取和利用提供了可能。随着信息技术的不断发展，云计算成为大数据依存的互联网环境，是大数据存储、管理、检索及应用不可缺少的条件，而大数据的建设与完善则作为基本内容。数字图书馆与数字博物馆就是典型的互联网环境下的大数据应用。数字图书馆是互联网数字化信息时代适应时代发展的传统图书馆的新形态，为学术研究的资料检索和获取提供了必要的条件。数字图书馆的发展为学术研究提供了有利的条件，使数字化学术资源在互联网环境下被广泛地利用，是数字化信息时代进行学术研究所不可缺少的。数字博物馆是博物馆适应信息时代的产物，是传统博物馆在新的技术条件下的博物馆形态的变化。在信息化时代进行人文社科研究，数字博物馆发挥着重要作用。秦汉文化网的创建就是采用动态网站编程技术，基于数字图书馆和数字博物馆的应用，其中还使用了办公自动化的一些功能。

对传统的图书、期刊、文献进行数字化处理并以数据库形式存储在互联网上，从而建立起数字图书馆，如中国知网、国家哲学社会科学期刊数据库，在互联网上通过会员注册收费或免费阅读，通过建立数字化学术资源库可以极大地提高图书期刊文献的利用率，服务于学术研究。

无论是数字博物馆，还是数字图书馆，从技术实现上来说，都离不开互联网网站这一形式，也就是说，要有一个互联网网络空间，通过网站架构形成一个集数字化信息录入、存储、检索、获取和维护管理的集成化平台，才能支持数字化学术资源包括图书、期刊、论文和文物数字化资源，以数据库形式存储并通过互联网环境被检索利用。

利用网络数据库技术检索学术资源，同样的数据库学术资源，而不同的研究者检索到的资源往往是不同的；设置检索关键词是重要一步，而这取决于研究人员的学术素养。互联网信息时代，从理论上讲可以实现“穷尽资料，竭泽而渔”的梦想，但检索不能代替阅读、思考和研究。通过检索阅读文献一方面可以为研究人员节约大量查找资料的时间，使其将宝贵的时间用于阅读资料和深入研究上；另一方面是可以使研究人员全面了解所选研究主题在学界的研究概况，避免在选题上重复做前人已有研究成果而没有理论创新的研究，避免少走弯路。但是检索资料不能代替必要的阅读。信息时代虽然对学术研究有着很大的优势，为研究工作提供了很多方便，这是传统的史学研究所无法实现的。但数据库学术资源仅仅是在技术层面上辅助于研究，其本身并不能代替阅读、思考和研究，所以不能提高研究者的学术素养，不能使研究者的学术思想得到升华，所以应妥善处理好检索、阅读和研究的关系。

二、创建秦汉文化网的缘由和网站编程开发技术概述

（一）秦汉文化网的创建背景

虽然信息时代为人们获取学术资源信息带来了不少方便，但是仍然存在一些问题。如采用搜索引擎检索学术资源在实际应用中只能获得有限的资源导航信息，有时甚至花费大量时间也难以获得学术研究需要的有价值的学科知识资料。国内的几大商业数据库虽然收录了不少各学科的学术资源，但是仅限于高等院校、学术研究机构内部包库付费使用，而且访问受到IP范围限制，从事学术研究要想获得有价值的学术资源信息不得不花费资金；另外，商业数据库所收录的文献虽然全面但也有不足，如博物馆出版的书刊文献、学术讨论会文献等没有收录或收录时间存在滞后。另外，考古调查与考古发掘信息、文物数字化信息、学术动态信息等没有收录或收录不全，这会影响到学界及时获取到最新的学术研究动态信息，不利于研究工作的深入开展。对于秦汉文化研究的学术资源信息获取也不例外。

秦、汉是我国历史上非常重要的两个时期，秦汉文化研究是历史学研究的一个广阔领域，涵盖有秦汉历史、秦汉文物、秦汉考古等几个相互联系的学科。我国高等院校的学科设置中，战国秦汉史被作为一个有本科、硕士、博士、博士后几个不同层次教育的专业来设置，学术研究机构有先秦史研究室、战国秦汉史研究室等。秦汉专题博物馆也是开展秦汉文化研究的重要基地。为加强学术交流，促进学术研究，成立有中国秦汉史研究会、秦文化研究会、陕西省秦俑学研究会以及与秦汉文化研究相关的考古学会、文物学会等众多学术团体。从事秦汉文化学习和研究的队伍壮大，有学术研究和教育机构的著名专家学者，有

秦汉文化研究领域各层次教育的学生，有对秦汉文化研究爱好的社会公众，所以秦汉文化研究有着大量的专家学者资源、学术资源和广大的读者群。由于进行秦汉文化研究所需的学术资料分散存在于互联网网站和媒体上，需要集中精力进行学术资源的分类整合，这就需要建立起秦汉文化研究学科门户。自从秦汉文化网在互联网上开通一年多以来，访问人数不断增加，同时在线人数最高时超过3160人，这进一步充分说明了创建秦汉文化网的重要性和必要性，秦汉文化网已经广受欢迎并成为秦汉文化研究人员学习和交流的园地，随着网站功能的完善和学术资源的不断丰富，其影响力也将不断扩大。

（二）创建秦汉文化网的缘由

鉴于笔者在2002—2007年间曾有过独立编程开发创建秦兵马俑网站和中国秦汉史研究会网站，并作为系统管理员独立管理的实践经验，通过多年来对计算机信息技术的刻苦钻研，就有了在此基础上完善开发秦兵马俑数字化信息资料网的实践，而秦汉文化网是在开发完成秦兵马俑数字化信息资料网并通过计算机专家评审给予好评之后的设想，目的在于通过整合秦汉文化研究学术资源，加强学者之间的交流，促进秦汉文化研究，为学术研究提供知识信息资料，宗旨是通过会员的共同努力，建立起秦汉文化研究学科门户。会员免费注册，开放存取，共建共享秦汉文化研究学术资源，服务于秦汉文化研究。2017年7月经博物院领导与秦文化研究会协商同意并授权将秦汉文化网作为由秦始皇帝陵博物院、秦文化研究会和陕西省秦俑学研究会联合主办的官方学术网站，在腾讯云服务器上开通，并按照国家有关互联网法律法规政策要求，完成了工信部ICP备案和公安备案，工信部备案号为ICP备18006223号-1，公安备案号为陕公网安备61011502000008号。

（三）网站编程开发使用的动态网页技术

什么是网站？从技术上来讲，网站（website）是指在因特网上根据一定的规则，使用HTML等工具制作的用于展示特定内容的相关网页的集合，可将文本、图像、声音、动画、视频、三维动画等通过因特网得到呈现。早期的网站是由域名、空间服务器与网页文件、程序组成，之后发展到由域名、空间服务器、DNS域名解析、网站程序、数据库等组成。随着互联网、云计算技术的发展成熟，在云计算环境下在云服务器上建立网站应用成为可能。随着移动通信技术的发展，建立WAP网站也成为必要，产生了用于WAP开发的WML语言，用WML语言编程建立的网站适应于在手机、iPad等移动终端屏幕上展示网站信息，秦汉文化网的手机移动客户端版就是采用基于移动端应用的QuickWap进行网站编程开发的。

网站开发是采用计算机技术在互联网环境下开发基于B/S结构的网页应用程序。早期的网站开发语言是通过网页制作工具设计制作出静态网页页面，其文件扩展名为.html、.htm，通过建立页面之间的超链接而建立内容之间的联系，在网页设计中通常可嵌入VBScript、JavaScript实现特定的功能，如网页特效。随着网站编程开发技术的发展，从静态网页的制作发展到动态网站的开发，通常使用的是动态网页技术，采用ASP（Active Server Page）、ASP. NET、PHP（Hypertext Preprocessor）、JSP（Java Server Pages）等技术。动态网页技术必须结合使用ACCESS、MySql、SQL Server等关系型数据库管理系统的应用，通过计算机编程对数据库进行加载读取，对数据库中的表进行动态管理，包括数据的追加、编辑、删除、更新、读取，从而达到将数据库表中的内容通过程序代码控制，通过浏览器向服务器发送请求指令，将数据库表中的内容以html网页的方式呈现在客户端。

（四）几种动态网页技术所使用的开发语言的特点

1. ASP与ASP. NET开发语言与运行环境

ASP是Microsoft发布的动态网页技术。ASP是一个Web服务器端的开发环境，利用它可以产生和执行动态的、互动的、高性能的Web服务应用程序。ASP采用脚本语言VBScrip、JavaScript作为开发语言，可通过DreamWeaver集成开发环境进行动态网页的设计。ASP网页文件是将ASP程序代码及脚本代码嵌入在网页文件中，形成一个个ASP文件，通过超链接形式调用这些文件，通过从数据库表中读取数据达到网站内容的动态展示。在ASP动态网站开发中可以使用ASP的组件和对象。

ASP. NET不仅是ASP的升级版本，它是基于. NET Framework的Web开发平台，它采用了服务器控件技术。在程序开发中可采用两种形式：一种是在页面中将网页布局和程序代码组合在一起，形成. ASPX文件；另一种形式是将页面逻辑和业务逻辑分开，采用MVC（Model View Controller 模型—视图—控制器）编程模式，即页面设计和程序设计分离。MVC的主要目的是为了解决Web开发中分离软件编程开发与网站页面设计工作，使其工作相对独立。在ASP. NET中采用MVC编程模式开发网页文件由两部分组成，一个是. ASPX网页布局文件，另一个是文件名相同的. CS或. VB程序代码文件。这样可以将页面设计布局和程序代码编写可由不同的设计者来完成，更便于团队间协作开发，通常在开发中可以使用DreamWeaver、Visual Studio集成开发环境，程序代码的维护可结合使用NotePad++软件工具。ASP. NET开发的网站程序可以配置到以Windows Server 2008及以上版本操作系统的基于云计算的服务器上运行。ASP. NET运行环境配置与ASP有相似之处，就是在配置过程中须选择ASP. NET和安装Net Framework框架。

用ASP技术开发的网站可布置在Windows Server服务器下运行，支持在云服务器上的Windows Server 2008及以上版本运行，ASP程序的运行必须在服务器上配置IIS（internet information services）环境，即要在服务器上安装IIS组件。ASP程序和ASP. NET程序在开发过程中，可以支持在Windows不同操作系统版本下调试，也可以配置在局域网的Windows Server 2008以上版本环境下调试。在互联网环境的服务器上搭建ASP和ASP. NET网站是要布置在Windows Server操作系统下运行。

2. PHP开发语言与运行环境

PHP是Zend公司开发的，是可用于建立Web应用的动态网页技术。PHP程序代码可以被嵌入于HTML文档中去执行，PHP 独特的语法混合了C、Java以及PHP自创新的语法，可支持几乎所有流行的数据库以及操作系统。和客户端的 JavaScript不同的是，PHP 代码是运行在服务器端的脚本，可配置在 Windows、UNIX、Linux服务器操作系统环境下。PHP也支持MVC开发模式，随着PHP技术的发展，出现了多个PHP的MVC开发框架，如ThinkPHP、Symfony PHP开发架构，可用于开发Web应用程序。

PHP运行环境是必须安装并配置PHP、Apache，如结合数据库MySQL使用，则需要安装并配置MySQL数据库管理系统。

3. JSP开发语言与运行环境

JSP（Java Server Pages）是Sun公司推出的新一代Web应用开发技术，其本质是一个简化的Servlet设计。JSP技术有点类似ASP技术，它是在传统的网页HTML文件中插入Java程序段（Scriptlet）和JSP标记（tag），从而形成JSP文件，后缀名为（*. jsp）。用JSP开发的Web应用是跨平台的，既能在Windows操作系统下运行，也能在其他操作系统如Linux、UNIX下运行。JSP运行环境的配置是必须安装和配置JDK和Apache Tomcat，JDK是Java 语言的软件开发工具包，JDK是整个Java开发的核心，它包含了Java的运行环境（JVM+Java系统类库）和Java工具。

以上提到的这几种网站开发语言在语法上尽管有所不同，但都支持request对象、response对象、session对象、application对象、cookie对象，都支持面向对象的编程和关系型数据库，ASP、ASP. NET、PHP都支持ODBC数据库驱动，JSP用的是JDBC数据库驱动，PHP可以通过ODBC访问各种数据库，但主要通过函数直接访问数据库，它们都支持数据库查询SQL语句对数据库的操作。

4. 网站开发可共同使用的脚本语言和JQuery库

在编程中使用VBScript、JavaScript脚本语言，以及由JavaScript发展起来的JQuery技术被广泛应用。JQuery是一个快速、简洁的JavaScript框架，它封装了JavaScript常用的功能代码，提供一种简便的JavaScript设计模式，优化HTML文档操作、事件处理、动画设计和Ajax交互。JQuery开发及运行环境是由JQuery库文件组成，在Jquery官方网站上有不同的版本可供免费下载使用，如

jquery-1.10.2.js，通常在开发中使用于JQuery的CSS页面布局文件，JQuery的发展过程中出现了许多JQuery插件，也可免费下载使用，引用方式与JQuery库文件类似，将JQuery库文件、CSS页面布局文件、JQuery插件文件通过引用形式放在网页文件head标签中即可完成JQuery运行环境的搭建。JQuery具有独特的链式语法和短小清晰的多功能接口，具有高效灵活的CSS选择器，可对CSS选择器进行扩展，拥有便捷的插件扩展机制和丰富的插件，且兼容各种主流浏览器。JQuery Mobile技术是适合于手机移动端开发的技术。

5. 网站开发中使用页面布局

CSS（cascading style sheets）层叠样式表是一种定义样式结构如字体、颜色、位置等的语言，被用于描述网页上的信息格式化和显示的方式。在页面布局设计中，几种网站开发语言工具都普遍使用CSS技术，CSS不仅可以静态地修饰网页，还可以配合各种脚本语言动态地对网页各元素进行格式化。CSS样式可以直接存储于HTML网页程序代码中或者以CSS样式文件被引用。

6. 动态网站开发使用的数据库管理系统

常用于网站开发的数据库管理系统通常有ACCESS、SQL Server、MySQL等，这几种数据库都是典型的关系型数据库。可以和 ASP、ASP. NET、PHP、JSP 组合使用。常用的组合如ASP+ACCESS、ASP. NET+SQL Server、PHP+MySQL，这可以根据对数据库管理系统和网站编程语言的熟悉程度来决定使用哪一种开发架构。

在动态网站的开发中，可使用一种动态网页技术如ASP，采用关系型数据库ACCESS，结合使用脚本语言 VBScript、JavaScript、CSS 样式表、JQuery 技术、BootStrap技术来完成整个网站的编程开发。

三、对秦汉文化网开发中使用到的编程技术的探讨

进行秦汉文化网的开发，是将网站编程开发技术综合应用于人文社科领域的一次尝试。具体应用到的技术包括了动态网站编程技术和数字图书馆、数字博物馆和办公自动化的理念和方法。要独立完成一个学术网站的开发，对于开发者来说，要有扎实的计算机动态网站编程开发训练，对当前流行的网站开发语言和工具、网站开发所用的技术架构应详细了解。虽然可应用于网站开发的语言工具有多种，可结合使用多种关系型数据库，但是作为开发者，由于精力有限，不可能对每种开发语言和数据库都全面掌握并运用自如，但至少应该对一种网站编程语言工具和数据库非常熟悉，这需要长期的学习钻研计算机编程技术，需要有一定的开发实践积累。在学习网站编程开发技术时将看书学习和编程实践结合起来，网站上有不少的Web开发在线教程、电子书资源、Web开发技术文章、网站开发源码、读者学习交流论坛、Web开发工具软件等，这些是进行Web

开发非常好的学习资源。对于开发者来说，对网站开发总体设计和实现的功能要心中有数，整个网站的开发可能涉及许多个不同的功能模块，而要实现这些功能需要编写程序代码，在开发实践中，编写程序代码少则几十条、多则几百、几千条，而且代码之间存在严密的逻辑关系，须花大量时间进行程序代码的编写和运行调试。网站开发不同于写论文，主要是对计算机信息技术的综合应用，不仅需要理论的建构和理论性的阐述，而且最为重要的是需要花费大量时间精力进行编程实践和对网站系统程序代码的调试和运行测试，以便在易用性、实用性和安全性上做足文章，以保证网站系统数据的完整性和安全性，以确保网站系统的持续、高效、长久的运行。在网站开发实践中，哪些在技术上成熟的开源程序代码可以拿来使用，哪些程序需要自己动手编写，这些都得了解掌握，以避免做无意义的劳动，不重复造轮子，但要有读懂源程序代码并改进完善的技能，而要获得这样的技能离不开对技术的刻苦钻研和扎实的编程开发基本功训练。

秦汉文化网的开发就是计算机信息技术的综合应用，要深入探讨应用到的技术，只有通过对源程序代码的剖析来阐明网站系统结构设计的复杂性、网站各功能模块程序代码的科学性、严密性以及软件编程开发任务的艰巨性。可这在一篇文章中显然是探讨不完的，所以本篇文章只是探讨网站开发过程中实现技术、完成功能的思路和方法。

秦汉文化网的开发是将数字博物馆、数字图书馆、办公自动化领域的相关信息技术应用到秦汉文化研究学术资源信息整合中，通过建立对注册会员开放式的共建共享学术资源一站式检索和管理平台，使注册会员既是学术资源的创建者又是消费者。通过对会员的用户权限分级别管理，对会员追加的学术资源进行严格审核，从而保证所收录整合的学术资源学术含量高、实用性强，以便达到秦汉文化研究学术资源整合的预期目的，从而达到集中注册会员的力量共建共享文物藏品数据库、专家学者数据库、全文历史文献数据库。对收集到的学术资源进行元数据标引、学术资源评价后在保证质量的前提下录入到数据库表中分类存储，以方便读者对学术资源的多途径检索。秦汉文化学术资源整合涵盖大的范畴，包括与秦汉研究密切相关的秦汉历史、秦汉文物、秦汉考古，时代涉及商、周、春秋、战国、秦、汉时期的各种学术资源的整合。通过建立秦汉史、秦文化栏目下的分类栏目和论文推介栏目，整合归类商业数据库上和专业学术网站以及各种权威媒体上的秦汉文化研究期刊论文、学术动态、学术资讯等学术资源；通过微信文章、博客文章栏目收集整合专家博客、微信公众号平台上发布的秦汉文化研究学术资源；通过图文论文与历史文献栏目整合与秦汉文化研究有关的历史文献电子文档，可进行由系统管理员、会员、未注册访客追加的历史文献的全文检索，收集整合互联网上的秦汉文化研究电子书著作资源；通过文物欣赏栏目整合博物馆网站及互联网平台上来源可靠的商、周、春秋、战国、秦、汉时期的数字文物资源，馆藏精品栏目则是以图、文、语音介绍了秦兵马俑相关文物精品；通过学术论坛栏目进行注册会员与读者的学术互动交流。这不仅可以为从事秦汉文化研究的专业人员提供服务，而且通过网站开设的秦兵马俑专题、馆藏文物精品介绍、文物欣赏、拓展阅读栏目，可对社会公众开展有关秦汉时代历史、考古、文物知识的普及，让历史、文物、考古走向广大公众视野，真正地使历史、文物“活起来”。

以下将秦汉文化网自主编程开发过程中所采用的一些思路和方法做一简要介绍。

（一）网站栏目的规划设计

网站开发首要做的就是确定开发技术架构，另外就是网站栏目的规划设计。

由于有过ASP结合ACCESS开发的成功经验，虽然对别的开发语言也有一定的学习和了解，但编程实践不足，最后确定采用ASP+ACCESS技术架构，采用此种技术架构做软件开发主要还是因为它支持QuickWap服务器组件的基于移动互联网网站的编程开发技术，可使用电脑版后台维护管理数据库，实现电脑版和手机移动客户端版的网站数据信息的同步更新。在开发中应用到JavaScript、VbScript、ActionScript几种脚本语言，在新的技术条件下，也集中精力对JQuery语言进行学习，并在开发中尝试应用了JQuery技术，取得了良好效果。

在网站开发之前，通过和博物院的专家学者进行交流探讨，对网站开设的栏目做了规划（在此不做详述，可通过登录秦汉文化网了解）。网站栏目一般有固定栏目和动态栏目。所谓固定栏目就是不需要结合数据库在编程中设定网站栏目，而动态栏目则是需要在数据库表中设定记录，在程序运行后动态地在数据库表中读取记录显示栏目信息。当然可以通过对数据库表字段进行设定规划在父栏目下建立子栏目，具体可根据父栏目classid下设子栏目zclassid，在父栏目和子栏目显示时通过SQL语句进行限定。为了分类整合资料，秦汉史板块部分就设有多个子栏目。栏目设计应符合网站的展示内容，栏目设计规划结构应清晰合理。秦汉史和秦文化栏目的切换是由ASP系统中的内部变量session保存住栏目类别sortid字段状态，当值为5时进入秦汉史栏目，当值为3时切换到秦文化栏目。栏目的内容也通过执行数据库SQL查询语句，根据sortid值对数据库表记录进行筛选而显示相应栏目的内容。

频道动态切换展示可用于网站主页上展示不同的栏目内容，这适合于在有限的页面内展示多个栏目的内容，而且可使页面富有动感，避免栏目展示形式过于死板，需要展示的多个栏目可通过ASP程序组织在一起，每个栏目可结合图片和文字概括介绍，将不同栏目展示的程序链接通过不同的带有图片显示类的<Div class="pic">组织在一起，在CSS样式表中设置显示区域类和pic图像类的属性，再通过一段HTML或ASP文件中的JavaScript引用的几个函数来调用栏目切换特效的程序代码，从而达到在设定时间内展示栏目的自动切换。秦汉文化网在秦文化主页上将秦兵马俑专题下的十几个栏目采用这种形式进行展示，可设置栏目切换的定时时间长短，在切换到某个栏目时，可点击图片或文字链接进行栏目详细浏览。当需要在这一专题展示下增加新栏目，则只需要编辑网页文件HTML或ASP文件添加新的div段落，编辑写进展示的图片和文字链接指向调用的展示栏目程序即可。

（二）会员注册功能的实现

学术网站和一些学术论坛、专家博客类网站都有会员注册功能，其一是可以加强会员之间的交流，可以通过建立会员站内邮件、QQ群、微信群提供会员之间的交流功能，或通过系统自动发邮件形式向会员推介网站最新学术资讯和学术资源；其二是注册会员可以通过网站向主办单位在线投稿，专家评委可通过网站在线评审稿件，会员还可向网站栏目发表原创文章或整合商业数据库的学术资源，向学术论坛发帖、向博客文章、微信文章栏目发表原创文章或转载文章进行学术交流，可对网站上栏目的文章点赞、留言评论，进行学术问题的研讨交流。

可对注册会员进行权限设置，如设为会员、VIP会员、管理员、评委等分配不同的权限，开通不同的功能。可按会员的级别设定是否需要经过审核才能显示，也可以通过管理后台将指定的会员设定为管理员和评委，就具有了维护管理网站栏目和评审网上在线投稿的权限。在会员注册时，可采用表单验证对注册的信息进行验证，采用正则表达式对输入信息进行验证，如用户名、密码、Email、手机号等进行验证，避免输入不合规范的字符，保证会员输入信息的有效性，为了保证系统的安全性，还有必要对会员身份证进行唯一性认证，具体可参照网站备案流程中所使用的技术手段。在输入密码时，可采用对密码字段捆定OnChange事件，通过VBscript调用函数功能实现可实时直观提示用户输入的登录密码的安全级别。会员注册后可向注册邮箱由系统自动发送注册激活链接的邮件，以验证会员邮箱的有效性并激活账户。这需要程序来完成，其原理是应用Jmail组件技术。由于163邮箱支持免费POP邮件发送功能，在163邮箱注册建立用户，并设置邮件服务器的POP发送地址、密码，就可以进行会员注册时自动发送激活链接邮件。

会员注册密码通常采用国际通用的md5加密算法处理保存在密码字段中，如果输入的密码安全级别高，即使是下载了数据库打开数据表也无法破解。忘记密码时，重设密码是必要的功能。一般可采用几种办法找回密码，比如可通过回答注册时填写的密保问题取回密码。采用用户名和注册Email，通过Jmail组件自动发送重置密码链接邮件；向会员注册手机发送验证码完成密码重置，这需要付费开通手机短信服务功能，通过邮件和手机向注册会员发送验证码用于重置密码，使用这种方式安全级别很高。

网站的会员注册可开设邀请码注册机制，为了有效管理注册会员可采用邀请码注册。其原理是由程序调用随机函数自动生动一系列固定位数的由数字或字符组成的字符串，邀请码注册可作为网站会员注册的备用方案，需要时可由网站后台管理开通邀请码注册或取消此功能。在会员注册和登录时采用验证码机制可防止以非法程序批量注册和登录的存在。可以对网站上的学术资源设定阅读权限，可根据实际情况设置为仅供会员阅读、全开放阅读，也可以将某个学术资源设为非授权阅读，这只需要通过管理后台或文章编辑界面上随时设定。

另外，网站还设有面向读者的网站建设征询意见建议、学术疑难解答、网站内容纠错、网站内容投诉，通过表单读者可分类提交问题，管理员可通过表单对问题回复处理。在网站上还开设了参考咨询栏目，为读者获取论文资料遇到困难时结合应用技术手段，通过Jmail自动发邮件、发送资料提供服务，也可以通过VIP会员、会员、访客等追加读者咨询所需要的学术资源。通过不需审核自动追加或系统管理员审核追加到数据库中出现在读者咨询表单中，其他登录到秦汉文化网的用户均可向学术资源数据库中追加文献以帮助咨询者为其提供文献全文，还可通过手机短信或自动发送邮件功能通知提醒咨询者。这些功能均已在秦汉文化网上得以实现。

（三）网站视角展示效果的实现

为了增加网站的视觉效果，需要采用相应技术实现特定功能。如秦汉文化网首页采用图片动态特效轮播展示，可采用flash编程技术结合调用JavaScript函数，在函数中将展示图片保存在数组变量中通过程序实现特效功能，也可以使用JQuery插件来完成图片特效展示功能。

网站主页可通过对数据表的更新和特定程序实现焦点新闻图片的轮播功能来增强展示效果，可在后台对数据表中的焦点新闻记录设为显示或隐藏，实现对最新焦点新闻的展示。

图片的特效展示还可用于文物欣赏图片的滚动浏览，可和数据库结合起来，从数据库表中动态读取记录，通过采用JavaScript程序代码CSS样式表来完成文物图片的自动步进移动特效展示，也可以使用JQuery结合CSS技术来实现。

在文物欣赏模块中，对于文物图片可以实现自动移动浏览展示效果，对于文字同样也可以实现向上逐个记录的自动滚动显示，鼠标悬停停止滚动点击查看详细内容的效果。在秦汉文化网主页中，为增强页面的动感效果，可使浏览者打开主页就能看到都有哪些内容更新，采用JQuery结合CSS技术通过程序来实现。在主页微信文章的展示中用到这种展示效果。当然，将这种展示效果与点击查看更多进入微信文章列表中通过关键字检索、按类别检索、按关注号检索以分页浏览的形式展示结合起来，还采用了不刷新页面点击加载更多无限加载的方式展示，这要用到JQuery编程以不同的方式来实现。

秦汉文化网收录的文物来自各大博物馆网站以及互联网上来源可靠的资源，收录的文物时代有商、周、春秋、战国、秦、汉，为管理方便，为管理员设有文物追加、编辑修改、删除功能。文物的时代、类别、用途采用下拉式菜单选择，文物的追加表单中，在文物类别和文物用途选择上采用了通过调用JavaScript程序的函数，通过数组中的项建立关联选择。如青铜器文物分食器、酒器、盥水器、乐器、兵器等十多个用途与青铜器进行关联选择。文物照片上传采用图片上传模块完成，每件文物可附几张图片，完成图片上传后系统自动在图片的URL中填写图片保存地址，填写文物藏品的字段内容，提交表单即可在前台展示数字化的文物藏品信息。

文物欣赏可按图片列表和文字列表浏览两种形式。文物图片列表展示需要将文物的相关字段检索和文物记录的分页显示技术结合起来，可按文物名称、时代、用途、收藏地单项或组合检索。文物欣赏图片的自动滚动或翻页滚动浏览，可和数据库结合起来，从数据库表中动态读取记录，通过采用JavaScript程序代码CSS样式表来完成文物图片的自动移动特效展示，也可以使用JQuery结合CSS技术来实现。文物图片的展示采用三种形式，一种是鼠标移动到图片上对文物局部进行放大、移动的展示特效；另一种展示形式通过点击放大、缩小按钮对文物整图进行无限放大或缩小，点击还原大小则显示图片原始显示尺寸；还有一种文物藏品展示模式是文物名称列表式和文物图片式切换的分页显示程序，在切换到列表式文物藏品显示模式下，鼠标悬停到文物藏品名称的文字上则会自动跟随鼠标显示出文物的略缩图。这三种显示效果应用三段不同的程序代码来完成。在手机版的文物欣赏图片展示中则采用另外一种技术，因为不存在鼠标的参与，所以需要通过手势来进行文物图片的放大、缩小、移动。采用程序代码来完成图片的特效展示效果，一般采用编写调用JQuery或JavaScript代码来完成。也可以使用JQuery技术，利用JQuery的多个插件结合CSS页面布局和JavaScript脚本程序，不使用数据库，而是将文物的图片、文字描述、语音介绍组成的超链接以<li>封装在<DIV>中来完成图片的展示特效，文物的图片保存在设定的目录下，馆藏文物欣赏模块就是采用此项技术来完成。

建立文物图库也可作为文物欣赏的一种形式，可以对文物进行分类建立目录，也可设定阅读权限，文物图片展示以图片瀑布、翻页无限加载形式展示。这一技术在秦文化栏目的秦兵马俑图库模块中得到使用。

读者上网常会见到以Tab页面形式在一个有限页面空间内以Tab页形式显示几个不同栏目内容列表，而且还可以做到按设定时间自动切换栏目，或鼠标点击式悬停切换栏目的效果。这样的展示方式在秦汉史栏目下的拓展阅读子栏目中使用到。

（四）秦汉史、秦文化栏目文章的发布与管理

在秦汉史、秦文化栏目下的文章发表可在一个表单界面中完成各种类型文章的提交。

文章从类别上可分图文类型、pdf文章类型、链接文章类型、荐文摘要类型，可通过是否有上传pdf文件，转链文章链接url是否为空，主题词或内容摘要是否为空来判断文章类型，保存时在文章类型字段分别用一个字母 t、f、u、z 来表示，在阅读文章时用程序来判断调用不同的显示模块程序来完成不同类型文章的阅读。

文章的编辑中要调用富文本编辑器程序和文件上传程序（用于上传文章的pdf附件，图片可在富文本编辑器的工具菜单中完成插入文本），将Kind Editor富文本编辑器的ASP版的程序嵌入到文章追加或编辑表单中进行，在表单中设一个隐藏域action，如果隐藏域的值为add，则保存文章时调用文章保存模块的文章追加保存程序段，追加一个新记录，保存表单中各字段的值；如果隐藏域的值是edit，则保存文章时调用文章保存模块的文章编辑修改保存程序段，通过文章id定位该文章的记录，用表单中各字段的值替换原来的值。文件上传模块调用ASP版的无组件文件上传程序。pdf文章在线阅读可在程序中调用pdf阅读插件程序来完成。对于硕博论文采用知网阅读器CAJViewer 7.2软件工具将下载的caj文件虚拟打印成pdf文件，在通过pdf2swf软件工具转化为SWF文件，通过程序调用PDFViewerFS的flash编程组件来完成SWF文件的在线阅读。

系统管理员对文章的管理中有追加、编辑和删除模块。其中删除文章不仅可以从数据库表中将某个id的文章记录删除，还将文章的附件pdf文件一同删除。具体办法是通过执行SQL语句定位找到文章的id，获取文章的附件字段存储的文件名，通过创建文件对象，在服务器中检查是否有该文件存在，如果存在则执行文件对象的DeleteFile方法删除pdf文件；文章编辑除了对文章的内容可以进行修改外，还可以将文章转移到秦文化或秦汉史下的相应栏目，使得文章在栏目编排中比较灵活。

网站上的所有内容均可以采用分享的功能进行传播。具体可将分享代码追加到网站布局的底部代码Bottom程序中来实现，当网站加载完成后就执行程序中的分享代码完成分享到媒体的功能。在电脑版和手机版的开发中，都实现了对整个网站、某个栏目、某篇文章的分享功能，采用电脑、手机浏览秦汉文化网均可以使用文章分享功能，结合手机二维码扫描可分享内容到微信、微博等多种媒体，朋友圈或粉丝群可通过电脑或手机阅读分享的文章。通过利用分享功能对一些学术论文进行传播取得了很好的效果。

建立秦汉文化研究专家学者库有助于读者较系统地了解在秦汉历史、秦汉考古、秦汉文物研究领域都有哪些著名专家学者，发表了哪些有影响的论文及出版了哪些专著。这些专家学者都有自己的研究领域和研究方向，这可通过专家学者库资料对秦汉史、秦文化研究领域有个概括的了解。在进行专家资料展示的设计中，将许多专家学者姓名保存在一个数组中，通过程序在数组中随机抽取其中一个记录，当主页刷新后专家学者展示栏中随机显示专家学者照片和姓名，点击照片或姓名可查看该专家学者的介绍和文献列表，点击文献题名可在线阅读或下载。专家的介绍来自百度百科，专家学者可通过注册为会员对资料进行添加和修改。向数据库表中追加学术论文，则系统自动与论文作者建立联系，将论文列表自动追加到专家学者的相关研究成果中。秦汉文化网通过这种展示方式达到专家学者资料自动随机展示的效果。当然如要查看专家学者详细内容，可按分页阅读形式查看，也可按照姓名检索查询。

学术讲堂是通过视频学术讲座的形式向读者传播秦汉文化研究知识。可转载视频分享链接，也可将现场录制的专家讲课内容上传到视频网站，如优酷网、爱西柚视频网站，通过在展示文档中嵌入视频分享链接来展示视频、上传MP3学术讲座音频，在主页中展示学术讲堂讲座可用类似于展示专家学者资料的方式按随机记录展示，当每次刷新页面时会随机调用数据表记录展示不同的内容。

在秦文化栏目中，对于秦兵马俑专题的介绍用到了几种新颖的展示形式：一是通过编程开发出页面栏目及内容通过程序在后台自动创建的功能，分两种展示形式：一种是左侧列表、右侧内容的展示形式，如秦俑一、二、三号坑、秦始皇陵考古成果等采用这一形式展示，展示内容页面自动根据展示类别classid自动生成，不同的classid对应不同的展示；另一种是左侧列表，右侧内容标题列表，点击标题键直接查看内容的形式，如秦俑百题专栏采用这种展示形式。左侧是显示秦兵俑介绍、秦陵铜车马介绍、秦始皇陵园介绍的列表链接，分别点击列表链接，在页面右侧显示对应介绍的展示标题列表，点击标题进行展示内容显示页面。

在网站的开发中，统计也是一个要考虑的内容，包括许多项都可用到统计。

如网站显示当前在线人数、主页显示今日和昨日文章更新数、在管理员界面中显示未阅读站内邮件数、待审核文章数等都要使用到统计。其中当前在线人数是通过Globle.asa文件中的Application系统内置变量的使用来完成，今日和昨日发文数是通过对某几个数据库表中文章更新的添加日期与当前系统日期的比较来完成，待审核文章数是由统计数据库表中是否已审核的字段的记录数来完成的。通过BootStrap技术实现了内容折叠展开式显示和徽标的功能。另外还可借助JQuery技术对数据库中的发表文章数进行统计排序，调用Jquery图形插件结合数据库，利用饼形图方式直观显示所占比率，如显示机构发文、作者发文前30名统计结果，并以统计图形方式显示。

在学术网站设计中，技术上的实现方式可以借鉴知名的学术网站，如中国知网、国家哲学社会科学学术期刊数据库等网站，但是程序代码的实现，采用的开发架构可能是完全不同的，这可以视作在模仿中完成创新。秦汉文化网的开发就是在技术实现上模仿了一些知名学术网站，从而在学术文献的检索上基本实现了中国知网、国家哲学社会科学学术期刊数据库所具有的大部分功能，使得网站的功能实现上更趋向于专业化。

（五）网站检索功能的实现

除了合理设置网站栏目、分类归类资料、设置网站导航栏帮助用户快速找到资料外，网站内容检索是开发中非常重要的功能。秦汉文化网主要是对学术论文和文物资料，以及与秦汉文化研究相关的微信公众号文章、博客文章的整合，还有秦汉文化研究专家学者资源的整合。秦汉文化网开通一年多来，已收录秦汉文化研究文献超过9000篇，电子图书70部，SWF 类型博士论文98部，提供资料的专家学者超过100人，对学术论文的整合设置了秦汉史和秦文化两个栏目，在栏目下分别建立不同的子栏目归类资料。除此之外，分类别检索功能也是必须的，秦汉文化网的学术论文检索功能借鉴了中国知网，实现了中国知网文献检索的大部分功能。可按主题、篇名、作者、文献来源、摘要、关键词、全文等进行分类检索和高级组合检索，也可以在不同的论文数据库表间进行跨库检索。论文检索结果以列表形式和摘要形式可分页浏览，点击其中的一篇论文，则可按关键词列出与主题词相关的论文，通过计算机程序实现了自动整合学术资源的功能，通过建立文献ID间的复杂的对应关系，实现了由计算机程序自动列出参考文献、二级参考引证文献、二级引证文献、相似文献、题名相似文献、读者推荐文献，并自动列出可做超链接检索的参考文献作者、引文作者列表以及引文篇数，并可按发文年度自动更新各类文献的篇数，各类文献分页显示，形成了由可检索字段构成的超链接网状知识链。对内附图文文献的整合可通过向图库的文内附图中上传追加图片，系统自动获取图片的尺寸，将图片的尺寸如890×560复制粘贴保存到图片尺寸字段中，程序自动获取到图片的宽度和高度，这样就可以实现图片瀑布式的加载显示。其中检索结果中的文献题名、作者、文献来源、发表时间形成超链接的列表，可点击再进行检索，可按关键词列出相关论文，这样就形成了文献知识网状信息结构，类似于中国知网的知网节具有的功能。秦汉文化网的文献整合功能使用快捷，整合文献效率高，实现了中国知网文献整合与检索的功能。

将读者分类检索输入的关键词由系统自动加入数据库表中，并按输入关键词的点击数排序形成热搜关键词。读者检索学术资源数据库时，可记录下检索关键词和论文阅读记录，这可使网站管理员了解读者需求，有助于制定或修改学术资源整合策略。

对注册会员可以将学术资源数据库中的按分类检索的感兴趣的论文进行选择，加入“我的论文库”中，还可选择导出参考文献文本。

实现文物的检索功能是秦汉文化网开发所必要的，可以方便欣赏和研究的需要。秦汉文化网已收录与秦汉文化研究相关的商、周、春秋、战国、秦、汉时期的精品文物1620件。实现了用文物名称、时代、类别、用途、收藏地进行组合检索的功能。文物检索可以图像列表和文物名称列表分页浏览形式展示。点击图像列表文物略缩图即查看文物详细介绍，文物名称列表实现了鼠标移动到文物名称处随鼠标位置显示文物略缩图的功能。为适合电脑浏览和用手机浏览的不同场合，实现了用电脑浏览，鼠标悬停图片上放大、移功的功能，手机浏览图片利用手势放大、缩小、移动图片的功能，也可以通过点击放大、缩小、还原大小对图片整体放大、缩小和显示图片原始尺寸。

已整合与秦汉文化研究相关的微信文章1396篇，对微信公众号文章的整合是通过设置几个公众号和类别进行归类存储，检索时可按文章包括关键词、按文章公众号和文章分类进行检索或浏览，文章浏览可采用分页展示形式或不刷新页面完成加载更多的功能。

四、秦汉文化研究学术资源整合策略

在秦汉文化网学术资源整合策略上，分别从不同的途径和角度来进行。首先是建立著名秦汉文化研究专家学者资料库，从百度百科和互联网收集专家学者资料，通过知网检索学者发表的论文，将论文资源按秦汉史、秦文化类别整合到数据库表；通过主题词检索进行学术论文的整合；通过中国知网高级检索功能，按主题、来源、关键词等检索收集论文，选择好主题、篇名、作者、机构、分类号、关键词、摘要、文献来源等以单项检索和高级组合检索对中国知网进行学术资源检索收录，以突出重点、覆盖全面为标准进行学术论文的整合。将按主题词、关键词等整合的学术论文和按文献来源整合的学术论文结合起来，对社科核心期刊的学术论文进行主题词检索收录，通过建立重点收录栏目链接，可按收集的重点期刊选择阅读学术论文，做到点面结合。另外就是根据考古和历史研究热点问题整合资料，如对西汉海昏侯墓的发掘与研究，从互联网网站、中国知网、微信公众号平台等多种途径整合学术资源，分别归类到秦汉史下的子栏目里，包括论文发表、研究综述、考古动态，通过微信公众号文章搜索以及朋友圈分享进行微信文章的整合。

在学术论文与文献库中按秦汉历史、秦汉文物、秦汉考古追加相关的图文形式论文；将互联网上搜集到的24部历史文献追加到该库中，可进行历史文献全文检索，既可以用历史文献电子书检索方式检索，也可以使用数据库检索历史文献；将互联网上分享的秦汉文化研究电子图书也可追加到该库中供在线阅读。将这些论文、历史文献、电子图书设classid字段进行分类即可进行分类检索阅读。在对学术资源的检索中，可采用跨库检索的方式进行论文推介库、论文与历史文献库中论文的检索，以保证检索到的学术资源的完整性，这样也可避免使用一个数据表存储造成数据量的庞大而影响检索速度，利用跨库检索可在文章的追加时进行数据库表文章的查重。

五、完善秦汉文化网开发的设想

2017年10月，将“秦汉文化学术资源整合研究”作为申报秦始皇帝陵博物院的研究项目，获批并得到研究项目支助经费5万元，拟利用2年时间对初步建成的秦汉文化研究学术网站进行系统再完善，通过网上调查和实际考察学术机构，了解社会公众需求，吸取学术机构在整合和开发利用学术资源信息为公众服务中取得的经验。通过系统的、有计划地对互联网以及传统媒体学术资源的数字化处理，进行秦汉文化研究学术资源搜集、整理、标引、建立元数据规范、学术资源评价、资源归档、学术资源的自动化整合等，从秦汉文化研究学科知识管理的理念出发，逐步将秦汉文化网建成秦汉文化研究的学科门户，建立起完善的秦汉文化研究学术资源信息库，更好地为秦汉文化研究提供学术资源信息服务。

通过网上调查和学术机构实地考察，为秦汉文化网的学术资源整合、网站开发、管理和维护等征询专家学者和有关学术研究机构的建议，在学术网站建设多方面已有经验的基础上查找不足、吸取经验，对秦汉文化网的系统程序开发进行完善。

（责任编辑：陈昱洁　陈洪）

用户体验的博物馆展陈交互设计探索与实践
——以秦始皇兵马俑博物馆为例

沈　妍　西北大学艺术学院

内容提要　本文通过对秦始皇兵马俑博物馆参观人群的用户体验调查，明确用户对秦始皇兵马俑博物馆的展陈需求，举例分析针对可视可听、可触可感、情感交互的“五感”需求下交互设计的具体应用，并通过理论研究及实例补充，对秦始皇兵马俑博物馆的未来发展和探索提出进一步的思考。秦始皇兵马俑博物馆正走在交互式转型发展的关键时期，本文意在更好地完善秦始皇兵马俑博物馆展陈的用户体验，深度发掘交互式博物馆的未来发展方向，相信继续坚持科学技术与文化艺术的交汇融合是博物馆未来发展的意义所在。

关 键 词　秦始皇兵马俑博物馆　用户体验　五感需求　交互设计

2016年3月4日，国务院印发的《关于进一步加强文物工作的指导意见》中提出了“实施‘互联网+中华文明’行动计划，支持和引导企事业单位通过市场方式让文物活起来”的要求，并明确了2020年主要目标包括“文物展示利用手段和形式实现突破；主体多元、结构优化、特色鲜明、富有活力的博物馆体系日臻完善，馆藏文物利用效率明显提升，文博创意产业持续发展，有条件的文物保护单位基本实现向公众开放，公共文化服务功能和社会教育作用更加彰显”等。同时，伴随着信息时代的到来和人们物质生活水平的提高，大众不再满足于现有展览的静态展陈方式，希望通过与展品的互动了解文物背后更多的深意，这就对博物馆陈设提出了新的要求和挑战。博物馆的展陈设计经历了从传统的“图、文、物、声、光、电”到利用数字媒体和网络技术进行互动的形式，移动终端和互联网络的数字博物馆也初见端倪[1]。基于观众体验的博物馆展陈交互设计让观众接触到丰富多彩的展陈形式，拉近与博物馆文物之间的距离，潜移默化地提升全民文化素质。本文以秦始皇兵马俑博物馆展陈交互设计为例，了解“人”

的行为特点和心理诉求，分析五感需求下现代网络和多媒体产生的有效的交互方式，增强人们对兵马俑博物馆内陈列文物的跨时空认识和感知。

虽然现在我们依旧会提出这样的疑问：当文物从发掘地来到博物馆时，还是原来的文物吗[2]？但是，现代博物馆交互技术的应用，正是将来自不同时间和空间的展品合理有序地安置在博物馆空间内，让观众们在现有的空间内有穿越时空的体验，突破之前单一的文物感知方式，真正地看到“活起来”的文物。

一、秦始皇兵马俑博物馆展陈设计的参考核心——用户体验

（一）博物馆展陈设计中用户“五感”体验的理论依据

影响用户体验的三个因素包括使用者的状态、系统性能以及环境（状况），推及至博物馆陈设的用户体验，观众在观展时的行为心理研究就变得尤为重要。

传统博物馆采用文物陈列、图文、导游解说的形式来展示文物，这已经成为了目前博物馆展陈的传统模式，单一的静态展陈方式不能全方位展示文物背后的内涵，也极大地限制了用户与文物之间的交流互动[3]。如果人在博物馆里得不到体验，那么面对的依旧是冰冷的文物，这样博物馆就不能发挥带给人“身心愉悦”的作用，而只是摆放展品的展示台。要打破观众与展品之间的隔阂，需要先从“以人为本”[4]入手，将观众的观看心理和行为特点视作研究重点，分析不同体验方式在观众心里留下的记忆程度和体验愉悦程度。

对于“用户体验”的研究自古就有，理论表达基本集中在如何调动“五感”全方位参与到活动中。中国南宋著名哲学家、理学家朱熹在《训学斋规》[5]一文中曾提出：“心不在此，则眼不看仔细，心眼既不专一，却只漫浪诵读，决不能记，记亦不能久也。三到之中，心到最急，心既到矣，眼、口岂不到乎。”朱熹提出做学问要求“三到”，即“心到、眼到、口到”。现代心理学也研究表明，人从视觉中获得的知识可以记住25%，从听觉中获得的知识只能记住15%，如果把视觉和听觉结合起来，就能够记住65%，而视听同时又有行为参与的话，则能记住大约90%的内容。可见，如何通过交互设计的方式触发人的全面感官体验，是对当下博物馆展陈设计提出的重要挑战。

（二）秦始皇兵马俑博物馆展陈中的用户体验需求分析

为了更好地了解用户需求，笔者针对秦始皇兵马俑博物馆的观众制作了一份调查问卷，调查问卷共设置十个问题，包括用户性别、年龄、职业、您认为兵马俑博物馆最好的讲解方式、是否接触过交互类的展示设计、您喜欢有五感方面的互动展陈体验吗？您认为目前兵马俑展陈的方式对您有吸引力吗？您认为

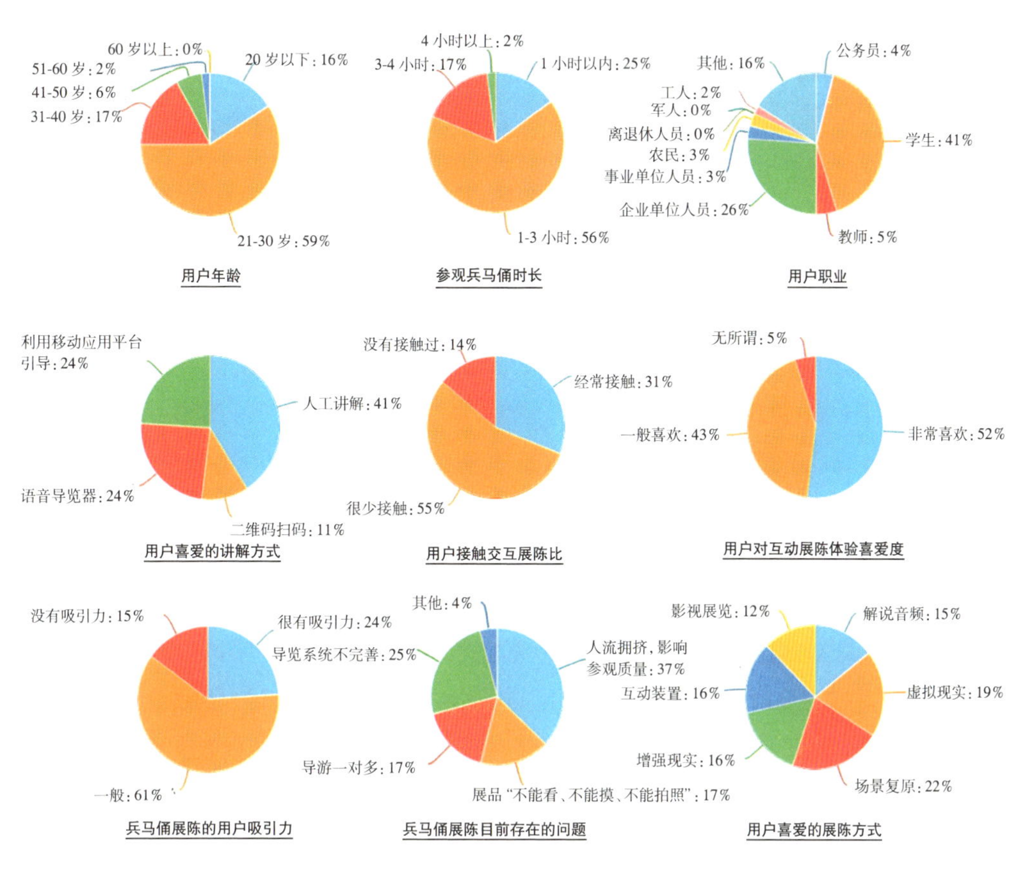

图一　秦始皇兵马俑博物馆展陈用户调研数据分析

兵马俑展陈存在的主要问题、您希望兵马俑博物馆的展示方式等问题。共收到300份有效问卷，具体的回访数据如图一所示。

从数据中可以发现有一半以上的用户极少接触交互类的展示设计；有超过75%的用户对互动展陈体验感兴趣；76%的用户认为目前兵马俑博物馆展陈形式较单一，不具吸引力。从数据中能发现目前兵马俑展陈的主要问题，包括人流拥挤、导视系统不完善、导游一对多、展品展陈形式单一等问题。针对这些问题，结合秦始皇兵马俑博物馆的文化和政治背景及观众的用户体验，具体分析现在参观兵马俑博物馆观众的需求如下：

1. 基础层次需求，可视可听体验满足观众的学习要求

秦始皇帝陵作为中国历史上第一位皇帝，其陵墓规模之大、陪葬坑之多、内涵之丰富，为历代帝王陵墓之冠。当时的秦国正式废止人殉制度，以俑殉葬，而秦始皇陵兵马俑便是以俑代人殉葬的典型[6]。现已发掘一号坑、二号坑、三号

坑，三坑呈品字形分布。一号坑是一个以战车和步兵相间的主力军阵，总面积14260平方米，约有6000个真人大小的陶俑；二号坑总面积6000平方米，由四个单元组成，四个方阵由战车、骑兵、弩兵及混合编组，严整有序，无懈可击；三号坑是军阵的指挥系统，面积524平方米[7]。面对跨越两千年的文物，观众首先通过可视化的感官感受来接收信息，再由大脑思考做出反馈。

秦始皇兵马俑博物馆的视觉展现分为“见大”“见小”和色彩呈现两个层面，“见大”是从体量上进行观看引导的方式，是指面对如此恢宏的兵马俑列队场景，怎样的展陈才能最简单、直接地让观众感知到秦朝统一六国的张力与气魄；“见小”是指面对千百个截然不同的兵马俑个体，无论是形神兼备的官兵形象，还是跃跃欲试的战马，它们都不是机械地重复塑造，如何让观众深入细节观察，真正体会它们“内在的生气、情感灵魂、风骨和精神”[8]变得尤为重要，这是针对视觉体量感知的交互设计中应该注意的问题。观众在参观兵马俑博物馆的时候另一个重要的视觉影响来自色彩，可以体现在公共空间展示区域的色彩搭配和导视系统的色彩处理上，展示区域的色彩搭配如果和谐有秩序，会令观众置身其中，有愉悦的观看体验；导视系统可以采用互补色系及相近色系搭配，富有吸引力的展示、清晰易懂的解说导向系统能给观众传达更为高效的展陈信息；为保障观众的最佳观展效果，参观线路的设计尤为重要，不仅需要考虑游览线路的顺畅性，还需要考虑展陈的可视化和多样性，以提高用户的观展兴趣。

在观看展览的时候，听觉是打破单一观看最直接的方式。阿希姆·恩斯特·贝伦特曾先知式地断定一个听觉时代将要到来：“旧有的组织形式是‘视觉秩序’，新的形式将是‘听觉有机体’”[9]。但是秦始皇兵马俑博物馆长期面临的一个问题是，游客参观完兵马俑比较方便通过视觉观察了解到秦兵马俑的艺术价值，而对兵马俑的主体背后——如秦始皇、秦始皇统一对中国历史的贡献、秦朝的制度及生活等文化和政治层次的情况则一知半解。所以，除了博物馆的现场导游外，如何让观众通过视觉结合听觉的途径了解兵马俑及其背后的故事也是交互设计中应该考虑的问题。

2. 进阶层次需求，可触可感满足观众的感知需求

众所周知，兵马俑被奉为珍宝，只可远观，不得入坑近距离观看，触摸文物更是不敢想象的事情。如何填充用户的感官缺失，研发出可触可感、零距离接触兵马俑的方式以满足用户的需求，这是参观者的需求，也是时代的要求。

触控技术是接受用户反馈信息的一种方式[10]，对于博物馆展陈设计来说，多点触控及互动可感装置已成为博物馆展陈的热点之一。从触觉方面来考虑，易用性、安全性是设计的标准，尤其是对老人和儿童用户。兵马俑博物馆常年有大量游客，小孩儿在互动及游戏装置区域玩耍极易发生碰撞，应为儿童设置一

个公共交流的安全控件，将互动装置放置在较宽敞的区域，避免由于人流量的拥挤造成的安全事故，同时调动孩子们的五感体验，增强感官感受，增长知识，促进孩子们思维发展，丰富体验方式。

3. 终极需求，情感交互满足观众的情感需求

秦始皇兵马俑博物馆内陈列的兵马俑以及各类马车器具都是无声的，但是时间积累下来的历史是有声的。通过声音、视频重返历史情景、增强体验等手段，在各种多元化需求的驱动下，兵马俑博物馆内陈设的功能及价值被挖掘之后，观众的情感需求就应运而生了。著名博物馆学家宋向光曾提出“历史陈列要触及观众的心灵”[11]一说，所以博物馆的藏品不单是被陈列的被动产物，或者说是记载历史和信息的功能，陈列的本质应是信息的传播和交流，在交流中引发发掘者、研究者和观赏者的共情。而简单的摆放已经不能满足这些需求，这就需要在博物馆展陈的交互设计中，设计者应该考虑到人物动态、表情、语言、肢体语言等反应，配合做出满足观众情感需求的展陈辅助设想和工具。

“博物馆已经由美的圣殿蜕化为文化集市”[12]，兵马俑展陈功能的合理化、人性化设计能使人获得情感归宿，兵马俑是一个具有空间和时间限制的文化遗址，运用现代交互技术，让用户在情感上产生共鸣，打破时间和空间的限制，让用户在信息反馈与回味中获得情感的满足。观众可以通过视觉、听觉、触觉等方式全方位、多层次地了解博物馆，从而与每一个“活起来”的文物有情感交流和互动。

二、交互设计在秦始皇兵马俑博物馆展陈中的现实应用及未来发展设想

未来虚拟现实技术、多点触控技术、互动装置等现代技术会越来越多地运用到历史博物馆的设计中，博物馆的交互体验是未来亟须解决的问题，也是博物馆创新设计的出发点[13]。秦始皇兵马俑博物馆和众多历史博物馆一样，都面临着依靠交互设计，实现展陈转型的严峻形势。一般观众观看兵马俑博物馆大约集中在以下步骤（图二）。秦始皇兵马俑博物馆近几年积极学习先进的实体展陈和虚拟展陈技术，探索人与博物馆展品、人与博物馆、人与人之间的互动关系，陆续开展了一系列交互设计体验，试图将用户体验做到极致（图三）。

（一）交互设计的现实应用

沉浸式交互体验[14]——针对前文中提到的参观者对可视可听的体验需求，秦始皇帝陵博物院“互联网+智慧”服务平台正式上线运行，平台以微信为主要载体，游客可以通过手机端自助预约导游，同时联合腾讯大秦网共同出品了“兵

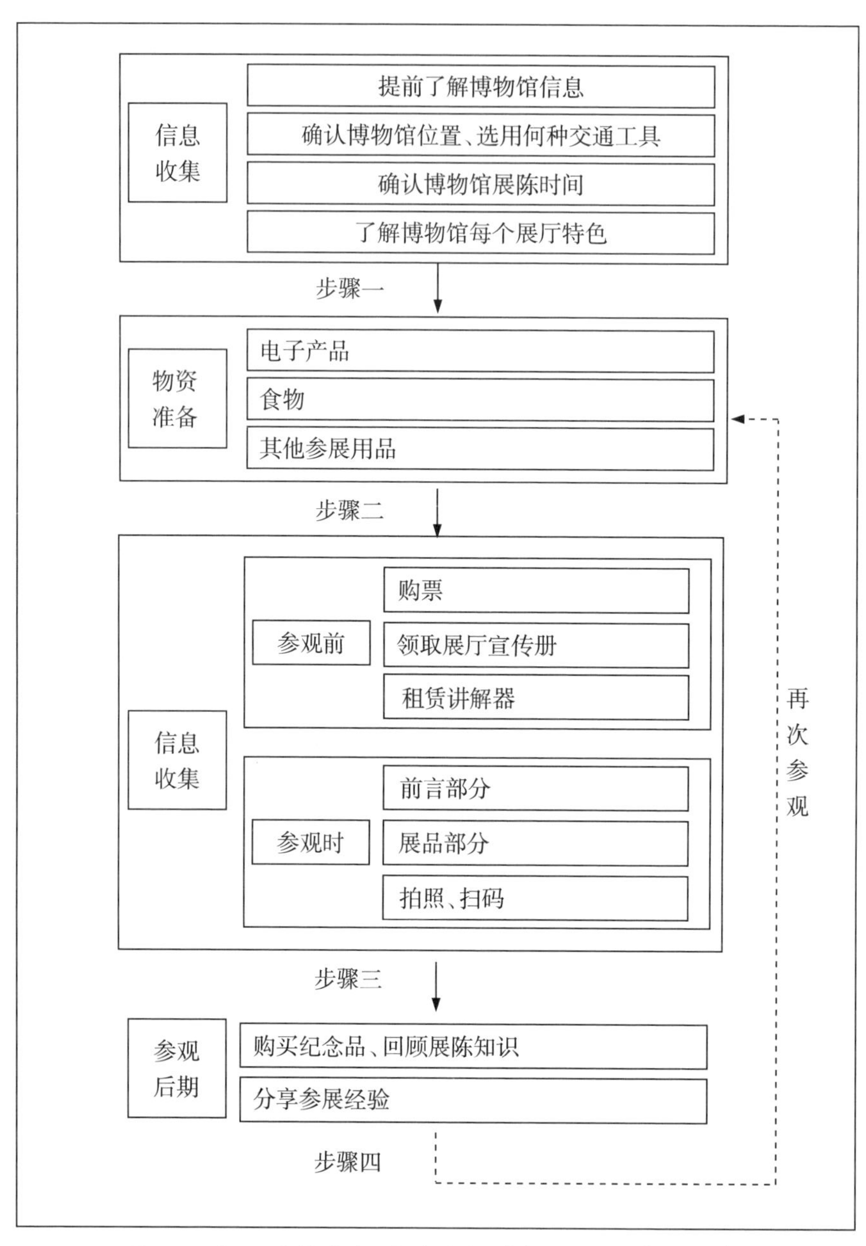

图二　交互设计参与前兵马俑博物馆观众参观分析

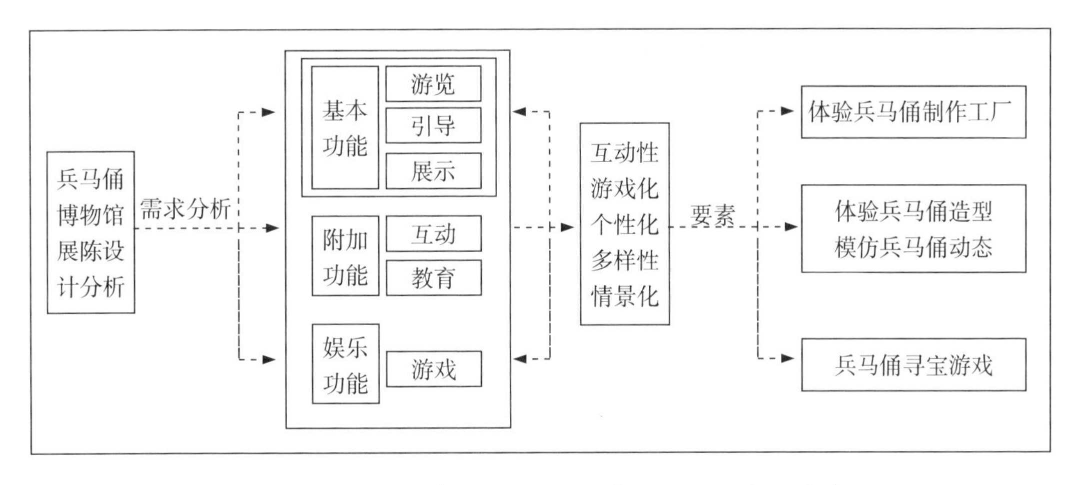

图三　交互设计参与后兵马俑博物馆观众参观分析

马俑小助手”。如果博物馆不能提供明确的导视系统，观众只是走马观花地浏览，模糊化的导览路线只会导致观众停留在展品的表象，对展品的内在信息不知晓。而“兵马俑小助手”则是可利用的移动终端，只需在微信搜索到小程序，点开即可看到兵马俑博物馆的“语音画册”，语音画册就“广场”“兵马俑（一号坑）”“兵马俑（二号坑）”“兵马俑（三号坑）”“文物陈列厅”“秦始皇帝陵”“K9901陪葬坑”“K0006陪葬坑”进行了详细的语音导览，即使没有导游陪同，点开小助手，也不会错过一对一的讲解（图四）。另一个微信平台小游戏“你好兵马俑”是基于人脸识别技术，观众上传自拍照就可以快速匹配一个“相似脸”的兵马俑照片，通过俑坑排列图，便可找到照片中这个兵马俑的具体位置（图五）。如此可视可听的感官体验避免造成观众对展览信息碎片化的处理，通过数字化引导、文字、语音、图片交互的方式，让观众对展品有更深层次的认识。

多点触控式交互体验——针对前文中提到的可触可感的体验需求，秦始皇兵马俑博物馆也有新的应对举措。“可触摸”的数字博物馆已经不再是遥不可及的梦想，在2017年第41个国际博物馆日到来之际，由秦始皇帝陵博物院独家授权，百度百科打造的秦始皇兵马俑VR+博物馆正式上线，首次以200亿像素的“超高清级别”将兵马俑呈现给观众。百科数字博物馆通过文字、图片、录音解说、立体flash、虚拟漫游、高空俯瞰等方式，展示了秦始皇兵马俑博物馆的权威信息和独家藏品知识。通过浏览这个数字博物馆，我们可以看到整个兵马俑坑展现在我们的面前。观众可以通过手机或者电脑，登录百度百科数字博物馆，进入秦始皇兵马俑博物馆，可以像用放大镜一样，突破现场观看的角度限制，360度触摸兵马俑每一个细节，这样就克服了出于文物保护，游客在实体博物馆或者

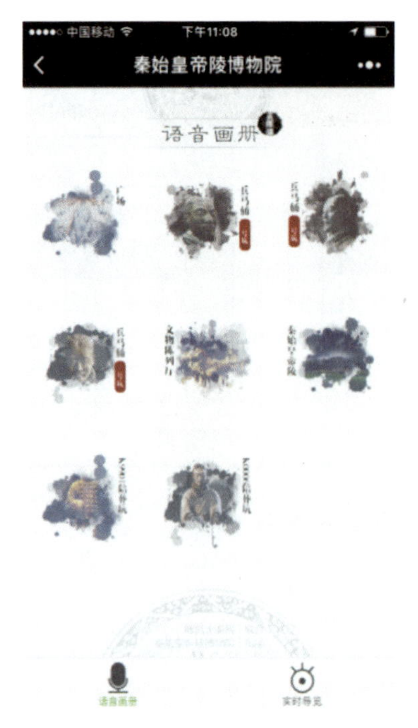

图四　微信小程序“兵马俑小助手”

图五　微信小程序“你好兵马俑”

文化遗址参观时需与文物保持一定距离的困难。点击画面上的蓝色箭头，观众可以来到一些指定的地区看到不同的兵马俑，比起那些只能在坑上观赏的游客，能进入坑中近距离观赏这些兵马俑也是让人异常兴奋。这种可以触摸的博物馆不仅帮助观众把世界遗产带回家，也为世界文化遗产的推广提供了新思路和新手段（图六、图七）[15]。

互动装置[16]交互体验——增强现实是一项通过计算机系统增加用户对现实世界感知的技术[17]。在博物馆展品陈设中，采用游戏化的交互方式展现作品也是一种很好的方式。观众不仅要看，还需要感受和互动，这样就使体验进一步升华。兵马俑博物馆有展陈游戏装置，为了提高体验效果，可对秦俑的角色进行划分，观者可以根据自己的兴趣自主选择模仿秦俑不同姿态、神情，进行互动（图八）。针对小朋友的兵马俑互动拼贴游戏也是交互设计在实体展陈中的一个重要呈现，小朋友通过对比和触碰电子屏幕，为兵马俑选择合适的面相，让小朋友融入博物馆学习中，不仅增加了儿童的兴趣点，也激发了他们的好奇心和求知欲（图九）。

交互设计在博物馆展陈中的应用分为实体展陈和虚拟现实展陈两种方式。秦始皇兵马俑博物馆通过以微信平台、AR、VR、MR、互动标牌、互动装置为载体，采用全息投影、LED显示屏、三维动画、多点触控等技术手段，通过交互式的展

图六　秦始皇兵马俑博物馆数字博物馆（一）

图七　秦始皇兵马俑博物馆数字博物馆（二）

图八　兵马俑展陈游戏装置

图九　兵马俑数字展陈儿童区

陈方式激发观众的兴趣，增强与观众的互动，使观众置身到展陈场景中。

（二）交互设计的未来发展设想和深度发掘

现在的秦始皇兵马俑博物馆基本解决了可视可听、可触可感的需求问题，在情感交互的层面上有待进一步探索和研究。围绕前文分析结果并参照其他相关文献，笔者认为最直接关联情感的博物馆交互设计应该是在文物与背景信息之间建立一条被观众感知的线索，人们可以沿着这条线索有穿越时空的体验才是最好的体验效果。相信以下几个虚拟现实交互设计的实例，能为秦始皇兵马俑博物馆的未来发展提供参考思路。

北京工业大学副教授王国彬受到《聊斋志异》中《画壁》的启发，提出了“今天的观众走进去，过去的人们走出来”的设计理念，为“北京历史文化大展”设计了“画里画外”的交互场景（图十），观众不但能观看到北京的城市演变过程，还能走进画面，画面中的皇帝也能走出画面进入观众里[18]。这样的交互设计打破了虚拟与现实的界限，让观众真正地融入展览中。

图十 “画里画外”交互场景

此外故宫博物院多年来采用VR展陈方式制作了六部作品，分别是《紫禁城·天子的宫殿》《三大殿》《养心殿》《倦勤斋》《灵沼轩》《角楼》，每部作品都通过虚拟现实技术的独特视角向观众完整、准确、生动地传递着故宫文化遗产所蕴含的历史信息和文化情怀[19]；北京圆明园项目通过采用虚拟现实的交互手段，建立虚拟三维场景，使得用户能够观看到圆明园破损之前的原貌，让用户切身感受历史的沧桑变幻，同时也将圆明园的原始风貌展现在了用户的面前[20]；西北大学开发的计算机辅助文物复原系统，辅助破损文物的修复，应用到了兵马俑的修复当中，为文物工作者提供便利的同时，也使得观众看到还原后的文物；2010年上海世博会中国国家馆，以北宋张择端的《清明上河图》为创作素材，采用12台投影仪拼接而成的方法，将原作放大30倍，将《清明上河图》画作展现在长128米、宽6.5米的电子投影屏幕上，通过直观的影像展陈方式展现了北宋时期的繁荣风貌，观众走入展厅，身临其境（图十一）。利用虚拟现实的交互方式，将展品展示在用户面前，拉近观众与展陈之间的距离，用虚拟现实的交互方式使历史重现，让观者更直观地体验历史的沧桑变化。

图十一 上海世博会中国国家馆《清明上河图》交互设计现场

秦始皇兵马俑博物馆可以借鉴这种穿越历史，打破现实与虚拟的设想，将游客带回关于兵马俑的两个重要时刻：一个时刻是将游客带回秦代的时空，走进兵马俑制作工厂，了解秦代的时代风貌和历史，参与兵马俑的翻模和烧制过程；另一个时刻是将游客带回发掘兵马俑的20世纪70年代，和考古学者一同感受发现世界“第八大奇迹”的喜悦（图十二）。

图十二 秦始皇兵马俑博物馆未来虚拟现实效果图

三、结语

随着我国对博物馆建设的重视和扶持，以及虚拟现实、增强现实等技术的不断发展，数字媒体交互设计与博物馆展陈的融合将成为主流趋势。未来博物馆的展陈方式将更加多元化，遵循用户的五感体验，交互式、沉浸式、趣味性等特征在博物馆展陈中的体现，也推动着交互设计及用户体验与博物馆展陈更深层次的结合。秦始皇兵马俑博物馆正走在交互式转型发展的关键时期，通过理论研究及实例补充，对兵马俑博物馆的未来发展和探索提出进一步的思考，继续坚持科学技术与文化艺术的交汇融合，这将是未来博物馆展陈交互设计的发展关键。

注释

［1］COOPER A:《交互设计之路——让高科技回归人性》，电子工业出版社，2006年。

［2］大卫·卡里尔:《博物馆怀疑论》，江苏美术出版社，2014年。

［3］言文胜:《数字化与新媒体时代的展示设计》,《设计》2012年第10期。

［4］唐志玮:《浅谈交互设计中的“以人为本”》,《大众文艺》2013年第3期。

［5］朱熹:《东听雨堂刊书·儒先训要十四种》复刻本。

［6］周永坤:《人殉及其法文化分析》,《太平洋学报》2009年第12期。

［7］秦始皇兵马俑博物馆:《秦始皇帝陵》，文物出版社，2009年。该书出版于秦始皇兵马俑博物馆开馆三十周年之际，以科学、客观、求实的态度，对秦陵的学术成果进行了总结，内容丰富，印制精美。

［8］黑格尔著，朱光潜译:《美学》，商务印书馆，1981年。

［9］Joachim Ernst Berendt: *Das dritte Ohr: Vom horen der Welt by Joachim Ernst Berendt*, Rowohlt Publishing House, 1985.

［10］韩兵:《触摸屏技术及应用》，化学工业出版社，2008年。

［11］宋向光:《物与识——当代中国博物馆理论与实践辨析》，科学出版社，2009年。

［12］〔美〕A·C丹托:《超越布里洛盒子——后历史视角中的视觉艺术》，参见〔美〕珍妮特·马斯汀:《新博物馆理论与实践导论》，钱春霞、陈颖秀、华建辉、苗杨译，江苏美术出版社，2008年。

［13］双紫钰:《博物馆展示中的交互设计研究》,《现代装饰（理论）》2016年第7期。

［14］沉浸式即英文中的immersion，其中对immersion的解释使用了心流（flow）理论。关于“心流”可参照经典著作*Flow: The psychology of optimal experience*，沉浸就是让人专注在当前的目标（由设计者经营）情境下感到愉悦和满足，而忘记真实世界的情景。

［15］参见https: //baike.baidu.com/museum/qinshihuang，该链接为秦始皇帝陵博物院数字博物馆秦始皇兵马俑360度全景体验网站。

［16］陈钰:《互动装置设计》，中国轻工业出版社，2014年。

［17］郑华斌:《基于增强现实的交互式应用系统》，浙江大学出版社，2013年。

［18］王国彬:《展陈设计中交互式博物馆的理念剖析》,《包装工程》2015年第8期。

［19］参考人民网文章《数字体验展亮相故宫！为您展现有“AI 范儿”的紫禁城》，http: //culture.people.com.cn/n1/2017/1011/c172318-29581203-2.html。

［20］参考新华网文章《清华教授团队“虚拟现实”圆明园，重现圆明园历史原貌》，http: //education.news.cn/2017-04/19/c_129550549.html。

（责任编辑：陈昱洁　陈洪）

浅析文物历史类博物馆文化产品发展存在的问题

张小攀　秦始皇帝陵博物院

内容提要　目前，我国博物馆文化产品发展已取得了一定的成绩，包括建立示范单位、建立行业协会组织、培养文创后备力量。与此同时，我国博物馆文化产品发展也存在一定的问题，“零”产值情况较多、产品劣势较为明显、营销模式单一等，这成为制约我国博物馆文化产品发展的主要因素。

关 键 词　文化产品　营销模式　零产值

博物馆是历史、艺术和科学的殿堂，是文化的收藏者、保护者、研究者和传承者，博物馆自身的发展也是一种文化。博物馆文化产品包括有形和无形两种，有形产品指依据博物馆自身资源，如藏品、建筑、陈列、展览等开发的产品，如出版物和纪念品；无形产品指博物馆为实现教育、研究、娱乐、休闲等社会功能而组织的陈列、展览、教育活动、学术研讨会、专题讲座等，博物馆进校园、进社区、进部队、博物馆巡回展等都属于博物馆无形文化产品范畴。

2015年年底，故宫博物院在微博和微信朋友圈推出了崇祯皇帝“打广告”、雍正皇帝摆“剪刀手”的图片，以及可爱的侍卫手机壳、八旗不倒翁娃娃等一系列富有创意的文创产品。以北京故宫为代表，我国博物馆文化产品发展已取得了一定的成绩，一批博物馆被评选为我国博物馆文化产品首批示范单位，建立了专业行会组织。但在看到成绩的同时，也应看到我国博物馆文化产品发展仍存在很多问题，仍需博物馆和社会合作，共同努力。

一、“零”产值情况较多

相比于西方蓬勃的博物馆文化产业发展势头，我国博物馆文化产品发展则略显凋零，“零”产值情况较为严重，产品发展更多集中于藏品量大、精品较多、经费充足的国家一级博物馆，而在二级博物馆和三级博物馆群体中，只有较少博物馆开发了文化产品，大多数博物馆几乎为“零”产值，不销售文化产品或只销售一些书籍和明信片等。造成这种情况的原因有以下几点：

（一）经济压力相对较小

图一显示美国博物馆资金来源渠道，共有16项，其中联邦政府和市政府拨款

Average Revenue Streams, 2000

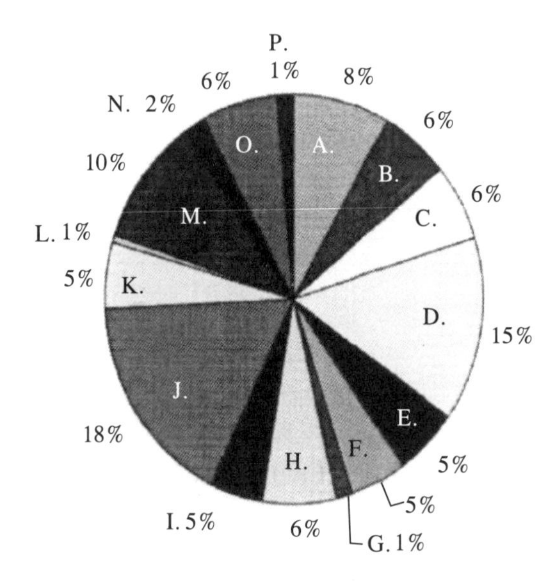

- A. Federal(US)(8%)
- B. State or Province(6%)
- C. City(6%)
- D. Individual/Family Contributions(15%)
- E. Individual/Family Memberships(5%)
- F. Corporate Contributions(5%)
- G. Corporate Memberships(1%)
- H. Foundatiom/Trust Contributioms(6%)
- I. Investment Revenue(5%)
- J. Endowment Revenue(18%)
- K. Admissions(5%)
- L. Facility Rental(1%)
- M. Museum Store(10%)
- N. Special Events(2%)
- O. Other Operations(6%)
- P. Other Revenue(1%)

图一　2000年MSA博物馆（商店）年度调查报告——美国艺术类博物馆的资金来源 [1]

（资料来源：葛偲毅《国外博物馆文化产品开发与营销对我国的启示》）

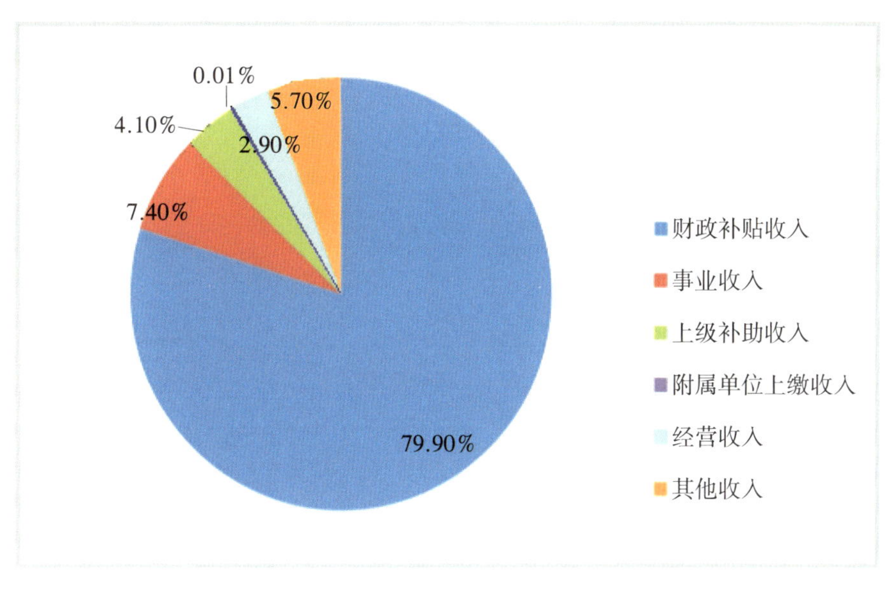

图二　2013年全国博物馆收入构成

（资料来源：《中国文化文物统计年鉴2014》）

仅占总收入的14%，10%为博物馆商店经营收入，18%为基金收入，剩余的包括会员捐款、投资收益、门票收入、场地租借收入等，其中商店收入是博物馆收入的大头之一。从20世纪80年代开始，西方政府逐渐缩减对博物馆的资金投入[2]，企业捐款和基金收入也不稳定，许多博物馆面临经济危机，必须开拓渠道，自筹资金。博物馆文化产品发展是较好的选择，不仅能在一定程度上缓解经济压力，也间接地吸收了更多个人和团体会员。在纽约大都会博物馆发展过程中，许多会员就是以博物馆文化产品为媒介吸收的。2008年，大都会博物馆会员捐款和商店收入达到所有收入的50%[3]，文化产品成为大都会博物馆的吸金器。

我国博物馆分国有和非国有两类，除部分有经常性业务收入的博物馆是差额补助外，国有博物馆多为全额拨款事业单位，博物馆经费来源主要依靠财政拨款、上级补助收入、事业收入、其他收入（包括投资收益、利息收入、捐赠收入等）。全国博物馆免费开放以前，博物馆还有一定量的门票收入，但这只占博物馆收入的很小一部分，博物馆免费开放以后，国家对门票部分进行了专项补助。2013年全国博物馆共收入17557386千元，其中财政补贴14027807千元，占总收入的79.9%；事业收入1301317千元，占总收入的7.4%；上级补助收入721250千元，占总收入的4.1%；附属单位上缴收入2476千元，占总收入的0.01%；经营收入506959千元，占总收入的2.9%；其他收入997577千元，占总收入的5.7%（图二）[4]。在我国博物馆收入构成中，90%以上均为固定收入，且逐年增加（图三、图四），因此，我国国有博物馆大多不存在资金筹措问题，博物馆总支出几乎相等或略小于博物馆总收入，经济压力较小，对博物馆文化产品收入依赖性几乎不存在，因此，许多博物馆并没有意识到博物馆文化产品的作用，博物馆文化产品发展意向较弱。

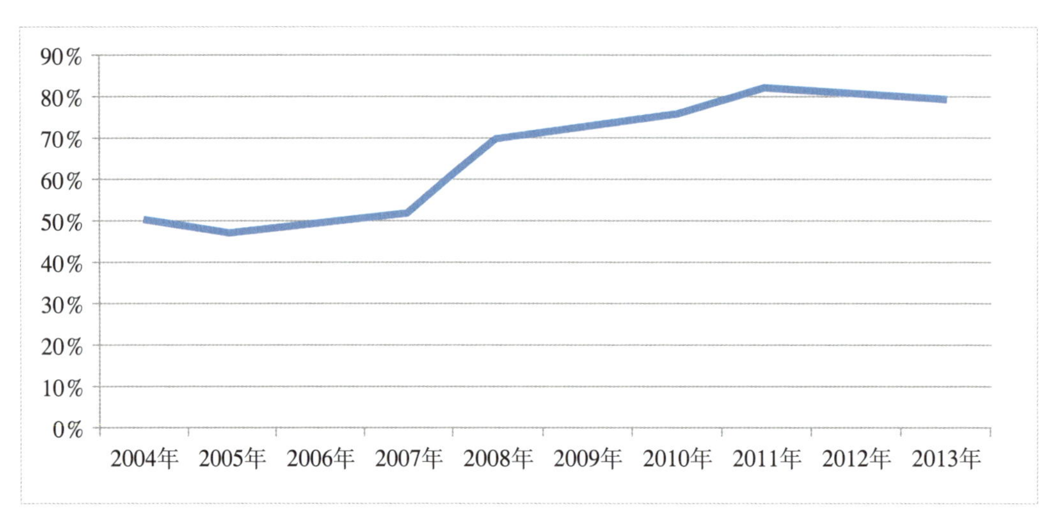

图三　财政拨款占博物馆总收入的百分比

（资料来源：《中国文化文物统计年鉴2014》）

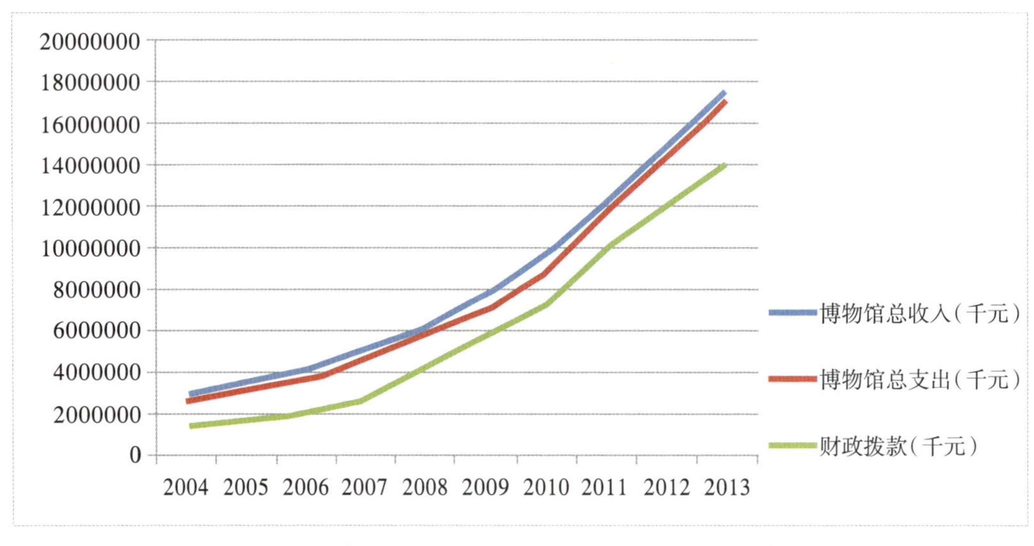

图四　博物馆收入、支出及财政拨款统计表

（资料来源：《中国文化文物统计年鉴2014》）

（二）文创收入分配问题

我国国有博物馆财政是“收支两条线”，博物馆各项运营经费均靠财政拨款，主要用于基本运营、项目支出（文物本体保护、藏品技术保护、展示利用保护）、工资福利支出、个人和家庭补助支出、设备支出等，但并不包括博物馆文化产品发展所需。在早期博物馆发展过程中，博物馆是科学研究和教育机关，为广大人民服务，商业活动是不被允许的。

许多博物馆尤其是实力较小的博物馆，在没有专项资金支持的情况下，缺乏文物资源，资金、技术等又不足以满足发展需要，发展博物馆文化产品的能力和动力相对缺乏。并且，博物馆的所有收入都要上交（主要包括门票收入和有偿服务收入，如文物鉴定保护修复、展览讲解、技术培训等），不允许博物馆私自支配，因此博物馆发展文化产品的积极性不高。收支两条线是阻碍我国博物馆文化产品发展的障碍之一。当然，令人欣喜的是，这方面的问题也在逐步改善中，如北京市《关于推动北京市文化文物单位文化创意产品开发试点工作的实施意见》，落实了北京市文化文物单位文化创意产品开发试点单位，并提出经职工代表大会同意，试点单位可从文化创意产品开发取得的净收入中提取70%及以上奖励开发工作人员。

（三）博物馆的发展惰性

“长期以来在计划经济体制下政府的大包大揽，不仅给地方财政造成了负担，而且博物馆形成了严重的‘等、靠、要’思想，使博物馆事业暮气沉沉，毫无朝气，严重制约了博物馆事业的发展。”[5]一直以来，博物馆都是人们眼中的“铁饭碗”，经费由国家财政支出，工资由财政拨付，工作人员只需要做好日常展览即可，不需要激烈的竞争和评比，收益稳定，这就造成了博物馆的发展惰性，理念怠惰、工作怠惰。市场经济环境下，文化大发展、大繁荣，人们的审美和精神需要各异，为满足需求，各种文化机构和文化产业陆续出现，充斥着市场，各种类型国有、非国有、民办博物馆更是大量涌现，这些机构以服务社会，满足社会大众的需要为目的来谋求其经济利益和社会效益。在这种情况下，“少数特许机构独占博物馆领域的局面已经被打破，对社会资源和服务空间形成争夺”[6]，博物馆必须迫使自己改变原来被动的经营管理模式，积极主动获取、利用自己所需的社会资源，实现自己收藏、研究、教育等社会功能，完成自己为社会发展服务的目标。

（四）产品价格劣势

博物馆文化产品因其独特性很难实现批量生产，因此博物馆产品价格多高于市场同类产品价格，以故宫博物院为例，普通钥匙圈价格多为3～5元人民币，在故宫淘宝店中，“帝后赐福大婚钥匙扣”则需35元人民币，是普通产品价格的10倍左右。在普通文具店中，一卷纸胶带价格在1～3元人民币，而故宫博物院开发的“典雅堂皇”纸胶带则需25元一盒，一盒三卷，也是普通胶带的数倍。在故宫淘宝店中，纸胶带、手机座、鼠标垫、书签、中性笔、折扇、冰箱贴、行李牌等产品价格均是普通店铺同类产品价格的数倍，对于许多非文物迷来说，是不愿意多花数倍的价钱去购买这样一件产品的，这也造成了许多博物馆文化产品销售困难的局面。另外，除普通产品外，博物馆文化商店多经营价格昂贵的文物复仿制品，使用价值相对较小，中档类产品如丝巾、首饰、服装等空缺，缺乏对中档消费顾客群的购买吸引力。

二、产品劣势较为明显

（一）粗制滥造

品质低劣、粗制滥造、做工粗糙是我国博物馆文化产品发展过程中存在的普遍现象，甚至出现拿旅游景点纪念品滥竽充数的问题，不仅与博物馆形象不符，也不能满足顾客对历史、艺术和科学的追求，可收藏性和可购买性较小。

（二）种类单一

1. 复仿制品比重较大

很多博物馆的文化产品很难将其定义为有创意的博物馆文化产品，更多的是“缩小版”的文物复仿制品、明信片等，既缺乏创意，使用价值也较小，对普通顾客没有吸引力。

2. 普通产品雷同现象严重

产品种类雷同和特色不明显是现今我国博物馆发展文化产品遇到的瓶颈，许多博物馆都没有打出自己的特色，产品种类更多地集中于明信片、书籍。生活用具多为手机壳、冰箱贴、水杯、围巾、纱巾、手机挂坠、钥匙圈等，学习用具包括笔、笔记本、橡皮擦、文房四宝等，在不同地区博物馆都能看到纹饰、造型有稍微差异的同类产品。对于许多博物馆观众来说，文物特色、博物馆特色才是促使其购买文化产品的原因。产品品相本身的吸引力相对较小，如卢浮宫的法国皇室特色、纽约大都会博物馆的艺术特色、史密森尼博物馆的科技特色、维多利亚与艾尔伯特博物馆的艺术生活特色、北京故宫的清代皇宫特色、湖南省博物馆的湘地特色和马王堆特色等。这些博物馆的文化产品都具有鲜明的特色，因此能够吸引顾客购买，而大多数博物馆缺乏创意的同类产品会使顾客产生“到哪儿买都一样”的想法。

3. 高档产品相对空缺

在我国大部分博物馆文化产品货架上，高档产品或精美礼品相对较少，种类单一，多为青铜器、玉器、瓷器、琉璃器复仿制品，很难满足高消费人群的需求，对于许多既有欣赏能力又有消费能力的顾客来说，具有较高审美价值的“奢侈品”才是购买重点，如珠宝、高档服饰和名牌包等，普通产品既不符合消费需求，又有点降低“格调”。

（三）创意不足

创意不足是我国博物馆文化产品发展遇到的瓶颈之一，绝大部分文化产品是文物造型和纹饰的转移，只是从文物身上移到文具上、T恤、围巾上，只有文化，没有设计，只有历史价值，没有艺术价值，现代性和历史性结合较弱，许多不同的博物馆文化产品仅存在纹饰和造型上的差异，功能、材质则无较大区别。

（四）产品附加值不高

我国博物馆文化产品附加值不高主要体现在以下几个方面：

第一，博物馆商店布置缺乏美感。优美的商店环境也是吸引顾客的条件之一。我国许多博物馆商店外观普通，与博物馆餐厅等并无差异，室内面积狭小，发展空间严重不足[7]。

第二，博物馆销售人员不够专业。博物馆文化产品专业人员不仅要懂销售，更要懂产品。我国博物馆商店销售人员中，大部分不够专业，不能为顾客答疑解惑，也不能通过自己的口述和讲解增加顾客的购买兴趣。

第三，延伸产品不具备吸引力。这里主要指没有做好产品的说明、包装、配送、退换等服务。首先，产品说明不详细，在大都会博物馆、卢浮宫、台北故宫博物院的文化产品货架上和包装纸内，都会附上产品的详细说明，包括文物典故，这是我国大部分博物馆文化产品所缺乏的；其次，我国博物馆文化产品包装简陋，缺乏符号性；第三，国外的很多博物馆都有全球购服务，服务对象广泛，囊括了入馆观众和所有意向观众或顾客，而我国的博物馆服务更多只针对入馆观众，服务范围相对狭窄。

三、营销模式单一

营销不是简单的销售，营销是一个系统的组织过程。从20世纪30年代到60年代，营销界对营销的官方定义多指销售，从60年代开始，产品多样化、市场扩大化、顾客需求与选择多样化以及信息化不断给营销带来新挑战，营销的定义也有了新的变化，更多的是将营销定义为实现生产者和消费者双方最大利益的一个过程。不同的出发点、不同的产品特征和营销目的，营销方式也各有侧重。密歇根大学教授杰罗姆·麦卡锡将营销简化为产品（product）、价格（price）、促销（promotion）、渠道（place）四个过程，这就是著名的4P理论，其中促销和渠道与传统的营销观念即销售相吻合，促销指生产者对产品形象、理念等的宣传，渠道指产品由生产者手中到消费者手中的方法之和。

以4P理论为标准，从产品的研发生产到价格的制定，包括后期促销方式和渠道的选择，营销应贯穿于博物馆文化产品发展的始终。以台北故宫博物院为例，产品生产阶段，通过发展社会化的文创团队（馆内专业文创团队、文创产业发展研习营、文创产品设计大赛、文创研讨会、授权合作等），生产出符合社会需求的产品，尊重历史，尊重文物，保持文物格调，产品多样，包罗万象，立体开发，迎合大众需求，同时，通过细分市场、合理定价，使每一位观众都能享受到购买力范围之内的产品。销售是文创的目标之一，文化创意产品只有销售出去，其经济效益和社会效益才有可能实现，才能达到博物馆文化产品发展的最终目标。台北故宫博物院文化产品销售模式紧跟时代发展，以博览会、交易会和展示会等为媒介，做好广告宣传，使文创产品进入大众视野，以故宫文创资源网和馆内商店为主阵地，通过博物馆商店、委托承销、故宫精品网络商城和主题展览销售等线上、线下相结合的方式，最大限度地方便顾客购物。

近年来，我国博物馆文化产品发展水平不断提高，文创产品种类增多，文创后备力量不断增强，但营销方式的选择和利用较之国外的博物馆仍有较大差距。以促销为例，博物馆宣传力度较弱，博物馆文化产品仍偏离主流购物之外，宣传和推广渠道相对狭窄，目标受众群小。至于销售方式的选择，除国家博物馆、故宫博物院等几家博物馆开设了网上商店和淘宝店外，我国多数博物馆只在馆内经营一间小小的商店，坐等顾客挑选和购买，对于许多远距离但又喜欢博物馆文化产品的游客来说，进馆购买限制太多（时间、空间等）、代价较大，多次消费几乎没有可能。另外，许多商店位置不显眼，与参观路线相距甚远，若无讲解员带领，许多观众几乎发现不了商店，也谈不上欣赏和购买。

总而言之，我国博物馆文化产品发展还存在诸多问题，对于整个行业来说，要制定合理的发展政策和线路，对于单个博物馆来说，每个博物馆都要合理评估自身实力，借鉴成功经验，选择最合适的发展道路，少走弯路。

注释

[1] 葛偲毅：《国外博物馆文化产品开发与营销对我国的启示》，复旦大学硕士学位论文，2012年。

[2] 段勇：《当代美国博物馆》，科学出版社，2003年，第53-70页。

[3] 同 [1]。

[4] 经营收入是指事业单位在专业业务活动之外开展非独立核算经营活动取得的收入，多指从上级单位领取的一定量的物资和款项；其他收入主要包括投资收益、利息收入、捐赠收入等；事业收入指开展业务活动和其他辅助活动取得的收入。

[5] 赵月：《艺术授权在博物馆之应用——以台北故宫博物院为例》，中南大学硕士学位论文，2012年。

[6] 张健：《博物馆市场营销理念的引入及其意义》，《博物馆研究》2010年第1期，第7-11页。

[7] 同 [1]。

（责任编辑：陈昱洁　陈洪）

雍城遗址保护与区域协同发展研究

赵　巧　西北大学文化遗产学院

内容提要　大遗址属于不可再生的文化资源，其蕴涵的价值非常重要。遗址区内人口承载力大，占地面积大，使遗址的保护与居民的发展本身就存在矛盾问题。在乡村地区，居民以土地为生，遗址在占用大量的农业用地的同时，制约农民生产生活方式，造成遗址保护与所在村庄发展相互制约，导致大遗址保护与区域发展矛盾突出。本文以雍城遗址为研究对象，通过对城址区与所在村庄存在的问题进行分析，提出建立文物保护补偿机制、注重产业融合发展、优化村庄生活环境、促进区域文物资源联动等方式，以期促进雍城遗址城址区与其所在村庄协同发展。

关 键 词　雍城遗址　乡村地区　协同发展

大遗址是代表某一段历史发展的物质见证，它的不可再生性和稀缺性表明它具有非常重要的价值。乡村地区本身经济发展落后，不利于大遗址的保护与发展，而位于乡村的大遗址在占用大量的农业用地的同时又制约了农民的生产生活方式，使遗址区村民产生负面情绪，造成遗址保护与所在地村庄发展相互制约。解决这一矛盾需要为两者找到一个平衡点，来谋求遗址与区域协同发展。

在大遗址的相关研究中，大遗址与区域协同发展的问题，近年来愈来愈受到学者们的重视。李红艳通过文物保护工程的实施，带动地区产业结构的调整，从而使区域经济得到增长[1]。白海峰从解决遗址区生态环境、发挥大遗址周边效应、满足市民需求、实现对搬迁居民的生产安置以及促进旅游业的发展等方面提出了发展思路[2]；张晓明、林楚燕、刘雷对于城郊型大遗址保护与周边开发探索中强调空间管制区划和资源保护规划、构建文化产业社区等方面提出发展思路[3]；陈稳亮提出从城市总体规划层面进行“遗址关怀”，使得大遗址保护与县城发展协同[4]；刘军民、徐晶晶以甘泉宫遗址为例，提出西部欠发达地区大遗址保护利用与区域发展的协同之策[5]；关于雍城遗址的研究，陈稳亮对雍城遗址保护进行了问题诊断，并且结合农村区域的环境资源特性与雍城实际状况对雍城遗址的保护进行对策研究[6]；刘卫红从保护展示的理念、目标、对象、方式方法、保护展示的布局及功能主题等角度对秦雍城遗址保护展示进行了对策研究[7]。陈稳亮在针对雍城遗址现有遗址信息不确定，保护对象动态变化的窘况，基于弹性规划思路提出了遗址保护规划的弹性策略[8]。

以上学者从理论到实践对遗址与区域协同发展策略给予很多指导。但是就雍城遗址而论，关于雍城与其所在地协同发展的研究甚少。雍城遗址位于乡村地区，与所在村庄关系密切，现在的研究仅仅是对保护和展示方面的研究，没有提出解决遗址保护问题的方案。本文探讨的问题是，如何在遗址保护的前提下，照顾到居民的生活需求与发展权利，以解决遗址保护与区域协同发展。

一、雍城遗址概况与保护现状

（一）雍城遗址城址区概况

雍城遗址是春秋至战国中期的秦国都城，是秦国的政治、军事、经济、文化的中心，并且是秦人延续使用时间最长的都城。雍城遗址由城址区、秦公陵园、郊外离宫别馆、国人墓地、血池秦汉祭祀遗址等组成。

雍城城址区占地面积10.56平方千米，平面呈不规则方形，结构清晰，布局、形制完整。据考古资料显示，城址区内遗迹丰富，其中包括姚家岗、马家庄、铁丰宫殿建筑遗迹、马家庄宗庙礼制建筑遗迹、城垣建筑遗迹、围沟、河流、凌阴遗址、市场、作坊、平民聚落以及道路等遗迹。其中马家庄宗庙遗址是目前已发现的先秦时期唯一一处与文献记载相符合的国君宗庙遗址；市场遗址是现已发现先秦时期市场的唯一实例；凌阴遗址是首次发掘的先秦时期最早的储冰设施遗迹[9]。由于雍城遗址面积大、分布范围广，城址区内遗迹分部密集，涉及村庄较多，矛盾较突出。因此本文以城址区为研究对象，可为其他区域提供借鉴作用，以期整个遗址与区域协同发展。

雍城遗址城址区现位于凤翔县城南，城址区跨越5个行政村、13个自然村，分别是马家庄、瓦窑头、高王寺、南关村、豆腐村，并且有两条省道垂直穿过城址区（图一）。

（二）雍城遗址价值分析

雍城作为早期秦王朝延续时间最长的都城，是当时世界上规模最大的城市之一，是中国历史上最具代表性和典型性的重大历史文化遗产。雍城的历史价值体现在它有着悠久的历史文化和丰厚的历史遗迹，是秦文化的真实显现，是见

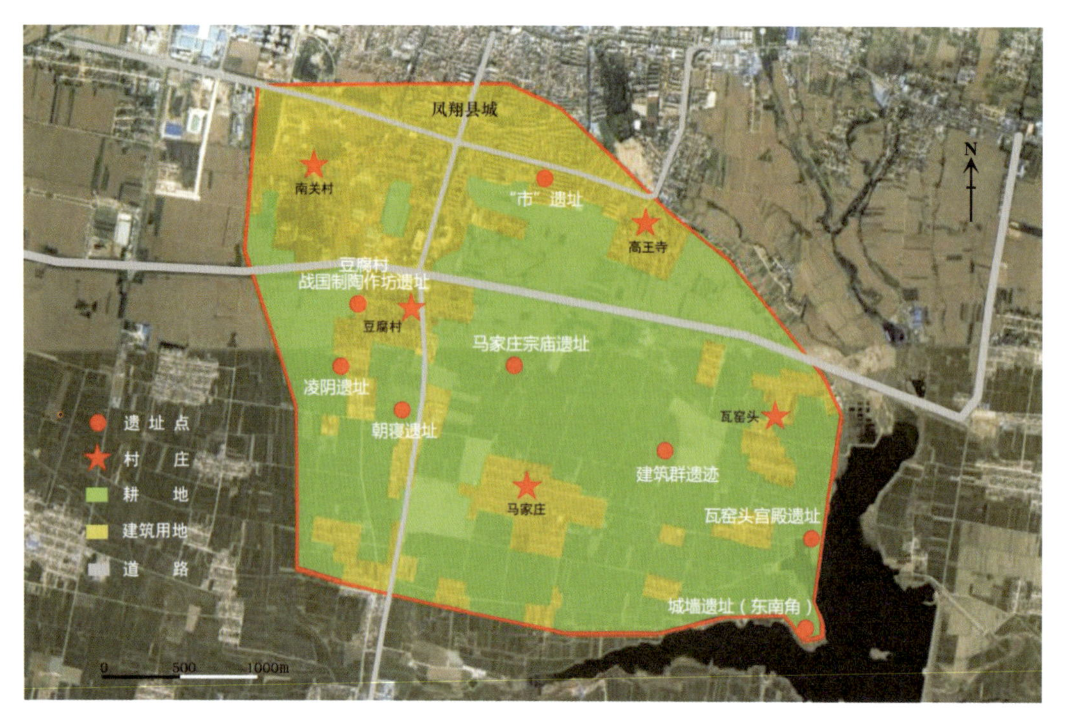

图一　城址区遗址与村庄关系图

证中国历史发展的物质载体。

雍城的选址继承了我国古代都城“依山傍水”的传统。改造古河道，筑堰塘水坝蓄水，供城市内河需水，是早期水利工程的典范。具有水系、城墙、壕沟三重防御屏障，均体现了秦人利用自然、改造自然的勤劳与智慧。朝寝与宗庙逐渐分离，显示了古代都城由“重宗族”向“重时君”思想的转变，对探讨秦国建筑史、先秦宗庙宫室制度，以及秦人早期都城的布局都有极为重要的意义。

大遗址通过有形的遗址表达了无形的精神。雍城遗址能够让人感受到秦文化的内涵以及秦人自强不息、励精图治的精神，是爱国主义教育的重要基地。雍城遗址具有深厚的文化底蕴以及较好的历史环境风貌，可作为当地居民体验历史、亲近自然、陶冶情操、休闲娱乐的场所。

（三）雍城遗址城址区现状

1. 城址区保护现状

雍城城址区地面能够看到的遗迹较少，仅有一些遗迹由于取土等原因而暴露于断崖之上。露出的遗迹未进行有效的保护。其他众多遗迹多被农田、道路、村落和现代建筑叠压，具体范围识别性较差。发掘出土的可移动文物均收藏在凤翔县博物馆及雍城考古工作站进行保存展示。在城址区四个角和城址中心马家庄宗庙建筑等重要遗址点，文物保护管理所设立有重点文物保护标志碑。马家庄宗庙遗址、凌阴遗址等在发掘清理后均已回填保护。近些年，随着文物保护管理力度加强，制止了盗掘、破坏遗址的现象，在一定程度上对遗址进行了有效保护。但是，因为遗址范围大，保护难度高，很难有效控制村民日常生产生活对遗址的破坏。

2. 城址区聚落发展现状

雍城遗址城址区位于宝鸡市凤翔县城南，遗址大部分位于农村腹地，城址区跨越5个行政村、13个自然村，共19784人，耕地面积12500余亩（图二）。受到城镇化扩张影响，城址区北部的“市”遗址被县城南部新建的住宅小区叠压；靠近省道的村庄受城市化影响较大，纷纷拆旧建新。近些年来，随着美丽乡村建设的推进，各村庄内不断改善基础设施，整治村容村貌；随着交通发展的便利，与周围村庄联系紧密；公共服务设施和基础设施布置集中，每个村庄内部都建有休闲广场和供村民健身娱乐的设施。

图二　雍城遗址城址区村庄现状图

3. 城址区产业发展现状

凤翔县属于西部欠发达地区，产业结构矛盾仍然比较突出，以第一、二产业为主要经济支撑，以农业为主导产业的规模化、集约化、产业化水平较低，主要企业带动能力较弱，农民增收面临较大的压力。虽然近年来进一步开发旅游产业促进经济发展，但是凤翔县第三产业发展缓慢。每户年收入在14000～15000元，青壮年人口中外出务工人数约占66%，50岁以上中老年人基本在本县务工。雍城城址区所在的五个村庄，其中豆腐村发展有民俗豆腐宴等第三产业，马家庄建有辣椒基地、奶牛厂等产业，可惠及少数人。其他大部分村庄以农业为主，收入来源主要为小麦、玉米等传统农作物种植及外出务工。

二、雍城城址区保护与区域发展困境

大遗址与其所在区域的环境保持着非常紧密的联系，作为遗址区社会经济活动的主体，村民的生产生活对遗址产生重要影响，而遗址的保护通常也会限制其所在区域的发展，两者之间存在矛盾。根据雍城遗址的实际情况，分析雍城遗址城址区与所在区域存在的问题如下。

（一）城镇化对遗址本体与历史环境的威胁

凤翔县有两条省级道路，一横一竖穿过雍城城址区。东西向为104省道，南北向为西宝北线210省道。210省道北端与南环路相交，向南纵贯遗址区出县境，沥青路面。210省道遗址区段道路与若干条东西向县乡骨架道路与村道相交[10]。104省道即西宝北线作为城址区内主要的道路，一方面加强了遗址区与周边的联系，一定程度上拉动遗址区的经济发展；另一方面大型道路的硬化工程对遗迹本体亦造成了不同程度的破坏，城址区内道路系统部分路段已占压了城墙。由于交通与区位上的优势，沿着省道两边纷纷建起了不符合遗址环境的建筑物、工厂，破坏了遗址的历史环境。其中有十多家企业，销售门店三十多家，占地面积逾200多亩，尤其在距离凤翔县城较近的豆腐村，受到城市化影响严重。

南北向虢凤路作为连接宝鸡市重要的交通道路，承担了大量的车流和主要的交通压力，经常有大型货车、拉土车穿行。这不仅不利于地下遗迹安全，而且对遗址区造成噪声污染。

（二）城址区发展落后于周边区域

近年来在快速城镇化发展的背景下，城市发展的外延作用使得凤翔县城逐渐向乡村不断扩张。基于宝鸡市中心城市辐射作用的考量，凤翔县在2000年总体规划中制定了“南扩东移”的城镇发展方向。由于雍城遗址也位于凤翔县城南，如果遵循南扩的发展策略，必然会破坏到遗址。为了保护遗址安全，凤翔县将“南扩东移”改为“西扩东移”的城镇发展方向。因此，县城西部跟随政策的指引在逐步地开发建设，入驻县城西区有10个生产项目，总投资55440万元，占地579亩[11]。县城西扩涉及有西古城、西关村、石家营等村庄。以西古城村为例，县城西扩后，在该村新建单位有县中医院、水上乐园、西区小学等项目。西古城村目前收入来源以劳务收入、餐饮收入、住宿等第三产业收入为主，近几年每年增加收入40万～50万左右。西区扩建不仅带动周边村庄经济发展，为村庄居民提供大量的工作机会，如之前在外务工人员约500人，2017年返乡约100人。由此可以看出，县城扩建给该村带来了就业、上学、就医等惠民便民的好处，解决了一部分村民的就业问题，带动了县城西部村庄经济的快速发展。

雍城遗址区所在的县城南部，在遗址区内禁止开发建设大型工业。根据对城址区内村民生活质量的走访调查，城址区内村民收入来源主要为务农以及外出务工，每户年收入在14000～15000元。从目前情况来看，遗址保护区内的社会经济发展程度和居民生活质量，与县城西部地区相比存在一定差距。客观上造成了遗址保护与当地社会经济发展的矛盾及居民对遗址保护的负面情绪。

（三）遗址保护与村民生产生活相互制约

党的十九大提出农村振兴战略，地处西部欠发达地区的凤翔县迫切希望通过村庄的振兴实现村民生活质量的提升。然而遗址保护与位于遗址保护区的村民生产生活相互制约。首先，村民的生产生活对遗址安全造成威胁。主要体现在农村新建房屋增加，农民住房建筑面积激增，村落面积逐年加大，造成村镇建设用地对遗址区的叠压面积的增加。其次，遗址区的村民在日常生活中经常会用到大量的土来垫房基、旱厕等，各村小组大大小小的取土场对遗址构成直接威胁。村民自发的大量取土行为成为雍城遗址保护的一大隐患。并且在日常耕作中会有灌溉、深挖、平整土地等一些行为，对地下遗址也具有一定威胁[12]。

另一方面，遗址保护限制了村民的生产生活。为了保护遗址本体以及历史环境的安全，严禁在遗址区内新建房屋、取土、平整土地及深挖等生产活动，但有关部门未能引导居民应该如何去做，使遗址区居民无法找到对遗址区经济发展有利的生活方式。由此还会使遗址地居民产生逆反心理，从而破坏遗址，不利于遗址的有效保护。

（四）城址区土地利用效益低下

土地利用的经济效益是指在一定地域范围内，不同产业的投入产出效益的综合反映并且投入指标主要包括土地、资本和劳动力等等；土地产出是土地上取得的有效产品，主要体现在各产业的经济收益上[13]。目前雍城城址区村民的收入来源以农业为主，土地利用方式主要是农耕，耕种的农作物主要为小麦，少数种植辣椒、果树等。农民都是耕种自家拥有的土地，很少将土地承包出去进行大规模的耕种。并且农民种植的农产品大多都是以自产自销的模式，未能借助当地的农产品资源及文化优势创建农产品品牌、发展区域产品销售，使得耕作农作物的投入与产出不成正比，经济收益不容乐观，村民很难维持自身的生活需求，也很难凭自身能力改变贫困现状。目前村庄面临土地利用集约程度偏低，建设用地空间布局不合理，用地粗放，自然村落零散，村庄内部结构松弛，布局分散，“空心村”现象突出等问题。

三、雍城遗址保护与凤翔县区域协同发展对策

通过深入分析雍城遗址城址区与凤翔县发展在遗址保护、居民生产生活、产业、土地利用等方面存在的问题，针对上述遗址保护区所在五个村庄的发展矛

盾问题提出以下几方面策略：

（一）建立文物保护补偿机制

大遗址的一个显著特点是与所在区域社会经济发展关系密切，首先要解决遗址保护与当地社会经济发展的矛盾及居民对遗址保护的负面情绪，提高他们保护遗址的意识，避免遗址区农民私搭乱建住房、厂房，破坏遗址本体以及历史环境。可以通过对当地居民遗址价值宣传和补偿奖励措施两方面进行。如良渚遗址管理区所在的瓶窑和良渚两个街道较早就开始采取补偿和奖励措施，在一定程度上缓解了遗址区文物保护和经济社会发展之间的矛盾，加强了文物保护和遗址区防违、控违的力度，改善了遗址区村集体经济和群众生产生活条件[14]。

雍城遗址借鉴良渚模式，设置文物保护补偿机制，对遗址区居民进行补偿奖励措施，并且年终对各村遗址保护情况进行考核，以奖代补。统筹考虑遗址区农户建房、村级留用地、安置区块等问题，逐步构建反哺遗址保护的长期机制，切实壮大村级集体经济、提高改善民生。在资金使用上，要专款专用，明确途径，确保资金使用延续性，逐步完善文物保护补偿办法，从根本上解决遗址保护与地方经济发展的矛盾。

（二）注重产业融合发展

结合党的十九大提出乡村振兴战略，在产业发展方面，从原来的生产发展提升到产业兴旺，实现从产业单一化到产业体系化的跨越，即一、二、三产业融合发展。结合村庄文化资源优势，打造“一村一品”升级版，发展各具特色的专业村。

推动“文化+农业+旅游”的发展方式。农业和乡村有多种功能，除了生产功能，还有生态功能、体验功能、景观功能等等。对城址区内土地进行合理的规划，在不破坏文物的前提下，提高土地利用率。对城址区内大面积的土地采用集约化开发战略，从种植传统农作物向种植经济作物发展，对农产品进行品牌定位，打造农作物种植、农产品生产销售及农业休闲体验为一体的发展模式。根据每个村现有资源与优势，由村民自主创建村合作社并且组织经营，以家庭作坊和民营企业手工生产，以村为单位集聚，可注册形成农产品加工的优势行业，促成以外销为主的“一村一品”产业集群模式。以某种农产品为核心，集中专业的农产品生产者、加工者、销售者以及科研、服务机构。依托雍城遗址的文化内涵，打造独特农产品区域品牌。将五个村庄分别打造成为具有秦文化特色的民俗村，由村民自己经营，其作用是可以为游客在采摘、观光、游玩结束之后提供休闲、娱乐、餐饮等场所。如靠近县城的豆腐村，种植草莓采摘园，以及结合现有的豆腐宴民俗产业，打造草莓采摘、观光、休闲娱乐、体验豆腐宴特色风味饮食等一系列活动，吸引更多游客的参与。

注重农村手工业的振兴。手工业不仅可以满足农民自身的需要，也完全可以成为经济发展的一个新的增长点。结合凤翔当地非常著名的民俗产品，如泥塑、剪纸等，通过让公众参与体验，增加公众的互动性与体验真实性，吸引更多的游客参与，大力弘扬传统文化（图三）。

图三　雍城城址区发展规划图

（三）优化村庄生活环境

在农民生活方面，从原来的生活宽裕提升到生活富裕；在生态建设方面，从原来的村容整洁提升到生态宜居。努力推进外在美与满足人民日益增长的美好生活需要相统一的转变。

对于居住在城址区的居民，在维护遗址历史风貌同时，要为他们提供舒适、温馨、绿色的环境。因此，需要优化村庄的生活环境，推动乡村公共基础设施升级，充分发挥村民理事会职能，动员村民齐参与，筹资对乡村道路、卫生环境进行全面整治，并且改善村民居住条件以及实现生活现代化，使现代、文明的生活方式与农村田园牧歌式的传统生活方式得到有机的结合，打造“记得住乡愁”的新农村。

（四）促进区域文物资源联动发展

区域发展是一个有机联系的整体，优势资源整合是形成区域发展特色的重要途径和方式，遗产资源更可为其他相关产业提供独具特色的文化支撑和历史背景。凤翔县域内旅游资源有东湖园林、饮凤苑湿地公园、雍城湖水利风景区、新建湿地公园、灵山净慧寺景区、雍州古镇、五曲湾水利风景区、六营民俗艺博园等一批著名旅游景点。将雍城城址区与其他旅游资源有机地联动，共同推进凤翔县域依托文化的旅游业的发展。如沿雍水河与城墙打造果木林带展示区，以及对雍城城墙东南角复原展示，推动与东湖新建饮凤苑湿地公园及城墙东南外的东风水库景区联动，开展遗址参观学习、垂钓、划船、农家乐、果木采摘等活动，增强游人的参与兴趣。

四、结语

位于乡村地区的大遗址，由于当地经济发展落后，不利于大遗址的保护与发展。同时，遗址在占用大量的农业用地的同时，制约了农民生产生活方式，使遗址区与遗址区外经济发展差距明显，加大了村民的负面情绪，造成了遗址保护与所在村庄发展相互制约。因此，在加强遗址保护的基础上，也要注重村庄居民的发展，遗址区经济发展、环境改善等问题。

本文只是探讨了雍城遗址城址区与其所在五个村庄的发展的研究，目的是为乡村型大遗址保护及所在区域的协同发展提供一些建议。

注释

[1] 李红艳：《陕西大遗址保护与规划对区域经济的影响》，《西安文理学院学报》2007年第3期。

[2] 白海峰：《大遗址环境整治与区域发展的互动》，西北大学硕士学位论文，2008年。

[3] 张晓明，刘雷，林楚燕：《城郊型大遗址保护与周边开发探索———以杜陵和西安曲江新区为例》，《西北工业大学学报》2012年第32卷第1期。

[4] 陈稳亮：《雍城在大遗址保护与城市发展中的创新》，《城市问题》2012年第8期。

[5] 刘军民，徐晶晶：《大遗址保护利用与区域发展的协同性研究——以西部欠发达地区为例》，《城市问题》2014年第12期。

[6] 陈稳亮：《村落型大遗址保护的现状、问题、对策研究—以雍城遗址为例》，《干旱区资源与环境》2010年第3期。

[7] 刘卫红：《大遗址保护展示的现状、问题与对策——以秦雍城遗址为例》，《宝鸡文理学院学报》2013年第2期。

[8] 陈稳亮：《大遗址保护中的弹性规划策略研究——基于雍城遗址保护的思考》，《城市发展研究》2009年第8期。

[9] 田亚岐：《秦都雍城布局研究》，《考古与文物》2013年第5期。

[10] 西北大学文化遗产保护规划中心：《秦雍城遗址保护总体规划（2011—2030）》。

［11］数据来源：凤翔县人民政府官网。
［12］同［4］。
［13］冯玉珊：《乡村旅游推动农村土地利用经济效益优化研究——以苏州市蒋巷村为例》，苏州大学硕士学位论文，2014年。
［14］《余杭区人大调研良渚遗址保护区文物补偿办法制定工作》，2013年。

（责任编辑：史党社　党士学）

缅怀宿白先生

曹　玮　秦始皇帝陵博物院

2018年2月1日，我与刘绪、王占奎一行在山西临汾陶寺北东周墓地考察，一大早看到北大考古文博学院院长杭侃教授发出的消息：宿白先生于早晨6点05分逝世。噩耗传来，使人不敢相信。宿先生的音容笑貌，历历在目……

1987年，法门寺唐代地宫文物出土后，陕西省政府决定到北京请专家来，时任陕西省文物局副局长的张廷浩先生带着我一同来到北京，先后到任继愈、杨希枚、宿白等老专家家里汇报。当时宿先生还住在北京大学校园里的朗润园，我们带着法门寺出土的照片，到家里给宿先生汇报发掘经过，告诉他每件文物出土的位置。先生看得很仔细，一边看，一边问，因为我们都不是学习唐代考古的，除了出土位置和出土情况外，其他更为深入的问题都回答不上来。从先生观看照片的样子，能感觉出先生看得很兴奋。法门寺文物的出土，是20世纪80年代唐代考古的一件大事。身为唐代考古界的泰斗，面对这些文物时，心情激动是难免的。宿先生一直在关心着这批文物，时隔多少年后，有一次，我去看望先生，先生还提起了法门寺这件事。这时，韩伟先生主编的《法门寺地宫发掘报告》已经出版了，宿先生不太满意，告诉我说最好重写。我壮了一下胆子，问宿先生："说这本报告不行，是哪不行呢？"先生直截了当地回答我："是把唐代地宫按窖藏写了，性质都错了！"我向先生解释了一番，不管怎么样，基本材料已经发表了，再说，现在也没有哪位学者会去重写报告了。先生听了以后也很无奈，说："那倒也是，就这样吧。"可以看出先生相当不满意。

1988年，当时我正在北大上研究生，这一年也是陕西省考古研究院成立三十周年和半坡博物馆成立三十周年。时任所长的石兴邦先生到北大找我，要求请几位老先生参加纪念活动的国际学术讨论会，尤其是要请宿先生参加。我向宿先生谈起石所长的邀请，宿先生愉快地答应了。之后，我陪着宿先生到陕西参会，也开启了我与先生的不解之缘。

1988年11月6日，开幕式的第二天，我就陪先生参观了含光门，当时含光门遗址在修城墙的时候进行了保护，先生在遗址上仔细地观察遗址的发掘情况，又

宿白先生

（2012年6月20日在北京蓝旗营）

到城墙外看保护以后的情况。准备离开了，先生突然问我："西大在什么地方？"我指着西南方向说："离这很近，就在那儿。"先生望着那个方向没有说话，许久，慢慢地似乎是自言自语，又向是对我说："我要是在西大，会培养出一批人来……"先生的话让我想了很多年。

我们离开含光门往西大街方向走，先生边走边给我讲长安城的布局和结构，当走到洒金桥时，他问我这里为什么叫洒金桥？我回答不上来。他告诉我因为这一带在唐朝时是粮食库房，用马车运粮时，粮食常常被撒在地上，因此得名洒金桥。我们边走边听先生讲，先生对长安城的熟悉程度令我汗颜，一路受益匪浅。路过一个小书店时，看到有卖廖静文女士著的有关徐悲鸿先生的传记，先生拿起来看了一会儿，掏钱买了。我问道："您是不是曾经跟徐悲鸿学过画画？"先生做了肯定的回答。听过先生课的学生都知道，先生讲课时板书的速度一般学生是跟不上的，尤其是画唐代金银器上的纹饰，其熟练程度让人拍手称快，令人叫绝，没有不佩服的，这都是跟大师学习的结果。近几年文物出版社出版了先生上课时的手稿，从中可以看出先生绘画的水平之高。

我们边走边聊，一直走到西安著名的回民街，在那里吃了小吃。宿先生对回民街的柿子饼特别有兴趣，大加赞赏。后来有几次我从西安去看他，都给他带上了西安的柿子饼。

11月7日，我陪着先生又参观了大兴善寺、兴教寺。回来时进了南门，宿先生告诉我这地方原先有一座宝庆寺，最为著名的是武则天时期的七宝台造像。正巧，会议上有台湾中研院史语所的颜娟英教授提供了唐长安七宝台石刻的文章，使我补上了这方面的知识。

曾经听先生的学生常青跟我说过，他毕业的时候，宿先生给他选了 13 个单位，但没有一个在陕西。常青的家在陕西，想回来而没办法。这次宿先生来陕西，也到了彬县大佛寺。当他看到里面的大佛时，似乎有点震惊。边看便给我讲，虽然我并不都能明白，但印象非常深的是他从彬县大佛寺给我讲到了文化的传播。说道佛教，我俨然就是一个门外汉，虽然曾经发掘了法门寺唐代地宫遗址，但也没增加多少知识。宿先生看了大佛以后，不断地念叨贞观二年，然后对我说："这就对了，你看看这尊造像，再联系天水麦积山、炳灵寺、须弥山、敦煌、乐山的造像，就明白了。佛教传播不是沿路传播，而是直接传到长安，再从长安向四面扩展。"看来，长安是个中心。从先生那里，我也学到了这方面的知识：古代的文化传播，是从一个文化中心向另一个文化中心的传播；历史研究，不仅要注意时间发展的前后顺序和脉络，而且要注意同一时代层面上的关系，即点与面的关系。这是我后来研究中以及给学生讲课的时候，都会特别强调的一点。看了大佛寺，可能改变了先生对长安佛教的看法，听说回北京后，宿先生与有关部门联系，将常青调至中国社会科学院考古研究所，专门做陕西石窟寺的调查和研究，这都与先生的这次陕西之行不无关系。会议结束后，先生买的，加之会上发的书很多，会议安排老先生的书都由会务组统一寄，当我告诉先生的时候，他很严肃地对我说："书是我自己的，为什么要用公家的钱寄书呢？"先生公私分明的这种精神为我们做出了榜样，即便我后来做了秦始皇帝陵博物院院长以后，仍以先生为楷模，来处理各种问题。

先生虽然上了年纪，但仍然笔耕不辍，几次约好吃完晚饭去他家里看他的时候，先生总是在灯下写着什么，这种精神令我汗颜，也令我钦佩不已。一次，我去看望他，聊天的过程中，先生突然问我："你是不是也带研究生了？"我说是的。又问："带了几个？"我说："七八个吧！"宿先生听了以后，冲着我严厉地说道："你就是胡闹！"我连忙解释。当时我在陕西师范大学和西北大学做兼职教授，两个学校三级学生，包括博士生一共是八个人。先生说："做老师，学生研究什么，你也得跟着研究什么，不能光让学生做，你一点知识也没有。"宿先生重视学生的学习是很著名的，记得在"夏商周断代工程"开始以后，有一次曾对我说："学校要以学生的教学为主，就不要搞什么工程了……"先生的这些话我一直记在心上。被陕西师范大学聘为教授以后，一直在带着研究生和博士生的课。以学生的教学为先的理念，一直是我的根本。虽然现在有很多的文章要写，但仍然以学生为先，有时是自己想好的题目，甚至是提纲都列出来了，让学生去做，并给予指导。这一点，受先生的影响太大了。

有一次，与先生谈到日本学者内藤虎次郎的中国史研究，无意中说成内藤湖南。先生马上就说："不要叫内藤湖南，就说内藤虎次郎。"内藤虎次郎，号湖南，是日本著名学者，京都史学派的代表人物，在史学方面的研究有很深的造诣。他在研究中国史方面，是第一个打破王朝界限对中国史进行分期的人，他将中国史分为上古史、中世史、近世史，之间还有过渡期。但他的史学是为迎合当时日本侵华的需要，提出中国是停滞的，这种停滞不是相对地停滞，而是绝对的停滞；必须靠受过中国文化影响的外力去推动她发展。这种说法成日本侵华论据的史学基础。如果称其字叫"内藤湖南"则是一种尊称，所以先生训斥之后，我马上就改口了。

2010年，在我的提议下，秦始皇帝陵博物院决定开始对一、二号青铜马车进行重新照相、绘图，将最新的研究成果总汇成书。一、二号青铜马车是目前世界上保存最为完整的古代马车实物，是世界马车史上的里程碑，有"青铜之冠"的美誉。这套书将马车的各个部位分解照相、用线图标清结构，主要撰稿人党士学先生是一位研究青铜马车多年的学者，这套书是古代文献和现代研究的成果的集大成者，是一部继《周礼·考工记》以来，研究马车最为详细的一部著作。《秦始皇帝陵出土一号青铜马车》于2012年出版了。2013年春节前我去看先生的时候，把这本书送给了他。他接过书后，仔细翻看了四五分钟，然后对我说："曹玮，你又干了一件大好事呀！"先生的赞许和肯定，是对我们工作最好的褒奖。

秦始皇帝陵博物院在向国家文物局申请团体领队资格的时候，先生在我的恳求下，跟有关人员做了沟通，以至于后来顺利地通过，先生的功劳不可磨灭。

大师驾鹤远去，白沙垂首，佛像拭泪。但先生的精神永远在我们心中。

（责任编辑：史党社　陈昱洁）

深切缅怀赵康民先生

秦始皇帝陵博物院

2018年5月16日，正当5·18国际博物馆日系列活动紧张筹备之际，惊闻原西安市临潼区博物馆馆长赵康民先生仙逝的噩耗，作为与先生共同为秦兵马俑考古、秦始皇帝陵博物院（博物馆）建设战斗过的秦俑人，我们深感震惊与悲痛！

1974年春天，西距秦始皇帝陵1.5公里的西杨村村民在一次偶然的打井过程中，发现了残身断肢的陶俑碎片，当村民正不知所措的时候，赵康民先生在乡政府（公社）水保员房树民的引导下及时赶到现场，凭借丰富的专业知识，断定其为秦代武士俑，并积极组织协调相关人员将出土文物运送至县文化馆进行

赵康民先生

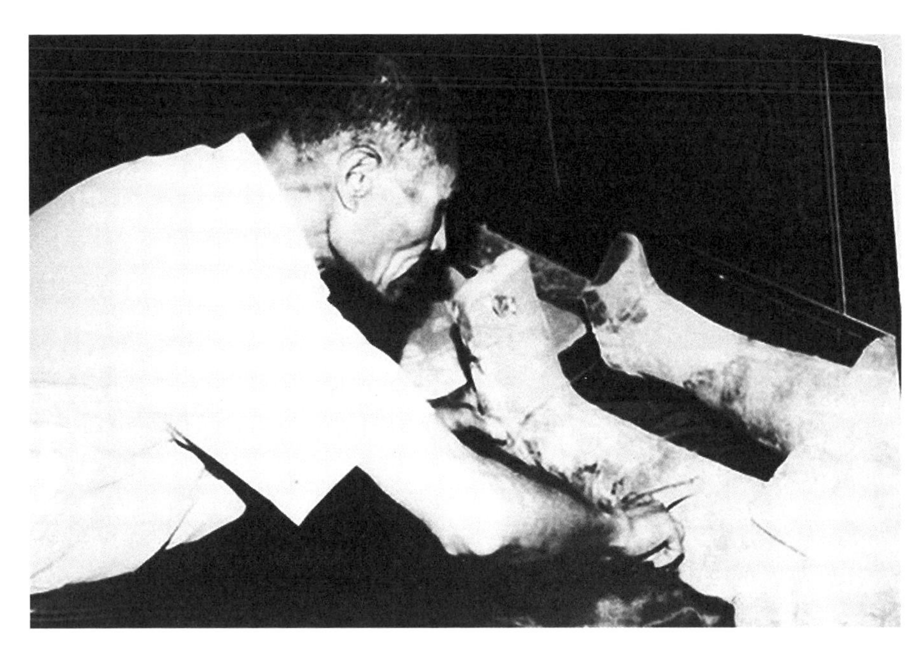

赵康民在工作室修复秦俑

妥善保管与修复。与此同时，他还及时收回了散落在废品收购站的铜镞和铜弩机等珍贵文物，第一时间完整地收集了兵马俑的相关资料和信息。四十多年来，先生强烈的文物保护意识与高度的工作责任感一直激励着我们。

赵康民先生在积极组织社员收捡散失的陶俑碎片的同时，并对两件武士陶俑进行了细致的拼对、粘接与修复。他所做的这一切，引发了新华社记者蔺安稳同志的关注，并形成了《秦始皇陵出土一批秦代武士陶俑》的内参报道，进而得到了中央领导的高度关注与大力支持，从此秦始皇帝庞大的地下军团的序幕逐渐被拉开。

1974 年 7 月，在中央领导、国家文物局与陕西省委、省政府的高度重视下，第一支秦兵马俑发掘领导小组和考古发掘队顺利组成。其中考古队的成员有：袁仲一、屈鸿钧、崔汉林、赵康民等四人。考古队于1974年7月15日下午进驻西杨村考古工地。16 日考察了周围的环境风貌；17 日开始对一号俑坑进行勘探和试掘。他们首先对已暴露的遗迹、遗物进行文字记录、绘图、照相，然后在原已挖掘部分的基础上继续清理，直到1975年6月，基本摸清了秦兵马俑一号坑的范围、形制结构和内涵。随后又相继发现了二号坑、三号坑。由此可见，赵康民先生不仅是第一个真正意义上发现和认识秦兵马俑的人，同时也是秦兵马俑考古发掘的拓荒者之一。

秦兵马俑陪葬坑的发现为我们翻开了一部波澜壮阔的历史画卷。气势恢宏，阵容庞大的秦兵马俑，是两千多年前中华民族的伟大创造，蕴含着丰富的历史文化信息，昭示着中华文明光辉灿烂的华彩篇章，被誉为“二十世纪最伟大的考古发现之一”。试想，如果没有像赵康民先生这样一批早期考古工作者的倾情投入与无私努力，这个庞大的地下军团或许现在还依然沉睡地下。

1979年10月1日，秦兵马俑博物馆建成并对外开放，三个俑坑相继得到发掘，其中，秦俑二号坑的考古发掘还开创了集考古、保护、展示于一体的新模式，获得国家文物局1996—1998年度田野考古一等奖。此后，考古工作逐渐由俑坑扩展至整个秦始皇帝陵园，“铜车马陪葬坑”“石铠甲坑”“百戏俑坑”“文官俑坑”“青铜水禽坑”等也相继进入人们视野。

文物保护工作是博物馆发展历程中不断催生的新课题，多年来博物院培养造就了一支专业化的文物保护科技队伍，在兵马俑彩绘保护技术、兵马俑修复、土遗址加固、遗迹防霉、秦俑小气候环境研究等方面做了大量探索性的工作，出色地完成了多项国家和省部级的重要科研项目，保护、修复了一大批具有历史、艺术和科学价值的珍贵文物，多个科研项目和成果获得国家、省部级奖。科研工作更是博物馆的重中之重，我们依托秦陵秦俑丰厚的文物资源，通过图书出版、课题研究、举办学术会议等方式，探赜索隐、阐幽发微，使秦俑学研究已由考古学、历史学向更宽领域辐射，涉及了中国古代政治史、军事史、文化史、科技史、雕塑艺术史等其他相关学科，逐渐形成了一支实力雄厚的科研队伍，学者遍布神州大地、五湖四海。在考古发掘、文物保护与科学研究的基础上，秦始皇帝陵博物院始终坚持以服务观众为根本宗旨，通过陈列展览、社会教育、文化产业发展、“互联网+智慧服务”平台等方式，全方位展示秦始皇陵文化遗产多维价值与丰富内涵。通过拓宽展示区域、加强基础设施建设和各种业务培训，不断提升博物馆的社会服务功能。自 1979 年开馆以来已接待中外宾客一亿多人次，接待国外政要220余人次，为服务国家外交大局做出了突出贡献。博物院先后获得全国五一劳动奖、国家一级博物馆、国家 AAAAA 级景区、全国文明单位、全国爱国主义教育示范基地先进单位等荣誉称号。时至今日，已发展成为一座集考古发掘、文物保护、科学研究、陈列展览和宣传教育为一体的现代化大型博物馆。

“落其实者思其树，饮其流者怀其源”。秦始皇帝陵博物院能取得如此骄人的业绩，与像赵康民先生这样一批早期拓荒者的辛勤劳作有密不可分的关系。可以想象，20世纪70年代，在条件极端艰苦的情况下，他们甘于清贫、攻坚克难，含辛茹苦、克己奉公，栉风沐雨、筚路蓝缕，使秦兵马俑在这片荒凉、贫瘠的土地上绽露出昔日威武雄壮的风采。

赵康民先生一生情系文博事业，曾参与了多处重要遗址的考古发掘与研究工作，并做出了不可磨灭的贡献。今先生去矣，谁堪此殇。哀矜之心，孤恼彷徨。我们缅怀先生，愿续其遗志，承担起历史与民族赋予的重任，守护好秦陵秦俑瑰宝，发展好秦陵秦俑事业，共同创造秦始皇帝陵博物院更加美好的未来！以慰先生之志，愿先生幽冥含笑！

（责任编辑：史党社　陈昱洁）

征稿启事

本刊是由秦始皇帝陵博物院主办的专业性学术辑刊，每年出版一辑，面向国内外公开发行。《秦始皇帝陵博物院》秉承严谨求实精神，弘扬探索求真学风，以繁荣学术文化、开展学术交流、促进文化遗产事业的发展为宗旨。现面向国内外诚征稿件。截稿日期：2019 年 2 月底。

一、征稿内容

1. 有关先秦、秦汉时期的考古发掘调查报告、遗址考察报告以及相关遗址遗迹的研究。

2. 有关先秦、秦汉时期出土文物中蕴含的政治、经济、文化等多方面信息的研究。

3. 有关先秦、秦汉时期政治、经济、军事、文化、人物等方面的研究。

4. 有关先秦、秦汉时期的简牍、封泥、玺印及古文字等方面的研究。

5. 有关博物馆的陈列展览、宣传教育、运营管理、计算机网络应用等方面的研究。

6. 有关秦代遗址及出土文物的修复、保护技术和理论等方面的研究。

7. 有关文化遗产的保护、展示、开发、利用的研究。

8. 随笔、札记、人物评介等。

二、稿件要求

1. 文稿要求观点新颖鲜明，论据翔实，论述严谨，文字通达简练。

2. 引用历史文献、考古资料及摘录他人观点，请务必认真核对，做到准确无误。

3. 文稿字数以五千至一万字为宜，内容及其顺序依次为：题目、中文提要（300 字以内）、关键词（3—5 个）、正文、注释，注释请用尾注。

注释格式示例：

[1] 马非百：《秦集史》，中华书局，1982 年，第 10 页；陈直：《略论云梦秦简》，《西北大学学报》（哲学社会科学版）1977 年第 1 期，第 45−47 页。

[2] 同 [1]。

[3]〔宋〕沈括：《梦溪笔谈》，文物出版社，1975 年，第 28 页。

[4]〔法〕色伽兰著、冯承钧译：《中国西部考古记》，商务印书馆，1930 年，第 74—76 页。

4. 来稿请附作者姓名、单位、职称、通信地址、邮政编码、联系电话、电子邮箱。

所有来稿文责自负，谢绝一稿多投。来稿恕不退还，编者可酌情删改。若有异议，请在来稿中注明。

凡来稿一经刊用，即致稿酬以及附赠样书一本。一般稿件的稿酬为 100 元/千字。国内外知名学者或有重大学术价值的稿件实行优稿优酬，优酬采用基本稿酬加奖励稿酬的办法：基本稿酬 100 元/千字，奖励稿酬 1000 元/篇。

联系人：陈　洪　　李　宇

电话：（029）81399068　81399070

邮箱：qshdlbwy@126.com

敬请各位同仁惠赐佳作！

《秦始皇帝陵博物院》编辑部